América

Crônicas

Mr. Slang

Crônicas

Monteiro **LOBATO**

O Presidente Ne...

Monteiro
LOBATO

A BARCA DE GLEYRE

Editora Globo

© Editora Globo, 2010
© Monteiro Lobato
sob licença da Monteiro Lobato Licenciamentos, 2008

Todos os direitos reservados.

Nenhuma parte desta obra pode ser apropriada e estocada em sistema de banco de dados ou processo similar, em qualquer forma ou meio, seja eletrônico, de fotocópia, gravação etc. sem a permissão dos detentores dos *copyrights*.

Edição: Arlete Alonso (coordenação), Cecília Bassarani e Luciane Ortiz de Castro
Edição de arte: Adriana Bertolla Silveira
Diagramação: Gisele Baptista de Oliveira

Consultoria e pesquisa: Marcia Camargos e Vladimir Sacchetta
Estabelecimento de índice onomástico: Vladimir Sacchetta
Indexação: Luciano Marchiore
Preparação de texto: Página Ímpar e 2 Estúdio Gráfico
Revisão: Huendel Viana e Margô Negro
Produção editorial: 2 Estúdio Gráfico
Projeto gráfico: Manifesto Design

Créditos das imagens: Acervo Iconographia (páginas 14, 16, e 24), Acervo Companhia Editora Nacional (páginas 15, 18, 19 e 25), Arquivo Família Monteiro Lobato (páginas 8, 12, 17, 20 e 21), Reprodução de Monteiro Lobato: Furacão da Botocúndia, Ed. Senac SP (páginas 22 e 23).

Dados Internacionais de Catalogação na Publicação (CIP)
(Câmara Brasileira do Livro, SP, Brasil)

Lobato, Monteiro, 1882-1948.
A barca de Gleyre / Monteiro Lobato. -
São Paulo : Globo, 2010.

Bibliografia
ISBN 978-85-250-4864-6

1. Cartas brasileiras I. Título.

10-05963   CDD-869.96

Índices para catálogo sistemático:
1. Cartas : Literatura brasileira 869.96
2. Correspondência : Literatura brasileira 869.96

1ª edição, 2010

Editora Globo S.A.
Av. Jaguaré, 1.485 – Jaguaré
São Paulo – SP – 05346-902 – Brasil
www.globolivros.com.br
monteirolobato@edglobo.com.br

SUMÁRIO

8 Monteiro Lobato
11 Obra adulta
12 Labor intelectual e consciência literária
27 A barca de Gleyre
29 Três nomes...
30 Escusatória
32 1903
50 1904
82 1905
104 1906
132 1907
170 1908
190 1909
232 1910
242 1911
262 1912
270 1913
278 1914
294 1915
338 1916
386 1917
420 1918
432 1919

448 1920
460 1921
474 1922
480 1923
490 1924
498 1925
508 1926
516 1927
526 1928 – 1943
566 1945 – 1948
584 Índice onomástico
596 Bibliografía

Monteiro Lobato

Monteiro Lobato por J.U. Campos

Homem de múltiplas facetas, José Bento Monteiro Lobato passou a vida engajado em campanhas para colocar o país no caminho da modernidade. Nascido em Taubaté, interior paulista, no ano de 1882, celebrizou-se como o criador do Sítio do Picapau Amarelo, mas sua atuação extrapola o universo da literatura infantojuvenil, gênero em que foi pioneiro.

Apesar da sua inclinação para as artes plásticas, cursou a Faculdade do Largo São Francisco, em São Paulo, por imposição do avô, o Visconde de Tremembé, mas seguiu carreira por pouco tempo. Logo trocaria o Direito pelo mundo das letras, sem deixar de lado a pintura nem a fotografia, outra de suas paixões.

Colaborador da imprensa paulista e carioca, Lobato não demoraria a suscitar polêmica com o artigo "Velha praga", publicado em 1914 em O Estado de S.Paulo. Um protesto contra as queimadas no Vale do Paraíba, o texto seria seguido de "Urupês", no mesmo jornal, título dado também ao livro que, trazendo o Jeca Tatu, seu personagem-símbolo, esgotou 30 mil exemplares entre 1918 e 1925. Seria, porém, na Revista do Brasil, adquirida em 1918, que ele lançaria as bases da indústria editorial no país. Aliando qualidade gráfica a uma agressiva rede de distribuição, com vendedores autônomos e consignatários, ele revoluciona o mercado livreiro. E não para por aí. Lança, em 1920, A menina do narizinho arrebitado, a primeira da série de histórias que formariam gerações sucessivas de leitores. A infância ganha um sabor tropical, temperado com pitadas de folclore, cultura popular e, principalmente, muita fantasia.

Em 1926, meses antes de partir para uma estada como adido comercial junto ao consulado brasileiro em Nova York, Lobato escreve O presidente negro. Neste seu único romance prevê, através das lentes do "porviroscópio", um futuro interligado pela rede de computadores.

De regresso dos Estados Unidos após a Revolução de 30, investe no ferro e no petróleo. Funda empresas de prospecção, mas contraria poderosos interesses multinacionais que culminam na sua prisão, em 1941. Indultado por Vargas, continuou perseguido pela ditadura do Estado Novo, que mandou apreender e queimar seus livros infantis.

Depois de um período residindo em Buenos Aires, onde chegou a fundar duas editoras, Monteiro Lobato morreu em 4 de julho de 1948, na cidade de São Paulo, aos 66 anos de idade. Deixou, como legado, o exemplo de independência intelectual e criatividade na obra que continua presente no imaginário de crianças, jovens e adultos.

OBRA ADULTA*

CONTOS
- URUPÊS
- CIDADES MORTAS
- NEGRINHA
- O MACACO QUE SE FEZ HOMEM

ROMANCE
- O PRESIDENTE NEGRO

JORNALISMO E CRÍTICA
- O SACI-PERERÊ: RESULTADO DE UM INQUÉRITO
- IDEIAS DE JECA TATU
- A ONDA VERDE
- MISTER SLANG E O BRASIL
- NA ANTEVÉSPERA
- CRÍTICAS E OUTRAS NOTAS

ESCRITOS DA JUVENTUDE
- LITERATURA DO MINARETE
- MUNDO DA LUA

CRUZADAS E CAMPANHAS
- PROBLEMA VITAL, JECA TATU E OUTROS TEXTOS
- FERRO E O VOTO SECRETO
- O ESCÂNDALO DO PETRÓLEO E GEORGISMO E COMUNISMO

ESPARSOS
- FRAGMENTOS, OPINIÕES E MISCELÂNEA
- PREFÁCIOS E ENTREVISTAS
- CONFERÊNCIAS, ARTIGOS E CRÔNICAS

IMPRESSÕES DE VIAGEM
- AMÉRICA

CORRESPONDÊNCIA
- A BARCA DE GLEYRE
- CARTAS ESCOLHIDAS
- CARTAS DE AMOR

* Plano de obra da edição de 2007. A edição dos livros Literatura do Minarete, Conferências, artigos e crônicas e Cartas escolhidas teve como base a primeira edição, de 1959. Críticas e outras notas, a primeira edição, de 1965, e Cartas de amor, a primeira edição, de 1969. A barca de Gleyre teve como base a primeira edição de 1944 da Companhia Editora Nacional, a primeira, a segunda e a 11ª edições dos anos de 1946, 1948 e 1964, respectivamente, da Editora Brasiliense. Os demais títulos tiveram como base as Obras completas de Monteiro Lobato da Editora Brasiliense, de 1945/46.

Labor intelectual e consciência literária

Purezinha, Campos do Jordão, c. 1943, fotografia de Monteiro Lobato

Com este volume o leitor terá a chance de entrar em contato com os sonhos, pensamentos e desejos de Monteiro Lobato e acompanhar passo a passo sua formação intelectual. Organizado por ele próprio, trazia no prefácio da segunda edição, de 1946, a justificativa da decisão de publicar o conjunto daquela intensa atividade missivista: "Carta é conversa com um amigo, é um duo – e é nos duos que está o mínimo de mentira humana". Dedicado à esposa, Purezinha, à pequena Marjori, representando todas as crianças brasileiras e à memória de Ricardo Gonçalves, seu antigo colega no curso de Direito, vinha com uma nota alertando que o resultado de mais de quarenta anos de diálogo epistolar havia se tornado uma "raríssima curiosidade".

A iniciativa partiu de Lobato, que assim pretendia manter com Godofredo Rangel, estabelecido como professor e juiz em Minas Gerais, os fortes vínculos dos bons tempos de estudante na capital paulista: "Sigo logo para a fazenda e quero de lá corresponder-me contigo longa e minuciosamente, em cartas intermináveis – mas é coisa que só farei se me convencer de que realmente queres semelhante coisa", disse ele em 9 de dezembro de 1903, num dos muitos parágrafos trocados e por meio dos quais serviriam de "porretinho um do outro", conforme confessaria Lobato em 27 de outubro de 1943: "Se não dispusesse do teu concurso tão aturado, tão paciente e amigo, o provável é que a chamazinha se apagasse. Você me sustentou firme na brecha – e talvez eu te haja feito o mesmo".

Godofredo Rangel, em fotografia publicada na Revista do Brasil, *em janeiro de 1922*

Transmitindo o frescor dos textos livres da preocupação de estilo ou compromissos formais, adotando uma linguagem coloquial e descontraída, "em mangas de camisa e pé no chão", como definiu Lobato em novembro de 1904, as cartas guardam um sentido de permanência que as diferem dos *e-mails* efêmeros, apagados mal foram lidos e respondidos. "Exemplo próximo e inspirador de dedicação infatigável e minuciosa ao ideal artístico", como disse Antonio Candido na resenha da primeira edição de *A barca de Gleyre* para a *Folha da Manhã*, em dezembro de 1944, a obra engloba três blocos principais. Até cerca de 1920, predominam as cartas mais caudalosas e quase exclusivamente literárias. Nesta etapa também afloram as questões de ordem filosófica, que procuravam aprofundar na fonte inglesa, com Her-

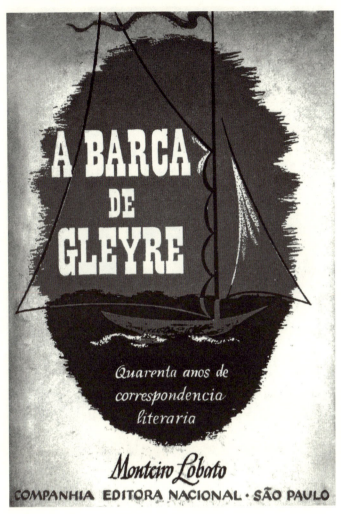

A barca de Gleyre, 1ª *edição*, 1944

bert Spencer, ou alemã, nas páginas de *Assim falava Zaratustra*. "Chegou-me o Nietzsche em dez preciosas brochuras amarelas, tradução de Henri Albert. Nietzsche é um pólen. O que ele diz cai sobre os nossos estames e põe em movimento todas as ideias-germens que nos vão vindo e nunca adquirem forma", conta ele de São Paulo, em 2 de junho de 1904.

Herbert Spencer

Depois vem a fase das lutas no contexto político e sociocultural do país e dos negócios editoriais. "Desde esse mês até hoje tivemos um líquido de 130 contos, e a aquisição do estoque de livros da velha companhia vai ser tacada. Decididamente temos estrela, porque é difícil conseguir, a quem sai duma estrondosa falência, o que estamos conseguindo em tão pouco tempo", regozija-se ele do Rio de Janeiro, em 7 de maio de 1926. "E breve serão duas casas, uma em São Paulo, a matriz, e outra aqui, a filial. E depois três, quatro, cinco – uma livraria em cada capital do Brasil. Só de gramáticas do Eduardo Carlos Pereira vendemos de fevereiro até hoje 27 mil. A edição do

Friedrich Nietzche, postal de Lobato para Purezinha

Hans Staden (recebeu?) foi um triunfo – 8 mil em três meses – e está entrando nas escolas."

É quando cogita em se dedicar mais à literatura infantil: "De escrever para marmanjos já me enjoei. Bichos sem graça.

GRAMMATICA EXPOSITIVA

CURSO ELEMENTAR
POR
EDUARDO CARLOS PEREIRA

IL FAUT, A DIT HERDER, APPRENDRE LA GRAMMAIRE PAR LA LANGUE, ET NON LA LANGUE AU MOYEN DE LA GRAMMAIRE.

MICHEL BRÉAL

Adaptada ao 1.º anno dos Gymnasios aos Cursos das Escolas Complementares

49.ª EDIÇÃO
MELHORADA
E AMPLIADA

COMPANHIA EDITORA NACIONAL
EDITORA PROPRIETARIA
RUA DOS GUSMÕES, 26
SÃO PAULO

Hans Staden, 1ª edição, 1925

Mas para as crianças, um livro é todo um mundo. Lembro-me de como vivi dentro do *Robinson Crusoe* do Laemmert", revela, para cunhar uma de suas frases emblemáticas: "Ainda acabo fazendo livros onde as nossas crianças possam morar. Não ler e jogar fora; sim morar, como morei no *Robinson* e n'*Os filhos do Capitão Grant*".

Por último, temos as recordações, o fechamento de contas vincado pela tragédia da perda dos seus dois filhos, Guilherme e Edgard, de apenas 24 e 31 anos. "Eu não desespero com mortes porque tenho a morte como um alvará de soltura. Solta-nos deste estúpido estado sólido para o gasoso – dá-nos invisibilidade e expansão, exatamente o que acontece ao bloco de gelo que se passa a vapor. Mas Purezinha não se conforma. Impossível maior desespero. E do ponto de vista humano, tem razão. Foram dois filhos perfeitos. Creia, Rangel, que não me lembro de

Guilherme, filho de Monteiro Lobato

Edgar, *filho de Monteiro Lobato*

nenhuma coisa má, ou levemente má, que eles hajam feito em vida. Quantos pais podem dizer isto?", indaga, com amargura, em 20 de fevereiro de 1943.

Assim, se em março de 1916 o jovem Lobato resistia à ideia de um dia tornar público aquele material que, segundo ele, merecia fogo para apagar tanta pretensão, mais tarde, em outubro de 1943, de posse do seu lote, vê ali certa coerência. "Verdadeiras memórias dum novo gênero – escritas a intervalos e sem nem por sombras a menor ideia de que um dia fossem publicadas. Que pedantismo o meu no começo! Topete incrível. Emília pura." E após tê-las organizado, datilografado e depurado dos "gatos, do bagaço, das inconveniências", ele pondera:

"Desconfio, Rangel, que essa nossa aturada correspondência vale alguma coisa. É o retrato fragmentário de duas vidas, de duas atitudes diante do mundo – e o panorama de toda uma época. Literatura, história e mais coisas", disse ele em setembro de 1943, quando tratavam de transformar os manuscritos em letra impressa.

Por sugestão do criador de Jeca Tatu, o livro recebe seu nome inspirado em *Ilusões perdidas*, tela de Charles Gleyre (1808-1874), que integra o acervo do Museu do Louvre, em Paris. A obra do pintor de origem suíça reproduz um barco atracando no cais que traz à proa um velho com o braço pendido sobre uma lira. O título também recupera o teor das linhas remetidas em novembro de 1904, quando o signatário, ainda rapaz, compara o futuro de ambos ao melancólico personagem do quadro, metáfora do desencanto e da tristeza, e pergunta: "Em que estado voltaremos, Rangel, desta nossa aventura de arte pelos mares da vida em fora?". E completava: "Somos vítimas de um destino, Rangel. Nascemos para perseguir a borboleta de asas de fogo – se a não pegarmos, seremos infelizes; e se a pegarmos, lá se nos queimam as mãos".

Ilusões perdidas, *óleo de Charles Gleyre*

"Documento precioso", nas palavras de Antonio Candido, sintetiza toda a evolução de Monteiro Lobato desde 1903 até onze dias antes da sua morte, em 4 de julho de 1948, revelando o roteiro de uma existência pautada pela busca infatigável do aprimoramento estético autônomo e original, livre de influências externas nocivas. Por meio dele mergulhamos no universo do período, no espaço privilegiado de experimentação e criação, pontuado de neologismos e reflexões sobre obras nacionais e estrangeiras. "Mas vem surgindo um Guilherme de Almeida, cujo *Nós* revela muita coisa. Parece-me poeta de verdade – não apenas burilador de versos como o F., ou parnasiano de miolo mole, essas venerandas relíquias do passado, Alberto etc. E Bilac, que era a salvação, deu agora para rimar filosofia alheia e fazer patriotismo fardado", ironiza Lobato da fazenda do Buquira, em 8 de julho de 1917, entre os inúmeros comentários graças aos quais podemos acompanhar os lançamentos, *vernissages* e fatos do âmbito artístico, cultural, econômico e político da sociedade brasileira no decorrer das quatro décadas iniciais do século XX.

Como observou Antonio Candido em sua coluna de crítica literária quando *A barca de Gleyre* chegou às livrarias, é preciso ler este testemunho para compreender o dinamismo daquele homem complexo, moderno demais para ser passadista, muito ligado à tradição literária para ser modernista, "ponto de encontro entre duas épocas e duas mentalidades, símbolo da transição da nossa literatura, exemplo do labor intelectual e de consciência literária".

Guilherme de Almeida, anos 1920

Nós, de Guilherme de Almeida, detalhe da capa

Nem sempre foi possível distinguir com precisão títulos de livros, capítulos, romances, contos e poesias, bem como de periódicos, colunas, seções e artigos. Por isso optamos por padronizar todos os títulos em itálico e sem aspas. Nota da edição de 2010.

A BARCA DE GLEYRE

Três nomes...

Nesta casca de árvore quero escrever três nomes: o de *Purezinha*, a *Mater* Dolorosa com a qual vou descendo o morro, de mãos dadas e saudades em comum; o de *Marjori*, a criaturinha que simboliza todas as que se lembram de mim e me escrevem; e qual seria o terceiro, senão o de *Ricardo* o Inesquecível?

Escusatória

Estas cartas se salvaram, das que escrevi a Godofredo Rangel no dilatado espaço de quarenta anos. Quarenta anos do mesmo amigo e mesmo assunto, que fidelidade!... E a consequência foi se tornarem uma raríssima "curiosidade". Não sei em nenhuma literatura de tão longa correspondência, sobre o mesmo assunto, entre só dois sujeitos.

O gênero "carta" não é literatura, é algo à margem da literatura... Porque literatura é uma atitude – é a nossa atitude diante desse monstro chamado Público, para o qual o respeito humano nos manda mentir com elegância, arte, pronomes no lugar e sem um só verbo que discorde do sujeito. O próprio gênero "memórias" é uma atitude: o memorando pinta-se ali como quer ser visto pelos pósteros – até Rousseau fez assim – até Casanova.

Mas cartas não... Carta é conversa com um amigo, é um duo – e é nos duos que está o mínimo de mentira humana. Ora, como da minha conversa escrita com Rangel se salvassem quase todas as cartas, tive ensejo um dia de lê-las – e sinceramente achei que constituíam uma "curiosidade editorial" de bom tamanho. E que teriam interesse para o público justamente porque ao escrevê-las nunca me passou pela mente que jamais fossem dadas a público. Mas vacilei. Dá-las ou não? Tão íntimo tudo aquilo. Tantas perversidadezinhas para com os amigos, tanta piada para cima do Nogueira – o companheiro que no fundo mais admirávamos... Além de que isso de cartas é sapato de defunto. Depois que o autor morre é que elas aparecem.

Pensei, pensei, pensei. Por fim, vá lá. Tenho sérias dúvidas sobre se estou ainda vivo – e se as cartas saírem com a minha revisão de semivivo, apresentar-se-ão podadas de muitas inconveniências que um semimorto já não subscreve.

1903

Primeira visita de Lobato a Rangel[1]

(Bilhete deixado no Minarete para Ricardo e Rangel, os dois muezins iniciais.)

TÉ, MUEZINS!

Asas da saudade abertas ao vento! Por elas arrastado transportei-me hoje – sábado – ao Minarete fecundo.

Estava deserto. No ar parado moscas zumbiam. Moscas zumbiam no ar parado... Tristeza. Desolação. Sobre a mesa dormiam um Flaubert e um Coelho Neto. Não os despertei. Mas dum companheiro de soneca, Bruno de Cádiz, furtei alguns sonetos desconhecidos. Era o *Álbum do Minarete*

---

[1] *Minarete, era como chamávamos o chalezinho amarelo da rua 21 de Abril, no Belenzinho, uma rua sem calçamento, toda sebes de espinheiros. Devia haver, mas não me lembro, casas por lá, afora o chalezinho do Minarete centro dum terrenão de chácara. Uns cinquenta metros de frente, cerca viva com o portão de ferro no centro – o clássico portão de ferro com pilastras de tijolo e vasos em forma de urna em cima. Dentro dos vasos, essas pobres plantinhas que lembram pés de ananás, miradas, atrofiadas, impedidas de crescer pela angústia de espaço para as raízes. No mais, laranjeiras, ameixeiras, creio que um pé de romã, o coqueiro ao lado, a horta e uma grande paineira à esquerda. Era ali a toca do Rangel.*

Diz ele em carta recente: "Eu naquela época trabalhava como escrivão de subdelegacia no posto policial do Brás. Foi onde conheci o Ricardo, que um dia lá apareceu como repórter do Correio Paulistano. Vendo que, na folga do serviço, eu estava e nele revi a cena inicial dos Domingos Boêmios, e nele encontrei recordada a "memorável farpela cor de pinhão do Lobato".

a ler um romance de fancaria, aconselhou-me coisas de mais valor; e convidando-me a ir à sua casa, lá me emprestou, para iniciação literária, o Germinal de Zola.

Pouco depois fui removido para o Belenzinho, e como o novo posto policial ficasse longe da casa de meu cunhado, que era onde eu morava, aluguei os altos do futuro Minarete a um senhor Júlio, excelente criatura que morava com sua gente no andar térreo. Dois cômodos. Por eles eu pagava 20 mil-réis por mês – e podia dar-me esse luxo porque vencia 120 mil-réis pela verba da guarda cívica. E lá fiquei morando, só indo à casa de minha família para o jantar.

Algum tempo depois apareceu Ricardo de visita ao meu sótão, como eu dizia; e tão encantado ficou que resolveu também mudar-se para lá – ao meu modo, isto é, só dormindo e almoçando lá. Nosso almoço era coisa sumaríssima. Prato de resistência, uma boa gemada batida em copo, na qual despejávamos café quente. Na biquinha do terreiro lavávamos o rosto e as vasilhas do café – e nessa labuta Ricardo perdeu certa manhã o valioso brilhante dum seu anel.

Muitas vezes, acompanhados pelo Raul e o Artur Ramos, que logo começaram a aparecer em companhia do Ricardo, saíamos do Minarete à meia-noite. Para alguma farra? Nunca. Para o alto do Belenzinho, perto duma fábrica de vidro, vermos os efeitos do luar sobre o rio Tietê. Sem qualquer resolução preconcebida, nada conversávamos sobre amores e nada sabíamos das pequeninas aventuras uns dos outros. Eram coisas vulgares e desprezíveis, ao lado de nossas elevadas cogitações sobre a arte pura...

Um dia, creio que domingo, Ricardo apareceu com o Raul, o Lobato (pela primeira vez), o Tito e penso que também o Artur Ramos e o Albino; fizemos uma refeição coletiva na horta, perto do coqueiro. Ainda me lembro: o Tito, no final, teve uma frase de sensação, comparando os restos do 'banquete' aos destroços dum campo de batalha. Eu já conhecia e respeitava o Tito, sem que ele o soubesse, isso desde que... Mas tenho de parar, porque as reminiscências não teriam fim".

Rangel morou no Minarete um ano ou pouco mais. Ricardo e eu moramos uns meses. Estou a imaginar como surgiu a denominação do chalezinho. Ricardo entra lá pela primeira vez, vai à sacada e encanta-se com a vista agreste, com o coqueiro ao lado e a paineira à esquerda. E numa expansão: "Mas é uma torre, Rangel! Veja que amplidão de vista se descortina! Uma torre – um minarete!... E você é um muezim...".

Depois da adesão do Ricardo, deu-se a minha. Fiz como ambos: lá dormia e almoçava; o jantar era na cidade, em casa duma irmã. Lembro-me que entrei para o Minarete com grande fúria reformatória. Os dois cômodos eram caiados dum tom róseo já sujo. Resolvi deixar aquilo um encanto. Vou à cidade, compro na Casa Ferreira um lindo papel meio crepon, de listas de três dedos de largura, uma azul-clara, outra cor-de-rosa desmaiada e outra café com leite mais leite que café – uma beleza! E pus-me a empapelar o cômodo da frente. O papel só deu para três paredes. E como não houvesse dinheiro para mais, ou arrefecido já estivesse o entusiasmo, o empapelamento não foi por diante. O cômodo ficou como aqueles venezianos ou florentinos que usavam as pernas em maillot, cada uma duma cor...

Havia duas inscrições na parede. Uma delas: AQUI SÓ SE COME PÃO DO ESPÍRITO. Inscrição de defesa, ou espantativa dos "penetras" que só se lembravam

Boa farpela! A mais espetacular que ainda possuí. *Alfaiataria Galo*. Mereces na verdade mais que uma simples menção

de visitar os muezins na hora da gemada... E também havia um letreiro contra os cacetes: AS VISITAS DOS PROFANOS SÓ PODEM DURAR DEZ MINUTOS. Lembro que um dia, depois de ter estado lá o Ercole de Beccari, apareceu uma nova inscriçãozinha a lápis, em letra medrosa e miudinha: Dio vigliaco! O extremamente miúdo da letra era uma clara precaução para que aquilo passasse ignorado aos olhos de Deus, que, muito velho que é, deve tê-los cansados...

Nas visitas que os outros companheiros do Cenáculo nos faziam, era praxe, lá do portão, "baterem" o Hino do Minarete, cuja música fora composta pelo Rangel. As palavras reproduziam a grita de guerra dos terasconeses como aparece no Tartarin de Daudet, com leve alteração no fim:

    Dé brin o dé bran
    Cabússaran
    Dou fenestron
    De Tarascon
    Dedins lou Rose.

Queria dizer que, por bem ou por mal, jogariam (o inimigo) de cabeça para baixo, da janela de Tarascon dentro do Ródano. Em vez do "dou fenestron de Minaron dedins lou Rose", o nosso o hino rezava: "dou fenestron de Minaron dedins lou Tetiose". A janela de Tarascon passava a ser sacada do Minaron, ou Minarete; o Rose virava Tetiose, ou o Tietê.

Cada vez que lá no portão soava o hino, o muezim que estivesse em casa aparecia à janela e saudava o visitante com o "Vé!" dos tarasconeses.

– Vé, Costecalde! ou Vé, Bompard!

E o Costecalde ou o Bompard respondia lá de baixo com o "Té!".

– Té, Bezuquet! ou Té, Tartarin!

Porque todos nós andávamos cheios do Tartarin de Tarascon de Daudet e cada um personalizava um dos heróis do romance. Ricardo era o Tartarin. Rangel, o Bezuquet. Cândido Negreiros, o Bompard. Artur Ramos, o espingardeiro Costecalde. Eu, Pascalon, o Engraçado. Havia até o Chameau – aquele camelo da Argélia que não largava de Tartarin e tentou acompanhá-lo na sua volta à França. Chameau era um meninão aí de 16 anos, filho do capitão Júlio, que muito admirava e rentava o Ricardo, sem nunca abrir a boca. Naquele tempo todo mundo tinha posto militar. O "senhor Júlio" do Rangel era capitão.

E quais as vítimas que no Hino do Minarete eram "arremessáveis" no Tietê? Está claro que os "penetras", os filantes de gemada e os detestados "literatos do Brás" – Macuco, Artur Goulart e outros, perenes alvos das nossas ironias de gênios de primeira classe. Por aquele tempo florescia no Brás, em torno de Artur Goulart, uma panelinha de literatos de pernas tão curtas que seus nomes não conseguiam transpor a Várzea do Carmo.

O nosso grupo, ligado por misteriosa afinidade mental, era composto de Ricardo Gonçalves, ou o Ricardito, o maravilhoso poeta que nos mantinha em perpétuo estado de encantamento e tão cedo se foi. Godofredo de Moura Rangel, o mais delicado e bonitinho do bando; vegetou toda vida como juiz e hoje, na aposenta-

– mereces biografia, ó veneranda companheira da *vecchia zima-ra*, da famosa capa de borracha do Lino e da "fatiota *verde* do

doria, geme os reumatismos em Belo Horizonte. Cândido Negreiros, o aristocrata do grupo, rico e elegantemente fraco dos pulmões (dava-se ao luxo de ter pulmões, coisa que nós outros nem sabíamos o que era); foi o primeiro a desertar; morreu poucos anos depois num sanatório da Suíça. Tito Lívio Brasil, o grandalhudo, jornalista pantagruélico, orador à outrance, eterno perpetrador de trocadilhos mesmo depois de passada a moda; mora hoje em São Paulo, sempre enorme e bamboleante. Albino de Camargo, o nosso filósofo absoluto, o eterno duvidador que não tinha coragem de afirmar coisa nenhuma e nem sequer concluía as frases: no meio do caminho duvidava do que queria dizer e parava; foi deputado estadual pelo Partido Democrático e é lente de psicologia e lógica no ginásio, de Ribeirão Preto, onde duvida dos alunos e da lógica. Raul de Freitas, uma criatura de grande doçura, irredutivelmente romântico e já naquele tempo mais parasitado de saudades que o Bernardim Ribeiro; funcionário público, vive hoje a sofrer as consequências de duas operações cirúrgicas que pioraram o soneto; Raul era a sombra do Ricardo e a sua memória sobressalente: quando na recitação dum poema Ricardo engasgava, Raul desengasgava-o, pois sabia na ponta da língua os mil sonetos e mais coisas que o poeta gostava de recitar. Lino Moreira, a bomba voadora do grupo, o Desmoulinzinho, o orador apoplético e fulminante, o mais nervoso e impetuoso dos homens; hoje purga o pecado da exaltação na placidez dum Cartório de Notas na rua do Rosário, Rio. Estes formavam o verdadeiro Cenáculo, o grupo inicial. Com o tempo outros se foram agregando, como o José Antônio Nogueira, primo do Rangel, que um dia nos caiu no Minarete como um bendengó vindo dos céus de Minas, egresso dum tremendo seminário daquele Tibete, onde já andava de batina e quase padre; um sopro de Voltaire revirou-lhe as crenças de pernas para o ar e Nogueira emergiu em São Paulo como Lázaro saído do túmulo, esgrouviado, desconfiado do sol, um desvario no olho, a pingar por todos os poros Deus e farelos da teologia, ainda na terrível luta mental do crer ou não crer; foi lá no Minarete que o evadido ao campo de concentração teológico travou relações com Zola, o sorvete, o amendoim torrado e outras liberdades de pensamento. O tempo transformou a descabelada e esgrouviada magreza do Nogueira no volumoso e notabilíssimo juiz que é hoje no Rio de Janeiro, onde preside o Tribunal de Apelação e planta uma "Nova Floresta" de meditações filosóficas nas colunas do venerando e ainda existente Jornal do Comércio. Júlio Costa, um professor recém-formado, esteve em observação como possível cenaculoide – mas, qual estrela cadente, afundou em Guaratinguetá e nunca mais soubemos dele.

Artur Ramos era um adido ao Cenáculo; não cultivava arte nenhuma, mas cultivava carinhosamente a adoração pelo Ricardo, de quem era parente, satélite e guarda-costas. Ricardo gostava de meter-se em pancadarias, e nessas ocasiões Artur funcionava como um precioso batalhão da reserva. Edgard Jordão apareceu tarde, sem tempo de integrar-se no bandinho.

No bilhete que deixei no chalé num dia em que fui visitá-los, o estilo em falsete imitava o "no ar parado um sino canta" do Bilac, e fazia troça do saudosismo romântico do Raul em suas "crônicas das saudades", saídas no Minarete jornal. Essa visita não foi a primeira, como por engano está no título. Talvez fosse a segunda. Logo depois também me instalei lá. Nota da edição de 1948.

Tito". Se algum dia me acudir engenho e arte, juro-te, farpela cor de pinhão, que te narrarei a mocidade, a maturidade e a melancólica velhice.

Havia ainda sobre a mesa... Céus!... Que prodigioso acontecimento! Que jamais prevista prodigalidade! Havia tinta!...

....

Silêncio. No ar parado não canta o sino. Só voejos de moscas e o leve sussurro do vento na folhagem da paineira. As folhas do coqueiro aflam ao vento. Silêncio... Súbito, um apito distante corta o espaço e, triste e melancólico, vem ferir-me o ouvido. É a Central... E em meu coração brotam pungentes saudades da minha infância em Taubaté. Ó infância minha na roça, quanta poesia etc. etc. O meu passado que não volta mais etc. etc. Adeus, vou-me embora, vou-me levado para outras terras. As recordações angustiam-me etc. etc. Adeus, muezins ausentes, que deixam as portas abertas. E se eu fosse um ladrão?

Em resumo: o Lobato veio visitá-los e perdeu o latim. Volta amanhã. Deixa *Lendas e narrativas* e *Robert Helmont*. Está de férias por todo um mês. Adeus. *Té*, Bezuquet! *Vé*, Tartarin!

LOBATO

* * *

SEGUNDA VISITA

Rangel:

Estive ontem e voltei hoje. Ninguém ainda. Só as moscas, o Flaubert e o Coelho. Muezins infiéis que desertaram o Minarete! Por Alá que já é serem errantes – beduínos dos desertos da boêmia. Que a ira do profeta vos caia sobre a cabeça. Volto amanhã à mesma hora.

LOBATO

Primeira carta

São Paulo, 9 de dezembro de 1903, ou 9 de Yewsky do ano II do nascimento do Cenáculo. (A ideia foi do Tito. Os meses ficaram assim: Janeiro, Bruno[2]. Fevereiro, Raul. Março, Tito. Abril, Lino. Maio, Rangel. Junho, Júlio. Agosto, Nogueira. Setembro, Albino. Outubro, Cândido. Novembro, vago. Dezembro, Yewsky.)

Rangel, anjo do Cenáculo:

Acabo de profanar a palavra "anjo", pois ao escrevê-la arrotei. É que saí do almoço com as ingestões ainda mal assentadas lá dentro. E por que escrevo em momento assim impróprio? Porque amanhã, sábado, entro em exame oral e estou com os minutos contados, a recordar definições e textos desta horrível seca que é a "matéria". E escrevo hoje, em vez de após o exame (como seria o natural), porque acabo de ler no *Minarete*[3] a tua primeira joia, meu

---

[2] *Bruno de Cádiz, pseudônimo literário de Ricardo Gonçalves. Nota da edição de 1948.*

[3] *Minarete, o jornalzinho que Benjamim Pinheiro manteve em Pindamonhangaba de julho de 1903 a julho de 1907. Benjamim havia se formado em direito e como pretendesse derrubar a situação municipal dominante, tinha necessidade dum aríete demolidor. Discutimos o assunto. Surgiu o problema do nome. Eu, que morara com o Benjamim numa república, estava nesse tempo morando no Minarete do Belenzinho. "Pois dê ao jornal o nome de Minarete, sugeri, e no primeiro número explicaremos aos povos o que é minarete – aquelas esguias torres das gentes islâmicas, de cujo topo, ao cair da tarde, os muezins convocam os fiéis à prece. Um jornal é um minarete de cujo topo o jornalista dá milho às galinhas da assinatura e venda avulsa. Fica muito bem este nome – e é nome que não está estragado. Tribunas do povo, por exemplo, existem centenas." Benjamim aprovou a ideia e o Minarete veio ao mundo em formato 25 x 35. Esse calibre revelou-se logo insuficiente para abalar a fortaleza do situacionismo político local; era uma Flaubert de matar sanhaço. Seis meses depois Benjamim punha o Minarete no calibre 30 x 43 – e a fortaleza empalideceu. Com quatro anos de bombardeio, a situação veio abaixo e, gloriosamente chamuscado de pólvora, Benjamim subiu à Prefeitura.*

Rangel, o teu primeiro vagido literário impresso, pois que manuscritamente tens vagido muito. Não calculas como aquilo está bom, sobretudo na primeira parte. Todos, sem exceção,

> O Minarete começou com escândalo e foi um perpétuo escândalo na pacatez da "Princesa do Norte", como se cognominava Pindamonhangaba. Essa cidade fora rica outrora, no tempo do Império, mas atravessava o pior período da sua decadência, nos trágicos anos anteriores ao Renascimento do Vale do Paraíba, começado com a introdução da cultura do arroz e das indústrias. Pinda morria, coitada; Pinda desabava. Os recursos da Câmara não davam nem para reparar uma parede do teatro, que estava aluindo. E Benjamim, de Pinda, me fazia por carta encomenda de pelouros. "Zé Bento: preciso de um artigo bastante severo, atacando a Câmara por causa duma racha na parede do teatro. E outro sobre o capim que há nas ruas. Ataque de rijo." E eu atacava, mesmo sem conhecimento pessoal da extensão da racha nem da quantidade do capim das ruas. Outra carta dizia: "Há um chafariz sem água em tal largo. Meta o pau". Outra dizia: "É preciso pôr culpa na Câmara do preço da carne. Quero um artigo intitulado Carnes Verdes. Imagine só o escândalo: os açougueiros andam ganhando 50 mil-réis em cada boi! A carne está por um absurdo. A mil-réis o quilo, a de primeira! Mil-réis, sim, Zé Bento! E a banha, a 800 réis! Inda ontem compramos aqui em casa dois quilos de lombo de porco, sabe a como? A 800 réis o quilo! Meta o pau na Câmara".
> Eu me divertia fazendo de longe o Minarete *quase inteiro*. Quantos números totalmente escritos por mim – o soneto, os contos, o "humorismo", as "variedades", o rodapé, o artigo de fundo! Isso me forçava a um grande sortimento de pseudônimos, para dar ao público a impressão de que o jornal dispunha de um exército de colaboradores: Lobatoyewsky, Yewsky, Pascalon, o Engraçado, Rui d'Hã, Hélio Bruma, Enoch Vila-Lobos, Matinho Dias, B. do Pinho, Osvaldo, P., N., Yan Sada Yako, Mem Bugalho, She, Antão de Magalhães, Nero de Aguiar, Bertoldo, Marcos Twein, Olga de Lima etc. etc. E todos lá do Cenáculo nele escrevíamos. Bruno de Cádiz publicava as saudosas crônicas do Álbum do Minarete. Raul de Freitas, as suas tão sentimentais Recordações. Cândido apareceu nos primeiros números com a coluna Fen dé brut, assinando Bompard. Rangel assinava Bezuquet. Albino assinava Guy d'Hã. Ricardo também publicou no Minarete muitos dos seus sonetos e as traduções de Rostand e Lecomte.
> Os artigos de encomenda – os "pelouros" – eram os clássicos Melhoramentos Municipais, Cemitério Municipal, O calçamento, Fechamento de portas, Policiamento, Iluminação pública. Um dia aconteceu um caso curioso. Eu estava em São Paulo, morando na república do Cândido, e lá recebi uma carta do Benjamim: "Preciso dum artigo sobre a iluminação pública. Pinda está às escuras. O pessoal da Câmara quer iluminação a álcool; nós da oposição temos de querer outra – lampiões belgas, por exemplo. Meta o pau no álcool e defenda o lampião belga".
> Eu ia saindo para a aula quando recebi a carta, e disse ao Cândido que estava de folga: "Leia isso e faça o que o Benjamim quer". Quando voltei, de tarde, vi umas tiras na mesa do Cândido.
> – "Escreveu o que pedi?"

gostamos imenso – e foste proclamado o *primus inter pares* do Cenáculo. Enquanto o resto dessa cainçalha se amofina por aqui, infecunda e lorpa, só alcançando sucesso pela fúria,

– "Sim" – *respondeu ele lá da cama, onde lia o* Tartarin de Tarascon. *Corri os olhos. Infame! Havia feito uma molecagem. Propusera o lampião belga, mas viera com um exemplo da França, pura brincadeira na qual figuravam personagens do* Tartarin. *Dizia ele: "Em 1893 a cidade de Beaucaire, na França, passou pelas mesmas indecisões que nós. Queriam substituir a luz baça e insuficiente das feias e malcheirosas lâmpadas de azeite por coisa melhor. A Câmara Municipal, de que era presidente Mister Pegoulade, o mesmo que depois tanto se notabilizou na construção de pontes sobre o Ródano, abriu concorrência. Os projetos vieram aos milhares: a elegante luz elétrica, o álcool, o gás, tudo. Havia entre eles um mais humilde: o da iluminação de Beaucaire por meio de lampiões belgas, e tão vantajoso eram os seus termos, que a Câmara se deteve no estudo. Foi aceito esse projeto, e dali a seis meses, no dia 14 de julho de 1894, ocorreu a inauguração com a presença do prefeito e mais pessoas gradas. O efeito foi magnífico, com grande pesar dos despeitados (que existem em toda parte) e hoje raras são as cidades sobre o Ródano que não sejam iluminadas a lampiões belgas. Suas vantagens são enormes, e temos a certeza de que, aceito o nosso alvitre, dentro em pouco veremos as nossas ruas claras em vez de escuras, e não teremos a vergonha de dizer com que a Princesa do Norte é iluminada etc.".*

– "Ora, Cândido!" – *exclamei desapontado.* – "Pedi um artigo sério e você me vem com brincadeira. Beaucaire, Mister Pegoulade... Pontes sobre o Ródano... Não posso mandar isto."

– "Mande. Eles não percebem..."

Cocei a cabeça, indeciso. Mandar ou não mandar? Por fim, com preguiça de escrever outro, mandei. O Benjamim que decidisse.

Dias depois recebemos o Minarete de 16 de julho de 1903, com o artigo de fundo ÀS ESCURAS exatinho como Cândido o escrevera. Lá estava Mister Pegoulade, um dos heróis do romance de Daudet, transformado em Presidente da Câmara de Beaucaire, a cidade de Tartarin... E o curioso é que foi tiro e queda. Lida em sessão da Câmara por um vereador oposicionista, homem do Benjamim, a brincadeira do Cândido causou sensação. Se Beaucaire, uma cidade da França, resolvera assim o seu problema da iluminação pública, por que Pindamonhangaba não faria o mesmo? E o situacionismo foi derrotado. A Câmara aprovou a solução apresentada pelo artigo de fundo do Minarete. "E requeiro senhor presidente", disse o vereador oposicionista, "que este artigo seja transcrito nos Anais da Câmara para memória da posteridade." Foi aprovada a transcrição – e lá deve estar nos Anais da Câmara de Pindamonhangaba o artigo de brincadeira do Cândido...

Foi essa a primeira vitória de Benjamim nos negócios municipais. Abriu caminho para outras, e quando chegaram as novas eleições ele derrotou estrondosamente o situacionismo e virou o Mister Pegoulade da Princesa do Norte.

O Minarete foi um jornal sui generis, inteiramente fora dos moldes do jornalismo do interior. Escrevíamos para nós mesmos, para brincar uns com os outros, e como o Lino ou com desordens, como o Bruno, lá num socavão mineiro nosso Anjo progride desembaraçado e já apresenta contos dignos de Daudet[4].

Franqueza, Rangel, invejo-te muito! Nesse andar *chegarás*. Quem leu os teus comecinhos n'*O Combatente*[5] e agora

os leitores pindamonhangabanos viviam tontos com aquelas incompreensibilidades. O primeiro número abriu com o rodapé dos LAMBE-FERAS, um romance absurdo, de capítulos curtinhos e esquizofrênicos. Amostras:
CAPÍTULO V
Chegamos. Almoçamos. Descansamos. Dormimos.
CAPÍTULO XII
Em que em vez da "rapariga interessante" se fala no destino que teve uma dália murcha.
CAPÍTULO XVII
Que não passa dum parêntesis aberto no interior para tratar do inconveniente de se encherem demais os bules de café.
CAPÍTULO XXXV
(Suprimido, a pedido do bom-senso.)
Também no Minarete *saiu* O QUEIJO DE MINAS ou HISTÓRIA DE UM NÓ-CEGO, "romance joco-sério, em capítulos curtos e português de lei, com duas mortes trágicas e outras coisas interessantíssimas, no qual os autores deixam de escrever os pedaços que os leitores habitualmente pulam". *Era meu e do Rangel, mas não chegou a bom termo. Em dado momento impliquei-me com um dos personagens do Rangel e matei-o. Rangel revidou, matando um dos meus – e assim foi até ficarmos em campo só nós dois, os autores. Et le combat cessa, faut de combatants...* Nota da edição de 1948.

[4] *Primeiro conto de Godofredo Rangel no* Minarete, Simbólico vagido, *no qual descreve o seu próprio nascimento e o seu primeiro vagido...* Nota da edição de 1948.

[5] *Oscar Breves, sizudo funcionário dos Correios, mantinha um jornaleco desses de "pegar anúncios"* – O Combatente. *Um dia os rapazes do Cenáculo "invadiram" o jornal de Oscar Breves e transformaram-no em algo supremamente vivo. Nele publicou Rangel um longo itinerário de viagem,* De São Paulo ao Guarujá, *um primor de descritivo em que denunciava o seu talento. Rangel empreendera essa viagem com apenas 7 mil-réis no bolso, e teve de voltar de Guarujá a Santos a pé, assustando os caranguejos da lama preta do mangue e alimentando-se de pão e bananas.*[*] *O nosso introdutor n'*O Combatente *fora o Ricardo, pelo qual o Oscar Breves tinha uma admiração*

[*] Consultei-o sobre este ponto, e em carta de outubro de 1943 veio esta nota: "Viajei com 7 mil-réis no bolso, o que dava para a passagem de segunda e para comer alguma coisa pelo caminho (deu para umas sardinhas e um café); o 'café', tomado em Santos no dia da volta, consistiu numa média de 60 réis e um pão de 40 réis, se não me falha a memória. Como única bagagem levei um cobertorzinho e a escova de dentes... Eu não sabia que a passagem da barca dava direito à viagem de trem na ilha, e por isso fiz o trajeto a pé, ida e volta, aí seus nove quilômetros".

lê o teu *Vagido*, apalpa o progresso. Mas deixemos isto, porque tens a mania de modéstia e o sestro de me considerar irônico. Sigo logo para a fazenda e quero de lá corresponder-me contigo longa e minuciosamente, em cartas intermináveis – mas é coisa que só farei se me convencer de que realmente queres semelhante coisa.

Mando um *Estado* com o discurso do Ramalho Ortigão, e o começo do meu *Diário*. E vai uma revista com capa minha.

Responda sem demora se está disposto a ser caceteado à distância – telecaceteado! Pode dirigir a carta para Taubaté, para onde sigo nestes três dias.

YEWSKY

---

em que metade era medo. Fez parte do "comando" invasor o Tito Franco, um rapaz sem pescoço, atarracado, famoso em São Paulo pelo seu extraordinário talento e pelo horror que tinha aos banhos. Tito Franco inventou logo uma scie. Em cada número d'O Combatente ele tomava à conta um figurãozinho qualquer da mocidade elegante de São Paulo e "serrava-o". A primeira vítima foi Heráclito Viotti, moço muito evidente e feio. O até então austero jornal do Breves, tão respeitador de tudo, incapaz de rir-se, sempre cheio de artigos severíssimos (como a série Grêmios da Defesa Nacional, *do próprio Breves), apareceu inopinadamente com versos do Ricardo, crônicas e brincadeiras dos outros e o tal itinerário do Rangel. Mas o pior foi que entre um artigo e outro vinha um "bigode" com uma frase em negrito dentro – artes do Tito Franco – e todas as frases cantavam, com variante de forma, sempre a mesma coisa: a feiura do Viotti. Um dizia: "Como é feio o Viotti!". Outro dizia: "Mas é muito feio o Viotti!". E outro: "É feio demais o Viotti!", e assim por diante. O Breves, coitado, ficou muito vexado com aquela quebra de compostura, mas como reagir contra toda uma alcateia de cães terribilíssimos? E acovardou-se. No número seguinte a vítima foi um Benedito de Sales Guerra, moço da moda. Tito Franco implicou-se com a sua elegância e fez os "bigodes" assim: "Como é elegante o Sales Guerra!" – "Mas é muito elegante o Sales Guerra!" –"Para elegância, o Sales Guerra!" e vinte vezes isso pelo jornal inteiro. E desse modo viveu* O Combatente, *a publicar as nossas maluquices, até que o Breves foi chamado à polícia e teve de fechar o pobre jornal. A razão da scie, na explicação do Ricardo, era que, para justificar o título,* O Combatente *tinha de combater qualquer coisa – e não somente a gramática, como quando o Breves o escrevia sozinho... Nota da edição de 1948.*

São Paulo, 1903.

Rangel:

Ainda com os dedos trôpegos dum interminável ponto de Direito de Falências que acabo de copiar, venho responder à tua carta, que esteve encalhada no Minarete, do qual eu e Ricardo fugimos e está agora habitado só pelo Nogueira. Anda o Nogueira injetando vida e calor no corpo apalermado do Cenáculo, espantando o tédio mortal que nos ia consumindo. Vive a citar Voltaire e Max Nordau, todo ideias "caóticas e proteicas", como ele mesmo as classifica. Ricardo batizou-o de "anacronismo ambulante". Será, mas é antes de tudo um fole, um insuflador de vida. O depauperado Cenáculo reviveu, coisa que parecia impossível. Todas as noites, no Café Guarany, três, quatro, cinco e às vezes todos os cenaculoides nos reuníamos, e nos olhávamos sonolentos, chupando cigarros silenciosamente, sem que uma ideia viesse sacudir os nervos dos cenaculoides embotados. O Cândido puxava mais uma história dos seus famosos tios; o Tito lançava à mesa um trocadilho nojento. Ricardo não tirava os olhos de moscas invisíveis; o Albino bocejava. Só a força do hábito nos arrastava àquela mesinha para mais noites de tédio em comum. Nem o Raul tinha ânimo de vir com "uma do Eça" – e Lino, o irascível, desertara. Pois bem: o Nogueira aparece lá uma destas noites e tudo se transforma. Trava-se logo violentíssima e intérmina discussão em que saiu tudo, desde o Jeová bíblico até o Macuco. Choque elétrico! Todos nos lançamos contra o Nogueira, todos nos acotovelamos para "lapidar" o Nogueira! Até o Lino emergiu da rua XV em garoa e veio berrar. O Cândido zumbia como mamangava. O Albino gania. Tito zurrava. Pandemônio puro. *Té*, Nogueira!...

Lobato

São Paulo, 1903.

Bezuquet:

Não és capaz, nunca, de adivinhar o que estou comendo. Estou comendo... Tenho vergonha de dizer. Estou comendo um companheiro daquilo que alimentava São João no deserto: içá torrado! Sabe, Rangel, que o içá torrado é o que no Olimpo grego tinha o nome de ambrosia? Está diante de mim uma latinha de içás torrados que me mandam de Taubaté. Nós, taubateanos, somos comedores de içás. Como é bom, Rangel! Prova mais a existência do Bom Deus do que todos os argumentos do Porfírio de Aguiar. Só um ser Onipotente e Onisciente poderia criar semelhante petisco.

Mas deixemos de lado o Içá e o seu Excelso Criador e falemos do teu cartão do dia 17. Sabe quando consegui agarrá-lo? Ontem, 11! E sabe onde? Na insondável profundidade daquilo que com tamanha modéstia o Nogueira chama "bolso". O Bolso do Nogueira! Tremei, futuros cartões do Rangel! Aquilo é o Báratro! É o Elevador do Jacinto Galião. O que lá cai, engancha como o peixe do Grão Duque.

A pesca do teu cartão processou-se no Guarany sob a expectativa ansiosa de todos. A mão do Nogueira desceu às profundas do Báratro como um escafandro; e lá dentro, com muita perícia, aqueles dedos teológicos agarraram o soterrado e o foram tirando, lento e lento, num esforço de fórceps. Respirações suspensas! A música para! Por fim surge à luz do gás o teu cartão, Rangel – o primeiro chegado daí.

Lemo-lo com unção. No pedacinho em que dizes: "Dia e noite erro por montes e vales...". Tito desfechou o trabuco do trocadilho: "Ah, ele *erra* por montes e vales? Como *acertou* indo para lá!". Pausa para a pancadaria grossa; só depois da chacina do Tito é que a leitura prosseguiu.

O nosso Minarete havia desabado[6], mas com a entrada lá do prodigioso ermitão Nogueira as ruínas "desarruinaram-se".

---

[6] *Alusão a um artigo do Rangel,* Se o Minarete desabasse... *Nota da edição de 1948.*

Ele é uma prodigiosa trombeta de Josué às avessas. O Nogueira é a Guerra, é a Teologia Beligerante! É Louis Veuillot! É novamente Ezequiel!

Andamos agora cheios de projetos grandiosos. Em janeiro vamos nos meter pelos sertões da Mantiqueira para apalpar o terror cósmico e ler Nietzsche berradamente do alto das maçarandubas. E panteizar. Em fevereiro, uma algara contra Buenos Aires. Em março, o lançamento d'*O Gato*, todo unhas e mios famélicos. Em junho...

Exames adiados para dezembro. Companhia de operetas num sucesso doido. Tito falou na aula do Lessa sobre a morte do Ferreira Viana. O Largo do Rosário, firme no mesmo ponto[7]. Raul mais cheio de "ohs" do que nunca. Ricardo, uma mistura de sambuca, versos, tédio e extravagâncias. Cândido, magro e intragável, todo tios. Lino, nervoso como sempre e felídeo: arreganha e morde. São as notícias da terra e do bando.

LOBATOYEVSKY

P.S. O *Minarete* vai sair em formato maior.

---

[7] *O Largo do Rosário, assim chamado porque ficava ali a igreja do Rosário, traz hoje o nome de Praça Antônio Prado. São Paulo tinha naquele tempo uns quatrocentos mil habitantes. O Triângulo, formado pelas ruas XV de Novembro, Direita e São Bento, era a sala de visitas da cidade, e o Largo do Rosário, ponto de confluência da rua XV com a de São Bento, constituía a capital do Triângulo. "Fazer o Triângulo": expressão das mais comezinhas. Depois do jantar toda gente ia fazer o Triângulo, e lá todo mundo encontrava todo mundo. O ponto de parada das rodinhas era o Largo do Rosário – as rodinhas literárias, as esportivas e as elegantes. O primeiro de nós que chegava, parava – ficava à espera dos outros. E vinham os outros – era infalível. Depois de reunidos, íamos para o Café Guarany, no começo da rua XV, e lá ficávamos até tarde, a beberricar "laranjinhas" (100 réis o cálice). No Guarany tínhamos a "nossa mesa", a primeira da entrada, à direita. Nota da edição de 1948.*

São Paulo, 13 de dezembro de 1903.

Rangel:

Venho da casa do Ricardo, que esteve uns dias de cama, tomado de febre: ressaca de idílio com uma moreninha do Brás. E deu-me um papel dizendo: "Carta do Rangel". Meti aquilo no bolso e vim. Depois de refestelado, abri e *qu'est ce que c'est que ça?* Papiro egípcio? Coisa cuneiforme da Babilônia? Mas como não sou Champollion, examinei o papel e fiquei na mesma. Em todo caso, como Bruno classificara aquilo de "carta do Rangel", fui obrigado a admitir que sim – mas não em consequência dos meus esforços decifratórios. Depois tive a intuição de tudo. Você leu que Zola havia perdido as suas primeiras obras por impossibilidade de decifrá-las e quer que aconteça o mesmo com as tuas primeiras cartas. Pois está acontecendo – e pelo menos nesse ponto estás igualado a Zola.

Amanhã entro em exame. O Albino já rodou para Ribeirão Preto com lata ao rabo – um miserável grau 4. E aquele Sheridan[8] que nos desancou a todos, menos a você, é mesmo o

---

[8] *Pseudônimo de Lino Moreira, com o qual assinava os artigos publicados no Minarete. O primeiro artigo de Sheridan foi um tremendo ataque ao Cenáculo, do qual só foi poupado Godofredo Rangel, o mais querido de todos pela sua extrema bondade e delicadeza. O ataque de Sheridan apareceu no 21º número do Minarete sob forma de carta ao Redator: "Eis em dois traços, senhor Redator, quem sou: um neurastênico, doente febril, alucinado; na cabeça, um caos de visões sombrias e fantasmas; na língua, o prurido da difamação; na alma, ódio e fel; e nas resfolegantes narinas, o faro do ridículo, do ignóbil, do imbecilizante. Modificando algo da minha terrível índole, consegui conviver algum tempo com meia dúzia de precoces temperamentos literários já dignos de análise. Desabrocham esses espíritos tenros e notavelmente pretensiosos dentro dum vocábulo engraçado e cristão – o Cenáculo. Estudei-os com requintado regalo de feroz apreciador da pretensão humana: meia dúzia de rapazes fundamentalmente parvos... E note, Egrégio Redator, que nesta incultíssima Pauliceia eles são o escol, a gema puríssima do espírito nacional, o seleto pensamento latino em seu máximo esplendor. Vejamos com rapidez o desfile dos silhuetados:*

"1) Yewsky (Lobato): baixinho, miudinho. Moreno e rosto de expressão incolor. É o magister dixit *da comandita de elogios mútuos. Espírito multiforme e versátil, elástico e científico (supõe-se ele). Muda de opiniões mais ou menos filosóficas com a sofreguidão dum comboio célere através de florestas. Intolerante e extremado no que escreve. Cultiva o mais escabroso gênero literário, a crítica. Estuda muito. Lê obras ponderosas... Escreve romancecos e esboça infames aqua-*

Lino. Bem que tentou esconder-se, desancando-se também a si próprio – mas o estilo é o homem, e o Lino está mais ali do que

relas. Quando fala, ou preleciona (o mais comum), numa vozinha alambicada, expremendo as mãos, deixa transparecer nos lábios sarcásticos uma ponta de superioridade, seguro de si, orientado solidariamente pela meditação de pesados autores e provoca silêncio ou sono. Chama todo mundo de imbeci-i-l. Em resumo: farofas de filósofo num cérebro de literato à Machado de Assis.

2) Cândido Negreiros: o mais irritante de todos. O mais aristocrático, o que mais bem se veste. Mania de viagens. Feio e antipático, é seco no trato. Voz pausada e todo ele pretensões. Fumaças de escritor elegante ou, melhor, galante... Possui tios aos milhões e todos esses tios são heróis, fidalgos, talentosos. Amigos de caçadas. Filhote espúrio do Graça e do Eça.

3) Bruno de Cádiz (Ricardo): Seria um apreciável tipo de meridional se não fosse um pequeno defeito físico num dos braços e o ar gingado de capoeira. É poeta... sentimentalismo piegas cheirando a caipira e atraso. Tem alguns sonetos sofríveis. É um agitador socialista, de um niilismo vermelho e desorientado. Não é orador, não é polemista, não tem a solidez, robusta de preparo, dos paladinos das grandes ideias. Lírico sediço e incaracterístico. Victor Hugozinho da roça...

5) Martinho Dias (Tito Brasil): Este é pavoroso! Vem das noites sombrias da história do Curso Anexo e vai para a eternidade das reprovações. Estudante crônico. Alto, corpulento, o andar mais impagável do mundo: parece um régulo da Hotentócia, balançando a majestosa figura por entre a turba de basbaques que o temem, cheios de espanto. Tipo vulgar, plebeu e por isso popularíssimo. É, ou diz-se, jornalista. Desde menino de 3 anos que 'desbastava' o estilo. Falador de péssima dicção e grotesca expressão, muito afetada. Faz trocadilhos tão maus que só a Inquisição lhe daria as penas merecidas" – e por aí além. Lino desanca a todos, arrasa-os a todos, menos ao Rangel, do qual diz:

11) Rangel, o anjo do Cenáculo. Muitíssimo simpático, grande pureza de linhas. Olhos grandes e bons, meigos, de grande ternura. O fulgor de seus magníficos olhos tem qualquer coisa de paternal e irônico, mas de uma ironia leve, fina, aérea, encantadora. Bondosíssimo. Trato de moça, cativante, suave, irresistível. Generoso, modesto, duma modéstia sincera. Belo e robusto talento. Tem contos e descrições admiráveis. Há de notabilizar-se na literatura como o maior e mais brasileiro dos nossos contistas. Agora estuda a natureza da montanhosa Minas. Belas páginas! Seu estilo nervoso e cantante tem em cada cenaculoide um apaixonado saboreador. Muito de Bourget e tudo de Daudet".

A bomba de Sheridan foi o grande sucesso literário de Lino Moreira, e o fato de em onze retratos só poupar ao Rangel prova que encanto era o Rangel para todos nós. Mas Lino também traçou o seu próprio retrato, ótimo como caricatura:

4) L. M. Este moço tem muito de arlequim e palhaço, com excessos de ademanes, trejeitos e parolice estouvada e estafante de arengador romântico. É o mais acabado tipo do 'falador' nacional. Barulhento e superficial. Fala por todos os poros. Mania de discursos; celebrizou-se como fazedor de brindes e artigos sibilinos, inextrincáveis, fabulosos. Falta-lhe imaginação poética, nutrida de metáforas, calor, vida, brilho, elevação. Não tem nada disso. Se crescer e aparecer, será mais um papagaio chato e nulo numa cadeira de deputado...". Nota da edição de 1948.

na rua Bráulio Gomes[9]. Ricardo entristeceu com a referência ao defeito do braço – e de toda a descalçadeira foi o de que não gostamos. O resto está ótimo – e estimulante. E aquele Souza Castelo, que nos "A pedidos" do *Minarete* surgiu em defesa do Cenáculo, é o Tito. Está uma defesa pior que o nariz dele.

LOBATO

* * *

TAUBATÉ, 28 DE DEZEMBRO DE 1903.

Rangel:

Escrevo ao pingar duma chuva miúda e sem-fim que nos alaga há dois dias. As ruas são passagens de lama bem amassadinha pelas rodas dos carros e patas dos animais. Sair é um impossível, e chega a ser rasgo de ousadia pôr o nariz fora da janela. Estamos encarcerados numa prisão de fios de chuva – coisa mais aprisionante que grades de ferro. Leio, leio interminavelmente. Meus olhos já estão cansados. Lamartine me faz ver a Revolução Francesa, com Mirabeau, Théroigne de Méricourt, Lafayette e o resto; recita-me arengas de Lameth, Robespierre e Marat; descreve-me o caráter altivo de Madame Veto, de par com a molenguice toicinhenta de Luís XVI. Quando Lamartine me cansa, mudo-me para Zola na história de Gervaise Coupeau, dos invejosos Lorilleux, da promissora Nanazinha. Ainda há pouco, ao fechar o *Assommoir*, estava Zola a descrever-me o jantar da *blanchisseuse avec un tas d'amis ouvriers, polissons pleins de gaieté, de debarbouillements, de fripouilles emousseuses*. Farto de Zola, pulo para Michelet na sua visão da Índia primitiva; ele começa bem mas entusiasma-se a ponto de dar pinotes; e eu, assustado, fecho o livro – fecho a boca de Michelet. Vou então para Renan – o sereno evocador da verdade. Renan é água clara e filtrada. Descansa-me. Ainda ontem esteve a explicar-me o *Eclesiaste*, esse tão amado livro

---

[9] *A família do Lino morava na rua Bráulio Gomes. Nota da edição de 1948.*

do Jacinto Galião – e lá vi eu a fonte em que Nobre & Cia. bebem inspirações. Aquele: "e isto não será também vaidade?" é uma novidade velha como Matusalém. Hoje pedi uma conferência ao senhor Oliveira Martins, e nem bem começou ele: "O socialismo é a evolução..." alguém me chamou e lá deixei o homem latindo. Ontem o amigo Eça me enfiou a história dum frei Genebro, santo que se rebolava em estrume de boi para castigar a carne inocentíssima, e que apesar disso foi para o banho-maria do Purgatório. Um leitãozinho de três pernas (a quarta ele assara e comera) havia pesado mais na balança do Supremo Juiz do que todo o esterco do refocilamento. Eça está muito querido cá em casa; todos o "adoram". A semana passada apareceu-nos um comediógrafo, José Piza, e durante três dias só lidamos com o Eça. Meu avô lê a *Cidade e as serras*, minha irmã lê a *Ilustre casa de Ramires*, eu leio suas histórias de santos – e como somos só três neste imenso casarão, não erro dizendo que a casa inteira lê o Eça.

E você? Conta-me tudo – os planos, as novas ideias, a influência do queijo em tua mentalidade. Lino entra em exame amanhã. Tito arrancou um plenamente em Filosofia e deixou o resto para março. Cândido extorquiu plenamente em todas as cadeiras. Do Ricardo e do Raul nada sei.

LOBATO

1904

TAUBATÉ, 4 DE BRUNO DE 1904[1].

Rangel:

Acabo de ler tua carta e dou parabéns pelo "bisbilho". Ótimo! Vou adotar. Não está em nenhum dicionário. Sonoro e lindamente onomatopaico. Uma floresta vive cheia de bisbilhos.

Queres a minha opinião sobre a *Canaã* e a *Chácara*, e insistes nisso. *Canaã* é o que chamam uma "obra forte", e "obra forte" quer dizer "obra fraca". Não é paradoxo. As "obras fracas" no presente são as incompreendidas, ou de compreensão só possível no futuro. E as fortes são as que de tal modo satisfazem às exigências do presente que provocam estouros de entusiasmo – obras despóticas. Mas passam com a passagem dessas exigências. Acho a tese de *Canaã* muito atual: imigração, colonização, absorção etc. Quando tudo mudar, daqui a cem anos, quem vai interessar-se pelas ideias de Milkau e Lentz? Quem hoje lê os romances sobre a escravidão? Os argumentos da *Cabana do Pai Tomás* nos fazem sorrir – e eram tão fortes no tempo que deflagraram uma guerra. Os romances de Madame de Staël nos dão ideia de anquinhas, saia balão. Canaã será um

---

[1] *Cada apelido dos membros do Cenáculo correspondia a um mês do ano. Bruno (de Cádiz), de Ricardo Gonçalves, era janeiro. Ver Primeira carta, p. 38. Nota da edição de 2010.*

grande livro enquanto perdurarem os nossos problemas imigratórios; depois irá morrendo – e os futuros leitores pularão os pedaços de Lentz e Milkau. Já o *Brás Cubas* é eterno pois enquanto o mundo for mundo haverá Virgílias e Brases; mas Milkau é um metafísico de hoje, tem ideias de hoje e filosofa hojemente; amanhã só será lido pelos futuros Melos Morais.

Quanto à tua *Chácara*, está primorosa – mimosa, bem lapidada. Há umas coisinhas. Aquela "cabeça derrubada sobre o colo" me soa mal. Derrubar uma árvore, derrubar um trono; para a cabeça duma pobre velhinha fica melhor "pendida". Na propriedade da expressão está a maior beleza; dizer "chuva" quando chove – "sol" quando soleja. É a porca que entra exata na rosca do parafuso.

"Balbucio adorável." É preciso expulsar do teu vocabulário este adjetivo que o Macuco e a pandilha do Brás puseram a perder. O "adorável" está babado demais, gosmento. "*Doídas saudades*": é um perigo este adjetivo; fatalmente o tipógrafo comporá "doidas" e o revisor deixará passar. "Espaços trêmulos de asas *ruflantes*": resto do nefelibata; coisa sonante, harmoniosa, mas *trop litteraire*. "O baque dos monjolos *percutia*": acho o "percutir" muito de gatilho de arma, muito metálico; monjolo é pau e um pau que bate noutro não percute, dá um choque balofo. O "sem-fim das colinas" está magnífico. É teu? Quanto ao fecho (a pergunta final), não compreendo bem a sua razão de ser. Tudo mais, ótimo.

Sapho de Daudet, tenho. Mais alguns Maupassants, aceito. Dos romances só li *Bel ami* e *Notre coeur*. Há outros? Pierre Loti é uma besta. Afeta simplicidade. Em água assim rasa, só temos guarus e sapinhos rabudos. Mas nas profundidades dum Dostoiévski há todos os peixes – pesadelos do mar – e até aquela serpente marinha de Kipling, que não existe.

Recebi os retratos e o desenho. Cultive. Pegue no lápis e desenhe do natural. Nada de cópias. Croquis só.

Li 1.500 páginas de Lamartine e estou saturado. Mais tarde te contarei a minha doença: *delirium legens*, espécie de *delirium tremens* dos bêbados. Leio tanto, que quando vou para a cama meu cérebro continua a ler maquinalmente.

Tenho muitas novidades. Quando tua provisão aí escassear, dá o brado. Tenho um Renan inteiro – e que homem! Que estilo de fonte!

Comecei, no *Minarete, Memórias dum velho*. Imagino-me velho e de retorno da Europa, e conto o estado em que encontrei todos os amigos.

LOBATO

* * *

SÃO PAULO, 10 DE JANEIRO DE 1904.

Rangel:

Tua carta é um atestado da tua doença: literatura errada. Julgas que para ser um homem de letras vitorioso faz-se mister uma obsessão constante, uma consciente martelação na mesma ideia – e a mim a coisa me parece diferente. Tenho que o bom é que as aquisições sejam inconscientes, num processo de sedimentação geológica. Qualquer coisa que cresça por si, como a árvore, apenas arrastada por aquilo que Aristóteles chamava enteléquia – e que em você é o rangelismo e em mim o lobatismo. Deixa-te em paz, homem, não tortures assim o teu pobre cérebro. Andas a fazer com ele como os comilões ininteligentes que comem até adoecerem. Esqueça que há literaturas no mundo e viva aí uma vida bem natural. Ande muito a pé ou a cavalo, converse com toda gente, coma bem, namore caboclinhas nas estradas, vá aos serões do senhor Cura, arrote – e quando dormir, ronque. Verás que boa é a vida sem literatura. E também verás como fica boa a literatura quando o corpo está contente.

Já notei que esses constantes e permanentes contatos com as Grandes Ideias e os Grandes Prestígios operam do mesmo modo que aqueles inúmeros "confortos" do Jacinto Galião das *Cidades e as serras*. Enfaram, esmagam. Pensamos que aquilo saiu da cabeça dos autores como Minerva da cabeça de Júpiter e achamo-nos inferiores, com grande dor do nosso amor-próprio. E, perturbado, com os olhos tontos pela doença, chegas até a ver em mim *algo nuevo*, quando na realidade o que há é um pouco da coisa saborosa que o Sieur de Montaigne inventou (literalmente): bom-senso, *horse sense*, como dizem os ingleses

– senso de cavalo. O Bom-Senso é a filosofia da justa medida, do ver claro, do enxergar até de noite, como os cavalos.

Perguntas quantas horas "literatizo". Nem uma, meu caro, porque só leio o que me agrada e só quando estou com apetite. Não troco uma conversa com uma macaquinha (o sexo na mulher corrige a banalidade, no homem agrava-a, diz Machado) pela melhor tragédia de Eurípedes, porque por mais banal que seja a moça é sempre mais humana que um livro – e o humano quer o humano. Ler e comer, só quando há apetite; fora daí é uma insuportável *corvée*. Também não escrevo por obrigação. Escrevo quando os dedos comicham – ou quando o Benjamim me *força* a escrever. Neste caso é o meio de ver-me livre do Benjamim. Não tenho horas prediletas – minhas horas são as que coincidem com a disposição. Há horas em que nos sentimos extraordinariamente aptos para pensar e tudo nos vem fácil e claro. Outras há em que estamos imaginosos, todos cheios de casulos a picarem, como ovo na hora de sair o pinto. Queira você tirar o pinto antes do tempo – o pinto morre. Estômago e cérebro: duas respeitabilidades. Respeitemo-las, Rangel.

Estou de viagem para Taubaté, onde vou ganhar dinheiro e juntá-lo para o sonhado *tour du monde*. Podias te mudar para lá e organizaríamos o truste da advocacia no norte de São Paulo. O Benjamim seria o nosso representante em Pinda e o Pereira de Matos em Caçapava. *Sare*, homem! estás malíssimo de ingurgitamento literário. Vomite o Flaubert.

LOBATO

P.S. Ontem, no Largo do Rosário, classificamos a Cainçalha (não é mais o Cenáculo). Ricardo: Cão Lírico que ladra à lua; Tito: Cão Rafeiro, ou como propôs o Raul, Cachorro, só, sem mais nada; Lobato: Buldogue; Edgar: Cão de Fila; Raul: cachorrinho de estimação ou cãozinho de colo; Cândido: Cão de Raça; Rangel: Cachorro de caipira; Lino: Cachorro que late e não morde; Tito Franco: Perro Imundo; Nogueira: Podengo de Clérigo; Júlio Costa: Cachorro Ensinado; Albino: o Cunegundes. Lembra-te o Cunegundes, aquele vira-lata que vivia pelos cafés e restaurantes, um velho cachorro à toa, sem dono?

LOBATO

TAUBATÉ, 20 DE JANEIRO DE 1904.

Rangel:

Tua carta veio como aragem. Eu estava com saudades dum voo e aqui não há asas – só se discutem coronéis políticos e namoros. E eu estava cansado, esmagado pela genial estopada do maçante Zola no *Travail*; andava descontente comigo mesmo, com as minhas ideias, com estes miolos que quanto mais aprendem menos sabem, e a pensar na morte – todo ódios e invejas. Tua carta foi um sopro em queimadura. Vou responder longamente, porque enquanto escrevo as ideias-morcego não me perseguem; e vou dar largas ao meu magisterdixismo. Bem que eu procuro humilhar essa feição do meu espírito. Ela teima. Mas acho que hoje amarrei o magister na argola do canil.

Meu Soriano de Sousa está em São Paulo, no fundo dum caixão, ou dum dos meus caixões, o que é pior; impossível te servir. De Daudet só tenho aqui *Nababo*, *Tartarin*, *Jack e Sapho*. E as cartas do moinho. E tenho ainda algum Machado de Assis, algum Eça, Herculano e... os *Dez contos* do Goulart. O Goulart é o meu Montaigne – o livro de cabeceira. Ali aprendo como não se deve escrever. A biblioteca de meu avô é ótima, tremendamente histórica e científica. Merecia uma redoma. Imagina que nela existem o *Zend-Avesta*, o *Mahabarata* e as obras sobre o Egito de Champollion, Maspero e Breasted; e o Larousse grande; e o Cantù grande; e o Élysée Reclus grande; e inúmeras preciosidades nacionais, como a coleção inteira da *Revista Ilustrada* do Ângelo Agostini, a do *Novo Mundo* de J. C. Rodrigues e mais coisas assim. Há uma coleção do *Journal des Voyages* que foi o meu encanto em menino. Cada vez que naquele tempo me pilhava na biblioteca do meu avô, abria um daqueles volumes e me deslumbrava. Coisas horríveis, mas muito bem desenhadas – do tempo da gravura em madeira. Cenas de índios *sioux* escalpando colonos. E negros achantis de compridas lanças, avançando contra o inimigo numa gritaria. Eu ouvia os gritos... E coisas horrorosas da Índia. Viúvas na fogueira. Elefantes esmagando sob as patas a cabeça de condenados. E tigres agarrados à tromba de elefantes. E índios da Terra do Fogo, horríveis, a comerem lagartixas vivas. E eu via a lagartixa bulir... E tragédias do centro da Ásia e lá das Guianas. O rio Orinoco me impressionava muito. Eram os romances de aventuras de Gustave Aimard e Mayne Reid. Certa vez encontrei naquela biblioteca um álbum de fotografias que me tumultuaram o sangue: só mulheres nuas!... Mas não eram mulheres nuas, Rangel: eram nus do Salon. Eu não sabia distinguir. Também encontrei lá todas as obras de Spencer. Essa biblioteca, pela maior parte, fora dum filho de meu avô que depois de formar-se em São Paulo deu de correr mundo, andou pelo Egito e outros países históricos, apanhou febre na campanha romana e morreu num hotel de Nápoles. Secretário de legação. Sua bagagem veio para Taubaté, com os mais preciosos e curiosos livros comprados aqui e ali.

Obrigado pelo *Mont Oriol*. *Pierre et Jean* já li. *Toine*, não. Escreveste à margem: "Sigo para São Paulo a 2 de Raul". Que mês é Raul?

E agora, um puxão de orelhas: por que usas etiqueta comigo? Tuas cartas vivem cheias de "faça o favor", "se não for incômodo", e mais fórmulas da humana hipocrisia. São tropeços. Quando te leio, vou dando topadas nisso. Faça como eu. Seja bruto, chucro, enxuto.

Tuas cartas me são um estimulante; obrigam-me a pensar, abrem-me perspectivas. Mas estás um homem cheio de vícios mentais e cacoetes. O pior é a mania (que acho irônica) de te rebaixares e me pores nas nuvens (como o Rei dos Judeus), quando na realidade não passamos, os dois, de duas "sedes de saber", de duas "fomes de expressão" em tudo equivalentes. Que graça, botar a minha sede acima da tua! Sede é sede. Outro vício teu é a tal modéstia. Parece que você faz da modéstia palanque donde melhor regalar-se com a vaidade humana. Seja todo portas e janelas abertas, homem!

Queres mais impressões sobre *Canaã* (note que não digo "minha humilde opinião", "meu fraco parecer". Para quê?). Li *Canaã* num exemplar do Cândido, faz tempo, e achei um livro forte, sadio, certo – e com excelentes paisagens. Na pintura de cenas Graça Aranha é criador. Tudo vive. Na cena do teodolito, ao lado do magistral desenho do caráter de Felicíssimo – que é a vasta classe dos mulatos pernósticos – há na boca do alemão um "Estes mulatos!..." que pega muita gente. Outra cena que me ficou:

a do caçador morto no ranchinho, rodeado dos cães amigos que lhe defendem o corpo contra a invasão dos *padres*. Originalíssima e com uns toques épicos. Suas descrições de florestas fazem-me sentir um mormaço e um cheiro de folhas e musgos molhados. Não é mais a mata descrita pelas receitas de Chateaubriand. É mata, mato de verdade. Os escuros dos verdes, os úmidos, os fofos, a calma dos troncos, a paciência de tudo, a paulama, a cipoeira, os farfalhos – todo o "jogo de futebol parado" da botânica. Equivale a Antônio Parreiras – o nosso único pintor que pinta matas certas.

A nossa justiça está ali "escarrada"; posso dar outros nomes a todos aqueles tipos forenses.

O livro conduz duas coisas paralelas, uma realista, outra simbólica. Milkau e Lentz são dois *revenants* do tempo de Byron vestidos à moderna, que passam pelo romance como nuvens, filosofando ao modo de Goethe no *Wilhelm Meister*, defendendo ideias polares – mas ligados pela mesma superioridade mental; Milkau simboliza a boa Alemanha contemplativa e musical, e Lentz simboliza a Alemanha perigosa que eu tenho medo surja de Nietzsche. São os Froments dos "Evangelhos" de Zola. Embaixo desse nevoeiro de filosofia, a boiar mansamente por toda a obra, vemos a vida brasileira sem nenhuma deformação patriótica, com todas as suas chinfrinices – e personagens apequenados pelo contraste com a violentíssima natureza tropical.

Acho Graça Aranha novo. Abre caminho para o artista-filósofo, o artista de cultura moderna que há de substituir os meros naturalistas descritivistas à Zola (mas sem o gênio esmagador de Zola). Zola me lembra o martelo-pilão das fábricas de ferro; os seus imitadores são martelos de quebrar coquinhos. O naturalismo foi uma reação violenta contra os exageros do romantismo. Mas o naturalismo passou da conta e por sua vez está provocando reações. O naturalismo acabou em fotografia colorida. O adjetivo de que o Macuco mais gosta deve ser o "nítido", e não há cretino que ao dar opinião sobre *qualquer* pintura (a *Gioconda* ou um Corot) não venha com o clássico: "Como está nítida!". Pois foi isso. O naturalismo morreu no nítido fotográfico.

Graça Aranha é um artista e um sociólogo; este passará mas aquele fica; os sociólogos lidam com problemas passageiros; só os artistas lidam com coisas eternas.

Se gosto de Stendhal? Imenso. Amigo velho na história da pintura, nas viagens, nas "promenades" em Roma, no *Le rouge et le noir* (um assombro!), na *Chartreuse de Parme*. A descrição que Stendhal faz da batalha de Waterloo é a maior das maravilhas. O herói não viu nada, só viu a si mesmo e aos companheiros mais próximos, e as cercas que andou pulando na fuga. Mais tarde é que veio a saber que aquilo fora a famosa batalha de Waterloo. No *Le rouge et le noir* o vermelho é o espírito napoleônico e o preto é o padre – a Reação. Stendhal tem relâmpagos; é sempre original, quase sempre sincero e poucas vezes atraente (à moda dos "fáceis"). Gênio.

Estou agora em Shakespeare, a *Tempestade* e Oliveira Martins, *Teoria do socialismo*.

De Goethe só tenho o *Fausto* na tradução de Gerard de Nerval, o *Wilhelm Meister* – e as conversas com Erckmann.

Ando com ideia de traduzir o *Príncipe* de Maquiavel. Nossos tempos são corruptos, sem estilo e sem filosofia. Com o Maquiavel bem difundido, teríamos um tratado de xadrez para uso destes reles amadores.

Chega. Não tenho tido notícias de ninguém do Cenáculo.

LOBATO

* * *

TAUBATÉ, 5 DE FEVEREIRO DE 1904.

Rangel:

Salve! Aplaudo com viva satisfação tua ideia de zéfernandear jacinticamente na doce paz desses vinhedos de Caldas, entre bons queijos e tijelões de leite gordo, a respirar o cheiro dos capins-melados e a morrinha do senhor Cura. Mas não te desleixes do Horácio e do Virgílio das *Bucólicas* para irrigação das flores do espírito nas noites calmas, depois de jantares bem arrotados. Que concilies sabiamente a dupla cultura do cérebro e do estômago. Sei que andas firmado em bons princípios, embora a alguns eu possa opor opiniões em contrário, como à tua ideia do mal de vinho e leite juntos no estômago, "porque vira queijo". Que importa que o queijo entre feito ou seja feito lá dentro? Um velho curandeiro instruiu-me nestas ciências. Quanto à "quentura do abacaxi", diz ele que os organismos variam, e o que é equador para um pode ser polo para outro. E documentou o asserto com o pão, que é quente para o forneiro e fresco para o freguês. No mais, de pleno acordo. E que tal o *Tratado das couves*? Vou mandar-te uma assinatura do *Boletim da Agricultura*, que é de graça e ensina coisas substanciais.

Esta carta, Rangel, está sendo interferida por um *psiu*...

Aquele *Um literato* que saiu no *Minarete* está bom; não digo ótimo, mas bom.

Onde anda o Nogueira?

Impossível, Rangel. A interferência continua. Adeus.

LOBATO

* * *

SÃO PAULO, 2 DE JUNHO DE 1904.

Mas, Rangel amigo,

você se complica demasiadamente. A primeira página da tua carta parece um fragmento do *Assim falou Zaratustra* do meu Nietzsche.

– ?

– Chegou, sim. Chegou-me o Nietzsche em dez preciosas brochuras amarelas, tradução de Henri Albert. Nietzsche é um pólen. O que ele diz cai sobre os nossos estames e põe em movimento todas as ideias-germens que nos vão vindo e nunca adquirem forma. "Eu sou um homem-toupeira que cavo subterraneamente as veneráveis raízes das mais sólidas *verdades absolutas*." E é. Rói o miolo das árvores – e deixa que elas caiam por si. Possui um estilo maravilhoso, cheio de invenções e liberdades. Para bem entendê-lo temos de nos ambientar nessa linguagem nova.

Nietzsche me desenvolveu um velho feto de ideia. Veja se entende. O aperfeiçoamento intelectual, que na aparência é um fenômeno de agregação consciente, é no fundo o contrário disso: é desagregação inconsciente. Um homem aperfeiçoa-se *descascando-se* das milenárias gafeiras que a tradição lhe foi acumulando n'alma. O homem aperfeiçoado é um homem descascado, ou que se despe (daí o horror que causam os grandes homens – os loucos – as exceções: é que eles se apresentam às massas em trajes menores, como Galileu, ou nus, como Byron, isto é, despidos das ideias universalmente aceitas como *verdadeiras* numa época). "Desagregação inconsciente", eu disse, porque é inconscientemente que vamos, no decurso de nossa vida, adquirindo, ou, antes, colhendo as coisas novas – ideias e sensações – que o estudo ou a observação nos deparam. Essas observações, caindo-nos n'alma, lavam-na, raspam-na da camada de preconceitos e absurdos que a envolvem – a camada de antinaturalismos, enfim.

É assim, meu Rangel, que eu explico o fenômeno da *inconfundibilidade* dos grandes artistas, e o fenômeno da pasmosa confundibilidade da caravana imensa dos Goularts e Macucos. E foi assim que cheguei à minha ideia do aperfeiçoamento humano, a *conscientização do inconsciente*, na qual medito. Penso nela como Newton – só isso. Senti a maçã cair e penso no que a fez cair.

Perdoa-me o pedantismo ou imodéstia deste discurso. Mas estou pai presuntivo dessa ideia – e que não faz um pai com o primeiro filho? Ainda não ataquei os meus novos Nietzsches porque é coisa que requer silêncio e concentração e este São Paulo, com seus italianos que anunciam coisas *friescas*, mais os bondes e os autos, anda um horror de barulho. Felizmente as férias estão chegando, e naquele plácido remanso de Taubaté posso dar um mergulho de todo um mês no meu filósofo.

Que crueldade a tua, Rangel, com essa mania de explorar o meu magisterdixismo! Queres agora que eu diga de Byron... Que diga o que penso... Byron era um como nós, Rangel, mais bonito, aristocrata, com muito dinheiro e coxo. Revoltou-se contra o *temple enseveli* que todos temos dentro de nós (Maeterlinck). E como fosse poeta, pôs a revolta em versos. Taine estuda-o lindamente na *História da literatura inglesa*, que tenho aqui. Queres? O mais especial de Byron, para nós, foi a sedução que exerceu nos nossos revoltados poéticos daquele tempo. Todos byronizaram. Era a moda. Como depois todos hugoaram, quando a moda virou Hugo. "Talhado para grandezas, para criar, crescer, subir..." Depois parnasianamos com Raimundo e Alberto. E zolaizamos com Aluízio etc. Chega.

Sabes que o Nogueira reapareceu? Mas está outro. Está *ex*. Corado, gordo, sem a cartolinha verde em cima da cabeça e sem o Volney por dentro. Veste-se à positivista. Mas o templo incendiado ainda fumega e há brasas sob os escombros. Às vezes deita uma chama – mas é fogo-fátuo. Ontem o vi presenciando a demolição da igreja do Rosário. Que quadro! Eram dois demolidos um diante de outro – a velha igreja e o Nogueira. Olhavam-se com ternura e entendiam-se.

A propósito dessa igreja disse o *Diário Popular:* "Quem sabe se não é o som dos sinos o que vai depois transformar-se em canto de ave, murmúrio de águas, cicios de brisas etc.". Aquelas corruílas do Belenzinho talvez fossem ex-sons, Rangel.

Ricardo, o nosso maravilhoso Ricardo, descamba como um sol. Se continua a viver, é capaz de acabar Cadete ou Joanito – tocador de modinhas. Foi reprovado em exame de Geometria e *eufemizou*, dizendo que se havia levantado. Não demonstre que sabe da sua bomba; finja, como nós, que acredita no levantamento. Ricardo é sensível como todo um pé de sensitiva. Este mundo não serve para ele, este nosso mundinho idiota. Querer que Ricardo, uma árvore de imagens e sensibilidades ultra-humanas, saiba o quadrado da hipotenusa e outras indecências! Todos nós, Lino, Albino e Tito, andamos agora rebelados contra o socialismo e a atacar com os mais sórdidos argumentos o maravilhoso socialismo-sentimento do Ricardo – e ele, em vez de refutar-nos, sofre, vê nisso hipotenusas atacando um perfume. A mim o que me está fazendo vacilar nas velhas ideias é um livro de Le Bon: *Psicologia do socialismo.*

Albino filosofa com a superior intuição de Hegel. Acho-o uma cabecinha de ouro – mas sério demais para a nossa roda. Lino, depois da reprovação, parece que assentou; estuda e trabalha. Foi bomba que em vez de destruir construiu. Tito irradia felicidade. Atingiu o ideal supremo: virou o Cabo Eleitoral, o general Glicério da Academia. Catequizou duas turmas de calouros e impera, papisa infalibilescamente, sempre a bambolear o corpanzil como marinheiro recém-desembarcado. O João Ramos continua trabalhando naquele seu terrível serviço de procurar emprego. Planeja agora uma ida ao Acre, donde voltará derramando dinheiro pelo caminho, como lata furada. Artur jura que o Ricardo é um gênio e ai de quem duvide! O prolixo Breves, sempre atento na Pátria; ontem me disse que vai "compor um pequeno artigo de interesse geral em que aventará a ideia, bastante evidente aliás, de, como medida preventiva de futuras incursões bolivianas, promover-se a colonização do Acre com elementos étnicos brasileiros, quais sejam (para frisar a ideia com um exemplo) o sempre infeliz e vitimado elemento cearense, que como a experiência de longos anos cabalmente o comprova etc. etc.".

Tenho lido o teu *Guarujá* e nada digo, porque dizer algo é elogiar e elogiar é estragar. Quanto à *Ave-Maria*, perfeita. Todos aqui fomos unânimes no adjetivo, inclusive o Edgard Jordão. Já combinamos o nosso encontro contigo daqui anos: nas galerias da Academia de Letras por ocasião da tua posse. Tens de te precaver é contra os desequilíbrios à Ricardo. Essa instabilidade conduz ao tombo. Repare no maravilhoso equilíbrio de Olavo Bilac. E veja o calmo Zola, o calmo Goethe, o calmo Machado de Assis, o calmo Daudet. Ando com ideia de que os tais desequilíbrios amalucados, a tal boemia *à outrance*, é falta de confiança em si próprio e preparo de escusas para o fracasso. "Coitado! Seria o maior prodígio do século, se não fosse o álcool, se não fosse a desordem etc." E quanto a programa, Rangel, só conheço um que te sirva: rangelizar-te sempre e cada vez mais. Escreve em tua porta isto da *Gaya scienza* de Nietzsche:

VADEMECUM – VADETECUM

Mon allure et mon langage t'attirent,
Tu viens sur mes pas, tu veux me suivre?
Suis-toi toi même fidèlement
Et tu me suivras, moi! Tout doux! Tout doux!

Estou prestes a fechar o meu curso. Entro na "vida prática" em dezembro e creio que realizarei o meu sonho: ser fazendeiro. A minha vida ideal (isto é, de ideias) está a pingar o ponto final. Vou morrer – vai morrer este Lobato das cartas. E nascerá um que te fale em milho e porcos, e te dê receita para acabar com o piolho das galinhas.

Está um frio de fim de vida. Meus dedos enregelam-se. Vou sair, andar, tomar sol. Adeus.

LOBATO

* * *

SÃO PAULO, 16 DE JUNHO DE 1904.

Rangel:

Saíram daqui há minutos o Ricardo, o Albino e o Lino. Desde o meio-dia, uma interminável conversa por entre números d'*O Combatente* e xícaras de café. Sete horas de parolagem. Foste lido e vivamente discutido. Uns põe-te logo abaixo de Machado de Assis; outros arrumam-te em cima dele e achatam-no. Houve berreiros. Albino afirmou sob palavra de honra que ninguém escreve com a tua "propriedade". Ricardo jurou que tens o segredo do termo insubstituível. Eu pus o *De São Paulo ao Guarujá* ao lado das excursões de Maupassant – ao lado direito! Todos fanatizados por você – e eu com medo que isso te perca. Estás sendo vítima duma *gavage* de elogios – como em Estrasburgo fazem com os gansos do *foie-gras*. Cumpre que resistas sereno, impassível, superior.

A tua operosidade contagiou o Ricardo, que anda a trabalhar num poema – *O Minarete*. Albino amigou-se com a metafísica alemã. Nogueira, no fundo do Brás, arranca do crânio as primeiras faíscas da "Positividade Hindu". Tito gesticula dia e noite: é ensaio para o grande discurso do dia 18. Eu matuto naquela lei da "Conscientização do Inconsciente". Em suma: o Cenáculo renasce, túmido de esperanças, apoplético de coragens. Uma ânsia de caminhar! Incubar é o grande lema. O "Trabalhai, mancebos", de Zola. E todos viramos formiguinhas.

Tentei arrancar de mim o carnegão da literatura. Impossível. Só consegui uma coisa: adiar para depois dos 30 o meu aparecimento. Literatura é cachaça. Vicia. A gente começa com um cálice e acaba pau-d'água de cadeia.

Aqui até o dia 20; de 20 a 1º, em Taubaté.

LOBATO

* * *

SÃO PAULO, 11 DE JULHO DE 1904.

Rangel:

Quanta atribulação, meu caro!

Tua última chegou no momento em que eu partia para Taubaté, na folga do mês de greve que nos deu esta nossa inefável academia. Fui com planos de responder de lá – mas sobrevieram atribulações. Andei léguas a cavalo, lá pelos sertões do Buquira, e cheguei até as raias de Minas. Voltei para Taubaté derreado, bambo. Tive lá o Cândido uma noite por vinte minutos, elegante, raro, com projetos de três meses em França. E cá estou de novo em São Paulo – mas ainda atribulado. Mudei-me para um quarto de frente na rua Araújo 26, com um lampião de rua bem junto à minha janela. Tenho luz de graça. E defronte há uma vizinha janeleira que já piscou. Em vez de namorá-la, meti-me pelo futebol – Palmeiras. Joguei vários dias seguidos e fiquei mais derreado que com as léguas do sertão. Estou cheio de pisaduras e dodóis.

Isto deve ser o que na *Vida intensa* o Theodore Roosevelt quer. O futebol empolgou-me de alma e corpo; escrevo crônicas de futebol e jogo. Diz o Tito que é mania – e diz-lhe o Raul: "*Jacques, tu es un âne*". Seja como for, asseguro-te que o futebol apaixona e contunde.

Ricardo viveu duas semanas de sonhos com *O corvo*. O mesmo *Gato* de outrora com mudança de nome apenas.

E com o mesmo calor com que miávamos o *Gato* em nossa mesinha do Café Guarany, passamos a crocitar o *Corvo*. O Breves andava querendo reviver *O Combatente* e Ricardo propôs-lhe que mudasse o nome para *O Corvo*. Breves devia ter amarelado por dentro, mas de medo não contrariou. Concordou e foi preparar a traição. Ricardo precisava dum *Corvo* para demolir um poeta Simões Pinto que de vez em quando espicha um sonetinho aqui e ali. O primeiro voo estava marcado para o dia 1º; na mesinha sabíamos de cor todas as maravilhas do número. Havia até um artigo de Mário Corvo, aquele corvo legítimo de Minas. Pois no melhor da história o Breves acovarda-se e foge – desiste de lançar o jornaleco! Grande fúria do Ricardo. Bufos. Raul suspira. Albino dá de ombros.

O caso do *Minarete* foi uma sorte grande nossa, Rangel. Não se repete. Não há dois Benjamins no mundo e nunca haverá outro diretor de jornal tão passivo como aquele. Eu era para ele um dogma. Era eu dizer e era ele executar. Ficou de tal modo submisso, logo no começo do nosso curso naquela república da Alameda dos Andradas, que até seus namoros eram conduzidos por mim. Benjamim recebia as cartas da namorada em Pinda e eu preparava as respostas. Certa vez ia ele saindo para a aula quando o carteiro chegou. Havia carta de namoro. E Benjamim entregou-me a carta fechada: "Estou sem tempo, Lobato. Leia e responda". E eu conduzi tão bem esse amor, fiz cartas tão progressivamente amorosas, que quando chegaram as férias e ele se foi, eu disse cá comigo: "Encontram-se e casam-se galopantemente". Mas saiu o contrário. No ano seguinte, quando terminadas as férias o Benjamim voltou, a primeira carta que do namoro recebeu foi de rompimento. Dizia na essência isto: "Tudo está terminado entre nós. Alguma outra mulher anda metida no meio. Você não é o mesmo das cartas, Benjamim. Em vez do ardor que eu esperava, só encontrei um gelo...".

Bom, a cama está a chamar este corpo contuso. Adeus.

LOBATO

São Paulo, 24 de agosto de 1904.

Rangel:

Antes de mais nada, resposta às perguntinhas. 1) Bilhetes de loteria comprei três em tua intenção, todos alvos como a neve. 2) O artigo d'*O Combatente* é do Tito Franco, um apêndice do Cenáculo, um chato, atarracado, sem pescoço e fedorento, mas prodigiosamente culto e inteligente. Será um perigo para as instituições no dia em que tomar o primeiro banho. 3) O artigo de João Chagas vem n'*O País*.

O meu romance é a coisa mais complicada do mundo. Começa com duas gravidezes na mesma casa: a da mulher do fazendeiro, da qual sairá Cristina, e a duma preta cozinheira, da qual sairá Bocatorta. A linha sismográfica das sensações (considero o romance uma coordenada de sensações) pode ser traçada assim: (falta pedaço).

....

Rangel: há muito que quero insistir em Nietzsche, e dele te mando um volume que lerás e devolverás, e então mandarei outro. Não há Nietzsches nas livrarias desta Zululândia. Estes me vieram de França. Considero Nietzsche o maior gênio da filosofia moderna – e o que vai exercer maior influência. É o homem "objetivo". O homem *impessoal*, destacado de si e do mundo. Um ponto fixo acima da humanidade. O nosso primeiro ponto de referência. Nietzsche está *au delà du bien et du mal*, trepado num topo donde tudo vê nos conjuntos, e onde a perspectiva não é a nossa perspectivazinha horizontal.

Dum banho em Nietzsche saímos lavados de todas as cracas vindas do mundo exterior e que nos desnaturam a individualidade. Da obra de Spencer saímos spencerianos; da de Kant saímos kantistas; da de Comte saímos comtistas – da de Nietzsche saímos tremendamente nós mesmos. O meio de segui-lo é seguir-nos. "Queres seguir-me? Segue-te!" Quem já disse coisa maior? Nietzsche é potassa cáustica. Tira todas as gafeiras.

E que estilo, Rangel! Aprendi nele mais que em todos os nossos franceses. É o estilo cabrito, que pula em vez de caminhar. O estilo de Flaubert é estilo de tatorana: vai indo até o fim. O de Nietzsche nunca se arrasta, voa de pulo em pulo – e chispa relâmpagos, e chia, urra, insulta. É a mais prodigiosa irregularidade artística. Quando leio Nietzsche sinto ódio contra Flaubert o Impecável. Nietzsche é o Grande Pecador.

No começo você estranhará por que ele é ele, excessivamente ele e até joga com uma porção de palavras a que dá sentidos especiais – e daí tanto grifo no texto. Eu acho que Nietzsche te vai curar de todas as doenças do intelecto que acaso tenhas e das que possas vir a ter. A chave de Nietzsche você a tem no aforismo 178 onde ele inconscientemente se retrata como um "semeador de horizontes" – e é. E no *Assim falou Zaratustra* ele se define assim (definindo um personagem ideal): "*J'aime tous ceux qui sont comme de lourdes gouttes qui tombent une à une du sombre nuage suspendu sur les hommes: elles annoncent l'éclair qui vient, et disparaissent en visionaires*". Ele é isso. Corre na frente com o facho, a espantar todos os morcegos e corujas e a semear horizontes. É o abismo verlainiano da filosofia do Futuro Próximo. Se não me entendes, demite-te do cargo de meu amigo número 1. Nietzsche *anunciou* e afogou-se numa dolorosa loucura, que sua irmã conta num livro. Fico impaciente pelas tuas reações químicas em face dessa Catálise feita homem. Se não vierem como as quero, merecerás a Presidência de Minas, ao lado do Francisco Sales e do Bressane.

LOBATO

P.S. Mais uma vez insisto em que acabes com as delicadezas e rodeios. Tuas "fórmulas" já me enjoam. Amabilidades são coisas de caixeiro de loja. Olhe que eu e você, na sincera opinião de Ricardo, somos as grandes esperanças do Cenáculo – e Ricardo, como vate que é, vaticina. Temos de não nos enganar com adjetivos.

L.

São Paulo, 2 de setembro de 1904.

Rangel:

Já te deve estar assustando a minha negra ingratidão: quase um mês sem carta! É que me vieram atribulações. Mudanças de casa, uma ida ao Rio e outra a São Vicente com o Lino; e por cima disso tudo uma espessa nuvem de desânimo e horror à pena. Mas o sal marinho restituiu-me o equilíbrio e pus-me a escrever a todos os amigos.

Muito nos lembramos de você lá em Santos, e verificamos o bom descritivo da tua viagem ao Guarujá. Os buracos de caranguejos na lama preta do mangue, o homem do escarro no trem, a barca. O meu plano era ir a Guarujá a pé, como fizeste, mas o Lino e o Sancho Pança que há em mim não concordaram. Minha irmã mostrou-me hoje o teu "postal". É a mania de agora. Há quem deite no correio vinte, trinta "postais" por dia, com "pensamentos". Circulam muitos retratos de Lina Cavallieri, da Bela Otero e da Cléo de Mérode, amante do rei Leopoldo da Bélgica, um insigne tranca realengo.

O mundo está se amaricando, Rangel. Até o Tito – tradicionalmente sensato – afundou no "postal" da politicagem acadêmica e nos enche os ouvidos com histórias: "Porque o Vergueiro...", "Porque o Bias Bueno...". Totalmente obcecado pela política e pela palavra "marnel". Tito só vê hoje no mundo marnéis – e pauis, charcos, lodo, lama, atascais, sentinas, cloacas, chafurdeiros e até em sonhos atola-se em tudo isso. Veja no *Minarete* os artigos de Martinho Dias, que é o Tito literário.

E o Lino anda obcecado pelo Euclides da Cunha. Durante toda a nossa estada em Santos só me deu Euclides – a mim que só queria siris e água salgada. Determinou esse estado d'alma um ditirambo sobre o acadêmico saído no *XI de Agosto*.

E por falar: esse jornal abriu um concurso de contos. Vim a saber disso tarde, sem tempo de te avisar. Concorri. Os juízes são um Sílvio de Almeida e um Amadeu Amaral. Se me derem o prêmio, suprimirei o "um" a ambos; em caso contrário, passarão a ser "um tal" Amadeu, um tal Sílvio.

Ricardo traduziu o primeiro ato do *Cyrano de Bergerac*. Bateu o Rostand longe. Ah, se ele leva a obra até o fim!... Mas não creio. Ricardo não tem fôlego. Acho-o bem melhor dos nervos agora. Mais ordeiro, mais reconciliado com a vida. Já deixou aquela república da rua General Osório, onde morava com o Raul, o Tito e outro. Que república, meu Deus! Ricardo entrava de madrugada e metia o pé na porta. Mais simples arrombá-la do que tirar a chave do bolso. E o Edgar Jordão fez o mesmo, uma noite em que apareceu por lá "acompanhado" apesar de não ser cidadão dali. Por fim dormiu lá uma noite o Tito Franco, e disso veio a derrocada final da já vacilante república. Tito Franco é essencialmente porco, como o Brasil é essencialmente agrícola. Tresanda como toda uma tribo de hotentotes. O último banho que tomou foi às mãos da parteira. É um tipo chato, atarracado, sem pescoço, inteligentíssimo, mas com idiossincrasia pela água. Levou a sujeira ao épico. É o Carlos Magno da gafeira. Uma só vez dormiu lá, mas foi o suficiente para impregnar a república de tal cheiro que o remédio foi entregarem as chaves à Saúde Pública. Dizem que nessa noite o outro Tito, o nosso, passou acordado até a madrugada, preparando o discurso para a sessão do clube XI de Agosto. E que passeava de lá para cá, de tiras em punho, com paradas diante do intruso semibêbado espapaçado no chão: "É preciso tomar banho, Tito Franco!". E este: "Boa piada! Boa piada!".

O Nogueira progride, assenta as ideias, descasca-se, começa a aceitar a civilização e o positivismo; já encostou a metafísica e agora filosofa com Spencer. Mais uns meses, e está mandando fazer roupas no Carnicelli. O Raul continua Mário a chorar sobre as ruínas de Cartago. A Cartago do Raul é o Cenáculo.

Vou mandar *Roman brésilien*, de Adrien Delpech. Bem bom.

LOBATO

São Paulo, 30 de setembro de 1904.

Rangel:

Impossível escrever hoje. Esta pena está de fato enferrujada porque anda muito sem uso. Não me compreendo. Há tinta, há papel, há vontade de escrever – e a pena enferruja porque a vontade não tem pernas. Está *cul-de-jatte*. Tenho duas cartas do Cândido a responder e nada me sai. Tenho milhões de coisas a te contar – coisas do Raul, do Nogueira, do Lino, e tudo vai ficando para quando vieres. Tua última carta martelava longamente sobre a tua paixão, mas só me conseguiu provar uma coisa: que não amas. Isso é literatura, Rangel, não é amor. Quem ama não é derramado assim. E depois, nesse buraco de Minas, a quem hás de amar, Moura? Se aqui não aparece mulher que corrobore e vivifique, aqui que é São Paulo, que esperar dessas terras que só expluem queijos?

O *Combatente* tem trazido o teu *Guarujá*, e o Oscar Breves continua sempre "apurado" – e tremendamente prolixo.

"Adeus, meu anjo, meu eterno amor, meu galhinho de alecrim; lembra-te sempre daquela que no fundo desta cidade, noite e dia, o coração palpita por TI." É assim que termina a carta de amor que recebi da vizinha fronteira.

Lobato

* * *

São Paulo, 27 de outubro de 1904.

Rangel:

Exames na janela! A chave pende no prego número 4 e eu com duas cadeiras vazias e sem coragem de enchê-las! E pretendo o grau 8! "É o cúmulo da presunção", diria o Oscar Breves – homem inferior que só apanha o verniz das coisas. "É o cúmulo da confiança", dirá você, homem superior que sabe descer ao fundo das psíquicas. E acertarás, meu grande, meu arquiprecioso, meu divino Rangel! Seja como for, voltei hoje para meu quarto cheio de tremendíssimas intenções, disposto como nunca a empanturrar-me de ciência. Mas assim que abri o Paula Batista, o cão do vizinho à esquerda prorrompeu em uivos à lua que nem um poeta; os filhos do vizinho da direita vieram brincar sob a minha janela; e a filha dos vizinhos da casa fronteira veio à porta da rua para seu habitual dedo de namoro noturno. De modo que essas três irredutíveis instituições humanas – o vizinhato, o cão e o namorado noturno – interpuseram-se como uma trindade de aço entre mim e a ciência do Paula Batista, e com tal prepotência que me vi forçado a afastar o poço de sabedoria e matar o tempo com uma quarta instituição humana: conversar por escrito.

Não quer isto dizer que te escrevo apenas porque não posso estudar, dando-te uma posição de secundariedade. Há uma fina nuança escolástica no caso. *Distingo!* Mas não me aprofundo na matéria de medo de ter de recorrer a citações do Doutor Iluminado ou do Doutor Maravilhoso, ou do Doutor Seráfico. Evidentemente foi o Nogueira quem me instruiu sobre todos estes opiatos.

Rangel, Rangel! A tua personalidade periga. Andamos todos apreensivos. A velha Tarasca soluça e chora[2]. Para mim tu estás noivo, homem infame! Para o Cândido, tu estás casado, homem secretivo! (Na carta que recebi ontem me dizia ele: "Rangel casado, Lobato! Tudo perdido!" e vinha com umas tantas considerações da mais sã moral. Chegou até ao patético – ele, Cândido Negreiros!) Para o Ricardo, estás viúvo – já de luto aliviado. O Raul quer ser padrinho do teu filhote Barbarin de Minaron[3], que o Tito jura ser parecidíssimo contigo – e o Lino move pauzinhos para que o pequeno seja batizado segundo o rito maçom. Eu, como de espírito mais prático, procuro obter do doutor Franco da Rocha um bom lugar para você no Juqueri. Decididamente estás louco ou em vertiginosa via disso. Tua última carta é um pródromo. Ideias de suicídio...

Mas, como ia dizendo, tu és um homem admirável. O teu talento é desses em que uma época se coa todinha para a Posterida-

---

[2] *Alusão ao Cenáculo, aqui comparado ao monstro Tarasca, da cidadezinha de Tarascon, referido no* Tartarin de Tarascon, *de Daudet. Nota da edição de 1948.*

[3] *Evidente alusão ao nome de Tartarin de Tarascon e ao de Bárbara, namorada do Rangel. Nota da edição de 1948.*

de. Aqui nesta taba de nome Brasil etc. etc. A tua *Viagem de São Paulo ao Guarujá* dada n'*O Combatente* é uma dessas coisas que etc. etc. Rangel: falemos sério. Pelo amor de Bárbara escreva alguma coisa quanto antes. Ando sequioso por elogiar-te, por pagar a dívida de bombons que tenho para com você. Quero retribuir. Quero afogar-te em mel. Tenho uma pipa de elogios inéditos para te derramar em cima, para te ungir, como outrora se ungiam os reis – e não me proporcionas ensejo, não escreves nada, cultivas a esterilidade absoluta! Falar em tua última obra-prima é repetir um ditirambo já safado. Glozamo-la em tantos tons que já não resta nenhum. Chegamos a ir ao Guarujá, a refazer a tua viagem para melhor nos certificarmos da perfeição descritiva. Fizemos tudo – e em paga de tanto, emudeces como peixe! Nenhum outro primor pingou da pena tão exaltada...

Ávidos, todos os dias corremos jornais e revistas e estudamos os pseudônimos, desconfiados de que te escondas nalgum novo. Nada, nada...

Vamos, Rangel, exsolve-té em luz que nos dissipe a crosta de decepção que se forma e me alivie a mim dos remorsos. Minha dívida para contigo está grande demais. Esmaga-me. Minha dívida de elogios retribuitórios... As tuas cartas são puras delícias do gênero humano. Sabes tocar valsas inebriantes nas cordas sensíveis do meu Fraco. Dá-me aso, pois, ó meu prodigioso amigo, de também dedilhar um bocadinho a guitarra do teu Fraco.

Adeus. O cão cessou. As crianças recolheram-se. A filha dos vizinhos deixou o resto para amanhã. É a calma que se restabelece. Volto ao Paula Batista. Fica o Chatterton e mais coisas para outra vez.

Um abraço do teu

LOBATO

P.S. Concorre ao concurso de contos da *FOLHA NOVA*. Condições: 1) Conto com enredo; 2) que não exceda de duzentas linhas; 3) que chegue lá até o dia 15 de novembro; 4) que preste.

Há três prêmios.

Mexe-te.

L.

São Paulo, 3 de novembro de 1904.

Rangel:

Os ditirambos epistolares denunciam em você um futuro chefe político de Caldas, ou futuro deputado federal pelo Francisco Sales. Com tal arte e lábia no jogo dos adjetivos bombons, um homem engatinha até muito longe, até aos cimos da política, do magistério ou da arte oficial. Tens pés de lã e mãos de veludo e uma bela tropa de adjetivos! Se eu fosse Presidente da República, ao receber tua carta telegrafaria em resposta: "Rangel, corre, voa, vem ser meu Ministro da Fazenda". Como não posso dar-te uma pasta, mando-te um livro (creio que em cada carta prometo um livro). Gosto de prometer, Rangel, mesmo que não tenha intenção de dar. Quem promete já dá alguma coisa. É um livro maravilhoso: *Relatório sobre os filtros rápidos*, do doutor Ferreira Ramos.

Dizes que progredi no francês e é verdade: aprendi uma coisa. E sabes como? O Sílvio de Almeida, um dos juízes do concurso de contos, votou no meu, mas com uma advertência: "Primeiro lugar, apesar do título". Sabe qual era o título do meu conto? *Gens ennuyeuses!...* Alguém lá da casa do Sílvio me deu a informação. Corei como romã e fui ao meu velho Sevene (Lembra-te? *Calypso ne pouvait pas se consoler du départ d'Ulisses... – La rue du Savon – Pend-toi, Crillon; nous avons vaincu et tu n'y étais pas*) e verifiquei que "gens" em francês é macho e não fêmea, como pus no título. Voei à tipografia fazer a correção. Era tarde...

Queres notícias daqui? Trágicas!... Raul, mais surdinho ainda, mais recurvo, mais humilde, é um *épave* do Cenáculo. Perambula à noite pelo Triângulo, entra nos cafés e espia os grupos; mete-se nas multidões e afuroa, sempre à cata dum fragmento qualquer do Cenáculo. Raul está ingurgitado de "Ohs" e não encontra ouvidos em que os deposite. E esbarra em mim e não me vê; esbarra no Tito e não o vê; esbarra no Lino e não o vê – e assim por diante até o Ricardo. Ao Ricardo também não vê, mas a atração de ímã que Ricardo sempre exerceu sobre ele puxa-o – e Raul adere e sorri com beatitude. Surdinho e tonto dos olhos.

Por puro milagre, ontem reunimo-nos três no Progredior, Lino, Albino e eu. Não demorou muito e Raul entrou. Entrou e espiou todas as mesas. Nós amoitamos, "para ver". Espia de novo, esbarra-nos com a ponta da capa e sai, suspirando. Querido Raul!

Ricardo deu em rábula. Está outro; já olha a vida mais burguesamente; defendeu um réu em Pindamonhangaba, citou Lombroso, enorme triunfo.

Lino prepara-se novamente para atacar o seu Porto Artur: – aquele inexpugnável Primeiro Ano.

Tito... Lembra-se, Rangel, daquele eterno *"Jacques, tu es un âne"*, do *Petit chose* de Daudet? Pois o Tito virou o nosso Jacques. "Tito, tu és uma besta", é o que todos lhe damos – e ele sorri aquele tremendo sorriso rabelesiano. Grande alma o Tito!

Nogueira sumiu depois da morte do pai e Albino anda esplendido de filosofia. Dá de ombros com a maior perfeição. O Edgard sempre assombroso, gênio tétrico, todo mistérios – *Noite na Taverna* feita homem. Que olhos tem! Cândido, na fazenda, diz que toca violão e canta modinhas. Júlio aparece às vezes de relance[4]. Adeus, tempos do Minarete! Aquelas "manhãs de rosa com alacridade de festivos sinos..."[5] "Os saraus do Recreativo..." O Belenzinho... Adeus! Adeus!

Suspiros do

LOBATO

---

[4] *Júlio Costa, um quase cenaculoide: Cão Ensinado (era professor). O Nogueira protestava contra a palavra "cenaculoide"; queria "cenaculista". Nota da edição de 1948.*

[5] *A primeira crônica do Raul publicada no terceiro número do Minarete:* "Manhãs de rosa com alacridades festivais de sinos! Manhãs de céu de porcelana, azuis e claras! Oh, as madrugadas de maio, frescas e cheirosas – como eu vos adoro!...". *Raul está inteiro nessa crônica. Aos 20 anos já era uma saudade feito homem. Nota da edição de 1948.*

São Paulo, 7 de novembro de 1904.

Triste coisa o desânimo... Devido a um atroz acesso de desânimo, desses que nos transformam em budistas, deixei de escrever-te, de rir, de ler – de viver, em suma. Mas passou e já tenho ânimo de pegar nesta realmente enferrujada pena para contar assombros do Nogueira. Esse homem formidável, filho do conúbio danado de Duns Scot e do Caraça, do qual o ano passado guardaste tão profundo ressentimento a ponto de em tua última obra o mimoseares com três ironias, o Nogueira demoliu-se todinho e reconstruiu-se de novo. Está o assombro de São Paulo. Usa hoje, externamente, colete branco, terno cinza, colarinhos Santos-Dumont, botinas de pelica, *pince-nez*, ares doutorais; e internamente usa habilidades sinuosas, pruridos de *gentleman*, Marcel Prévost e as ideias políticas de Tito. Grudou-se à política municipal do Belenzinho, da qual é figura obrigatória com o seu fraque (tem fraque, sim), com o seu *pince-nez* de ouro (ouro de verdade, sim); e nas jantas partidárias de vários coronéis desforra-se dos jejuns do Minarete. Afez-se ao carolismo do mulherio – e elas o adoram pela sutileza com que destrincha um caso de consciência ou explica uma nuança do dogma. Reza em público com grande contrição, confessa-se com um padre que é também influência política, tira o chapéu até para as bananas de São Tomé e vive num regalo, com dinheiro no bolso e amizades femininas. Está quase civilizado. E quase porque aquele célebre gesto das mãos penduradas à altura dos sovacos ainda persiste. Basta um minuto de distração e pelo menos o braço direito vai se encolhendo em forma de V e a mão pendura. Já beijou uma mulher casada e anda pensando em comprar monóculo.

Saltando de Norte a Sul, direi que o Breves morreu – o Breves jornalista, porque o outro, da "burocracia biológica", esse vige e viça, sempre "apurado" e na concha. O Tito Franco deu de fazer n'*O Combatente* piadas contra o Chefe de Polícia, e o Chefe – diz o Ricardo – chamou o Breves para explicações e Breves as deu com desesperante prolixidade. Dizem que começou assim: "Senhor Doutor e conceituado Chefe do Policiamento Local, a mamãe..." e enveredou por aí, com a eterna mamãe puxando fila. E o caso é que *O Combatente* morreu. Perdeste o único editor, meu caro Rangel. Onde outro que tome a sério o teu, o nosso preconizadíssimo talento? O Breves publicou o teu *De São Paulo ao Guarujá* apenas por sugestão do Ricardo. O poeta abriu-se diante dele em exclamações sobre a tua genialidade. Ele sorria aquele célebre sorriso postal que era uma obra-prima de incredulidade, e de medo do Ricardo te publicava. Agora, de medo do Chefe de Polícia nem sequer edita mais o jornaleco. O Breves é todo medos – da mamãe, da esposa, do Ricardo, do Tito Franco, da polícia, do administrador dos Correios. O futuro biógrafo do Breves tem de pôr entre as suas obras-primas (os artigos *Grêmios da defesa nacional* e os *Conselhos úteis*) o prodigioso sorriso, tão discreto, com que ele duvidava da tua genialidade, Rangel. Breves, o Infame[6]!...

LOBATO

P.S. Apontas-me, como crime, a minha mistura do "você" com "tu" na mesma carta e às vezes no mesmo período. Bem sei que a Gramática sofre com isso, a coitadinha; mas me é muito mais cômodo, mais lépido, mais saído – e, portanto, sebo para a coitadinha. Às vezes o "tu" *entra* na frase que é uma beleza; outras é no "você" que está a beleza – e como sacrificar essas duas belezas só porque um Coruja, um Bento José de Oliveira, um Freire da Silva, um Epifânio e outros perobas "não querem"? Não fiscalizo gramaticalmente minhas frases em cartas. Língua de cartas é língua em mangas de camisa e pé no chão – como a falada. E, portanto, continuarei a misturar o tu com você como sempre fiz – e como *não faz* o Macuco. Juro que ele respeita essa regra da gramática como os judeus respeitavam as vestes sagradas do Sumo Sacerdote. Logo, o dever nosso é fazer o contrário.

L.

[6] *Nota do Rangel:* "O Breves morava na rua da Liberdade com uma mulata. Para enfeitar a casa ela fazia uns grandes tapetes de estopa com uns enormes O. B. em tirinhas de pano torcidas". Nota da edição de *1948*.

São Paulo, 15 de novembro de 1904.

Rangel:

É cheio do passado que te escrevo. Imagina que fui ao *rink* (coisa que não conheces: patinação) e lá encontrei numa roda de quatro a moça mais bela que a Natureza ainda produziu. Bela, fina, elegante... Estes adjetivos já não dizem nada por causa dos abusos do Macuco. Sabe o que é o belo, Rangel? É o que alcança uma harmonia de formas absolutamente de acordo com o nosso desejo. Se um mínimo senão na asa dum nariz rompe de leve essa harmonia, a criatura pode ser linda, bonita, encantadora – mas bela não é. Pois aquela moça era bela, Rangel. Chamava-se, nos meus 14 anos, Belita, Isabelita – Isabel. Foi o meu primeiro amor, em Taubaté.

Mas falemos em coisas profanas. Li o teu último artigo... Nunca viste reprodução dum quadro de Gleyre, *Ilusões perdidas*? Pois o teu artigo me deu a impressão do quadro de Gleyre posto em palavras. Num cais melancólico barcos saem; e um barco chega, trazendo à proa um velho com o braço pendido largadamente sobre uma lira – uma figura que a gente vê e nunca mais esquece (se há por aí os *Ensaios de crítica e história* do Taine, lê o capítulo sobre Gleyre). O teu artigo me evocou a barca do velho. Em que estado voltaremos, Rangel, desta nossa aventura de arte pelos mares da vida em fora? Como o velho de Gleyre? Cansados, rotos? As ilusões daquele homem eram as velas da barca – e não ficou nenhuma. Nossos dois barquinhos estão hoje cheios de velas novas e arrogantes, atadas ao mastro da nossa petulância. São as nossas ilusões. Que lhes acontecerá?

Somos vítimas de um destino, Rangel. Nascemos para perseguir a borboleta de asas de fogo – se a não pegarmos, seremos infelizes; e se a pegarmos, lá se nos queimam as mãos. Nós três, eu, você e o Edgard, sofremos da mesma doença e, pois, trilharemos as mesmas sendas e voltaremos ao cais na barca de Gleyre – com aquele mastro caído, a lira largada, a bússola sem agulha. E por que isso, Rangel? Porque em nós três há uma coisa que nos obriga a partir, a caçar a borboleta, embora certos de que o retorno será na barca de Gleyre. Essa coisa dentro de nós é o que explica a imensa disparidade entre você e o Breves, entre o Edgard e o Goulart, entre eu e o Macuco. O que não impede que Breves, Goulart e Macuco nos olhem com profundo desprezo. Devemos ser para eles o que eles são para nós.

Estamos moços e dentro da barca. Vamos partir. Que é a nossa lira? Um instrumento que temos de apurar, de modo que fique mais sensível que o galvanômetro, mais penetrante que o microscópio: a lira eólia do nosso senso estético. Saber sentir, saber ver, saber dizer. E tem você de rangelizar a tua lira, e o Edgard tem que edgardizar a dele, e eu de lobatizar a minha. Inconfundibilizá-las. Nada de imitar seja lá quem for. Eça ou Ésquilo. Ser um Eça II ou um Ésquilo III, ou um sub-Eça, um sub-Ésquilo, sujeiras! Temos de ser nós mesmos, apurar os nossos Eus, formar o Rangel, o Edgard, o Lobato. Ser núcleo de cometa, não cauda. Puxar fila, não seguir.

O trabalho é todo subterrâneo, inconsciente; mas a Vontade há que marcar sempre um norte, como a agulha imantada.

Esses nossos desalentos, esses nossos tédios iterativos, esses nossos desesperos, provam a favor, Rangel, não provam contra. São reflexos da misteriosa gestação subterrânea. Como vem isso? Sempre como eco do constante processo analítico inerente à gestação. Você lê uma página genial de Hugo e a comparação inconsciente que fazes entre ele e você desnuda-te uma aparente inferioridade. Eu vejo uma cena, procuro o meio de transmiti-la por meio de palavras, não consigo e perco a confiança em mim. O Edgard sente uma sensação nova, estranha, jamais sentida por ninguém no mundo; analisa-a, não a apreende – e ei-lo de dia estragado, azedo sem saber por quê. Mas esse eterno "procurar", Rangel, é que é a grande coisa que há dentro de nós e não há no Macuco. O Macuco não procura coisa nenhuma, porque está certo de que é um gênio e não precisa de coisa nenhuma.

Cansado de desanimar, eu não desanimo mais, depois que apanhei a causa dos meus desânimos. Trabalho às ocultas lá no subconsciente. Em quê? Na afinação da lira e na fixação com palavras do que ela apanha. O sonho, sabes qual é – o sonho supremo de todos os artistas. Reduzir o senso estético a um sexto sentido. E então pegar a borboleta!

Você me pede um conselho e atrevidamente eu dou o Grande Conselho: seja você mesmo, porque ou somos nós mesmos ou não somos coisa nenhuma. E para ser si mesmo é preciso um trabalho de mouro e uma vigilância incessante na defesa, porque tudo conspira para que sejamos meros números, carneiros dos vários rebanhos – os rebanhos políticos, religiosos ou estéticos. Há no mundo o ódio à exceção – e ser si mesmo é ser exceção. Ser exceção e defendê-la contra todos os assaltos da uniformização: isto me parece a grande coisa. Se a tomarmos como programa, é possível que um dia apanhemos a borboleta de asas de fogo – e não tem a mínima importância que nos queime as mãos e a nossa volta seja como a do velho de Gleyre[7].

LOBATO

* * *

SÃO PAULO, 9 DE DEZEMBRO DE 1904.

Rangel:

Esta é a última que te escrevo como estudante. Amanhã a estas horas estarei bacharel em ciências jurídicas e sociais – doutor Lobato! A sensação há de ser a que me causou a primeira calça comprida. Que vergonha de todo mundo, meu Deus! A impressão era de que o universo inteiro cravava os olhos em mim e sorria ironicamente. Adeus. Receba lá o último abraço do Lobatinho que vai ser guilhotinado ao

---

[7] *Há um erro aqui. Esse quadro de Charles Gleyre, que entrou para o Museu de Luxemburgo e de lá se passou para o Louvre, sempre foi vítima de traições. Gleyre denominou-o* Soir, *mas o público foi mudando esse nome para* Illusions perdues *e assim ficou. Eu também mexi no quadro. Pus o velho dentro da barca e fiz a barca vir entrando no porto, toda surrada. Traí o pobre Gleyre. Sua barca não vai entrando, vai saindo, como se deduz da direção do enfunamento das velas... Nota da edição de 1948.*

meio-dia – e por antecipação receba também o primeiro abraço do breve e grave Doutor Monteiro Lobato.

LOBATO

P.S. Veio de retorno o meu Nietzsche. Chegou bem de viagem e através das notas marginais disse-me que... que... que só te procurará em novos volumes alguns anos mais tarde, depois que o meu amigo Rangel amadurecer um pouco mais. Impertinente este alemão, não é verdade?

Emerson é americano – e grande. Estou à espera de *Representative men*. O seu ensaio sobre a Natureza ensinou-me algo bastante curioso: se você olhar uma paisagem por entre as pernas, quero dizer, com os olhos de "cabeça para baixo", a paisagem fica uma coisa nova.

Experimente.

L.

* * *

TAUBATÉ, 30 DE DEZEMBRO DE 1904.

Rangel:

Aqui no exílio a modorra é um mal ambiente que derruba até os mais fortes. Exílio, Rangel, pura verdade! Saltar da libérrima vida estudantina de São Paulo e cair neste convencionalismo de aldeia, com trabalhos forçados... Sinto-me rodeado de conspiradores; todos tramam o meu achatamento. Tudo quanto mais prezávamos – o nosso individualismo etc. é crime de lesa-aldeia, de que o vigário, os parentes e as mais "pessoas gradas" nos querem curar. O ideal é fazer de nós mais uma "pessoa grada", mais um "cidadão prestante". É arredondar-nos como um pedregulho, lixar-nos todas as arestas – as nossas queridas arestas! Um homem aqui só fica bem "grado" quando se confunde com todos os outros e é irmão do Santíssimo Sacramento.

Ontem insinuaram-me que eu tinha de ir à missa dum coronel que morreu e nunca vi mais gordo; insinuaram de leve, porque a conspiração é jesuítica. E se não me defendo heroicamente, acabo papa-missa, papa-defunto, papa-sermão – e freguês da chimbica no fundo da farmácia.

Logo que cheguei (que cheguei "formado") mimosearam-me com uma manifestação; foguetes (Taubaté não faz nada sem foguetes), a banda de música, molecada atrás e oito discursos, nos quais se falou em "raro brilhantismo", "um dos mais", "as venerandas arcadas" e outras macuquices que tive de aguentar de pé firme em casa de meu avô. Eu percebia o jogo: a manifestação era mais dirigida a ele do que a mim, porque ele é um grande visconde e eu não passo dum simples "neto de visconde".

Não respondi macucalmente, como era esperado. Declarei que não havia razão para homenagem, porque se tratava dum bacharel mais pelo Largo do Rosário do que pela Academia, no qual as ciências do Triângulo superavam as do *Corpus Juris*. Disse ainda que um novo advogado não passa de mais uma filoxera social que sai do casulo – e por aí além. Os manifestantes entreolharam-se. A língua era nova e desconhecida na terra, mas a cerveja que o avô mandou servir (e creio que era ao que realmente vinham) reconciliou-os com o neto.

Não imaginas a estranheza da minha emoção quando estourou lá longe o primeiro foguete e alguém ao meu lado disse: "É a manifestação que vem vindo". Um foguete soltado por minha causa...

Mudando: ontem peguei um numero d'*O Combatente* e reli o capítulo II do teu *De São Paulo ao Guarujá. Terra Efervescente*. Viajei de novo de São Paulo ao Guarujá com aquela descrição que é um cinematógrafo com fonógrafo ao lado, ou, melhor, que é um extraordinário "biógrafo". Quando nos darás mais coisas como essas?

Veio o Maeterlinck.

Do teu desolado

LOBATO

1905

TAUBATÉ, 24 DE JANEIRO DE 1905.

Rangel:

Recebi tua última a caminho da estação, e li-a entre Cachoeira e Guaratinguetá, com olhadelas para o tortuoso Paraíba que acompanha a Central. E como tinha diante de mim a Natureza, gostei das tuas referências à paisagem dessa Caldas. Porque, meu velho Rangel, não perdi ainda esse nosso mau costume de analisar tudo quanto tem a desdita de nos cair sob os olhos; e dentro daquele pó federal me pus a analisar tua carta, teu estilo, tua maneira de dizer, as qualidades que abotoam etc. E notei um desembaraço maior, mais topete, mais desgarre da pena outrora tão encolhidinha.

Os teus ataques à Natureza me fizeram sorrir com saudades daquele Rangel tão tímido, tão moça, que só quando a coisa era demais arriscava uns átomos de ironia mansa ou de discreta revoltazinha. Já agora rompes contra a Natureza como Norma Absoluta, e criticas até o exagerado azul do céu. Ótimo! Só resta que não abuses como os que se metem a si mesmos como a Norma Absoluta.

Lembro-me de que há anos também andei brigado com certas mediocridades da Natureza. Eu ia para a fazenda a cavalo, e atravessava um trecho de capoeira onde tudo era chinfrim, desde os aromas da "balsamina em flor" até o relevo do solo. Eu olhava e nada via ali das decantadas excelências de Mãe Natura. E ia marchando aborrecido com tamanha chateza, coisa inadmissível na Norma de Tudo. Logo adiante a topografia mudou e vi-me em zona montanhosa – a Mantiqueira – em trecho onde a estrada em zigue-zague corta a floresta virgem. Senti então a tal coisa alegre e radiante da saúde moral em pletora – e num relâmpago apreendi tudo. É que a Natureza copia o homem; desdobra-se numa gama inteira. Tem os seus pedaços shakespearianos para equilíbrio dos seus pedaços acacianos. O trecho visto um quilômetro atrás era o Conselheiro Acácio-paisagem. Aquele ali era no mínimo Ibsen no *Peer Gynt*. O teu mal, Rangel, é que moras num pedaço de natureza *Helena* de Machado de Assis.

Perguntas da minha vida. Completa. Eufórica. Três amores, cada um dum tipo. Leio. Estudo. Trabalho. Engordo. Digiro admiravelmente e até tiro sortes de loteria (ontem, 500 mil-réis). Feliz como um leitão em dia de abóbora. E estou transformado na "última palavra" da crítica local, depois duns artigos sobre os trabalhos da minha namorada número 2 – a de função estética. O povo olha-me com uma espécie de terror sagrado, tantas foram as coisas bonitas que, em estilo de *atelier* de Paris, eu disse na análise dos quadros de Georgina – chama-se Georgina. O meio de sermos admirados pelo povo é não sermos entendidos. Outros artistas da terra, geniozinhos municipais, procuram-me; querem também que eu diga deles coisas incompreensíveis. E o diretor do jornal fez-me a honra de declarar que sou a "única autoridade crítica da terra". Quer dizer que também não me entende.

Ontem houve concerto no teatro e uma comissão veio implorar que do alto da minha Competência eu derramasse a potassa da Crítica sobre as gorduras do Desempenho. Desfiz-me em frases feitas desmerecedoras do meu Mérito e por fim prometi. E acabo de encher cinco tiras com quanto *argot* musical assimilei em São Paulo nas críticas do Camarate e do Barjona[1]. Falei em vocalização, registro de voz, euritmia, tonalidades cromáticas e outras pilhérias do caso. Saiu-me coisa tão boa que, relendo-a, eu mesmo não entendi nada. Imagine o sucesso que vai ser!

LOBATO

[1] *Críticos de arte em São Paulo. Nota da edição de 1948.*

TAUBATÉ, 2 DE FEVEREIRO DE 1905.

Rangel:

Tenho cá a tua opinião sobre Flaubert, Zola e a definição de arte deste – e como minha opinião precedeu a tua, estamos entendidos nesse ponto. Vamos a outro. Na penúltima carta dás como definição de arte do Taine a sua definição de obra d'arte, coisa muito diferente. Definição de arte foi coisa que o sensato e cautelosíssimo Taine teve o espírito de não tentar para não dar a topada que todos os definidores vêm dando desde a Grécia. Todas as definições de arte que conheço degeneram em *noção*, e isto pelo absurdo de aplicar o processo definitório, coisa puramente científica e lógica, ao fato mais incientífico e ilógico da humanidade – a Arte. Com os sextantes mede-se a altura das estrelas, mas não se medirá nunca a altura do amor duma menina. Quanto à tua questão de "arte científica", não pesco um xis. Ciência – conjunto de conhecimentos sobre as leis dos fenômenos; arte – concretização de emoções. Misturar estas coisas é tentar a combinação química de ovos e batatas.

Eu não disse (e se disse retrato-me) que Flaubert não é artista, e sim que Flaubert me desagrada, me maça seriamente, e que me tem sido uma pura *corvée* a leitura de seus livros. Idiossincrasia de temperamento, vulgaridade de espírito, qualquer inferioridade minha, enfim – mas sinceridade, coisa de que te divorciaste na crítica a Zola, onde fizeste esgrima de epigramas e ironias – ou *boutades*, como lá diz o francês. O teu "*Gouache*" do último *Minarete* (o prodigioso revisor do Benjamim deixou sair "Gonache", palavra sem significação que deve estar dando dor de cabeça nos pindamonhangabanos), e teu "Gonache" é uma pura imitação pastichada desse Flaubert que te anda estragando as tripas do estilo. Entre a maneira de Flaubert e a de Rangel a diferença é nula – o que seria ótimo para você, se você houvesse vindo ao mundo antes de Flaubert.

Escapaste da imitação do Eça, mas sem sentir imitas o abominável Flaubert. Coisas assim, assinadas por Flaubert, seriam admiráveis – em você não passam de engenhosos ecos.

A conclusão é que você ainda não se pariu de todo a si mesmo, pensa que é uma coisa e é outra; e para prova leia o conto que mando, dum extraordinário Emigdio de Oliveira. Não sei quem é, só sei que é dos tais que souberam achar-se e são tremendamente si mesmos. Veja como é potável, e que linda pastoral à Longus é isso. E quem sabe ou fala desse homem? Estará nascendo agora? Emigdio de Oliveira! Esse nome não me diz nada, nem a ninguém daqui. Encontrei isso dele, li – e nunca mais necessitarei olhar para o seu nome embaixo para saber se uma coisa é de Emigdio de Oliveira ou não.

Adeus. Sinto-me rabujento. É a chuvinha que não para. Chove, chove, chove. Até sol.

LOBATO

* * *

TAUBATÉ, 16 DE FEVEREIRO DE 1905.

Rangel:

O teu amor pelos ricochetes é para mim neste momento uma preciosa qualidade, pois o argumento que mandei – "uma obra d'arte não é a arte" – voltou com a tua sanção nos seguintes termos: "um inglês não é a raça inglesa" e mais este reforço: "isto me parece uma grande verdade". E como o ponto de litígio era essa desigualdade que você negava, dou-me parabéns pela tua conversão à aritmética e à lógica. Quanto ao resto, onde há citações de Taine e Zola, fatos implicantes e implicados, explicitidades e implicitidades, página 227 de *Mes haines*, logos etc., reservo-me para depois que houver assimilado Duns Scot e Scaligero.

Que faz por aí o Nogueira? Fale-me dele. Estou com saudades daquelas nossas polêmicas sem-fim sobre as causas primárias e últimas.

A notícia que dás da Cainçalha é a que eu esperava. Por falta de caça esses cães assarnentam-se, e vivem pelos cantos a bocejar e coçar as pulgas. Vejo que estão todos parados. O Tito até parece que voltou atrás, e só muito de longe em longe se sente um calorzinho na pena. Está a escrever molemente, com grande afluxo de lugares-comuns. Parece que aquele seu antigo e sagrado horror à Chapa não existe mais. *"Jacques, tu es un âne"*. Do Ricardo só vi a última tradução do *Cyrano de Bergerac*. Pede-lhe por mim que me mande a bagagem de recortes poéticos que puder, para a propaganda que ando a fazer dele perante duas magnificentíssimas representantes do sexo oposto. E também preciso que me mandes dizer quando você e o Lino prestam os exames. Quero chegar até aí com os parabéns.

O Albino escreveu-me das profundas de Sertãozinho! Albino escrever! Isto é portento como quando lá em Heródoto aparecia a fênix. Que estará para sobrevir?

LOBATO

* * *

TAUBATÉ, 20 DE FEVEREIRO DE 1905.

Rangel:

Conversemos
enquanto chove. Veio *A Ilustração* e ao lê-la me lembrei das famosas revistas que fundamos no Guarany: *O Gato, O Corvo*. Depois foi como se relesse um número da primitiva fase do *Minarete*, o pequenininho, no tempo em que o Cândido escrevia o *Fen dé brut*. Só faltaram você e o Albino, esse relapsíssimo Guy d' Han. E também o Ricardo. Reli a maupassanada do Tito e mais uma vez me convenci de que ele tem ali o seu *Vase brisé*. O Tito de hoje não vale aquele. Lino, o eterno trovejamento de bombas. Sempre que o leio lembro-me do foguetório da Semana Santa, quando estouram os morteiros. Estouros, chiados, chispas e depois rolos de fumaça branca rumo ao céu. O Raul... Que coisas adoráveis esse adorável Raul escreveria, se fosse arrancado daquela infame estrada de ferro e posto a cultivar-se num curso folgado! E faltou também o Nogueira, o Fréron. Tenho saudades do Nogueira! A sua crônica inicial no *Comércio de São Paulo*... as novidades de cabelo branco que ele, como um Isaías, atirava ao mundo... a sua tremenda descoberta do Valmiky...

Muito piegas deves estar achando o "Doutor Lobato", este homem sério que ontem foi metido no corpo dos jurados e também já foi convidado para a Irmandade do Santíssimo Sacramento, espécie de Ku Klux Klan local, inofensiva e de balandrau roxo, em vez de branco à moda americana. Bem que me esforço por tomar tudo isto a sério, Rangel; mas não vale – todo este burguesismo, Rangel, não vale uma hora das nossas horas do Minarete do Belenzinho, nem aqueles "aborrecimentos" conjuntos no Café Guarany, entre cigarros e laranjinhas.

O Jonas de Barros é um amor – ou pelo menos ficou assim depois de coado através da imaginação descritiva do Ricardo. *O incompreendido*. Ponha-o num conto, antes que eu o faça[2].

Ah, Rangel, eu brinco mas o desespero anda a assaltar-me. Meu processo de burrificação marcha firme. Este ar, esta coisa chamada "interior", arrasa uma criatura em poucos meses. Sinto que estou me tornando tapera – com pés de juás, erva-de-santa-maria, cordão-de-frade e guaxumas no terreirinho outrora tão limpo... As ideias vêm-me lorpas, com o carimbo local, ideias de boticário da roça. Sinto uma ferrugem no cérebro, tudo *grincheux*, difícil... Que suicídio lento é este viver de aldeia! Suicídio mental apenas, porque o corpo prospera lindamente. Faz-me falta o oxigênio metropolitano. Pelo Carnaval vou refocilar aí e matar as saudades – saudades sobretudo de vocês todos.

Que fim levou o Edgard Jordão?

LOBATO

* * *

TAUBATÉ, 1º DE MARÇO DE 1905.

Rangel:

O que me tem retardado na resposta à tua última é a dificuldade de escolha do por onde começar – tanta coisa há a dizer. Estive uma semana em São Paulo e passamos noitadas como as de dantes – mas sem o entusiasmo e a sinceridade de dantes. Por incapacidade de criar, a cainçalha repete. Encontrei o Cândido magrela. Como tem com rara elegância o pulmão "afetado", nós posamo-lo de tuberculoso, com risinhos complacentes dele. Meio

---

[2] *O Minarete publicou um conto meu com esse título. Nota da edição de 1948.*

sorumbático, estacionário, neurastênico. Ricardo também está outro; já não recita nem produz nada. Sonambuliza. Tito desmorona. A Academia já se atreve a atirar-lhe pelas ventas com a nossa célebre síntese: "É uma besta!". Seu prestígio acadêmico degringola. Na questão das candidaturas não foi ouvido – imagine! Ele o Tito!... E isso o emagreceu e amarelou. Nogueira chupa balas, namora e passa miséria. O Beccari, esplêndido de confiança, burrice e gênio. É uma floresta dos trópicos, todo fetos arborescentes. Atreve-se a achar o Ricardo um "moço banal". Albino, o eterno Albino. O Santa Rita cada vez mais roliço. Faz anos o mês que vem e está a organizar uma esbórnia de três dias. Vai alugar casa fora da cidade só para a festa. Como nem doses maciças de álcool o abalam, quer meter-se num regime de 72 horas de sambuca, "para ver se fica levemente toldado". O ideal do Santa Rita é acabar como aquele Clarence de Shakespeare, afogado num tonel de malvasia. Convidaram-me para o porre histórico – eu o homem dos três chopes...

Paro aqui, Rangel. Estou fenomenalmente vazio e besta. Tens lido o *Minarete*? As primeiras páginas dos últimos números são totalmente minhas. Apareça por lá.

LOBATO

* * *

TAUBATÉ, 13 DE MAIO DE 1905.

Rangel:

Alegrou-me o correio de hoje,
porque pressenti no calhamaço resposta à penúltima; mas como não fazes menção dessa carta, estou a supor que se desmandasse pelo caminho, como má carta que era. Se te queixas de trabalho em excesso, que direi eu, vítima do excesso oposto, *surménage de faineantise?* Como cansa, estafa, uma vida desocupada, vazia duma grande tarefa construtora, duma batalha a ganhar cujos detalhes nos encham do bom cansaço suarento e corado, criador dos sonos de pedra e de esperança aos montes! Esta nossa vida de grama branqueada sob um tijolo, que rastreia a luz de lá fora, vida toda cérebro,

a ruminar ideias num merecismo de dromedário e afastada de toda a Ação – e dentro das leis orgânicas viver é agir – esta vida nossa, Rangel, é pura monstruosidade. Faz de nós plantas de estufa, falseia-nos a natureza, afrouxa-nos os andaimes. E tão falha de compensações! A maior compensação para uma vida que se desenvolve é a consciência do progresso desse desenvolvimento; e como ter consciência de qualquer progresso se a lentidão do nosso evoluir psicológico lembra a marcha do ponteiro pequeno dos relógios? A gente sabe que o ponteirinho está andando, mas não vê marcha nenhuma.

Você tem a grande *besogne*, o amor, um Moloch que devora tudo quanto nossas faculdades produzem, mas o teu mal está em que o teu Moloch é um Moloch literário. E fora do Amor, do Jogo e do Álcool, não sei de outra paixão que encha por completo uma vida. Ricardo enche a sua com a tonteira do sonho; tirem-lhe isso e ele morrerá de vácuo... Tu pretendes encher a tua com Amor, mas esse teu amor é pouco para o teu tonel e daí a razão dos "enchimentos" – literatura, trabalho etc. Inútil. Irás pela vida em fora, *cahin-caha*, *clopin-clopant*, e chegarás aos Sete Pés sempre com o tonel a meio.

Ando agora estudando Napoleão, o homem de maior tonel interno que jamais existiu. Em Santa Helena, a sua conversação com Las Casas, que o taquigrafou, é um contínuo desenrolar de planos do que ele ia fazer, isto é, do que ele *necessitava* fazer para dar ao Moloch interno o repasto exigido. Privado da ação naquele penedo, o Moloch matou-o.

Que tanto Moloch! É que ontem estive conversando *Salammbô* com um velho filósofo daqui e hoje topei no *Minarete* com um artigo *Moloch*. Quer dizer que por estes dias o *jongleur* do meu trapézio do Brás Cubas vai ser essa palavra. Antes foi *abbatteur de besogne*. Que expressão nossa diz o mesmo? Sugere-me um pescoço enorme, ombros colossais, uma coragem de trabalho à Balzac ou Dumas. E tens a audácia de atirar-me à cara essa expressão tremenda a mim que sou gramínea desclorofilada e murcha...

Vai o Darwin e um maço de *Minaretes*. Lê neles: *O Brasil, hoje*, a brincadeira *Nero-Olga*, *Cor*, *Trubsal? Trube* e *Pedro II e a manada* (causou escândalo).

Adeus.

LOBATO

Taubaté, 15 de julho de 1905.

Rangel:

O bilhete-postal — um beliscão — *talvez* me faça dar resposta à tua última e dizer o que penso do *Diário* e do autor — coisa que há quinze dias pretendo mas não consigo fazer. Digo "talvez", porque talvez esta carta fique a meio caminho. Conheces muito bem a doença periódica da grafobia que nos torna a pena odiosa e repulsiva. E estou adivinhando que durante essa demora, todos os dias, lá numa covanca de Minas, uma Vaidade de pernas ia esperar o correio, ansiosa, e a todas as malas mordia os lábios com os dentes da decepção. "Devia ter vindo (raciocinaria a tua Vaidade). É fatal que venham os deliciosos bombons com licor dentro. Mas por que tardam tanto? O pagamento antecipado já lá foi, sob forma de outros bombons marca 'Elogio Mútuo' — e o infame Lobato demora!"

Meu caro: a explicação é que Ragueneau anda bilioso, cheio de pensamentos negroides, e não tem feito pastéis de medo de trocar os ingredientes, metendo pedregulhos em lugar de azeitonas, com possível dano de algum dente incauto. Veja você que sábio é Ragueneau em deixar o forno apagado enquanto a bílis lhe amarela as ideias e o riso.

Ainda ontem enchi os ouvidos de uma das minhas namoradas com juras de arrebentar os miolos, e falei em revólver, faca e outras alavancas da indiferença feminina. Mas hoje, Rangel, minha intenção é molhar a pena em tinta cor-de-rosa — mas antes disso quero prolongar esse ar de decepção que estou vendo em tua cara, e em vez dos esperados bombons terás de ouvir de pé firme uma história de dormir em pé. É inútil pular estas linhas e ir procurar algum bombom no fim, porque hoje não vai nenhum — estão a secar ao sol. Julgas por acaso que é coisa decente este torneio de elogio mútuo em que andamos? Pensas que já me esqueceu aquela tua carta que começa assim: "O teu estilo tem todos os fulgores...". Supões-me então ingênuo como um tal Godofredo Rangel que ouviu impávido uma *boutade* dum tal Ricardo Gonçalves, e manteve-a na boca como bala puxa-puxa, e anotou-a carinhosamente no *Diário* com que pretende escalar o morro da Glória: "O teu estilo é o mais perfeito que ainda apareceu no Brasil?". Rangel, Rangel! Seja um bocadinho mais hipócrita e raspe aquilo. Que não dirá a Posteridade?

Estilos, estilos... Eu só conheço uma centena na literatura universal e entre nós só um, o do Machadão. E, ademais, estilo é a última coisa que nasce num literato – é o dente do siso. Quando já está quarentão e já cristalizou uma filosofia própria, quando possui uma luneta só dele e para ele fabricada sob medida, quando já não é suscetível de influenciação por mais ninguém, quando alcança a perfeita maturidade da inteligência, então, sim, aparece o estilo. Como a cor, o sabor e o perfume duma fruta só aparecem na plena maturação. Repare no Machado. Quando lhe aparece a cor, o sabor, o perfume? No *Brás Cubas*, um livro quarentão. Que estilo tem ele em *Helena ou Iaiá Garcia*? Uma bostinha de estilo igual ao nosso. Ao Eça só o encontramos já estilizado e inconfundível nos Ramires. Antes de nos vir o estilo o que temos é *temperamento*. Há na arte do desenho um exemplo claro disso na "estilização", duma flor, suponhamos. A *flor natural* é o nosso temperamento; a *flor estilizada* é o nosso estilo. Enquanto esse temperamento não alcança o apogeu da caracterização, não pode haver estilo. O Eça nas *Prosas bárbaras* não tem estilo; usa e abusa barbaramente da "impropriedade" com o fim de irritar o Camilo Castelo Branco, o Bulhão Pato e os burgueses do Porto. Esse abuso da impropriedade, que à primeira vista parece ser a sua futura característica do estilo (tanto é alta a dose nas primeiras coisas), nos Ramires aparece homeopático e felicíssimo, e da mesma sábia dosimetria de Machado de Assis.

Poderás, Rangel, com os elementos básicos que há em você, ter um estilo, e certo que o terás – mas ainda é cedo. Estás verdolengo. E o terás lindo, sobretudo se deres menos apreço às lisonjas fáceis dos amigos. Lembra-te que mutuamente já todos nos demos de gênio lá no Cenáculo e no entanto bem pequena é a dose de simples talento de todos nós, reunidos e multiplicados uns pelos outros.

Proponho-te escrevermos com mais assiduidade no *Minarete*. Coisas leves, com diálogos – o diálogo areja. Coisas que interessam aos leitores, coitados, sempre tontos com isto de escrevermos só para nós mesmos, sem a mínima consideração para com eles, os sustentadores do jornal.

Os bombons ficam para outra.

LOBATO

TAUBATÉ, 18 DE JULHO DE 1905.

Rangel:

Andas zangado comigo e com razão, pois num momento de bílis não achei válvula para a peçonha e derramei-a toda no focinho da tua vaidade. Mas as coisas mudaram e está hoje uma lua tão bonita no céu da minha janela, e um grilo pia com tanto gosto, e faz tão bom fresco, que chego a esquecer a ferida aberta em meu orgulho e, feliz, espero conversar contigo à moda bombonesca. Essa ferida...

Fizeram-me orador do nosso Clube Recreativo, e no último domingo, em sessão de posse, meti-me por um longo discurso, que me saiu uma sucessão de caroços inacreditáveis. Tamanha foi a minha vergonha que ainda hoje não posso ver, sem corar e baixar a cabeça, as infames criaturas que assistiram à catástrofe. Nunca poderás imaginar, Rangel, que horror é um desastre desses e que quantidade de nevralgias morais nos põe nos nervos do amor-próprio. A artificial reputação de talentoso que com o meu sábio silêncio fui criando aqui, aluiu como um castelo de cartas assoprado. Sou para Taubaté, doravante, "uma forte besta" – é o julgamento que leio em todos os olhos que me olham. Meu orgulho parece as ruínas de Pompeia. Humilhei-me. E tão humilde ando que não tenho coragem de falar do teu *Diário*. Que direito tem uma "forte besta" de andar emitindo opiniões?

Quanta razão tinha Esopo em meter a catana na língua! No mundo dos peixes não me sobreviria tal desastre.

Mas sacudamos a ferida para um lado.

DIA 19.

Interrompi esta ontem para ler a tua última – e sinceramente confesso que me aborreci muito. Eu já estava arrependido de em momento de mau humor ter-te escrito aquela catilinária, que não supus tomasses a sério. Infelizmente foi o que se deu. Voltemos atrás, amigo, e permaneçamos os dois últimos abencerragens da velha panelinha.

"Em que te interessa a minha vida inteira?", dizes, amargo e ressentido. E eu te respondo que interessa apenas em grau logo abaixo da minha. Essa Bárbara de quem vais ser, conheço-a no tanto possível, e faz parte do meu *salon* imaginário; e o casamento que anuncias para abril enche-me de invejosa satisfação. Espero que no futuro ainda hei de chegar até aí com a minha metade pelo braço, e ouvir, na cozinha, dona Bárbara ordenar à preta: "Mais dois talheres na mesa, que hoje tem visitas – o doutor Lobato e a senhora".

Aquela carta, Rangel, me saiu num momento de bílis preta. Num desses momentos em que um acúmulo de aborrecimentozinhos exige a abertura duma torneira qualquer. Uma espécie de eletricidade negra que nos entope os acumuladores e se mete a faiscar de todos os lados. Foi num desses dias aziagos, pretos até no céu chuvoso. Deu-me um tal nojo da vida que me pus a brutalizá-la, como os maridos ciumentos fazem às esposas inocentes. E não tendo a coragem dum rompimento definitivo com a vida por meio de bala nos miolos ou enforcamento na ceroula, brutalizei com mão nervosa a meia dúzia de laços fortes que a ela me prendem, justamente os mais queridos e mais próximos. Um deles foi a minha maior amiga daqui, a dona Edel do *Lambe-Feras*. Outro foi a minha namorada de São Paulo. Outro foi você, Homem Sensível de Moura Rangel! Elas me perdoaram e tu, que és o único Ele do bando, demoras em fazer o mesmo! Quero que queimes a tal carta e lances a cinza aos ventos, como Pedro Arbués fazia com a dos heréticos que torrava. Espero uma resposta que me tire da alma o peso deste remorso de Caim. E depois continuaremos, *bras dessus, bras dessous*, pelo macadam da vida afora, conversando nestas cartas que já duram mais de um ano.

Do teu lamentável

LOBATO

TAUBATÉ, 19 DE AGOSTO DE 1905.

Godofredo:

Criatura perversa! Sabes os fins miserandos que andam tendo os Macucos e ainda açulas o Torres a escrever novelas. Esse Torres é meu conhecido de nome e façanhas de amor; mas que faz versos e tem "uma *Canaã* de sonhos literários" é coisa nova para mim – e incompreensível. Gostei muito do preciosismo dele, misto de Raul e Andrelino. A "vara de *vime* dos críticos" (por que vime, meu Deus?), "meu futuro literário", "burilo versos"... Que amor!

Gostei do teu tédio post-flaubertiano. É prova de mais um encontro nosso. A canseira que o excessivo trabalhado do estilo dava a Flaubert penetra também o leitor. Cansaço por indução. Para mim é como se assistisse a uma ópera em teatro de vidro, onde os cenários e as paredes transparentes deixassem ver toda a maquinaria oculta. Um anjo passa voando na apoteose final e toda a beleza do voo lá se vai porque o espectador está vendo os arames de suspensão. O trabalhado de Flaubert transparece em toda a sua obra – ou é sugestão minha por saber que ele trabalhava demais as frases? Às vezes gastava todo um dia com uma delas, e esgoelá-la em todos os tons. Diz Faguet que Renan dissimula de tal modo a técnica de construir frases que deixa a ilusão de não ter nenhuma – e está aí um dos maiores encantos de Renan o Dissimulado. Ainda ontem vi com um rapaz daqui um horroroso relógio de mostrador transparente, com toda a engrenagem – toda a barrigada – visível. Flaubert é assim. Imagine uma moça belíssima, mas de carnes diáfanas, com as tripas, os bofes, o coração e todas essas coisas vermelhas aparecendo... E Flaubert ainda é, como dizes, "secante". O pai foi médico e os avós também. O filho herdou a fúria de escalpelar. Aquilo dele pegar e dissecar tipos incaracterísticos como a Bovary, Homard etc. acaba secando a gente. Eu gosto dum Tartarin, dum Besoukov, dum Lantier, dum Ega.

A observação sobre os teus adjetivos pode ser generalizada. Apliquei-a aos teus porque me veio enquanto te lia. Nos grandes mestres o adjetivo é escasso e sóbrio – vai abundando progressivamente à proporção que descemos a escala dos valores. Um jornalistazinho municipal, coitado, usa mais adjetivos no estilo do que Pilogênio na caspa.

Eles pingam adjetivos. Contei os adjetivos em Montaigne, Renan e Gorki. Sóbrios. Shakespeare, quando quer pintar um cenário (um maravilhoso cenário shakespeariano!), diz, seco: "Uma rua". O Macuco diria: "Uma rua estreita, clara, poeirenta, movimentada etc.". O Macuco espalhou mais adjetivos pelo Belenzinho do que gonococus – e nunca houve uma espingarda que o abatesse!...

Tolstói só usa o adjetivo quando incisivamente qualifica ou determina o substantivo. Tenho que o maior mal da nossa literatura é o "avança" do adjetivo. Mal surge um pobre substantivo na frase, vinte adjetivos lançam-se sobre ele e ficam "encostados", como os encostados das repartições públicas. A moda de hoje é o adjetivo eciano. Aquele "cigarro lânguido" do Eça fez mais mal à nossa literatura do que a filoxera aos vinhedos da Champagne.

Isto me veio ao ler em teu *Diário* a "mancha" sobre o lampião da sala. Se expulsasses dali todos os adjetivos encostados, aquilo ganharia oitenta por cento.

Lino manda-me um cartão. Diz: "Amo loucamente, faço discursos admiráveis, publico artigos sensacionais. Sou indubitavelmente uma glória acadêmica e incontestavelmente um reprovado no fim do ano". Ricardo estuda. Irei a São Paulo para vê-los, logo que chova. O pó da Central!

Aqui está rugindo a festa do Tremembé.

LOBATO

* * *

TAUBATÉ, 27 DE SETEMBRO DE 1905.

Rangel:

Duas folhas de papel xadrez, cheios dessa coisa fantástica a que muito humoristicamente chamas "minha letra", jazem penduradas do ganchinho de parede rubricado pela papeleta "Cartas a Responder", e no ganchinho correspondente do meu encéfalo está pendurada uma preguiça de quatro folhas. Estou de lombeira hoje – coisas que eu sei. Decifro os teus horrendos gatafunhos. Eles me dizem – ó desgraçado Mister Lewisham mineiro! – que és todo a noivinha e te preparas para no altar de Vênus transformar a noivinha em mulher. Vais renunciar ao Demônio e Suas Pompas em troca de uns tantos dias de carnal novidade e quarenta anos de bocejo a dois, cueiros amoniacais, diarreias verdes, choradeiras, taponas... Renunciar ao Demônio quando o Demônio é a única delícia reconciliadora do homem com o Mundo. Renunciar às suas pombas, isto é, a Paris, às voluptuosidades egoístas da carne e do Dinheiro, dos vícios amáveis, dos lindos pecados que a Santa Madre Igreja condena com o fim secreto de requintar-lhes o sabor. Renunciar às aventuras perigosas. Renunciar ao Ideal que é ter uma gorda conta no Banco e nenhuma consciência nas tripas. Renunciar aos amigos vivedores e descuidados, a um automóvel com que atropelamos seis pedestres por ano, a duas éguas inglesas como as dos romances de Eça, a uma biblioteca estofada no conforto inglês, com poltronas de couro macio, nas quais, refocilados, amavelmente possamos filosofar sobre a miséria humana, com um havana entre os dedos e um gato persa no colo. E conciliar as três aventuras amorosas que estamos conduzindo, como o cocheiro russo concilia os três cavalos duma *troika*. E passar a noite na roleta, perdendo com a dignidade dos nobres ingleses. E ter uma obra d'arte em andamento e sem fim, que nos justifique aos nossos próprios olhos. Renunciar a tudo isso, ó Mister Lewisham de Moura Rangel, para te fazeres galo duma galinha que te dá um ovo por ano e demonstra todos os dias que todos aqueles encantos de noiva não passavam de miragem do deserto.

Porque é aqui que está o Erro. A noiva é uma. Não tem fisiologia. E a mulher emergente da noiva tem-na terrível. O que atrai numa é a secreta e misteriosa virgindade, um seio que apenas transparece no boleado do casaquinho – e mais tarde degenera em úbere. O que atrai são os aromas capitosos da sugestão, o olhar cheio de promessas embriagadoras, é o coquetismo que o noivo não percebe que é coquetismo já do tempo de Eva e julga ser natureza. A noiva é o vinho; a esposa é o *vin aigre*.

É a mesma criatura, mas sem os mistérios, sem as eletricidades, sem o *odor di femina*, sem os encantos do olhar – com tudo transformado em ranço e cinzas. As ultramaravilhosas qualidades da noivinha cessam de existir porque são armadilhas que a Natureza arma para pegar o tico-tico – e pegado o tico-tico, para que mais armadilhas? Agarrado o macho, que importa à mulher a conservação daqueles encantos? Em vez deles, em vez dessas miragens, ela dá ao esposo realidades: filhos, seios pendurados, ventre bambeado, talhe achamboado, sensualidade amortecida. E o bestalhão assombra-se... Pois foi então aquela criatura que o embeveceu de amor? Que o fez casar aos 20 anos? Que o fez deixar-se arrear e montar?

Que tombo o marido cai... Vê de noite a mulher de camisola e touca – aquele ser que ele só via enleado em gases e cassas afeiçoadas pela moda de Paris. E aquela mesma que corava de lhe mostrar o tornozelo, ele a vê abrir certo móvel, tirar certo vaso e sentar-se em cima com certo ruído. E de manhã quando acorda ao lado da diva sente a realidade do *odor di femina*. E nota que aquele hálito que antigamente recendia a rosas da Pérsia cheira agora a estômago azedo. E lembra-se dum soneto que escreveu "À que me espera..." em que lhe cantava o "hálito de Iracema" – agora um cheirinho de dente cariado.

E isso na melhor das hipóteses, porque há o caso da noiva, que era "inconsútil", fechadinha, sem órgãos lá dentro afora o coração, dar numa mulher cheia de úteros doentes que metem o médico em casa, e mais uma porção de órgãos esquisitos que o homem não tem, com flores que não são de roseiras, e "geniosa", das que dão com o prato na cara do marido e passam a detestá-lo, e vivem eternamente ventrudas e a encher o mundo de fedelhos. E há as que trazem de dote a sogra e a irmã tia, e mais uma velha tia que é manca; e que lê os folhetins do *Jornal do Brasil* e chora nos "lances" etc. etc. etc.

Dirás, com alegre entono, que não é esse o teu caso, que Ela é uma criatura "diferente", como jamais houve no mundo outra; e ao dizeres isso, com o ar de quem diz a mais absoluta novidade, estarás repetindo plagiariamente o que cem por cento dos noivos disseram desde o Jacó da Bíblia até o Mister Lewisham de Wells.

Há duas classes de homens na sociedade moderna: o que sabiamente faz como o Brás Cubas do Machado e não prolonga a miséria humana, e o que casa para que se perpetue no planeta a infinda procissão de bípedes que vêm do *Inde*? E vão como carneiros para o misterioso *Unde*? Escolheste o caminho da proliferação. Tua alma, tua palma. Mas depois não venhas chorar no meu colo.

E adeus. Vou mandar tua carta para o gancho das "Respondidas".

LOBATO

* * *

TAUBATÉ, 17 DE DEZEMBRO DE 1905.

Rangel:

Chegaram os volumes do *Diário*, multados em 800 réis, e duas cartas. Não sei pela qual começar... Já li uns trechos do *Diário* e fiquei com ideia mais nítida dessa que te seduziu a cabeça e o coração. Deve ser uma criaturinha deliciosa, comunzinha como centenas de outras, boazinha, bonitinha, engraçadinha, monopolizadora de meia dúzia de diminutivos. E vejo também que é coisa líquida a tua "lewishação", como Wells a descreve naquele *Mister Lewisham*: o mal não tem cura. Quero, porém, dizer-te ainda uma ou duas coisas sobre o casamento, apesar de ser latim perdido.

Se um homem casa-se aos 20 anos, que deixa para fazer aos 40? Aos 20 temos mil novidades tremendas a fazer, porque ainda estamos na "surpresa da vida". Temos as grandes "asneiras". Mas aos 40 estamos começando a "passar", já arrefecidos, já com o farnel das asneiras esgotado, e então casar com uma menina de 18 é iniciar brilhantemente a segunda fase da vida. Aquele ditado do "quem casa quer casa" é muito sábio. Diz que para o bom casamento o homem deve estar estabelecido, rico, maduro, bem cristalizado, conhecedor de si próprio e do mundo – isto é, velhusco.

Casar criança é uma barbaridade, apesar das "pontinhas róseas dos dedos dela", apesar do "lindo moreno da pele" etc. Acho que é cabeçada, e por isso berro, apelo para os esbirros d'El-rei, sempre que vejo um homem de mente sã correr com uma braçada de coisas preciosas – liberdade, sossego, projetos de viagens, ideias – rumo à lata do lixo, para... para quê, meu Deus?

O *Minarete* trouxe a tua lânguida *Dona Fidalma*. Ouça lá o que diz a medicina: "Durante esse tempo as mulheres mostram-se fracas, mais impressionáveis, de humor volúvel, apresentam exteriormente um aspecto sofredor, ficam com olheiras... movimentos mais morosos... sujeitas a caprichos singulares, a gostos bizarros, a mudanças no caráter; umas inclinam-se à tristeza, outras tornam-se irascíveis ou sentimentais". Exatamente como estava a dona Fidalma quando a apanhaste. Rangel, você a plagiar a Chernoviz naquele desagradável capítulo!

E o meu *Gilles de Rais*? Leste? Ando com ideias dumas coisas à Wells, em que entrem imaginação, a fantasia possível e vislumbres do futuro – não o futuro próximo de Júlio Verne, futurinho de cinquenta anos, mas um futuro de mil anos. Vou semear agora essas ideias e deixá-las se desenvolverem livremente por dez ou vinte anos – e então limito-me a fazer a colheita, caso a plantação subsista até lá. Se a terra dos meus canteiros mentais não for propícia a essas sementinhas, então é que não estou destinado a ser o H. G. Wells de Taubaté, e paciência. Ou dou um dia coisa que preste, que esborrache o indígena, ou não dou coisa nenhuma. Ser um Garcia Redondo, que coisa mais quadrada e pífia!

E enquanto as sementinhas germinam, sabe em que penso agora? Em indústria! Uma fábrica de doces em vidros, geleias inglesas, sistema Morton ou Teyssoneau. A firma será Lobato & Paiva. O Paiva é o Eugênio de Paiva Azevedo, meu companheiro de planos. E invadiremos o mercado com um reclame verdadeiramente americano. Até por aí chegarão os almanaques, as folhinhas de parede, os cartazes de Lobato & Paiva. Nos cinemas, depois duma fita sobre a guerra russo-japonesa, em vez do retrato do Tsar ou do Filho do Sol em apoteose, lá aparece, num deslumbramento: "Para as lombrigas, compotas Lobato & Paiva". E hei de ver a dona Bárbara de Moura Rangel, atrapalhada com uma visita de última hora, dizer à criadinha: "Corra no sêo Chico da Venda e diga que mande uma lata de morango marca Lobato, que é a boa. E você não fique lá toda a vida namorando aquele cara de fuinha. Ele que ponha na conta". Contrataremos o Raul para a seção de propaganda – para "Oh, as compotas de morango de Lobato & Paiva!". Ofuscar a glória do Morton, o Shakespeare dos picles e das geleias!...

Chamei-te Lewisham, não que sejas como M. Lewisham, mas porque quem ama é sempre mais ou menos Lewisham. E ainda há uns pontos coincidentes – o colégio, a vida de professor, o Amor, Ethel e Bárbara.

LOBATO

* * *

TAUBATÉ, 1905.

Rangel:

Espero catequizar-te para uma das coisas mais úteis a um homem que pensa por si mesmo. Porque quem pensa por si mesmo tem sempre à tona do pensamento coisas originais e novas – novas combinações, nuanças novas, tons novos, coisas que nos parecem inéditas e que realmente o são, caso contadas com todos os pelinhos com que brotaram. Esses pensamentos em geral se perdem – evaporam-se como as primeiras gotas de chuva em pedra quente de sol. São como a forma das nuvens. Não calculas como me agrada recordar hoje o que pensei um ano atrás; e se é bom com a diferença de apenas um ano, que dizer quando há dez ou vinte de permeio? Por que não grafar isso diariamente – não mariscar diariamente, de peneira, essa escumalha e pô-la no papel para o futuro regalo? Essas ideias-nuanças, essas sensaçõezinhas-tons? Comecei a fazer isso o ano passado e esta noite, relendo trechos do primeiro caderno, já cheio e relegado para o fundo da gaveta, achei-lhes um estranho sabor de autenticidade e cor fresca – e aí vai a amostra para te induzir a fazer o mesmo. Infelizmente esses arrepios de momento são grafados em letra também de momento indecifrável às vezes, já que a letra segue o estado d'alma. Há nelas um descosido, um desprezo às regras de enfurecer qualquer Catão da língua. Pontuação, ortografia – nada atrapalha. A impressão só, nada mais – manchinhas, como se diz em gíria de pintor.

Lobato

1906

TAUBATÉ, 15 DE MARÇO DE 1906.

Rangel:

Espantou-me a tua promessa

de vir. Assombro! Vem por dois ou três dias. Avisa-me com antecedência para eu varrer o quarto.

Acabo de ler o *Queijo* e acho que te alcandoras muito. Aquilo é esbanjar filosofia com quem só quer polenta grossa. Perguntas se tenho leitores no *Minarete*. Talvez o Benjamim me leia – o revisor garanto que não. Em São Paulo, Purezinha também me lê. Bem vês que sou lido.

No nosso *Queijo* não cabe mais ninguém. Já há lá gente demais. E até acho conveniente matarmos dois ou três personagens. Lembre-se de que prometemos aos leitores "várias mortes trágicas" e ainda estão todos vivos.

Eu e o Eugênio andamos com fúria devoradora de quilômetros. Todos os dias saímos em nossas bicicletas e varamos quantas estradas há. Penetramos até nos municípios vizinhos. Eugênio quer te conhecer.

Tenho lido muito inglês – viagens. Há cá uma porção de números de *Wide World Magazine* e do *Strand*. Enjoei-me do francês. Quanto ao Bourget, minha opinião é que vendas os dezoito volumes a algum fogueteiro. Não há ar nessa literatura francesa. E lembra-te, menino, que a arte é longa e a vida breve. Como perder tempo com bobagens? Ler é coisa penosa; temos de mastigar, ensalivar e engolir – e que grande tolice comer palha! Alimentemo-nos dos Sumos – os Balzacs, os Shakespeares, os Nietzsches, os Bains, os Kiplings, os Stuart-Mills. Theuriets, Ohnets, isso é palha. Bourget tem *Mensonges*. Fique aí. Dezoito volumes de Bourget! Como te foi cair nas unhas tamanha papelada?

Quanto aos épicos antigos, Dante, Milton, Homero, só com bons intérpretes, com Virgílios cicerônicos. O próprio *Lusíadas* nunca li inteiro. Cansa-me. Já investi contra o bloco cinco vezes. Começo achando-o belíssimo, e vai belíssimo até dez ou doze estrofes; daí por diante entram a amiudar-se os bocejos e a admiração vai morrendo. Na estrofe 16ª volto as páginas para ver se o fim do canto ainda está muito longe. Na 20ª acho meios de interromper a ingestão da obra-prima e encostá-la por seis meses ou um ano. Mas é admirável o Camões, não resta a menor dúvida. Nós é que somos uns fracalhões, uns dispépticos, uns degenerados netos de truculentíssimos avós. Um dos nossos antepassados, Cunhambebe, comia um português inteiro sem arrotar. Nós mal escoramos uma asinha de frango...

Lobato

* * *

Taubaté, março de 1906.

Rangel:

Estou noivo. Pedi no dia 12 e obtive a 15 a mão de Purezinha, filha do doutor Natividade que te examinou em Aritmética no Curso Anexo, minha prima longe, professora complementarista, loura, branca como pétala de magnólia, linda. Combinamos casar um dia.

Cheguei de São Paulo ontem e lá quase que só noivei. Apenas uma noite estive com os Cães. Ricardo sobe como um câmbio. O Joaquim Nabuco fez-lhe tremendos elogios. Foi Ricardo quem o saudou à chegada, num discurso de maravilhosa eloquência. Lino também, de uma janela, atirou para cima de Nabuco um discurso de esmagar – mas engasgou no momento mais agudo da altiloquência perorativa. Um italiano da rua, entusiasmado, berrara um hilariante *"Viva Brasile!"* que quase fulmina o Lino de apoplexia colérica. Tito falou na manifestação dos estudantes, e bem, com períodos longos e bem boleados. Como vês, o velho Cenáculo faz figura quando quer. Todos ainda sabemos latir.

Quanto à nossa novela a dois, convenci-me de que a tua história do Boiadeiro é burrice e proponho a que aqui vai. Se concordas, escreve a continuação e manda tudo para o Benjamim Pinheiro, a tempo de sair no *Minarete* próximo.

LOBATO

* * *

TAUBATÉ, 1906.

Rangel:

Ânimo de te elogiar não é o que falta – mas falta material para elogio. Minha esperança é que o anunciado *Sebastião* seja a tão reclamada matéria. O elogio, concordo, é o mesmo néctar dos deuses do Olimpo. O paladar da nossa mente reclama-o como o paladar físico reclama sal na comida. Quando passamos algum tempo sem comer coisas doces ou salgadas, nosso organismo, ressentido, passa a reclamar sal e açúcar por meio do apetite. Assim, secas as nossas fontes – aquelas fontes donde corriam com tanta prodigalidade todos os méis do Himeto – só nos ficaram duas: você para mim e eu para você.

Mutuamente nos engambelávamos para que mutuamente nos enlambuzássemos com o mel do elogio. Eu pincelava com ele a tua boca e você a minha. Nas nossas cartas os melhores pedaços eram os em que personalizávamos e permutávamos amabilidades chinesas. Juro que no meu *Diário* só leste os trechos que te dizem respeito. Como és humano meu Rangel querido!

L'Egoisme c'est le propre de l'homme não disse nenhum Chamfort mas devia ter dito. Tudo quanto finge desamor próprio, altruísmo, desprendimento, é anti-humano.

Soube que nos entreveros da greve Ricardo apanhou uma bala no braço? Mas nada sério; ferimento leve. Lino e Tito têm pintado o diabo – mas intramuros. O heroísmo deles prefere manejar a partasana da retórica a vibrar a marreta na rua, como o Ricardo.

Sê menos parco. Dá-me a encher.

LOBATO

* * *

TAUBATÉ, 2 DE ABRIL DE 1906.

Rangel:

Por esta entediada Sexta-feira Santa, em que Taubaté inteiro transpira na igreja em trevas, um pobre-diabo que não aguentou o suadouro e raspou-se só vê duas coisas diante de si: dormir uma soneca ou escrever a um amigo. Eis como, Rangel, o fato dum suave Galileu ter morrido na tortura lá nos fundos da Ásia me leva a comunicar-me com você – já que não há sono para a soneca. Ela está na igreja, mas a falta de luz é tamanha que não pudemos trocar olhares; e como me pareceu muito suportar tanto suor sem a compensação dos seus olhares desertei. (Há por aqui uma novidade na gíria, o verbo "grelar". Corresponde a "flertar", ou namorar com os olhos. Tome nota.)

Aquele tédio antigo me voltou. Ando a ver tudo amarelo. Ontem reli coisas do teu *Diário*, mais analisadamente que da primeira vez. Estão lá os teus estados d'alma do tempo do namoro – esse primeiro degrau para o casamento. Tudo compreendo muito bem agora. A vida do celibatário numa capital justifica-se; nestas cidadinhas do interior é um absurdo. A absoluta ausência do que fazer nos força a casar – é o meio de fazer qualquer coisa. Mas para quem pensa um bocado, o tal casar o põe vacilante como Hamlet. É uma cumbuca com dois dados dentro – unicamente a sorte nos faz pegar no branco em vez de no preto.

Ela ou é extremamente complicada ou extremamente simples. São dois modos de ser tão distantes que comumente se confundem – entenda. Dá impressão da máxima fraqueza – mas pelo carnaval sustentou contra mim uma luta de lança-perfumes e me manietou as mãos com tanta força que tive de bater em retirada – e com mais uma incógnita a interferir na minha equação.

Rangel, quero que me escrevas com minúcias sobre o teu novo estado, as novas esperanças e projetos – e se o casamento dá a sensação da estabilidade que um ente depois dos 20 anos começa a necessitar. Meu cansaço é esse: instabilidade, vida no ar. Acentua-se em mim o desejo de ancorar num porto. E que porto há para o homem, senão a mulher?

LOBATO

* * *

TAUBATÉ, ABRIL DE 1906.

Rangel:

Se há no mundo um tranca integral é você. Que significa esse silêncio de bezerro com lombrigas? Quantas tenho de escrever para obter a honra duma resposta? Há dias reclamei com urgência a remessa de meus *Diários*, e hoje insisto e dou a razão. É que estou noivo já de um mês e boiando em plena lua de mel do noivado – e faço literatura amorosa às carradas. Inda ontem mandei para São Paulo cem gramas de ternura gráfica. E tenho de mandar mais, para completar a *"História documentada do meu amor por você"*, obra solidíssima, baseada em excertos do meu *Diário*, nas referências diretas ou indiretas que a Ela nele existem. E preciso dos volumes que estão aí. Apressa-te, Homem! Amor é impaciente.

Disse-me o Benjamim que já lhe mandaste mais capítulos do *Queijo* e estou ansioso por vê-los impressos. Vou esta semana a Pinda e lê-los-ei lá.

Beccari manda-me uma carta em verso. Para provar que é mesmo o Leonardo da Vinci do Bom Retiro, faz pinturas, faz esculturas, escreve cartas em verso e agora vem com uma invenção – e está absolutamente convencido de que realmente inventou uma coisa. É o "Transportador Aéreo Instantâneo" para uso da polícia. Consiste no seguinte. De uma torre central, ergue-se no topo um eixo ou gonzo, ao qual está articulada "a grande invenção", isto é, uma sanfona de aço que abre e fecha e gira em redor do eixo. Na extremidade exterior da sanfona vai um cubículo onde caibam vários homens. Há um distúrbio em qualquer ponto da cidade. A torre central recebe comunicação telefônica e tem de mandar soldados. Que faz? Vira a sanfona na direção do distúrbio, com soldados dentro do cubículo e *zás!* Um maquinismo violento distende a sanfona até que o cubículo fique bem a pino sobre o distúrbio – e os soldados descem por cordas, tudo rapidíssimo. Os perturbadores são agarrados, içados para o cubículo e a sanfona então encolhe-se, trazendo tudo para a torre. As masmorras ficam na base, e por uma calha de lona a colheita policial é nelas despejada. Em três minutos está completa a operação...

E se puséssemos o nosso Da Vinci no *Queijo*, como material duma das prometidas mortes trágicas?

LOBATO

* * *

TAUBATÉ, 5 DE MAIO DE 1906.

Rangel:

De volta de São Paulo, onde passei quinze dias, encontro um bilhete e uma tira na qual contas da tua iniciação em Balzac. A Casa Garraus tem lá um Balzac completo a 800 réis o volume, o que há de barato. Encontrei na mesma livraria um magnífico Rabelais completo, num só e gordo volume, solidamente encadernado, por... 3.500 réis. Trouxe também Petrônio (4 mil-rés). Ésquilo, *Contos da rainha de Navarra*. *Relíquias de casa velha*, de Machado; *Cartas d'Inglaterra*, do Eça; *Gordon Pim*, de Poe; *Ivan o imbecil*, de Tolstói, e outros. Disponha.

Estive com o Beccari. Falou de você. "É um talento, não é um gênio, porque é mais observador do que criador." Ontem Beccari o Pavoroso agarrou-me em plena rua para uma injeção de Gioconda e Fornarina a propósito de um cartão-postal. Tive de fugir e esconder-me num mictório.

Ricardo, magnífico, dorme empavonadamente sobre os louros conquistados da última bernarda, na qual agiu com a marreta e levou tiro. Raul está excelente e com o repertório renovado, cheio de coisas dum Lagreca de cabelo de fogo que o Cenáculo descobriu e explora. Quando apareceres por São Paulo exige do Raul as "lagrecadas". São da gente morrer de rir. Há três meses que não cultivam outra piada (falta o resto).

Lobato

* * *

Taubaté, 17 de junho de 1906.

Rangel:

Li, arrepiei-me de gosto e devolvo com esta a *Ilustração* que iluminaste com o Tito em chamas. Toque! Já fez você fotografia? Depois do banho revelador e do de fixagem, vem um banho em água corrente de muitas horas para libertar a chapa dos traços do hipossulfito de sódio, que é a peste da fotografia. Um vestígio que fique desse impertinente e desagradável sal e as chapas correm o risco de se deteriorarem com manchas horrorosas, que as inutilizam. Você, com a ironia dos moços pretensiosos, já deve estar farejando a moralidade. Pois o faro é bom e a moralidade é essa mesma. O teu estilo ainda revê traços dos hipossulfitos, que no caso são as influências dos teus fatores. É por meio do hipossulfito que a chapa se faz, mas é também o hipossulfito sobejante o que a desfaz. Assim, do alto dos meus tamancos eu te digo, ó Homem Superior de Moura Rangel, que ainda deves dar muito banho de água corrente em teu estilo, porque nele ainda restam traços da flaubertite gonocócica e da ecite apanhada nos tempos do Minarete. Ria lá os teus melhores risos de superioridade, finca-me as esporas da ironia – mas pensa no meu conselho. É filho da real admiração que me prende ao futuro "imortal" mineiro.

Um feroz abraço do teu

LOBATO

* * *

TAUBATÉ, 1906.

Rangel:

Hoje vai cartapácio; estou de veia e com saudades. Dirás: "Então por que não vens?". É que este hábito de escrever-nos desdobrou-te em dois Rangéis: o de carne, professor, marido e lá sei que mais e o Rangel epistológrafo. Este é que é o meu. Deste é que conheço as ideias e manhas. Que fique com dona Bárbara o primeiro. Eu só quero o segundo. Este é o Rangel longe – e bem sabes como o longe embeleza as coisas; faz a montanha, que é verde, parecer-nos azul; e torna também azul um céu de ar incolor. O meu Rangel e o de Bárbara! O dela é o marido, o professor, o gastrônomo, o dono de casa, o filho – o cidadão certamente muito igual a todos os outros maridos e professores e donos de casa etc. O meu é uma coisa que só eu sei, porque só a mim revela. É um que me manda todas as flores que lhe nascem no canteiro da inteligência, como diria o Praxedes de Abreu, um jornalista daqui profundamente imaginoso.

Estou quase a dizer que um é *la bête* e o outro *l'ange*. E ir ver-te será também levar para aí a *bête* que sou, a ti que só conheces o anjo que também sou. Mantenhamos só a comunhão dos anjos.

E hoje temos de discordar um pouco. Dizes que *Inocência* não te agradou porque não tem muita arte. Mas que é arte senão esse dom de criar simpatias, provocá-las, revelá-las, traduzi-las? Que valem as torturas artísticas dum Goncourt perto duma página de *Manon Lescaut ou Paulo e Virgínia*? Arte, esse torturado de borzeguim medieval ou o encanto, a simpatia humana de *Manon*? Bem sabes que *Manon Lescaut* é livro eterno – e Goncourt já passou. A arte deste só o é para um punhado de homens afins, num certo meio, num certo tempo – a arte de *Manon* é para toda gente, em todos os tempos.

A arte de *Inocência* me parece eterna porque é simpática, como a definiste – e que é simpatia? Uma correlação, uma corrente de indução entre A e B. Existe alguma arte que não produza esta corrente? E não deixa de ser artística a obra d'arte que a produz. Quem lê hoje uma obra antiga, se esta obra não traz incubada a força da simpatia que se traduz no prazer da leitura?

E passando da simpatia à arte torva de Mirbeau: se tens aí, manda-me *O jardim dos suplícios*. O Nogueira anda a proclamar Mirbeau "o mais profundo revelador do homem" – e quero decifrar esta metafísica.

Sofrendo da vista? Que horror! Não será de ler muito à noite? A natureza vinga-se da infração de suas leis. À noite ela quer que durmas. Conselho prático: só leia na cama livros que saciem logo e arranquem bocejos. Eu, se fosse médico de olhos, receitava Artur Goulart para a cura da mania de ler à noite.

Ando a elaborar uma teoria da vida. Escuto a voz do corpo e a voz do espírito e ponho a Vontade ali de pé, muito solícita, para dar às duas vozes tudo quanto elas pedem. Acho que não temos o direito de contrariar os desejos de nenhum dos dois cuja soma somos; se pedem algo, é por força de misteriosas elaborações alheias à nossa consciência; e se não o damos, porque um tal papa assim o determinou, ou uma moda médica ou um código quer, isso será levar desarranjos e desarmonias ao fundo das células e preparar desastres futuros. Uma espinha que nos brote na asa do nariz talvez seja consequência de pequenina insatisfação dum pequenino desejo do espírito.

O método de atender a todas as exigências da "dupla" traz calma e serenidade. Os instintos mais sutis da nossa máquina, vendo que seus irmãos mais fortes são sempre atendidos, arriscam-se a espichar os pseudópodos; e encontrando o caminho livre realizam suas impalpáveis ambições, desse modo contribuindo para a Vida Perfeita.

Que é que chamamos felicidade senão a perfeita harmonia entre corpo e alma, o perfeito funcionamento de ambos – a direção da vida entregue aos instintos – ou vozes misteriosas do nosso ignoto? Nunca entregue à razão. A razão é uma coisa cheia de padres e bispos, de professores e filósofos, de tiranias e sedimentações de vontades alheias.

Esta semana, num desastre que emocionou a cidade inteira, tive ensejo de verificar a sabedoria do meu método nesta parte da direção entregue ao instinto. O trole em que eu e meu colega Eneias, o prefeito da cidade, íamos a uma fazenda do município, disparou numa descida perigosa, no fim da qual havia uma porteira e depois da porteira uma ponte com quatro espeques, um em cada canto. Os animais tomaram os freios nos dentes, como diz o George Ohnet, e o cocheiro não conseguiu sustê-los, porque o balancim, no íngreme, lhes ia batendo nas pernas. Se não sabes o que é balancim, informa-te. Era inevitável o desastre: choque do trole contra a porteira e depois trambolhão na ponte e tudo para dentro do rio! Na iminência do perigo, Eneias, que é um excelente advogado, raciocinou: "Vou pular porque...". Vi que era a razão que o governava naquele momento. O advogado arrazoava, todo ele razões e razão. "Não pule!", gritei-lhe eu. Só, sem "porque" nenhum e sem a menor consciência de nada. Era a voz do instinto, que manda e não arrazoa. Senti que a minha razão queria intervir, dar a sua opiniãozinha, mas não deixei. Amordacei-a, para que nada atrapalhasse o comando do instinto. E o trole a voar na descida qual um bólide!

Como a consciência não estava agindo, não sei o que se passou no momento do desastre. Quando a reinstalei e pude ver e compreender a cena, vi o seguinte: eu, de pé à beira do caminho, ileso e intacto, sem ter caído, sem sequer ter tocado com a mão no chão. E os outros... os que arrazoaram: Eneias, caído lá adiante gemendo. Havia se atirado logo depois que o meu instinto lhe gritou o "Não pule" e esborrachara-se todo. O cocheiro e um menino que iam na boleia, idem: raciocinaram, arrazoaram e atiraram-se – e esborracharam-se e ficaram sem dentes.

LOBATO

TAUBATÉ, 13 DE JULHO DE 1906.

Rangel:

Não tenho coragem de escrever-te. Ando pensando em escrever des'que cá chegou o teu *Diário*, e o mais provável é que isto aqui seja apenas um começo de carta – tentativa – ovo gorado. Escrever é como comer, exige fome ou pelo menos apetite – e tenho andado dispéptico. E eu precisava prestar contas do que me sugere o teu *Diário*. Duma parte dele nada direi, porque dizer alguma seria falar mal: a parte escrita em fins de 1904, no período agudo da crise amorosa. Ver o amor dos outros é como ver comer quando a gente está de estômago cheio. Até enjoa. Por isso deixo de lado a tua verborreia amorosa, petisco muito gostoso mas só para quem o temperou. Coma-o lá você com a Bárbara, quando casados; será arroz-doce com canela por cima, ótimo para as sobremesas do plenilúnio de mel. O resto do *Diário* eu o dividiria em duas partes: uma escrita pelo Rangel literato e outra pelo Rangel pensador, e por força de afinidades está claro que pendo para o último. O "Bem" do *Minarete* de hoje, veio cimentar essa preferência. Mas em nada tal pendor... (falta o resto).

LOBATO

* * *

TAUBATÉ, 1906.

Rangel:

Que te direi do teu *Diário* que já não tenha dito? Devorei-o, coisa de começar e não largar, e a impressão foi a dum filme que alternasse fotografias de ideias com fotomontagens de cenas. Diz você na carta que o mandou como reflexo do teu Eu atual, e vejo que muito já se distanciou daquele Rangel amoroso e em excesso descritivo dos anteriores volumes. Agora sim, está como compreendo um Diário: repositório de sensações de primeira mão, dos tais pensamentinhos que nos passam pela cabeça como relâmpagos, de ideias nascidas como em geração espontânea, insubsistentes, de vida curta como a dos fogos-fátuos; poeira luminosa, pó de diamante da inconsciente e ininterrupta lapidação da nossa inteligência, mil coisinhas enfim que se perderiam se não fosse a pátena dum diário a recolhê-las. Perguntas em francês o porquê da coisa e afirmas que Robinson não cuidaria disso. *Chi lo sa?* O maior prazer do nosso egoísmo é *gozar a sensação da nossa personalidade* – pelos ouvidos, ouvindo-nos – pelos olhos, vendo-nos – pela inteligência, introspeccionando-nos. O resto do mundo só nos importa pelos acréscimos, ou o "emprosperamento" que traz para o nosso Eu. Porque, afinal de contas, somos cada um o centro do Universo. Ora, um Diário conserva a imagem do nosso Eu no passado, fomenta-nos portanto os instintos do egoísmo, desse modo *redobrando a sensação dos eus passados*, isto é, das nossas fases evolutivas. Se um espelho comum já nos dá prazer, que valor não é um espelho retrospectivo que nos dê a cara dia a dia, pelo espaço de anos! O Diário é esse retrospecto da nossa inteligência. Por isso creio que, sendo como somos, ainda que fôssemos Robinsons escreveríamos Diários.

Escreve-me, com seiscentos milhões de Bárbaras! Já me deves quatro respostas.

LOBATO

* * *

TAUBATÉ, 22 DE JULHO DE 1906.

Rangel:

Recebi O *jardim* dos suplícios, com intimação de recâmbio para o Nogueira – mas onde paira o condor? Segue *The world*. Breve irá George Sand e mais coisas. Não andará por aí algum volume do meu *Diário*? Tenho ainda: *Le rêve* e *Doutor Pascal*, de Zola, e *Là-bas* de Huysmans e *Salmagundi* de Washington Irving. Escolhe. O *Tião* é novela ou conto? Combinamos, eu e o Pinheiro (o de São Paulo), um romance a dois ou três no rodapé do *Minarete* e fiquei de te convidar para a empresa: *O Boiadeiro antropófago*, por Pinheiro, Rangel e Hélio! Nem plano, nem escola. Cenas obrigatórias: uma antropofagia, dois amores, um incêndio, duas ou três mães que *não* encontram a filha; e em vez do Dedo de Deus no fim, o Dedo do Ouro esmagando a Inocência e a Virtude! Coisa de derrancar Pindamonhangaba e fazer que aumentem as devoluções do *Minarete*. Cumpre desasnar o burguês.

Você negou a superioridade da vida com base na vontade diretamente assentada na rocha viva dos instintos. É que não me expliquei bem. Imaginaste que na minha teoria o papel da inteligência era nulo, mas não foi o que eu disse ou penso. A inteligência existe como complemento do instinto, como desenvolvimento ulterior deste. Exemplo: sinto uma irresistível impulsão para destruir: vou e faço desse impulso a base dos meus estudos militares e da minha vida militar, e com a maior segurança e glória torno-me Napoleão. Compreende? Agora, se prescindirmos da inteligência, muito melhor ainda, porque nos tornaremos criaturas pura e exclusivamente naturais. Um tigre, um beija-flor, uma árvore são coisas absolutamente belas, perfeitas e felizes, porque só se movem levadas pelos impulsos do instinto. O pobre cachorro, só pelo fato de viver há uns milênios com o homem, adquiriu um pouco de inteligência e ficou uma coisa mais feia e infeliz que o lobo e sujeito a mais doenças – justo castigo de ter se afastado da natureza. Diz você que é difícil saber o que o nosso instinto pede. Difícil saber quando temos fome ou vontade de mulher? Como, se o Instinto fala pelas maravilhosas bocas do Desejo, da Vontade e da Necessidade? E quero uma coisa: que você me aponte em tua vida um só ato bom, feliz e saudável, que não tenha alicerces no instinto. Até em teu programa diário de estudo vejo o instinto – um instinto que sabe que é à força de método, de pouco a pouco, de tijolo a tijolo, que se arquitetam as grandes obras. O mesmo instinto que criou o método inexcedível das abelhas e formigas. O teu programa já existia no fundo dos formigueiros.

Li o *Le jardin des supplices* mas não vi nenhuma revelação do coração humano. Em primeiro lugar, esse coração nunca esteve irrevelado. O que Shakespeare, por exemplo, revelou, todo mundo já sabia intuitivamente – e gostamos de Shakespeare porque ele traduz coisas que sabemos confusamente. Shakespeare não era fotógrafo nem deus-homem – as únicas entidades que *revelam*; o fotógrafo, chapas; e o deus, a "verdade". Gostei do Mirbeau, mas não me deixo levar pelas suas blagues. No *Jardim* ele apenas explora o malsão. Cansados às vezes de coisas belas, céu azul, flores, marinhas, vem-nos a vontade de ir ver uma draga extrair o lodo de um fundo. Mas por descanso apenas, e breve. A obsessão do Nogueira pelo *malsain* me impressiona. O que anda a escrever ultimamente é híspido e hirsuto, isso em público. Em particular escreveu-me algo tão cru que não tive desejos de responder, com receio de nova dose. É natural que se exalte com Mirbeau e outros do mesmo naipe.

Na "questão da simpatia" você me respondeu com argumentos *ad hominem*, o que em crítica não soa bem. Crítica tem de ser ciência, coisa alta, investigação dos fatos literários apenas. Fora disso a Crítica não passa de Impressionismo – ramo da literatura comum. Diz você: "Prefiro Goncourt a *Manon*". Mas isso não prova superioridade de Goncourt sobre *Manon*. Do mesmo modo que se você preferir Silvestre Ferraz a Londres, isso não prova que Londres não seja a capital do Império Britânico. Voltaire preferia Scarron a Shakespeare, o que não impediu que a Posteridade preferisse Shakespeare a Scarron. Quem quer fazer-se crítico deve pôr-se de lado, afastar o subjetivo; e se não for assim, faz literatura em vez de crítica. Fiz mal em opor *Manon* a Goncourt – é correlacionar heterogêneos. Mas digamos Daudet em vez de *Manon*. A força de Daudet contra Goncourt estará sempre na força irradiante da sua simpatia – e desse modo fica o caso liquidado.

Diz você que admira Camões apenas por ser velho, como respeitas aos teus velhos avós. Mas olhe que além do velho ele é realmente grande e diz como nenhum poeta novo diz.

> Dai-me uma fúria grande e sonorosa,
> E não de agreste avena ou frauta ruda,
> Mas de tuba canora e belicosa,
> Que o peito acende e a cor ao gesto muda;

Há arte aqui às canadas, Rangel. E negará arte ao:

> Por estes vos darei um Nuno fero,
> Que fez ao rei e ao reino tal serviço,
> Um Egas, um Dom Fuas que de Homero
> A cítara par'eles só cobiço.

Ou ao:

> Outro Joane, invicto cavaleiro,
> O quarto e quinto Afonsos e o terceiro.

Ou aos:

> Um Pacheco fortíssimo e os temidos
> Almeidas, por quem sempre o Tejo chora,
> Albuquerque terríbil, Castro forte,
> E outros em quem poder não teve a morte.

> ... e porfia
> A ver os berços onde nasce o dia.

> Quando Júpiter alto, assi dizendo,
> Cum tom de voz começa grave e horrendo...

Oh, Rangel, pelo amor de Deus!

LOBATO

* * *

SÃO PAULO, 25 DE JULHO DE 1906.

Rangel:

A Caínçalha vai indo, mas muito sem alma. Reúne-se mais por força do hábito do que por prazer – aquele nosso maravilhoso prazer de outrora. Sacrificávamos tudo para estar um com o outro. *Tout passe...* Ricardo é o divino de sempre. À noite, quando a roda levanta acampamento do Café Guarany e se põe a perambular pelas ruas garoentas, a

velha poesia volta. Ricardo diz versos e mais versos – e como os diz maravilhosamente! Ricardo é a encarnação da Musa. Ricardo é a própria Poesia. Sabe mil sonetos de cor; e se acaso vacila em algum, Raul, a eterna sombra do poeta, vem-lhe em auxílio. Raul é a memória suplementar do Ricardo.

Vínhamos subindo a rua XV. Já passava da meia-noite. Tudo deserto e a garoa. Ali pelo Garraux cruzamos com um tílburi parado. Que tílburi triste! Que cavalo triste, de cabeça caída, a dormir de pé! Ricardo vinha derramando versos de ouro. Entreparou em frente do cavalo triste. Adiantou-se para ele num ímpeto. Abraçou-lhe o focinho e beijou-o, como talvez nunca haja beijado uma mulher...

Outra noite foi o cômico. Também já bem tarde íamos descendo a rua Direita, rumo ao Viaduto, quando aparece o Sebastião Sampaio e adere. E como viu que o Ricardo recitava, mete a mão no bolso e diz, sacando o papel: "Eu também tenho aqui uns versos que vou ler...". Ninguém pronunciou uma palavra. Não houve comentário nem combinação nenhuma. No maior *una voce* mudo que jamais vi, todos nos pusemos a correr e só paramos para lá do Viaduto, no começo da rua Itapetininga. Só então nos voltamos. A garoa leve dava para distinguir o vulto do Sampaio no princípio do Viaduto, com uma coisa branca na mão. Ninguém comentou. Reiniciamos a nossa perambulagem, com o Ricardo a dizer aquilo de Nobre:

> *Porque eu já fui um poderoso conde,*
> *Naquela idade em que se é conde assim...*

O Nogueira reapareceu, deu olho cada vez mais astral, metido num fraque evidentemente silvestrino[1], com uma novidade literária no sovaco e frases na boca. Frases provocativas. A roda anda ultimamente muito utilitária, cada qual com o seu negócio e sempre a discutir os *affaires*, como diz o Raul. Mas quando o Nogueira surge é um refrigério. Os neonegociantes abrem tréguas aos *affaires* (e devo te dizer que nenhum acredita

---

[1] *De Silvestre Ferraz. Nota da edição de 1948.*

nos negócios do outro. Meras atitudes). Nogueira para, abana o rabo do fraque e ataca qualquer coisa – e lá vem a guerra. Nogueira nasceu errado. O lugar dele era no concílio de Niceia, discutindo um ponto da Transubstanciação.

Diz Ricardo que te tem respondido às cartas – o que é fenômeno. Dei-lhe notícia do *Águas e arvoredos*, que ambos esperamos ansiosos. Ando também ansioso por coisa assim – por uns meses na roça, para de lá debatermos umas tantas ideias novas. Uma delas: explorar literariamente o Beccari. Criar com ele um tremebundo tipo de romance. Se não estivesse morto o Daudet, podíamos mandar-lhe notas sobre o Beccari – para que ele o enxertasse no *Jack*, aquele ninho de gênios ratés.

Leio afinal o último romance do Anatole – *Les dieux ont soif*. Excelentíssimo... A *catedral* de Blasco Ibañez que sei por que não me atrai. Creio que nunca lerei esse homem.

LOBATO

P.S. Como esta demorou, vai com apêndices. O Cenáculo tenta salvar-se com as histórias contadas e recontadas todas as noites – e é um rir sem conta e sem gosto... Como há o reler livros, há o recontar histórias. O curioso é que, como todos as sabem de cor, quando quem conta omite algum pedacinho é logo advertido. E há as sugestões: "Conte, Raul, aquela do Reichert" e Raul conta e há risos requentados. "Agora a da ponta do cigarro", e Raul conta e soam as mesmas risadas da véspera.

Outra mania é ir ao circo de cavalinhos ver as célebres pantomimas *Guerra de Canudos* e *Guarani* – ver e apreciar imensamente, e berrar de entusiasmo quando aparece o Cabo Roque, ou Macambira, ou o "imorredouro" Carlos Gomes. Faz de Ceci uma mulata gorda e quarentona. Peri, por causa da voz, tem de ser italiano, de modo que fica um índio macarrônico. Na *Guerra de Canudos* os soldados do governo aparecem metidos em fardas da guarda cívica e apanham bordoada velha. O circo vem abaixo quando o jagunço destroça o governo. Lino compenetra-se e comove-se; chega a chorar quando Ceci e Peri somem no horizonte, montados na palmeira.

Tito continua mais rabelesiano do que nunca. Ontem na Ponte Grande devorou três queijos de minas, bebeu seis garrafas de cerveja União e comeu nos matos vizinhos quatro jaboticabas.

Grande sucesso o teu *Sebastião* nas altas rodas literárias de São Paulo (Cenáculo e mesas adjacentes). Todos aguardam ansiosos o resto. A razão verdadeira do meu eterno adiamento da visita a você aí é o medo. Medo de tua mulher, Rangel! Ponha-se no meu caso e compreenda.

LOBATO

* * *

TAUBATÉ, 8 DE AGOSTO DE 1906.

Rangel:

Acabo de chegar de São Paulo, leio por

cima tua carta e raspo-me para o Tremembé. Amanhã ou depois escreverei contando coisas portentosas. Ricardo e Tito no Rio. Mate o Tião, ou melhor, encarne nele o boiadeiro. Mate, é melhor. Mas de morte inédita. Morte a dentadas humanas, por exemplo; ou caído do alto dum minarete e esborrachado na pedra. Vamos atacar o romance a duas mãos. Você, que é o nosso Machado de Assis, abre com o primeiro capítulo. Eu entro com o segundo título: *O boiadeiro antropófago* ou *Os crimes do abutre negro*.

LOBATO

* * *

TAUBATÉ, 17 DE AGOSTO DE 1906.

Rangel:

Ressuscite o Tião, pelo amor

de Deus! Tão engraçado, sobretudo no penúltimo capítulo – a cena da natureza trocando as bolas. Faça-o sarar da queimadura, mas de um modo lógico e aceitável. O caso do boiadeiro fica bom para fim natural do Tião, porque o fim de hoje é artificialmente provocado e não vale. Eu e o Eugênio (aquele gordo que falou contigo quando você passou por aqui de trem) esperamos ansiosos o *Minarete* por causa do Tião. Ressuscite-o depressa!

Lobato

* * *

Taubaté, 1906.

Rangel:

Achei ótima a teoria do pêndulo e já a verifiquei em mim. A felicidade sobrevém quando o pêndulo se imobiliza de vez. Ainda agora passei dum extremo a outro – com o pular do horror ao casamento para o... casamento. O diabo é que o pêndulo só deixa de oscilar com a morte. Se o teu pêndulo já tivesse parado, não andarias a desencovar deslizes literários, porque afinal de contas a harmonia do universo não se altera em nada com o erro dos 18 réis na soma de Machado de Assis, nem com os "pegureiros" do Coelho Neto. Acho tudo isso muito menos de espantar que o "Era por uma dessas tardes em que..." ou o "Gontran mordeu os beiços" etc.

Segue mais um volume do meu *Diário*, com a condição de o excluíres das vistas de tua consorte, pois esse volume ainda é daquele Lobato que odiava o casamento, e combatia o teu, e desairosamente falava dela sem a conhecer. E como as mulheres não percebem nada destas orgias intelectuais, tão inocentes, é capaz de tudo tomar ao pé da letra e zangar com o teu amigo.

Por que anda o *Minarete* mudo da tua voz, ó muezim? Os crentes reclamam-na.

Lobato

Taubaté, 20 de agosto de 1906.

Rangel:

Vai um bilhete-postal apenas, porque não há ânimo para carta. Ando num horror por tudo quanto é pensar por um minuto. Não leio há um mês e não faço absolutamente nada, tal o enjoo da vida que se apoderou de mim. Em São Paulo a Cainçalha virou Corvoalha. Só falam n'*O Corvo*. Recebi deles um convite interessante: entrar num bolo para a compra do *Comércio de São Paulo*, que morreu duma vez. Apesar da notória caveira de burro desse jornal, Raul e Pinheiro teimam em que, se o comprarmos, faremos dele, em meses, um rival do *New York Herald*! Consideram-me rico e querem que eu seja o coronel. Os inocentes. Já ressuscitou o Tião?

Lobato

* * *

Taubaté, 10 de setembro de 1906.

Rangel:

Cheguei hoje de São Paulo, meio depressa, porque devo por estes dias funcionar como promotor interino – e lá estive com toda a cainçalha velha. Transformações radicais. Ricardo, bonito, e pele boa, já não bebe, entra às 10 e estuda bastante. Já fez conhecimento com o Pedro Lessa, que também o admira – deu uma lição em aula, muito elogiada, e é candidato a duas distinções. Ao Lino não vi, mas soube que anda magro de amores secretos. Tito ainda cospe trocadilhos, com planos de montar um armazém de secos e molhados – todos querem que seja só de molhados. Cândido, rodeado dos Coquelins da *troupe* José Ricardo, a Companhia Portuguesa; sempre magro e elegante. A mania geral agora é o reverso da antiga; em vez do horror ao burguês, burguesismo intenso. Todos procuram aburguesar-se como podem e o Raul (dizem) chega a meter um travesseirinho sob o colete de seda carmezim para simular abdômen incipiente. Do Nogueira sei que levou uma grande "barriga" como repórter do *Comércio* e, danado, demitiu-se. Barriga em gíria de redação é engolir uma notícia falsa e fazê-la sair no jornal. Foi assim. O pobre Nogueira andava pernosticíssimo, de tiras de papel em punho e dez lápis número 1 no bolsinho, a sulcar a cidade de norte a sul, de bonde e de tílburi, à cata de novidades sensacionais, e queixava-se em *argot* do João da Ega que isto aqui é uma pocilga, "não há fatos, não há desastres, não há pernas esmagadas. Uma taba". E vai e os colegas planejam-lhe uma barriga. Arranjam um atestado médico falso no qual se provava que o Agrício de Camargo fora atropelado por um carro e tivera o pé esmagado. O Nogueira cai e tece uma notícia linda, com pormenores naturalísticos à Zola, coisa absolutamente *d'après nature*, de quem viu, ouviu e cheirou o chulé do homem. Sai a notícia e há protestos. Agrício apresenta na redação o pé incólume. Os outros jornais "piam" sobre a leviandade do *Comércio* e Nogueira, furioso, vai para a seção livre e desce a marreta em meio mundo, e cita o *Ramaiana* e os *Vedas*, e até um latim de Juvenal. E demite-se – mas à moda dos políticos que quando resignam uma cadeira de deputado é porque já estão com um cartório garantido.

Albino sacode os ombros, apático, abúlico.

Logo que desembarquei, imagine quem me agarrou no bonde? O Breves! O eterno, o imarcescível sempre com aquela vozinha baixa de conspirador. Contou-me toda a história d'*O Combatente* desde o ponto da nossa saída de São Paulo – a compra da tipografia, o empréstimo de 200 mil-réis que para isso obteve em "condições mui vantajosas", as "dificuldades que assoberbam a manutenção dum periódico" ao tipo do dele etc.

Ao Beccari felizmente não vi. Como cansa aquela teatralidade de *raté* do 1830 francês! Não posso vê-lo sem pensar nos camaradas do *Jack*, beccaríssimos todos.

Palestra de Gautier com Goncourt que vem confirmar o nosso acórdão sobre Flaubert: "... *puis, très souvent, son rythme nous échape, il ne l'est que pour lui seul. Un livre n'est pas fait pour être lu à haute voix, et lui se gueule des siens à lui-même. Or, il y a des gueuloirs dans ses phrases qui lui semblent harmo-*

niques, mais il faudrait lire comme lui, pour avoir l'effet de ces gueuloirs. Nous avons tous deux des pages... aussi rythmées que tout ce qu'il a fait, sans nous être donné tant de travail...". Fala depois que "le pauvre garçon" tem na Madame Bovary dois genitivos juntos – une couronne de fleur d'oranger...

Vacilas no Robinson, se ele operou como revelador ou educador. Educar não é criar, e eu creio que só a natureza cria. Tenho muito pouca fé na educação, porque nos educados só encontrei qualidades que a educação apenas pôs a nu, não criou, não justapôs. É como o banho revelador na chapa fotográfica – tira o que está latente lá dentro.

Tenho lido alguma coisa – Miss Harriet, Fors l'Honneur (Margueritte), Rider Haggard e Dickens – este em francês. E Camões, obras dramáticas, prosa e poesias líricas – seis volumes! Encontrei em Camões um desaforo original: *fideputa*. Ando com um rodapé no jornal daqui, *Tijelópolis*, história da célebre festa do Tremembé, escrito só para o entendimento dos personagens, meia dúzia de namoros. Na feira há muita rifa de tijelinhas com estampa do santuário e o clássico "*Souvenir*". Daí o título.

LOBATO

* * *

TAUBATÉ, 15 DE OUTUBRO DE 1906.

Rangel:
....
Olhos sossegados,
Pretos e cansados.
....

Adivinhe de quem são estes versos, se é capaz! Do Grande Caolho, Rangel, que começaste a admirar logo que o começaste a entender. Lembras-te duma carta em que falavas nele e citavas a estrofe da "frauta ruda"? Uma carta toda humor que hoje por acaso me caiu nas mãos e reli (e te mando para que faças o mesmo e a devolvas)?

Ando atracado com as *Obras completas de Camões* e volta e meia fisgo belezinhas. Não prefiro a poesia antiga à moderna, mas acho na antiga um sabor mais amável, qualquer coisa como o cheiro dos velhos casarões de fazenda que a caseira abre para nos receber. A cor e o sabor da poesia moderna são mais ricos de torturas, têm mais pensamento, denotam mais matéria cinzenta no cérebro humano e isso nos agrada, a nós complicados homens de agora. A antiga dá ideia de pés em sandália. Veja estes versos:

> Se curar não se procura
> Uma coisa destas tais
> Vem depois a crescer mais.

Camões está cheio de mimos assim – pena que seja mais cheio ainda de sensaborias e versos que nada dizem – endechas, glosas, vilancitos. (Um parêntese antes que a ideia me fuja: na nossa pontuação falta um sinal necessaríssimo, nuança do "?". Este raio do "?" serve para as perguntas, mas para a "pergunta repetida" não temos sinal nenhum e somos forçados a usar o mesmo, com grave dano da entonação. – "Que idade tens?" – "Que idade tenho? Só 20 anos." A entonação do segundo "?" é totalmente diversa da do primeiro – e por pobreza diacrítica somos forçados a empregar o mesmo ponto de interrogação, o que não deixa de ser um defeito da língua escrita – porque na falada temos a variante da entonação. Vamos lançar o sinal que falta? *Ita parenthesis est.*)

A tua teoria da imagem tem o meu voto. Hudry vai mais além. A tese dele é mais geral, mas dela se deduz a tua teoria dos defeitos e qualidades, e a das imagens.

O Platão de Andrade é o tipo que descreves e, coisa curiosa! Tão semelhantes ele e o Beccari, no anacronismo, no medievalismo, que entre as 150 mil mulheres que há em São Paulo só encontraram uma que lhes coubesse no molde, e amaram-na juntos e brigaram... Está aí assunto para um teus contos. E lhe darás um fim hofmânico.

E por falar em contos... ando à espera dos que me prometeste. Já saíram da casca ou estão picando? Não gostas de reler coisa velhas, cartas antigas – e é o meu maior prazer. Ontem passei umas horas nisso. Pilhamos evolução de ideias. Vemos as ideias de hoje ainda em botão, medrosas – assustadas como se fossem audácias. Hoje estão velhas em nossas cabeças cínicas.

Estou promotor interino. Visito a cadeia no fim do mês, converso com os presos, mando um memorando ao governo dizendo que a paz reina em Varsóvia – e tudo desliza sobre mancais de bolinhas. Tenho no júri de acusar nove desgraçados...

Lobato

* * *

Taubaté, 3 de novembro de 1906.

Rangel:

Sinto-me doente

– e já se enfronhou você sobre o que é a doença segundo as ideias de Metchnikoff? Uma coisa que parece romance. Ontem me veio o mal-estar, a cabeça dolorida e a febre. Sabe o que é febre? Os fagócitos, glóbulos brancos que passeiam na corrente do sangue como os soldados de polícia rondam as ruas, são a defesa natural do organismo, o corpo de bombeiros, os mantenedores da ordem. Logo que um bicho estranho – bacilo, cocus, bactéria, micro-organismo enfim – penetra em nosso corpo, os fagócitos caem-lhe em cima, agarram-no e devoram-no. No microscópio dum médico amigo já vi um fagócito engolindo um gonococo. Se os fagócitos vencem os invasores, restabelece-se a ordem e reentra em exercício a autoridade legal, a Saúde. Se não vencem, os microinvasores alastram-se e fazem do organismo casa da sogra. É a doença. Segundo os mestres, um resfriado é isto: quando uma causa qualquer resfria de súbito a nossa epiderme ou as paredes do nosso estômago, o frio, pela sua peculiaridade essencial que é contrair os corpos, interrompe bruscamente a constante eliminação de toxinas, que se faz por toda a zona periférica do corpo, dentro e fora, e as toxinas penetram na corrente do sangue e o envenenam. A febre não passa do ardor da luta, do calor produzido pela assombrosa atividade bélica dos fagócitos. Combater a febre equivale a combater como causa uma inerme consequência.

Pois bem: ontem assisti, observei, vi todos esses fenômenos. De noite, de repente, sobreveio-me uma onda de calor e suor à pele: era um acirramento qualquer lá nos campos de batalha, um redobramento de energia da fagocitose. E os sonhos então... (Para que me entendas, devo dizer como entendo os sonhos. Uma pulga nos morde; os nervos transmitem ao cérebro a impressão; mas como o *conhecimento não funciona durante o sono e sim apenas a imaginação*, esta recebe o despacho telegráfico trazido pelo nervo; e em vez de, como faria o Conhecimento, traduzi-lo na noção "pulga que morde", tradu-lo fantasmagoricamente em sonho. E em vez da noção "pulga que morde", temos o sonho dum facínora com o punhal erguido sobre o nosso peito, ou duma horrível queda no abismo etc. De modo que o sonho não passa da *representação fantástica dos acontecimentos que se vão dando em nosso organismo imerso no sono*, seja a mordedura de pulga acima figurada, seja uma certa impressão forte gravada na retina durante o dia, um mês ou às vezes anos atrás.) Pois bem: os sonhos que tive eram dignos de estudo. Um caos de coisinhas inconexas e fugazes. Porque mal um episódio da batalha era transmitido ao cérebro e traduzido fantasmagoricamente, já vinha outra mensagem, e outra e outra, de modo que a Imaginação atarantava-se e só podia produzir aquele farelo caótico de traduçõezinhas – tal qual um orador assediado de apartistas e que não pode levar avante o discurso porque tem de responder a todos.

Leia os *Estudos sobre a natureza humana* de Metchnikoff, tome depois um bom resfriado e observe a série de fenômenos da fagocitose. Nada mais interessante.

Mudando: não pare com o *Queijo*[2] porque vamos indo muito bem. Precisamos agora acelerar a ação. Parece-me tempo de matarmos um dos heróis. Olhe que prometemos ao público *várias* mortes trágicas!

---

[2] O Queijo de Minas *ou* História dum nó cego, *romance de colaboração publicado no Minarete. Nota da edição de 1948.*

TAUBATÉ, 15 DE DEZEMBRO DE 1906.

Rangel:

Estou em atraso por culpa de não sei quê. Desisto de entender-me, porque cada vez me entendo menos. O *Nosce te ipsum* é um conselho fácil de dar. Ando atravessando um bom pedaço de vida, desses em que acompanhamos uma mulher de longe, divisando a larga estrada que conduz à casinha definitiva. Prelibamos, neste estado d'alma, a delícia de caminhar de mãos dadas pela vereda do noivado; antegozamos essa delícia e o antegozo é sempre mais cheio de requintes e menos sujeito a decepções que o gozo. Sinto-me feliz, como quem encontrou o segredo da felicidade. Queres a fórmula? Deduze-a tu mesmo desta quadra de Bartrina:

> Eu pergunto à Natureza
> Segundo em seus filhos vejo
> Por que fez o gozo anão
> E fez gigante o desejo.

Reduzir os desejos a proporções mínimas, de modo que, nada ambicionando, tudo quanto nos chega de bom seja lucro e fonte de prazer. Hoje, por exemplo, meu ideal é receber 100 mil-réis que um alfaiate prometeu pagar. O ideal de amanhã será ver pronto um colete de seda verde encomendado. E assim por diante. Foram-se os tédios, os desesperos wertherianos. Compreender e aceitar a vida, e boiar em pequenas ondas. Pegar este ano uma promotoria, casar-me depois com um sonho de criatura – e ficar de papo para o ar, esperando... esperando heranças, sortes grandes, pepineiras, coisinhas, tudo felicidadezinhas.

Fiz um contrato com a Câmara para cobrar os impostos atrasados. Negocinho. E animar-me-ia a ir visitar-te aí, se não fosse o medo que me inspira dona Bárbara e a certeza da barbaridade sem igual que usaria para comigo. Tiveste a ingenuidade de mostrar-lhe os horrores que andei dizendo em cartas – e que mulher perdoa isso? Sinto saudades de você, Rangel, mas sempre que nos encontramos metemo-nos a posar um para o outro, cheios de paradoxos e ironias. Vê se diluis o rancor de tua Bárbara consorte, pois do contrário nunca mais nos veremos.

Tenho lido meio milhão de coisas. Estou com uma coleção de David Corazzi – *Biblioteca universal,* antiga e moderna, uns trinta volumes vermelhos com boas coisas de Dickens, Poe, Balzac, Goethe, Byron, Bocage, Camões (não os *Lusíadas*), Karr, Fontenelle, Collins, Voltaire. Pura mina.

Adeus.

LOBATO

1907

Taubaté, 18 de janeiro de 1907.

Rangel:

Estou seriamente endividado para contigo, em cartas, livros, cumprimentos de promessas, pedaços do *Queijo*... Mas explica-se a má finança. O mês de dezembro passei-o todo fora daqui, em São Paulo e no Oeste. Corri as linhas da Paulista, Mogiana e Sorocabana, com paradas nas inconcebíveis cidades que da noite para o dia o Café criou – São Carlos, um lugarejo de ontem, hoje com quarenta mil almas; Ribeirão Preto, com sessenta mil; Araraquara, Piracicaba a formosa e outras. Vim de lá maravilhado e todo semeado de coragens novas, pois em toda a região da Terra Roxa – um puro óxido de ferro – recebi nas ventas um bafo de seiva, com pronunciado sabor de riqueza latente.

Em Ribeirão, a colheita do município foi o ano passado de quatro e meio milhões de arrobas – coisa fabulosa e nunca vista. Um fazendeiro, o Schmidt, colheu, só ele, novecentas mil arrobas. Costumes, hábitos, ideias, tudo lá é diferente destas nossas cidades do velho São Paulo e da tua Minas. Em Ribeirão dizem que há oitocentas "mulheres da vida", todas "estrangeiras e caras". Ninguém "ama" ali à nacional. O Moulin Rouge funciona há doze anos e importa champanha e francesas diretamente.

A terra-chão, porém, é uma calamidade – "enferruja", isto é, avermelha todas as pessoas e coisas, desde a fachada das casas até o nariz dos prefeitos. Vai um pacotinho de amostra. Não pense que é tinta, não.

Lá ninguém *mora*; apenas *estaciona* para ganhar dinheiro. Esse meu longo passeio de 3.453 quilômetros de via férrea buliu muito com as minhas ideias. Tenho de estacionar lá também, Rangel. Estou apertando minhas cunhas para ser nomeado para Ribeirão ou coisa equivalente. Nesta cidade encontrei o Albino e o Tito como fiscal do tracoma, mas sempre alegre, feliz, gastronômico. Albino está na transição do quinto anista para o advogado e já advoga.

Saiamos destas nossas cidades cloróticas, Rangel, onde não dá italiano. Se permaneces por aí nessa Minas, acabas criando urupês na raiz da alma, ficas todo musgo e limos na faculdade da ação e quando deres acordo estás como o Rubião, apagado e sarrento como ele. E por falar no velho Rubião, não terá ele papelada antiga em que ninguém ainda mexeu? Vê isso, e se tem, pede-lhe para catar os selos. Dou-te uma coleção completa das obras de Balzac em troca dos selos que houver na papelada do Rubião. Dele ou de qualquer outro velho daí. Sempre tive a mania dos selos. Mando o primeiro volume dum Dickens. Se gostares irá o segundo. E *Religiões do Rio*, do João do Rio – queres? Breve seguirá uma obra-prima, o *Livro da jângal*, do Kipling. É do Albino. Não há nas livrarias de São Paulo. E você o recambiará diretamente ao Albino, em Ribeirão.

Há aqui meia dúzia de meninas encantadoras com as quais dançamos no Clube. Há a genial dona Stelia, pintora, que segue em março para o Velho Mundo, a cursar o Atelier Julien e voltar de lá gênio de primeira classe. É a que me provocou aquele artigo: *No atelier de dona Stelia* – leste? Outra é Miss Farfala, uma timidez toda brancuras de coco, ultrafina, professora por luxo, como nós somos bacharéis por desfastio. Pastoral de Virgílio. E há a Miss Flirt, e a Mercedes e a Guiomar, e a encantadora palmeirinha humana Bebé – tantas, Rangel, e tão mimosas, tão casadoiras, que a gente acaba amaldiçoando a monogamia.

O clima daqui atrai gente de fora. Afluem famílias do Rio e São Paulo, gente fina, com botõezinhos assim. E dança-se muito. Você aqui produziria um tratado sobre o *flirt* nacional.

LOBATO

AREIAS, 21 DE JANEIRO DE 1907.

Rangel:

Esta, em face da enorme provisão de assuntos, promete ser enorme – todo um caderno de papel. Mas você está à prova de tudo. Aguenta. E sabe por que tanto assunto? Porque ontem foi dia de festa, da mais deliciosa festa de São Sebastião que vi em minha vida. Esse santo tem grande homenagem aqui; é o padroeiro, e entre dez areenses, um se chama Sebastião. Houve missa cantada, leilão de prendas e cavalinhos de pau.

Dia de festa na roça quer dizer dia das moças, e eu sempre tive pendor por esses curiosíssimos seres que só conversam casamento, namoro e baile, com as faculdades num perpétuo estado de eretismo e norteadas para O Fim Único e Exclusivo: perpetuação da espécie.

Nada menos obscuro, nada menos opaco, que uma moça: um instinto nu e cru vestido à moda do dia, com a moral do dia, com as astúcias do dia. A moça é um ser em dia. Com os homens tudo é diferente. Num predomina aquela "vontade de poder" do Nietzsche. Noutro, o instinto da exibição. Noutro, o da investigação. Mas nas moças – e ainda há cretinos que têm a mulher como misteriosa, esfingética! – a simplicidade é tamanha que às vezes nos desnorteia e passa por complexidade excessiva. A mulher é ovário, só, sem mistura.

Isto posto, que é uma festa para os ovários "com escritos"? Vi bem agora. Na igreja vão para as tribunas – os noivos e as noivas, os namorados e as namoradas, os pretendentes e as "com escritos". Essa parte da igreja – "as tribunas" – corresponde nos teatros aos corredores dos camarotes: é o lugar dos deliciosos encontros furtados. E ali *on cause*. E pode-se até fumar. O burburinho do povo lá embaixo sobe como um bafo, e a música e o canto nos mantêm os nervos num eretismo grato aos nossos instintos em ação.

Todas as grandes fases dos meus namoros – dos grandes – foram nesse ambiente de ebriedade das tribunas. Parece que é ali, ainda mais que nos bailes, que as moças se sentem como o peixe no mar. Moça quer contato. A Mulher é um desejo de contato – moral a princípio; sentimental, depois; e físico em primeiro grau (visual); físico em segundo grau (baile, aperto de mãos, valsa); e físico em terceiro grau (beijos, noivado) e afinal o hurrah do instinto vencedor no grau quarto. E como as festas de igreja são eminentemente favoráveis a vários desses contatos, as moças adoram-nas – e por instinto sustentam a Religião, os Padres, o Vaticano e Deus.

A materialização de Deus são para as moças, em última análise, as Tribunas. Quando um ateu aparece, todas se revoltam pensando nas Tribunas: aquele infame nega as Tribunas, quer suprimir as Tribunas!...

Há aqui algumas meninas encantadoras. Estavam ontem nas Tribunas a H. P. – a única com quem posso conversar uma hora seguida sem enfado, e a L., e a J., e a Niquita (minha namorada de brincadeira), e a Filhinha (um mimo!), e a Condessa...

Mas que adianta enumerá-las? São nomes que nada dizem a quem as desconhece. Eu queria ardentemente que você conhecesse um certo número de moças que tenho encontrado na vida, com o mesmo interesse com que tem conhecido minhas leituras – certas leituras. Quando em Taubaté me encontrei com *Guerra e paz*, *La carrière*, *Mannequin d'osier*, quis logo que você os conhecesse, e como não querer que conheças estas obras-primas do Instinto e da Futilidade Amável que encontrei aqui?

Entre centenas de criaturas apagadas e incolores, dessas que sofrem do maior dos males, pois, como diz Restif de la Bretonne, *"... le plus grand mal c'est l'obscurité, c'est la vie de ces plantes mouvants qui végètent autour de vous, qui vivent et qui meurent sans que personne se soit aperçu de leur existence"*, encontrei um certo número delas muito correspondentes ao nosso Cenáculo – essa seleção que fizemos entre centenas de colegas e conhecidos. Dá-me vontade de um dia colecioná-las num estudo à Goncourt – a uma dúzia delas pelo menos – o meu Cenáculo feminino.

No leilão é de uso aqui uma arquibancada só para moças. E ali lembram prateleiras de vasos com flores – como nas exposições de crisântemos. Pois ontem sentei-me, único, entre elas e passei horas deliciosas brincando, arrematando prendas. Ao meu lado esquerdo estava a F., à direita, a Niquita; em cima, a H. e embaixo a L. Eu, emoldurado, enquadrado... Como esquecer um leilão assim? Depois fomos aos cavalinhos de pau, e tive de pagar para todas. Dias e noites encantadores e inesquecíveis, estas festas religiosas que formam os secretos esteios das religiões e dos deuses.

E tua galeria feminina, Rangel? Nunca me falaste dela, e hás de ter uma, porque não há homem que não a tenha. O quanto são desinteressantes os moços (não os homens), são interessantes as moças – mesmo vistas com olhos alheios. No Tristan Bernard que te mando há uma insignificante Alice e uma Louison magnífica.

Mas agora vejo que tenho tua carta a responder. Este enorme preâmbulo mocengo veio para justificar, ou explicar, a facúndia epistolar que referi no começo. Após uma noite e um dia como os descritos, o cérebro vascolejado amanhece vivo e lépido como um sagui, e exige que lhe abramos todos os "ladrões" confidenciais. Se não sabes o que é "ladrão", informa-te com o bombeiro local.

O *Là-bas* chegou, e o Julinho está a lê-lo, fremente de entusiasmo, ganho pela arte maciça de Huysmans. Quanto ao Le Bon, suas ideias são correntes em todos os físicos de hoje, praticamente todos os físicos experimentalistas. Os teóricos, só teóricos, não contam, porque física não é escolástica.

Quer que resuma a teoria da energia intra-atômica e da radiação da matéria?

Outrora a matéria manifestava-se em três estados. O aparecimento do rádium, um corpo que normalmente irradia calor e uma espécie de luz, *indefinidamente*, talvez *eternamente*, sem perder a sua energia e sem *receber* esse calor e essa luz de nenhuma fonte de fora, veio abrir uma exceção na termodinâmica, a base da mecânica moderna. Mas como nas leis da Ciência não pode haver exceção, os físicos começaram a estudar o fenômeno e chegaram a uma conclusão experimental que revolucionou a ciência moderna: *todos os corpos* emitem a coisa que parecia exclusiva do rádium; questão só de intensidade maior ou menor; a Matéria, portanto, possui mais um estado só agora percebido: o estado radiante. Sólido, líquido, gasoso e radiante. Os dois princípios da conservação da matéria e da energia (Lavoisier e Robert Mayer), justamente os pedestais da física, foram revogados – ou pelo menos suspensos até ver. Como a nossa Constituição durante os estados de sítio – certos artigos ficam suspensos. O velho *"Nada se cria, nada se perde"* está ameaçado. A "oposição", ou a esquerda da ciência, apresentou uma emenda propondo a substituição do velho dogma por este outro: *Nada se cria, tudo se perde!* A MATÉRIA ESVAI-SE! O verdadeiro estado da matéria é o do perpétuo esvaimento.

Le Bon é um filósofo popular da física. Sistematizou as bases da Nova Física. Tese: é da energia intra-atômica, liberada pela desmaterialização da matéria, que deriva a maior parte das forças do universo. A matéria não é indestrutível, dissocia-se e o produto da dissociação aparece sob formas diferentes das formas características da matéria. Os corpos emitem partículas animadas duma prodigiosa velocidade, capazes de tornar o ar condutor da eletricidade, de atravessar obstáculos, de ser desviadas por um campo magnético. Os átomos desagregam-se, passam por uma série de fases – elétrons, íons, raios catódicos, raios X, raios Y, raios alfa. Estes raios atravessam placas de aço e vão impressionar chapas fotográficas. Mais: atravessam placas de ebonite, e, retidos num ácido, deixam nele resíduos da mesma composição química do corpo que os emitiu. Atravessam fases sucessivas, cada qual menos material, até que se esvaem em éter *insaisissable!* Uma perfeita desmaterialização, cujos produtos constituem substâncias intermédias entre o ponderável e o imponderável – os dois mundos que a ciência até aqui separava.

A matéria não é inerte (revogação do princípio fundamental da inércia!...), não restitui somente, como se pensava, a energia recebida de fora, mas é um colossal reservatório de energia – da tal energia intra-atômica – que ela despende sem o concurso de uma força estranha. Esta energia é a causa de todas as forças do universo, da eletricidade, do calor do Sol etc. Força e matéria são duas formas diferentes duma só coisa.

A matéria representa uma forma estável da energia intra--atômica. A lei da evolução dos seres vivos é igualmente aplicável aos corpos simples; as espécies químicas, da mesma forma que as espécies vivas, não são invariáveis. Do éter vem a matéria e para ele vai. O dualismo das filosofias deixa de ter fundamento. A matéria é uma fase do éter – e que é o éter? O éter é o nada! Compõe-se de átomos o éter? Não, porque o átomo é a última partícula de matéria concebível, matéria-matéria. Quando o átomo se desagrega, como no rádium, ele ainda é matéria, isto é, forma estável do éter; mas por um desdobramento infinito passa de estável, isto é, a éter. Mal comparando, a matéria está para os átomos como a nebulosa de Kant e Laplace está para os astros de hoje. *En tant* que nebulosa, temos matéria – *en tant* que projetados no espaço, temos o éter. E a coisa vai por aí além...

Parece um sonho metafísico – e é física! Física experimental! Há aparelhos que provam essa aparente poesia científica. Mandei buscar em França o último livro do Le Bon – *Evolução da força*, e aí o terás também.

Escrevi *ars brevis vita longa* por engano, está claro que não houve outra intenção. O "*Gare!*" entre parêntesis foi para o latim, não para a ideia, porque sempre ressalvo a grafia dos meus latins. O que me contas do *Filho pródigo* é um grande elogio ao livro. As lágrimas de dona Bar valem mais que um ditirambo.

Estranhei tua carta. Está de quem acha que *deve* escrever, mas *não está* com vontade, nem tem o que dizer. Nunca procedas assim. Escrever e comer, só quando há apetite.

Ando para te passar um pito. Você grudou-se num certo número de autores, conviveu demais com eles – Zola, Flaubert, Goncourt – e estranha todos os que deles se diferenciam. Isso é estreiteza. Nada de hábitos, meu caro. Hábito é preguiça. Coisa para velhos e estropiados. Um homem vivo deve ser como o mar, sempre em movimento. O velho é o lago – manso lago azul, essa besteira.

O pior hábito teu é o Flaubert. É preciso que duvides de Flaubert – e pelas tuas cartas vejo que é o único homem no mundo de quem nem sonhas de duvidar. O duvidar dos deuses e de Deus é o princípio da sabedoria. No dia em que começares a duvidar de Flaubert, cresces vinte côvados.

A mim Flaubert me enfada: admiro-o, sim, mas como admiro a pirâmide de Quéops ou a Esfinge. E encontrei em

Gouncourt uma opinião sobre Flaubert que também discrepa da tua – primeiro volume do *Journal*. Flaubert me dá ideia dum pedreiro, dum carapina literário – dum sujeito que *faz* livros, em vez de expluí-los, exsudá-los, defecá-los. Felizmente a tua admiração futura por Anatole está se incubando na persistência da impressão indefinida que ele te causou. *Anatole tuera Flaubert.* O *Le lys rouge* é o livro de Anatole que menos o dá a conhecer. Uma exceção na sua obra de ironia social.

Por que não afundas em Anatole, Rangel? Sabe que isso já está me revoltando – essa demora em entrares no bom porto? Para começo da catequese prescrevo *Crainquebille, Putois, Histoire comique* (onde o cômico é um ator; aqui em Areias os velhos ainda usam a palavra "cômico" por "ator"), *L'orme du mail, La rôtisserie de la reine Pédauque* e o Abbé Coignard – a filosofia mais alta que o homem produziu até hoje – um encanto de diálogos. Com estas leituras você sarará da flaubertite crônica – essa gota militar adquirida no Minarete.

Outro revoltante defeito que noto em você é a falta de ambição monetária – fórmula vulgar do que Nietzsche assinala como a qualidade mestra dos fortes, a vontade de poder, a vontade de predomínio. Há muito pobre cuja ambição de enriquecer já é uma inapreciável riqueza. Eu, por exemplo. Sou um mísero promotor de 300 mil-réis por mês, mas meço as minhas ambições por alqueires. Bati nesse ponto ao próprio Rockefeller. Como é bom desejar ardentemente! Ambicionar! Já te esqueceu aquele pedaço do *Queijo de Minas* em que pregavas o desejo? Por que desesperar de fazer o que o Cândido anda a fazer – viajar? Conhecer os velhos mundos? Não sei como tens coragem de falar em apólices, em 100 mil-réis mensais e outros desânimos. Varre com as ideias medíocres, homem, e *deseja*! Aquela ideia do provisório é um grande bem. Só progridem os homens do provisório – os que repelem o definitivo. Viver não é sentir, parar, estacionar, deitar – é andar.

Meus agradecimentos a dona Bárbara pela lágrima que derramou pela infeliz Tora[1].

---

[1] *Heroína do* Filho pródigo. *Nota da edição de 1948.*

TAUBATÉ, 26 DE JANEIRO DE 1907.

Rangel:

Recebi tua carta cheia de impertinências e rescendente ao nogueirismo. Juro que o homem está aí, a te perverter! O teu tom, Rangel, não é aquele; e quando sais do teu tom, desafinas lamentavelmente. A imbecil apreciação sobre Kipling, que transcreve e adotas, fez-me jurar nunca mais te mandar nada pelo correio, nem os Dickens já apartados, nem uns Mark Twains – nada. Ainda ontem te remeti, bobo que sou! O segundo *Livro da jângal*, mas não há mister de te atirares a ele com a amargura que a nogueirice te pôs na alma; basta refazer o endereço e expedi-lo para o Albino – porte por minha conta! Também do Beccari não vejo como puderam os belos versos te provocar tamanha ira. "Não sou plateia", dizes – e é verdade. Estás te tornando insuportavelmente palco.

Afogue o Nogueira na piscina do colégio antes que ele te destrua todos os lados simpáticos do espírito. Já a tua naturalidade epistolar se ressente. Não escreves como dantes, e sim para ter ensejo de *colocar* uns tantos paradoxos tipo nove Santos, e mais reles desaforos. Você não nasceu para o desaforo; teus desaforos não desaforam. Tudo, mal que o Tonante te pegou! E outros males inéditos te irá ele pegando até te fincar uma lápide no túmulo – "Aqui jaz o *Pax-Vobis* que me ouviu".

Não escrevi mais o *Queijo* porque entrei pelo 1907 jurado de não mais *fazer literatura*, essa sordícia. Se queres, acaba-o lá – mata todos os meus personagens – joga-lhes o Tonante em cima.

E adeus ou ao diabo. Estou excessivamente mau hoje, e zangado com o falso Rangel.

LOBATO

Taubaté, 2 de abril de 1907.

Rangel:

Burro até os fundamentos, infiltrado de incapacidades, com as ideias açucaradas, impenetráveis entre si, chocantes, de vidro fosco; o senso da nuança embotado, os dedos incapazes de tatear, as narinas só sensíveis aos cheiros mais violentos, um *engourdissement* geral; a lenta absorção do Hélio Bruma pelo "Dr. Lobato"; uma aproximação já menos repugnada, já menos cortada de náuseas, da coisa forense, do tabelião, do auto, do juiz, da quadrilha inteira da Justiça de olhos vendados – uma lástima, Rangel, uma lástima sem nome o que me acontece, o que acontece a este teu amigo exilado neste lugar provinciano onde a Semana Santa assume foros de Panateneia e o padre Valois é ouvido como outro Bossuet.

Enquanto te escrevo, o foguete e a música atroam os ares, espantam os silfos invisíveis, matam a tiros de pólvora e guinchos de latão essa incomparável música chamada Silêncio. E passa uma bandeira vermelha, chamada o Divino, com fitas pendentes que vão recebendo os beijos de todas as beatas; e corre a salva do Divino para pingamento de níqueis. O Divino é um passarinho amarelo na ponta de um pau. Tudo África, neste século de Ruskin e do *arbor day*.

Há uma semana que estou preso em casa porque lá fora a semana é santa. Há procissões de pretos e brancos a atravancar as ruas. Nas igrejas, muito consumo de aguinhas e fumaças cheirosas, e litanias. Por toda parte, povo – o nosso povo, essa coisa feia, catinguda e suada. Sovacos ambulantes. A *cohue*, Rangel; a *bohue*, Rangel. A carapinha assanhada, a venta larga "fuzilando", o coronel, o xale das mulheres, o chapéu duro e a roupa preta das "pessoas gradas". Rangel, Rangel... Os olhos cansam-se de feiuras semoventes. Que *urbs*, estas nossas! As casas são caixões com buracos quadrados. E nem sequer os velhos beirais: inventaram agora o horror da platibanda. Não há mulheres, há macacas e macaquinhas. Não há homens, há macacões. Raro um tipo decente, uma linha que nos leve os olhos, uma cor, uma nota, um tom, uma atitude de beleza – nada que lembre a Grécia.

A Plebe, só ela, com o seu *fatras* democrático e religioso, a expluir vulgaridade e chateza. Eu vingo-me lendo Nietzsche, lendo o teu Goncourt, lendo até Kant e Hartmann. Vingo-me quebrando a cabeça nos enigmas insolúveis, Eu, Não-Eu, Sujeito-Objeto, Imperativos Categóricos, Inconscientes, coisas de Schelling, de Lotze, de Fichte – ideias-múmias, como diz Nietzsche. Vingo-me jogando xadrez.

Na Sexta-feira Santa peguei no xadrez quando o padre pegou na festa, e larguei do xadrez quando o padre largou da festa, entre estouros do Sábado de Aleluia e espedaçamento de judas.

O Goncourt... agora me lembro que... (perdido o resto).

LOBATO

* * *

SÃO PAULO, 14 DE ABRIL DE 1907.

Rangel:

O meu atraso epistolar tem origem na "cavação de promotoria" em que me empenhei em fevereiro e só agora, 4 de março, consegui levar a efeito, com derrota de um exército de candidatos. Estou nomeado promotor público da comarca de Areias, que deve ser nalgum lugar. Mais reverência, portanto, amigo, quando escreveres ao Lobato. Exijo DD. no envelope. Sou o DD. Promotor Público de Areias, cidade que positivamente há de existir. Cento e tantos candidatos para esse ossinho – informou-me o próprio secretário Washington Luís (com "s" – ele faz questão). Foi trunfo decisivo uma carta de meu avô ao general Glicério. De lá – de Areias – passarei para uma comarca da Terra Roxa, a terra abençoada onde se ganha dinheiro... E então casa-se.

E tu, meu velho? Conto estar contigo em São Paulo pois me disse o Nogueira que vens em março, para o último exame. Espero que me avises, como das outras vezes.

Encontrei o Nogueira no colégio do Luís Antônio, impando de lente, o cão, no meio duma roda de outros lentes empavesados como navios de vela, gravíssimos. A saleta estava grávida de lentes. Creio que o Nogueira trazia sobrecasaca; creio apenas; mas sobre a sua gravidade e o ar profundo, isso juro sobre dez bíblias. Mas estou falando do padre-nosso ao papa. Você conhece a fundo a fauna dos "professores de ginásio".

Também estive com o Tito; anda empenhadíssimo numa campanha para derrotar o Vítor Konder na Academia, apesar de reconhecer (veja que patife!) que é o Konder quem melhor se desempenhará do papel de orador do ano. Mas há razões de estado...

Nogueira desmentiu-te com calor e endeusou Kipling. E jurou pelos manes de Buda que jamais comparou o *Livro da jângal* a contos da carochinha.

Quanto ao nosso ilustre marquês italiano, afirmo-te que é um grande porco. Imagine isto: a mana foi passar umas férias em Taubaté e deixou a casa entregue ao marquês, autorizadamente imitido nas funções de *honorable* guarda-casa, vulgo caseiro. Ele é um gênio, bem sabes. Gaba-se de ser o Leonardo da Vinci do Bom Retiro e adjacências. Pois apesar disso deixou a casa tão imunda que a mana teve de alugar outra. Incorporou boduns indeléveis em tudo lá dentro, paredes, assoalho, móveis. É um hidrófobo, como o Tito Franco. Não se lava. Nunca se lavou. Logo, os versos que ele fez são péssimos. Logo, tem você a razão e eu retiro os meus elogios.

Em Areias recomeçarei com a leitura, porque é impossível que haja lá criminosos que deem trabalho a um promotor.

Diga a dona Bárbara que um monsenhor Lobato que deitou fora a batina não sou eu.

LOBATO

TAUBATÉ, 1907.

Rangel:

Recebi a filosofia, os quesitos e a carta de dona Bárbara. Vamos por partes. A filosofia não é novidade. Já Spencer definiu a lei da evolução como uma *complexidade*, uma crescente heterogenização de estruturas e funcionamentos, tudo alheio às ideias de Bem e Mal, que são relativas, a despeito de todos os esforços escolásticos para que sejam absolutas. Há fenômenos, causas e efeitos, radículas condicionais e condicionadas; mas finalidade, desígnio, é coisa que cai no "Incognoscível" de Spencer. Os teólogos "grilaram" essa terra devoluta, plantaram lá a tabuleta do Desígnio e surgiu o tremendo negócio de terrenos a prestação chamado Igreja. Vender terrenos incognoscíveis, indemarcáveis, que maravilha de negócio! Leia os *Primeiros princípios* de Spencer e lá verás tudo claro e no limpo – tudo matematicamente esclarecido. Todos os pontos, todas as "bocas de sertão" a que a Ciência pode chegar estão lá; para adiante Spencer finca o letreiro famoso: INCOGNOSCÍVEL (criando, aliás, a objeção: como *sabe* que é incognoscível? Como fecha a questão dessa maneira?).

E o fato de chegar você por mera intuição pessoal às mesmas conclusões de Spencer prova a força do teu senso filosófico. Nietzsche chama a isso (ter essa filosofia) colocar-se *além do bem e do mal*, isto é, num ponto de vista objetivo, sem perspectivas que adulterem as coisas e donde se possa perceber a emaranhadíssima rede das causas e efeitos das forças *indiferentes*. Um tiro no alvo, por exemplo; se acertou foi sorte, diz o povo comum; foi por obra e graça da entidade criadora do Desígnio – Deus, Divina Providência etc., diz o teólogo. Mas o sábio à Spencer diz que o fenômeno foi rigorosamente determinado pelas condições do atirador, da arma e do meio ambiente; um fenômeno, portanto, é determinado por condições. Dadas aquelas condições, o fenômeno fatalmente ocorrerá. Aconselho-te Spencer nos *First principles*. É uma Suma.

Quanto a Nietzsche, meu conselho é que passes por ele a galope no cavalo da tua inteligência; no rabo desse cavalo amarrarás o ímã do teu temperamento, de modo que na galopada o ímã só atraia, só aproveite, só chame aquilo que te convier e que, portanto, te virá aumentar. Se o forças a atrair o que te *parece* bom, bonito, útil, embora não seja essa a opinião do teu temperamento, ficas abarrotado, mas não aumentado. Faça isso e não me voltarás a dizer que achas Nietzsche "soporífero". Incrível! Talvez seja o único adjetivo que nunca jamais caberá a Nietzsche. É o contrário – é um matador do sono, da estagnação, da lagoa verde. É um desencrostador.

E por falar, contarei uma. Eu estava um dia no Gazeau, em São Paulo, espiando livros velhos, e havia parado para folhear um volume de Nietzsche. E estava lendo lá um aforismo qualquer, quando atrás de mim, sobre meu ombro, uma voz desconhecida soou, dizendo: "Esse autor é dissolvente!" A resposta me veio instantânea, como se o próprio Nietzsche a desse por meu intermédio: "Tal qual o sabão!" e voltei o rosto para ver quem era. Um padre!...

Lembrei-me daquele aforismo em que Nietzsche dá a opinião dos teólogos como o reverso prático da verdade. Se o teólogo diz que é branco, então é porque é preto. Sim, Nietzsche é um sabão, o melhor desengafeirador que encontrei na vida. "Eu sou uma toupeira que anda debaixo da terra roendo as raízes das velhas verdades." Ele podia também dizer que era o Grande Sabão dissolvente das velhas verdades.

As minhas marcas nos Nietzsche que mando representam o gráfico da primeira impressão. Há um grande B inacabado que marcou um vago pensamento que me veio ao ler aquele pedacinho, um pensamento associado a Bilac... É uma psicografia estenográfica que só eu entendo.

LOBATO

AREIAS, 14 DE MAIO DE 1907.

Rangel:

Bem-aventurado país, bem-aventurada Minas! Bravos a você, a Minas, ao Zé Fernandes! O que me contas é prodígio singular, inédito talvez em todo o planeta. Um colégio que aumenta o ordenado do professor para retê-lo! O homem está louco. O certo seria regalar-se com a tua saída e contratar outro por menos. Sempre haverá no mundo quem trabalhe em qualquer serviço por 10 mil-réis menos. Para que um Zé Fernandes procure te conservar é que tu lhe dás um lucro enorme – mais que os 10 mil-réis que ganharia aceitando a tua retirada. Ora, se é assim, por que não lhe hás de chegar a faca ao peito, exigindo mais? Coisa apenas de verificar quanto para ele realmente vales.

Acho-te extraordinário, Rangel. Formas-te hoje; no dia seguinte és nomeado promotor de Cambuí; no terceiro dia resignas sem sequer ires ver se Cambuí realmente existe...

O mesmo não posso fazer eu, pois vim ver se Areias existia e fiquei. Areias, Rangel! Isto dá um livro à Euclides (e, por falar, Euclides passou uns tempos aqui, ocupando exatamente o quarto que é o meu). Areias, tipo de ex-cidade, de majestade decaída. A população de hoje vive do que Areias foi. Fogem da anemia do presente por meio duma eterna imersão no passado. Há casos, há crimes estupendos do período da passada grandeza. Um capitão-mor que passou oitenta anos a juntar moedas de ouro – patacões. Um dia a varíola o apanha – e da cama, morre não morre, todo pústulas, assiste ao saque. A "escravatura" roubou-lhe tudo. O processo, o júri, a condenação dos negros... Impossível dar uma ideia do drama em simples carta a galope. Talvez eu a conte no *Minarete*.

Perto de Areias fica Bananal – com um passado escravocrata que é um cacho de crimes lindos e muita banana-ouro. Houve grossa riqueza por lá, quando aquilo era o Ribeirão Preto da época. Barões que usavam pinicos de ouro. Mulheres ciumentas que cortavam o seio das escravas. Cada casa lá – dizem aqui

– é cofre duma lenda – aqueles casarões abandonados. Ainda há mistérios no ar.

O meu hoteleiro é um veterano da guerra do Paraguai. Gosta de falar e sabe tudo. Impossível melhor memória – ou imaginação. Erudição enciclopédica haurida nos vinte romances de Júlio Verne que sabe de cor e me recita à mesa, aos capítulos – e com as ilustrações. "Aqui há uma gravura representando um hindu de tanga amarrado à boca dum canhão. Embaixo diz: *Amanhã ao romper da aurora, pum!*"

Logo que cheguei fui à berlinda. Fiquei o bicho raro da terra, o *fait divers* sensacional, a coisa importante, o escândalo do dia. "O Promotor!" Juntava gente nas janelas e esquinas quando eu saía a desembolorar.

Terra de tradições. Anteontem queimaram diversos judas. Ainda há judas em Minas? Apareceu, de Euclides, um belo artigo sobre o judas no Acre (*Jornal do Comércio*, de 31). Leia.

LOBATO

* * *

AREIAS, 15 DE MAIO DE 1907.

Rangel:

Creio na tua sinceridade quanto ao casamento, mas sob uma condição: creres também na minha. Estou de absoluto acordo contigo. O casamento é e não é o que dizemos. O casamento é o nosso serviço militar. Foste chamado e estás a fazer o serviço. Fui chamado – tenho de servir, e está acabada a história. E depois, Rangel, isso de enfrentar o perigo, de procurá-lo, de arrostá-lo, não deixa de ter certa grandeza. Não procede de outro modo o capitão que ataca um reduto poderoso. Está lá dentro o Desconhecido. A Vitória ou a Derrota, a Felicidade ou a Vergonha.

Por que é que o homem bebe, sabendo que o álcool é um veneno? Por que se casa, sabendo que o casamento pode ser um veneno? Porque o homem é fundamentalmente aventuresco e gosta de agir aos supetões, sempre de encontro à experiência e ao bom-senso. O bom-senso horripila-nos.

Não há negar a higiene do casamento, e também há a possibilidade de, às vezes, criar-se por esse meio o que os ingleses chamam *home* – e parece que os ladinhos bons do *home* compensam as coisas perdidas com a destruição do celibato. O nosso grande cavalo de batalha contra o casamento é o sacrifício da nossa liberdade – mas para que nos serve a tal grande liberdade senão para perdê-la nos momentos oportunos? Sem perdermos a liberdade, parcial ou totalmente, como sabermos que tal coisa existe? Só quem está sendo asfixiado aprende que o ar existe. E há ainda o seguinte: a liberdade torna-se às vezes um tal trambolho, um tal peso às costas, que o desfazer-nos dela produz uma imensa sensação de alívio. Coisa nenhuma cansa mais do que ser livre – e isso explica as ditaduras. Os povos cansam-se da liberdade e pedem um ditador que a trucide – e os indivíduos casam-se. Eu, por exemplo, vivo dentro dum tal excesso de liberdade que às vezes me toma a nostalgia. Do quê? Do tempo de prisão no colégio. Da horrível sineta que me fazia levantar às 6 horas. E, por fim, farto dessa liberdade pessoal, resolvi lançá-la pela janela. Caso-me e pronto.

Vantagens? Oh, inúmeras – e entre elas a de queixar-me, como ouvi a um agora: "Eu iria em dezembro ao Japão, *se não fosse casado*". Mentira. Ele não iria ao Japão nunca, mas hoje tem uma bela justificativa. A condicional acoberta maravilhosamente todas as fraquezas, dubiedades, incapacidades e inaptidões orgânicas dum homem. Justifica até roubos – "Casado, coitado; mulher e filhos!". Dizer, por exemplo, a um amigo crédulo: "Zeca, eu tenho talento às arrobas. Sou capaz de escrever um Rocambole – e escrevê-lo-ia, se não fosse o casamento – a mulher, a barulhada das crianças. Zeca, Zeca, se queres cultivar a tua inteligência e dela extrair produtos lindos, como os extrai da terra preta o galego da horta, não te cases, ó Zeca!". E o Zeca te olha arregalado, com admiração nova, concorda em não produzir mais que o galego da horta – e casa – e faz muito bem.

E há a Espécie, Rangel! Somos forçados a ter muita consideração para com a Espécie. Que seria da Espécie se não fôssemos nós, indivíduos? A Espécie nos impõe, por força de razões misteriosas, esposa e prole. E emprega o Amor como um visgo de passarinho; e uma vez visgados, temos de proliferar porque, "Oh, é tão galantinho um bebê!... Casa sem chorinho de criança até dói...". As mulheres dizem isso e suspiram pelo bebê, porque elas fazem parte do Serviço de Agentes Secretos da Espécie. São as encarregadas de arrancar do homem as misteriosas sementinhas hereditárias.

E, portanto, nada de resistir a essas obscuras injunções. Já que a Mais Obscura das Injunções nos manda casar, é casar. Casar p'r'ali, como casou o avô, o bisavô, o tataravô e o macaco inicial.

O solteiro me lembra a mariposa que me vem dar cabeçadas no vidro do lampião. O casado lembrará o passarinho na gaiola, bem arrumadinho, com alpiste, água e folha de alface – e a regalar-se de ver, lá daquele seguro, a mariposa queimar-se na chama e o Romão volta e meia entrar do quintal com um canário solteiro na boca.

Já que estamos falando em casamento: já leu você a coisa mais espirituosa do mundo – *La physiologie du mariage*, de Balzac?

Vamos meter o Beccari no *Queijo*? E bem que cabiam lá os dois tipos que diziam horrores de casamento e um casou-se caladinho e outro tenta retratar-se...

LOBATO

* * *

TAUBATÉ, 17 DE MAIO DE 1907.

Rangel:

É espirrando, tossindo – o nariz transformado em olho-d'água e com um célebre pingo a insistir em colaborar nesta carta; é moído de defluxo que te escrevo, meu

Rangel, para te avisar que sigo hoje para São Paulo e só na volta direi as muitas coisas que tua última me sugere. Hoje, impossível. As ideias, sinto-as também constipadas, revestidas dum induto pastoso. Tenho-as penosas, de movimentos embaraçados como moscas dentro de mingau. Uma cutilada deste traiçoeiro vento de maio e os consequentes desarranjos nasais, metabólicos, pulmonares e espirituais. Mando-te um Mark Twain e um Gorki, e também um trecho de carta da F., para veres como o marquês anda posando para a pobre menina.

Adeus. O pingo está ameaçador.

LOBATO

* * *

AREIAS, 7 DE JULHO DE 1907.

Rangel:

Restaurado finalmente na calmaria, começo a pagar minhas dívidas epistolares. Essas dívidas decorrem do muito que corri. Senão, veja. Da Serra da Bocaina, em cujo sertão me internei com um bando de caçadores atrás duma suçuarana que andava comendo novilhos numa invernada, só voltei para cá no começo das férias forenses, com doze léguas em lombo de cavalo em quatro dias, tostado do sol e do frio das altitudes, tatuado de espinhos – mas vazio de glória. Da onça só vi o rasto, na lama dum curral velho.

Chegado, acusei dois criminosos perante um júri de boca aberta e colarinhos sungados, arrumei a vida e, de novo no Beija-flor, trotei para Queluz, onde recebi tua carta. Fui lê-la no trem.

Portei em Taubaté, e com o Eugênio de Azevedo fui de bicicleta ver um negócio na fazenda dos trapistas – futura Abadia da Maristela, e retornamos com trinta quilômetros marcados nos ciclômetros.

Depois rumei para São Paulo, onde matei as saudades da noiva, admirei o Salvini no O *Édipo rei* e nos *Espetros* de Ibsen, travei conhecimento com a Zazá de Leoncavallo, e enlevei-me na harmonia de movimentos duma Paquita Montes no Moulin Rouge. A seguir, Santos. Dancei duas noites, visitei três navios no cais, *Belgrano, Aragon* e *Tennyson*, contemplei a enorme carniça duma baleia encalhada na praia da Conceiçãozinha, consagrei um dia ao teu Guarujá, ganhei uma bolada no Cassino e voltei à Pauliceia. Aprovisionei-me largamente de impressões da noiva, abasteci-me de pão de espírito (entre as novidades, O *filho pródigo* de Hall Caine, que anda na berra), dormi uma noite em Taubaté; e, reintegrado afinal no silêncio da minha Areias, interrompo a leitura do Hall Caine – estupendo! – para te escrever uma bem comprida.

O teu Rodrigo! Com que estado d'alma de menino de escola em véspera dos prêmios anuais você espera a minha opinião, você a reclama, você a predispõe! Homem fraco e covarde, sem fé nem confiança! Que importa o meu parecer? Que importa o parecer de alguém? Quem tem talento e arte impõe-n'os ao mundo – não pede licença. Você pede, e rebaixa-se, e usa truques. E manda uma carta propiciatória elogiando (sob pretexto de criticar) dois detestáveis artigos meus e um bom (*Filosofias*), com a evidente esperança secreta de que eu pague na mesma moeda. E gaba-me, e elogia-me, como se moeda falsa pudesse ter algum valor...

Sempre desejei em você um crítico brutal do que escrevo. Impossível. Você dissimula o que de fato pensa a meu respeito e só diz as coisas favoráveis. E vem a velha acusação... *"teu partido de não me pôr a boca doce..."*. Engano, Rangel. Nunca pensei em tal; sempre dei a você o meu pensamento nu e cru e sempre o farei. A tua derradeira carta não me fará atenuar de um centésimo o que penso do Rodrigo. Vi nele tua autopsicologia, vi tua mulher, tua vida, o colégio de Zé Fernandes, os amigos (já que conheço através das cartas), e senti em algumas páginas a execrável influência dos Goncourts – esses execrabilíssimos fazedores de arte pela arte que hoje ninguém mais atura. "Nalgumas páginas" – note que restrinjo, porque na maioria você está puro sem mistura. E exatamente aí a novela melhora. Certos prosaísmos a sujam ("Ribeirão Preto", "500 mil-réis"), certas ideias pouco finas ("apetite tão grande que só se *engolisse o mundo*"), certos conceitos estapafúrdios ("... a voz humana, última metamorfose dos sons da Natureza, que *progrediram para pior...*"). Que quer dizer isto?

O estilo tem descaídas, cochilos – pontos que não levo a débito, pois são as naturais imperfeições do borrão. Escoimado desses senões, que me parecem vícios, a novela vira uma boa novela, com o defeito aliás de ser coisa para público muito restrito. A psicologia do Rodrigo é extremamente rara, e poucos a aceitarão. Acho tua arte subjetiva em excesso – e a grande arte é objetiva (Shakespeare, Tolstói, Zola, Balzac, Molière). Descreves um caso isolado, único, quando a arte está no contrário, na universalização; o particularismo cabe à ciência. Aquele Conselheiro do Eça: por que "pegou" mais que o Jacinto? Porque o Conselheiro tem uma universidade de vinte por cento – e o Jacinto tem-na de um por cem mil. O teu Rodrigo é uma criatura que aparece uma em um milhão, e daí a restrição de público que prevejo.

Para prova dei-o a ler a um amigo daqui, rapaz de bom senso artístico – e ele achou-o confuso. Já a mim, que te conheço a fundo, a impressão pessoal foi muito diferente. Sei-te nas últimas minúcias, de modo que vejo ali, e entendo, coisas que para os outros não existem ou são "confusões". Na parte, porém, onde narras o amor, o casamento, a vida a dois, o lento desnudar-se do caráter de Rola, não há nenhuma restrição a fazer – empolgou-me. Em suma, se refundires a novela, aumentando-lhe a dose de drama, de movimento e de dor, acho que poderás publicá-la sem receio nenhum.

Bem sei (e por confissão tua) que os nefastos Goncourts te imbuíram da falsíssima noção do "nenhum enredo". Mas veja Kipling, Zola, Caine, Wells, Hugo, Balzac – todos os "grandes lidos". Quanto drama, quanto movimento em cada obra! O drama é tudo na arte, porque o drama é a biografia da Dor e a Dor é a mãe da Arte. Inda ontem, relendo Ésquilo, vi que sua grandeza repousa na grandeza das dores que pinta. Os Átridas, Prometeu, Orestes, Eletra, Atossa, Cassandra – dor, só dor, na desesperada luta contra a Fatalidade. *A arte nasce da dor, como a pérola.* Sabe que a pérola é o produto duma doença da ostra? Onde há doença há dor – logo a pérola vem da dor.

A minha colocação entre teus quarenta não me adoça a boca, nem me leva a pôr você em outro lugar que não o em que sempre te pus. És um dos poucos em que tenho fé – pela tenacidade e amor ao trabalho. Vivo repetindo isto para todos. Mas por enquanto não és ainda – estás sendo – vais sendo – caminhas para lá – não houve ainda nenhuma parada, a progressão é contínua. Estás na Barra do Piraí. O Rio não fica muito longe – mas ainda está longe.

Você, entretanto, se perderá, como o Ricardo se perdeu, no dia em que (seduzido pelos cantos de sereia da amizade) se se julgar chegado. Um homem evolui indefinidamente, e se se julga chegado ao máximo é que parou de progredir, virou Coelho Neto.

Mande-me os contos. Não segue o *Ateneu* porque está em Taubaté. O *filho pródigo* irá logo – assombroso! Mande algo para o *Minarete*. O Beija está reclamando. Um diário de São Paulo republicou o meu O *pito do reverendo*, uma das coisas tolas que tenho escrito, mas muito gostada por aí afora – e inçou-o de erros tipográficos. Como dói o erro tipográfico!

LOBATO

* * *

AREIAS, 21 DE JULHO DE 1907.

Rangel:

Chegou o Twain com tua carta dentro. Comecei a ler a história do esquimó. De fato, *it is a very "bewitchful" story*, como aliás tudo quanto Mark escreve. Kipling tem algumas coisas groenlandesas ótimas, onde tudo, a partir do cenário, é dum ineditismo único. Os *inuítes* são uma – inuíte é sinônimo de esquimau. Que felizes os homens que podem escrever uma novela europeia, outra americana, outra indiana, outra esquimó – haurindo as tintas em observações de primeira mão, feitas nesses meios tão variados! Tenho para mim que Kipling ainda não achou tempo de ler a literatura dos outros; os anos de sua vida devem ter sido poucos para ver e sentir do natural.

Nós dois somos o inverso. Somos cracas eternamente grudadas ao pago natal. Somos cogumelos, chapéus-de-sapo, temos o aparelho da locomoção destituído de rodinhas amarelas – libras ou dólares. Somos apteros. Pinguins! Nossas capacidades embotam-se na mesquinhez da introspecção e na sordidez tacanha de meiozinhos roceiros pífios, onde não há os caracteres fortes e *sintéticos* que o romance requer para não degenerar em teatrinho do João Minhoca; onde não há dramas (como imaginar os Átridas em Areias?); onde nada há que não seja choco. Desta Areias onde apodreço há três meses nem o gancho dum Shakespeare tirava sequer um título de drama.

Parece-me erro supor que o artista cria independente do meio. Meio pífio, artista pífio – obra d'arte pífia. Entre nós, só no Rio há ambiente para alguma arte – e por isso todos que têm veia para lá acodem. Os que ficam no interior só dão de si água panada. Veja, Rangel – estamos nós dois condenados a ser água panada... Você casou; eu vou casar. Casamento: feixe de raízes que virão agravar ainda mais o nosso chapéu-de-sapismo. E, no entanto, nós temos talento, Rangel – sentimos isso, não? Ninguém sabe, ninguém percebe; talvez nunca desconfie disso o mundo – e no entanto temos talento!

Tu aí, eu aqui – duas touceiras segregadas de tudo quanto o nosso sonho de arte sonha. Eu, como absolutamente não me adapto ao meio, levo vida de recluso – frade único do Convento do Meu Quarto. E quando me canso de tanto mascar e ruminar a mim mesmo cá intramuros, fujo para a Serra da Bocaina, de Winchester no arção e Kodak a tiracolo. Que desafogo naquela outra solitude!

Contigo é o mesmo. Esse Silvestre Ferraz deve embolorar todas as vocações. O que te salva é o tremendo ardor laborioso que tanto invejo. Começar uma novela é coisa das mais simples; levá-la por diante por oitenta ou cem páginas, isso só você. Breve estarás trabalhando em romance de 320 páginas. Assegurado o *entrain*, é fácil chegar até lá – o problema é ganhar o *entrain*.

Você está feito, está na reta da chegada – e me distanciou por não sei quantas cabeças. Cabeças? Ah, se fosse! Por corpos...

Nunca mais te alcançarei. Vivo esperando a *ocasião propícia* – essa ilusão. Não há disso. Para quem de fato possui criatividade, todos os momentos são propícios.

Li hoje *Filosofias* (só agora o jornal me chegou) e envergonhei-me de haver achado aquilo bom. Tenho um defeito grave; espremo e encurto demais o enredo, não o esclareço bem, não dou coloridos de transição, faltam-me *tons*, passo bruscamente duma coisa para outra, de modo que eu me entendo mas não me entendem os outros. O tal conto prometido vou escrevê-lo com muita atenção a todos os defeitos notados – e você julgará.

O que dizes das coisas que nos agradam mais pela capacidade possível do que pela capacidade realizada, me parece uma bela observação. Sinto-o comigo.

Vai o Hall Caine e junto um volume das minhas notas; há-as preciosas, catadas ao correr das leituras.

Lembre-me na tua próxima da grande ideia a que cheguei à força de tanto pensar. Não cabe nesta. Uma ideia enorme. Ainda está em período de nebulosa.

Quanto à reforma ortográfica, lê no próximo *Minarete* a minha opinião sobre o horror que é homem sem H.

Hoje temos "escavalinho". Areias está arreitada. Imagine que há quinze anos não aparece nenhum circo por aqui. O meu comendador da Ordem da Rosa anda de olho aceso. Ao almoço (sou o único hóspede do seu hotel) foi espiar se a dona Maria (a esposa) não estava escutando atrás da porta e me disse, com quinze anos de concupiscência encruada no olho lascivo: "A moça do trapézio, seu doutor, tem umas coxas assim!" – e fez um grande tamanho no ar com os indicadores e polegares em curva e os outros dedos fechados.

LOBATO

Uma coisa que ando para perguntar: tens sogra? Eu vou ter. Como o casamento nos aumenta!...

TAUBATÉ, 1907.

Rangel:

Seguem umas tantas cartas da incomparável, para que palidamente avalies que fina criatura é. Suas cartas, seus modos e sentimentos, tudo são penugens, arminhos. Perfeita concordância do moral com o físico. Normalíssima. Para uma coisa te chamo a atenção; o seu modo de grifar certas palavras. Não grifa brutalmente, com um traço embaixo, e sim com um breve e tímido hífen, nuançando assim o grifo, dando cambiantes à intenção. Cartas, como verás, ao correr da pena, sem esta nossa imbecil preocupação literária.

Mandei-te *O filho pródigo* de Hall Caine, com uma carta bastante comprida. Chegou?

Recomendações à D. B., à qual desejo um fígado mais ordeiro.

LOBATO

AREIAS, 31 DE JULHO DE 1907.

Rangel:

O que propões é simplesmente fazer a dois o que há muito fazes sozinho; mas em má porta bates, amigo, porque o Lobato já desistiu de imortalizar o Hélio Bruma, já desertou a falange beletrista – morreu antes de ter nascido. Isso não quer dizer que não aceite a proposta, mas o faz a frio, sem "sentir crepitar na alma o precioso fogo dos grandes entusiasmos e das grandes fés". Você, sim, não tem o direito de arrefecer, já que sente o fogo nas tripas e em grau criador. O volume de contos o prova. Há-os lá admiráveis, maupassanescos – embora a forma de todos, sem exceção, seja reles. E por isso mesmo mais os admiro, porque estão nus do encanto da forma bem trabalhada e perfeita. Borrões, vê-se, mas deles vou assinalar o que me parece defeito de observação e forma.

A história do cachorrinho sugere-me coisa semelhante de Maeterlinck. O final de *Últimas disposições* está ótimo; o "Eram as más companhias", da história da velha e do menino (final), provocou-me grandes invejas; o *Destacamento*, o *Corvo manso*, todos onde a vida está berrando em letra de forma, ótimos! Quanto às páginas fotográficas, por que perder tempo com isso? Há-as nos Goncourts inúmeras, que o leitor pula, e faz muito bem, porque cenário com pretensão a *premier rôle* não é bem arte. E duvidando do meu senso crítico passei os teus contos ao Júlio (o meu Eugênio daqui), o qual gostou tanto que, havendo lido os marcados com cruz e entregue o caderno, voltou hoje para buscá-lo "a fim de ler o resto" – com saudades já do *modus faciendi* rangelesco.

No teu caso eu me dedicaria exclusivamente ao conto e me ia aperfeiçoando sempre; e muito naturalmente viria mais tarde o romance, sem forçar o temperamento – como veio ao Maupassant e ao Eça. O romance é um conto de trezentas páginas e mais engalhado – e só ergue cem quilos de peso quem durante anos se treinou em suspender halteres de dez. Que pressa a tua em saltar para o romance? Dizes que desanimaste no número quatro. Põe-no de parte, homem, e apega-te aos dez quilos. E lança ao público um livro de contos o ano que vem. O maior estímulo para fazer um segundo filho é já ter bem lépido o primogênito.

Li esta semana o primeiro romance do Malheiro Dias, *A mulata*, um livro horrível, pesadelo enojante. Não há claros ali, tudo escuro – e toda arte é um claro-escuro. Nem um só personagem bom, decente, que escove os dentes – só crápulas. Não há cantinho de luz. Dá a sensação de bordel de janelas pregadas, onde tudo são mofo e fedores suspeitos. Ao terminar a leitura, o leitor corre à janela para ver se ainda há céu no mundo, e ar – morto de saudades desses dois preciosos elementos que o autor esqueceu de botar no livro. E veja os seus últimos romances, que diferença!

Outra que anda enchendo as medidas é a Júlia Lopes – uma extraordinária mulher. Contos maravilhosos, únicos em nossa literatura. Conhece-os?

O meu conto gorou – não tenho ânimo de tentá-lo: a desordem nos *ménages* à passagem, num lugarejo como este aqui ou esse aí, duma estrela de "escavalinhos" – mulher cujas pernas dentro do *maillot* se preluzem admiráveis e que "ama" bem. Está no casulo. Eu sou uma árvore cheia de casulos pendurados, uns secos, outros em desenvolvimento, outros gorados, outros abertos e já vazios da borboleta. Mas quase sempre dos mais belos casulos saem as mais feias borboletas. Dum casulo verde, todo estriado de ouro, belíssimo, saiu uma negra mariposa, lerda, mole, incapaz de voo. De maneira que me falta a coragem para provocar a eclosão dos demais casulos. Medo de mais mariposas pretas. Contento-me com as crisálidas e dou asas à imaginação para que ela idealize o maravilhoso irisado das asas que *podem* estar lá dentro.

Estranhei o teu programa. Pois não é o que há anos, com breves interrupções, andamos nós dois fazendo? Anota-o para mais tarde. Os botânicos agem com um sistema ótimo para os romancistas. Herborizam e classificam – isso antes, *preliminarmente*. Ponha o Fernandes no teu herbário; depois decalque-o.

Reli as minhas cartas que mandaste. Que desordem, que incoerência, que instabilidade – no papel, na tinta, na letra, nas ideias... Isto me desanima. Quando me virá a cristalização definitiva? Tra-la-á o casamento, com a ordem e o método de Purezinha? Talvez, talvez. Tive, Rangel, com a leitura de tais cartas, a sensação de que somos como uma roseira – que, sempre a mesma do nascedouro à morte, varia sempre, varia incessantemente, e nunca dá duas rosas iguais. Embora idênticas na essência, as ideias que temos hoje não se mostram amanhã tais quaizinhas na forma. Falas em teu horror ao passado, mas que é o passado senão *toda a nossa vida?* Tens 25 anos[2]; isso quer dizer que és 25 anos de passado, um décimo milésimo de segundo de presente e um negror de futuro adiante. E não amas ao passado?

Vou logo a São Paulo e lá poderei comprar os livros que queres. As tuas observações sobre a reforma ortográfica são simplesmente ineptas. Onde descobriste eliminação do "p", "t", nos grupos "pt" "tn"? o que houve foi coisa diversa, foi a simples supressão dessas letras quando mudas, isto é, quando inúteis, como em "escripta", "Ignácio". "Inepto" sempre conservará o "p" por-

---

[2] *Rangel protestou. Tinha 22 anos, era de 1884. Nota da edição de 1948.*

que o "p" soa (sem trocadilho). Lê no *Minarete* um artigo de Hélio sobre o assunto – a coisa única sensata até agora publicada.

Adeus. Parabéns à dona Bárbara pelo bom comportamento do fígado. Lá diz o ditado que o "bom fígado à casa paterna torna". Escreve-me. Recebo tuas cartas cheio de alegria.

HÉLIO

* * *

SÃO PAULO, 9 DE AGOSTO DE 1907.

Rangel:

Acabo de receber a tua de... (sem data), na qual pedes que date as minhas; e recebi-a na Pauliceia, onde estou desde o começo do mês, com tenção de ficar até o fim. Estive com toda a cainçalha, menos Tito e Beccari. Ricardo parte para a Itália a 14 e despede-se da vida paulistana, sempre rodeado duma caterva reverente. Raul anda num roupão cor de estopa e calças boca de sino; paletó até os joelhos e chapéu espanhol. O Indalécio produziu essa caricatura que vai. Divina, hein? O Raul velho! Devolva-a. Pertence ao meu museu de curiosidades.

Vi o Nogueira mas não lhe vi as ideias. E também o Lino, o Pinheiro todo brumeliano, o Sampaio Freire etc. Informei-os de tuas atividades. Insisto sobretudo no teu grego. Lecionas grego e lês Aristófanes no original. Se não é verdade, caluda! Nunca me desmintas, porque é *ad majorem Dei gloriam*. Fiz tremenda propaganda dos teus últimos trabalhos, mormente os contos. Pus-te na cabeça deles como um semideus.

E quanto aos contos, tenho ainda a te dizer que achei excelentes as histórias das crianças, e a das bonecas, e a do esconjuro – todas merecedoras de publicada, como diria o Nogueira. O que achas dos autores com os quais travamos conhecimento é o que se dá com as amizades pessoais. Quando topamos um amigo novo e com ele nos abrimos, não abrimos coisa nenhuma – tudo é reserva e vaga hostilidade. Só depois, quando o convívio desfaz esse velho sentimento do *hospes hostis*, é que começamos a conhecer o prazer da amizade. Por que tanto nos encantamos com Daudet? Porque é o nosso amigo literário mais velho – pré-cenacular ainda.

Ando com um projeto magnífico que depois exporei: um romance admirável de simplicidade e emoção. E não vai sair de nenhum dos meus casulos. Rebentou repentinamente em meu cérebro, já feito e completo. Estou sem tempo de mais – Adeus.

LOBATO

* * *

AREIAS, 31 DE AGOSTO DE 1907.

Meu caro Rangel:

Em Areias
– cheguei ontem – reenceto a velha prosa, mas faço-o enervado por um livro de gênio, o *Crime e castigo* de Dostoiévski. Que coisa grande e informe é a literatura russa!... Dum livro francês sai-se como dum salão galante onde todos fazem filosofia amável e se chocam adultérios. Dum livro inglês sai-se como dum *garden party* onde há misses vestidas de branco, zero peito e olhos de *volubilis* da bem azul. Dum livro alemão (alemão moderno, porque nos grandes antigos não é assim) sai-se contente – o inconsciente contentamento do latino vicioso – contente com a brutal paspalhice do tenente Müller, com a arrogância do *feld-marechal* Von Bock, com a suficiência feliz do comandante Blatendorff, com o inapreensível chiste das graçolas do major Frechutsbergen, com a inenarrável inocência do anspeçada Kurtgraft – contente com o sorriso das *gretchens* coradas, de touca e carrinho nos jardins cheios de soldados em folga, contente com a dona de casa que faz bolos cor de chocolate; contente com as meninas em idade de namoro que discutem pontos de higiene e comem salsichas com mostarda. Do alto da sua ultrarrequintada corrupção de raça *faisandée* o latino sorri contente de todas as ma-

nifestações alemãs sempre higiênicas, científicas, gordurosas. Mas sair dum livro russo é sair dum pesadelo!

Não mais impressão cética ou finamente agradável, nem higienicamente científica – mas a formidável impressão de quem põe o dedo na máquina infernal do Futuro. É tudo muito grande, desconforme, assimétrico, brontossáurico... Amedronta, esmaga. Exorbita do quadro comum das nossas concepçõezinhas caseiras de latinos.

Uma simples prisão na Rússia é a Sibéria. Uma simples menina é Sofia Perovskaia, é Anouchka. Um Ricardo Gonçalves lá é niilista e já explodiu um tzar. Um general de brigada, um simples general de brigada, é Tropoff. Um chefe de Estado, essa coisa tão simples, é o Tzar onipotente. Uma estação do ano, uma simples estação do ano, é o inverno de 1813, com os seiscentos mil homens de Napoleão congelados. Um simples prefeito é Rostopchine – e põe fogo em Moscou. Um padre, um simples padre Gazineu, é o pope Gapone. Um camponês, um simples "caboclo da roça", é um *mujik* com cinquenta mil piolhos na barba – e que piolhos! Um soldado, um simples soldado como os do destacamento de Areias, é um cossaco do Don – huno! Um credo, qualquer coisa como a religião que o Nogueira queria fundar no Brás, é o Niilismo – e dinamita o Tzar Alexandre! Um motim de rua, um "fecha" popular, é o massacre da perspectiva de Nevsky!...

A França é um velho jardim clássico. A Inglaterra é um gramado lindo. A Alemanha é uma horta científica, adubada com pós químicos, bostas sintéticas, urinas duma Werke. A Rússia é a Grande Esterqueira onde fermenta o Futuro – os futuros valores, os futuros pensamentos, os futuros moldes sociais, as futuras normas de tudo. Toda a literatura russa me dá a impressão disso. Creio que é um dos livros de Turguêniev que termina falando simbolicamente na *terra negra*... É isso. A Rússia é a Terra Negra da Humanidade.

Não te posso dizer nada sobre *Crime e castigo* porque não há falar de coisas grandes com meios pequenos – com estas pulgas glóticas que são as "palavras em língua portuguesa", esse produtinho lá de Portugal, onde também fazem tamancos e palitos. A nossa análise está aparelhada com medidas francesas, decimais – um sistemazinho decimal de ideias. Não pode, pois, não tem jeito, não consegue dar ideia das coisas russas. Quando leio as outras literaturas, eu sinto isto e aquilo – sentimentos analisáveis e classificáveis. Quando leio os russos, eu pressinto. *Guerra e paz!... Crime e castigo! – Casa dos mortos!* – Gorki – Gógol – Turguêniev – todos...

Passei agosto em São Paulo e não digo fazendo o que porque não me compreenderias. Nós só nos compreendemos (ou fingimos compreensão) quando, *bras dessous, bras dessus*, passeamos pelas aleias calmas do sibaritismo literário. Fora daí somos um para o outro a charada viva que um homem é sempre para outro homem. Nada te digo, pois, deste meu agosto d'aqui. Mas conto que o Ricardo lá se foi correr longes terras. Itália! Houve um bota-fora tremendo. As cabeças esquentaram-se no bar do navio e veio o "fecha". Quase tiro. Quase faca. Mas só correu cerveja e *whisky*. Não estive lá. Contaram-me.

Quanta coisa nova! Coisas ótimas do Beccari. Mas não cabem aqui. O papel chegou ao fim.

LOBATO

* * *

AREIAS, 22 DE SETEMBRO DE 1907.

Rangel:

De um ano para cá tenho acompanhado o movimento literário da França de hoje e me parece que não decai do anterior – tão nosso conhecido, com Zola, Daudet, Goncourt, Flaubert; e hoje te mando um volume do Tristan Bernard, pequena obra-prima de psicologia espirituosa, com muitas semelhanças com teu estilo e alguns personagens evidentemente furtados dos teus borrões. Nascido em França, serias o próprio Tristan Bernard. Lê e julga.

Dos autores que venho lendo e acho que posso recomendar, tenho como o mais paradoxalmente fino o requintadíssimo Marcel Prévost, nas *Lettres de femmes* (três volumes); *Lettres à françoise, Jardin secret* etc. Abel Hermant ironiza com muita superioridade em *Les transatlantiques* (americanos em Paris), em *Confession d'un homme d'aujourd'hui*, em *La carrière* (costumes da diplomacia) – são os que tenho aqui. E Anatole? Esse você sabe. Abafa tudo. Há Paul Hervieu e Henri Lavedan na comédia. Henri Bernstein é um Shakespeare *up to date. La rafale, Le bercail.* Todo *coup de foudres.* Maurice Barrès, límpido como um cristal. Léon Frapié. Pierre Weber. Na poesia graúda, Verhaeren – o homem que associou ao polvo as grandes cidades. Quando alguém pronunciar perto de você esse horrível nome, boceje enfastiado e murmure *"Cidades tentaculares"* – e haverá arregalamento de olho. Nunca deixes de associar tentáculos ao nome de Verhaeren, porque desmoraliza.

Informa-me com segurança de que sabes do *Livro da jângal* pertencente ao Albino, que o reclama a berros. Anda aí?

LOBATO

* * *

AREIAS, 3 DE OUTUBRO DE 1907.

R.

Tua carta trouxe-me uma suspeita horrível. Teria ele mexido no pacote? Que imprudência a minha! Esqueci-me de que a correspondência daqui dá volta por São Paulo. Mas será dele a letra do "porque contém carta"? Fico sem saber o que pensar.

Tua ideia é absurda. Todas as tuas ideias são absurdas. Só tens ideias absurdas. O tal projeto nem se comenta, e duvido sequer que tentes realizá-lo. É tão absurdo como essa vida que levas, explorado pelo Fernandes, a te esfalfares no ensinar meninos. A profissão do pedagogo é coisa para analfabetos. Um homem de algum valor só deve ensinar a si próprio – o mais é perder tempo e burrificar aos outros e a si mesmo.

O que tens a fazer é arranjar uma promotoria aqui em São Paulo, na Terra Roxa. Enriqueces num ápice. O meu antecessor cá na promotoria de Areias nunca foi outra coisa senão isso – e já tem 70 contos honestamente ganhos e bem empatados.

Tenho lido uns versos maravilhosos do Sampaio Freire, aquele grandalhão e caladão. Veja esse soneto que mando. Só em Bilac e Alberto encontrarás dois tercetos assim.

Tu aturas o Torres Bernardo! Dispara com ele, homem, mete-o num conto. Meu sistema é esse: empalho meus ódios. Manda-me uma carta desse desastrado. Sabes que o conheço? Pessoalmente não, mas através duma prima que em Caldas se apaixonou por ele ou vice-versa. Um homem que provoca paixão em minha prima, ou por ela se apaixona, deve ser intelectualmente menos que tipo nove – quase "escolha". A prima dizia "Adoro-lhe o talento". Quando certas mulheres descobrem talento num freguês, o caso é dos irrecorríveis.

LOBATO

* * *

AREIAS, 18 DE NOVEMBRO DE 1907.

Rangel:

Finalmente desembuchaste. Tua derrota estava prevista. O boletim postal telegráfico mentia como um boletim de Napoleão. A tua vitória reduz-se a uma batalha de Leipzig. Qual, Rangel, não poderás nunca enfrentar o Fernandes. Ele conhece os homens e a vida, e tu só conheces os livros. E isso é de tremenda importância, porque o Fernandes não é um – é toda uma classe, é a classe detentora da Força, do Poder, da Riqueza. É o *Vincitore*, a Mão que Distribui, a

Vontade que Manda, o eterno Senhor que em Roma tinha escravos núbios, na Europa feudal tinha servos da gleba, no Brasil monarquia tinha negro do eito e hoje, aqui e em toda parte, tem Rangéis...

Rangel, Rangel: é preciso que te bandeies para o lado em que esse Fernandes está, isto é, para a Boleia! A vida é um carro; dentro vão os cultores do *dolce far niente* da riqueza ou do diletantismo, o que herdou e consagra toda a atividade à Arte de Bem Comer os Juros; ou os contemplativos, os vagabundos mentais, os artistas. Na boleia vão os que nasceram com a sede e vocação do mando, os *meneurs*, os gritadores, os meridionais, os voluntariosos. E na canga vai a turba inumerável dos que puxam o carro, suam, gemem, e levam rebenque. É preciso que te encoscores de audácia e venças o Fernandes – agora, na forma atual fernandesca que ele tem; e que o venças mais tarde, sob todas as formas diversas sob as quais Fernandes, o irredutível e eterno, se apresente diante de ti. Assim pularás para dentro do carro.

Vencer é sempre bom, mesmo que a vitória seja uma porcaria. Ontem gozei as delícias duma vitória, numa causa que me veio logo depois que estiveste aqui e que era acompanhada com grande interesse por toda a população – porque aqui o negócio de um é negócio de todos. Esmaguei literalmente a pretensão do Autor, cujo advogado é o C. Uma delícia.

Caso-me a 1º de janeiro, passo esse mês em Taubaté, Santos ou Rio e depois sigo com a Promotora para a promotoria que for minha, pois acho que vou ser promovido.

O Capistrano é um tipo que merece o banho de fixagem da tua arte de contar. Espero vê-lo breve no *Minarete*.

Pelos progressos no vestir – que é o estilo do corpo – parabéns. Um homem mal vestido é um escritor sem estilo, espécie de Sílvio Romero. Tanta ideia tem ele, tanto valor, mas aquele indecoroso desalinhavado na maneira de expressar-se faz que todos o evitem.

Faço progressos no inglês. Li todo um livrão – seiscentas páginas: Robertson, *Discovery and conquest of America*. Hernán Cortéz é um soberbo tipo de bandido! Mudei-me de casa e de pensão, farto e refarto das amabilidades de Ismael o Comercial. Estou sozinho num casarão com dez janelas para a rua. Sozinho, eu e os ratos do forro. Ninguém aqui me faz amabilidades – oh delícias!

LOBATO

* * *

AREIAS, 7 DE DEZEMBRO DE 1907.

Rangel:

Li dum trago o teu número 5. O maior elogio que se pode fazer a um romance é esse. Embora com as falhas naturais dum borrão, os tipos parecem-me estupendamente observados e vivos. A sujeira da Clara anteposta à idealização angelical em que a vê Licínio está ótima. O tipo de Noêmia, uma joia – pena que se demore tão pouco no palco. O episódio de Rufina e o de Sinh'Anão, ótimos, estupendos! A cena da macho-fêmea passando pela casa do doutor quando Licínio conversa com a velha está de "não mexer mais ali". A mulatinha safada é tipo de ficar, caso publiques esse capítulo de romance. Eu o considero a primeira parte dum romance de três. As oitenta e tantas folhas manuscritas darão as cem primeiras páginas dum Eugene Fasquelle de 350, capa amarela. Maravilhosamente apanha você a vida de província e poderá, se não parar no caminho, tornar-se o Balzac da vida mineira – que há de ser a mesma vida do país todo. Acho que em vez do número 6 você deve escrever a segunda parte do número 5. E depois, a terceira. Dá um romance mais retratante do que somos do que nenhum outro.

Há, não resta dúvida, tipos demais, filhos demais na família do doutor. Licínio está desigual. No começo da história era um; do meio para o fim foi variando e virando você – esse você que você julga ser. A dona Rita, a velha apenas tolerada que ninguém atende! Mas é isso mesmo!

Eu lia o *Dorian Gray* do Oscar Wilde quando me chegou o teu romance. Wilde devia ter a tua idade quando escreveu aquilo – o seu único romance. Vê-se que é o primeiro. Tem todos os belos defeitos – defeitos de excesso – duma estreia. Comparei-o com o teu. Radicalmente diversos; não opostos, mas polares, e enchi-me da mais sólida confiança no teu futuro. Da sementeira do Cenáculo és a única semente que vai dar coisa.

Lobato

1908

São Paulo, 3 de janeiro de 1908.

Rangel:

Os sorteados vão preencher o quadro do exército que é de vinte mil e só tem hoje quinze mil. De maneira que o país inteiro só terá de fornecer um contingente de cinco mil por ano; e como nos 25 milhões que somos metade é macho e desta metade só uns três milhões são sorteáveis (caso todos sejam alistados), resulta que só será sorteado 1/6%, se não me engana a aritmética. Como vês, há muito poucas possibilidades de termos de pegar no pau-furado por determinação da Sorte. A tua ideia do voluntariado é ótima e estou pronto para adotá-la – com a condição de fazermos o serviço juntos.

Que ótimo se pudéssemos nos engajar um ano como marinheiro, outro como soldado, outro como garçom de café, outro como cocheiro de tílburi – e assim vivermos nesses pitorescos e variados ambientes, vendo novas facetas da vida, em vez de nos estiolarmos com a fixidez num ponto da terra toda a vida, existindo mais que vivendo. Haverá nada mais sem sabor, mais água – incolor, inodora, insípida – que a nossa vida atual, a minha aqui, a tua aí, espécie de duas ostras gravitantes, você em redor do eterno Zé Fernandes, eu aqui com o meu sistemazinho planetário? Infelizmente o matrimônio é também coisa que não sabíamos: âncora! Peou-nos a nós ambos a locomoção.

Escreveu-te a Júlia Lopes? Isso é sério. Quero ver. Arre, que não estou sozinho no trombeteamento do teu valor!

Nogueira vai mas é dar um marido ótimo, arquiperfeito, incapaz do menor arranhão no código marital. Cão que late não comete adultério. Nunca acredite nas coisas que o papel recebe quando é uma atitude que empunha a pena. Nogueira se julga um Giles de Rais, um Marquês de Sade – mas é tão inocente como bala de goma. Como também nós dois, Rangel. Somos dois inofensivos. Somos todos inofensivos no Cenáculo. Não conseguimos nem ao menos matar o Macuco.

Estou lendo *Dom Casmurro*. Já notaste como o Machado do *Esaú e Jacó*, pelo fato de muito requintar o seu *modus*, prejudicou a obra e obscureceu-a? Machado de Assis tem três fases: uma romântica (*Helena*, *Iaiá Garcia* etc.), insignificante como o que mais o seja – ilegível; outra fase do *optimum* absoluto, onde surge a sua maneira famosa – *Brás Cubas*, *Dom Casmurro*, *Quincas*. E outra, a última, começada com *Esaú e Jacó*, em que sua maneira passa além do *optimum* e entra a degenerar.

Ando a ler uns livros do Pinheiro, que os tem ótimos e sempre bem encadernados. Há lá poetas de topete – Verlaine, Baudelaire, Gautier, Eugênio de Castro. Ele afirmou-me que os lê – de vez em quando. Este "de vez em quando" veio em consequência dum esboço de cara de dúvida que sem querer eu fiz.

LOBATO

* * *

AREIAS, 3 DE FEVEREIRO DE 1908.

Rangel:

É provável que já me tenhas incluído entre os amigos de cruzinha na frente, e me suponhas lá pelo Lethes a disputar com Caronte. Erro. Estou mas é em Areias e a ler Homero. Só agora, neste interregno de cinquenta dias que me separam do casamento, e reentrado nesta calmaria absoluta de Areias, é que tive oportunidade e *mood* de enfrentar o incomparável Homero – e lavo a lama das feias impressões do mundo moderno com este desfile sem-fim de criaturas "belas como os deuses imortais".

Que diferença de mundos! Na Grécia, a beleza; aqui, a disformidade. Aquiles lá; Quasímodo aqui. Esteticamente, que desastre foi o cristianismo com a sua insistente cultura do feio!

....

A razão do meu silêncio está no meu andejismo. Em janeiro fiz mais de três mil quilômetros de trem, cavalo e navio. Andei mais que Telêmaco e se não encontrei Ulisses foi apenas porque o não procurei. O melhor desses passeios foi uma saída fora da barra a bordo do "Saturno", no dia da partida da esquadra americana. Primeiro vimo-la sair do "Saturno" parado perto da fortaleza de Vilegaignon; depois fomos atrás por umas trinta milhas. Tivemos mar calmo, mar grosso, ventania e chuva – uma bela exibição de amostras.

E o "avança" que houve a bordo, na hora do lanche? Coisa inconcebível. Toda aquela gente fora convidada, e claro que era o que se chama aqui "gente fina". Na hora de comer comportaram-se como cães famintos que se atiram contra um montão de bofes. O carioca ri-se e diz: "É o avança"... Isso de educação coletiva, só a vejo na pobre gente da roça. Na "gente fina" do Rio de Janeiro não existe nenhuma...

Sabe de alguma tradução de Homero em português? Leio na de Lecomte.

LOBATO

* * *

AREIAS, 25 DE FEVEREIRO DE 1908.

Rangel:

Chegou-me o Restif de la Bretonne com um bilhetinho. Pouco tempo antes, no cartório do Júlio, do qual havia eu recebido uns Maupassants, passamos muito naturalmente de Maupassant para o Rangel. E recordamos *O destacamento*. Mas leio o bilhete e lá vejo o desânimo e outras atitudes. Estás proibido de te julgares. És suspeito. Isso compete a nós de fora. Toca a escrever e amontoar.

Este mês de fevereiro foi o meu mês de Homero. Li a *Ilíada* e a *Odisseia*. Estou recheado de formas gregas, bêbedo de beleza apolínea. Maravilhoso cinema, Homero! Gostei muito mais da *Odisseia*. A *Ilíada* peca pelo inevitável monótono do tema – a guerra, ou, antes, o combate. De começo a fim, gregos e troianos a morrerem como insetos, enquanto lá no Olimpo os divinos pândegos puxam os cordéis e intrigam. Diomedes, Ajax, Aquiles, Heitor, Sarpedon, racham crânios, estripam ventres, fendem ombros, decepam cabeças, amolgam capacetes, rompem escudos, tomados duma horrível bebedeira de sangue. Aquiles é uma beleza. Páris, outra, mas de outro gênero. Já na *Odisseia* o assunto é caleidoscópico e sempre empolgante. Lê-se tudo aquilo como um romance de Maupassant. Penélope é ótima. Ulisses, um divino pirata. A descida aos "campos de asfodelos" deixa ver a origem da *Divina comédia*.

Finda a leitura, pus-me a pensar no quanto Homero influenciou e influencia ainda hoje o pensamento ocidental. Na linguagem corrente, quanto Homero, meu Deus! "Fulano é o meu mentor", "o teu calcanhar de Aquiles", "astuto como Ulisses", a "teia de Penélope", os "encantamentos de Circe", "entre Sila e Garibdes".

Estou agora às voltas com a *Eneida* – mas, pelo que já li, Virgílio está para Homero como o jornalista está para o escritor.

Pelo Carnaval vou a São Paulo com três meses de licença. A 28 me caso. Depois, não sei para onde – talvez Santos, São Vicente, um mar qualquer, e de lá te escreverei.

Alternei aquarelas com Homero – e aqui seguem duas. Adeus.

LOBATO

São Paulo, 10 abril de 1908.

Rangel:

A causa do prolongado silêncio é outra que não a suposta. Casei-me a 28, e os dias anteriores ao casamento passei-os aqui em São Paulo, atrapalhado com as mil coisas concernentes; e depois de casado fui luademelar à beira do oceano, em Santos, Zé Menino. Mas lá, um belo dia, às 3 da tarde, quando tomávamos banho e brincávamos nas ondas como dois peixes nupciais, eis que pisamos num molusco venenosíssimo. Senti aquela moleza. Logo depois sobreveio um queimor na pele da sola; e veio uma comichão contínua e por fim rebentou a infecção – purulenta e dolorosa. E isso em nossos quatro pés – os dois meus e os dois de Purezinha.

Tocamos para São Paulo e fomos para a cama. Um mês de medicinas e de pés em posição horizontal, incapazes de um passo, os dois a gemerem e maldizerem o mar com todos os seus moluscos. Só agora reentramos na posse do nosso direito natural de locomoção, se bem que ainda apoiados em bengalas e tropegamente.

Esse inesperado incidente insulou-me do mundo, desviando-me a atenção dos amigos para fixá-la toda nas bolhas de pus dos pés, que nasciam, cresciam e por fim expluíam – com descascamento da pele. E das coisas que eu mais sentia era não poder escrever-te.

Por quê? Porque para o Lobato você continua sendo o Rangel de sempre, espécie de sósia morador em Minas, único ouvido que hoje o ouve e único cérebro que o atura. Porque somos como dois desertores da caravana da vida – dois desertores que abandonaram a estrada larga de Todo Mundo, pela qual seguem os homens taralhando como baitacas, e preferiram seguir por um carreirinho marginal, gozando a delícia de pensar livremente e livremente contar um ao outro o que de melhor os miolos pensaram. Que seremos nós daqui dez anos? Os mesmos de hoje, apenas mais acrescentados com os sentimentos da vida. Somos uma aluvião, Rangel. Uma coluna geológica. Dez, vinte anos – que é isso? Nada. Há quantos anos somos os mesmos, apenas com mais depósitos aluviais? A nossa essência não muda. Fingimo-nos mudados, mas um exame de consciência mostra-nos a imutabilidade essencial.

As estações do ano! Cai uma folha, nasce outra. Isso chama-se o perpassar do tempo. Somos como as manchas da pele, as sardas, as pintas; as células que as compõem sucedem-se indefinidamente; não temos hoje em nossas pintas uma só célula que lá estivesse alguns anos atrás – mas a pinta continua a mesma. Somos os mesmos. Nem o casamento, que parece um cataclismo geológico, teve força para nos mudar.

Nos dias de reclusão forçada li e reli A *relíquia*. Que livro! E Fialho d'Almeida (*Lisboa galante, País das uvas*). Que charanga! Li também alguma coisa de Heine. Que liberdade! Não atende a nada, não tem escola, nem método, nem freio nenhum. Libérrimo e lindo. *Atta troll, Germania, Mar do Norte*. Vou traduzir uns pedaços. E o *Intermezzo*? *O Livro de Lázaro*? É ático, fino, sutil, novo, original, *primesaut* – mais grego que francês, mais francês que alemão.

Também reli a *Campanha alegre*, parte do Eça nas *Farpas*. É pura troça – mas que troça, que lógica tão bem-humorada!

Hoje vou ao Alves ver se me vieram os Stendhais. Já te falei de Stendhal? Hei de passá-lo a você, depois de lidos. É outro libérrimo, que não atende a coisa nenhuma solidificada em dogmas.

E assim, meu Rangel, vou empurrando a vida, alternando as calmas da vida conjugal com calmas exaltações estéticas. A minha metade encanta-me cada vez mais. É inteligentíssima e de tal finura de intuição que ao lado dela minha psíquica se torna pesada como um alemão gordo. Acho que sou perfeitamente feliz porque acertei com a metade certa. Tão felizes que vamos para Areias – aquele horror nos é indiferente.

E você? Ponha-me ao par das novas tiranias do tirânico Zé Fernandes[1], manda-me mais "números" e bota fora essas ideias absurdas de nirvanismo. Nunca nos aproximamos tanto como agora – agora que o meu casamento veio apagar a nossa única diferença de vida.

Até fim deste, aqui, rua Santo Amaro, 18; de junho em diante, Areias, com escala pelo Rio a ver a Exposição Nacional (o que também te aconselho. Podemos ir juntos, os dois casais. Uma semana lá, num hotel a 5 mil-réis por cabeça. Quatro cabeças, 20 mil-réis).

Adeus.

LOBATO

[1] Diretor do ginásio em que Rangel lecionava. Nota da edição de 1948.

São Paulo, 10 de julho de 1908.

Rangel:

Há morte em casa. Aproveito para esta cartinha o vácuo que vai do último suspiro ao enterro. Ando em atraso contigo – mas é que o tempo encurtou-se-me depois que casei. Aquelas horas vagas que em solteiro eu empregava na boemização espiritual, já lendo, já devaneando ou escrevendo, a esposa absorve-as. Quem casa adquire sombra – e sombra é sombra. As mulheres são seres colantes e como fugir aos seus manejos? E depois não querem saber de literaturas – têm ciúmes dos livros que lemos, julgam-se lesadas com a meia hora que o marido lhes rouba para cartejar com um amigo. E como são práticas e positivas as mulheres! Como se entendem lá entre si quando é caso de doença, quando há casamento ou alguém morre! Enfermeiras natas, casamenteiras natas, lidadoras natas de defunto...

Um homem desnorteia-se com o fenômeno morte. Larga-se da realidade presente e medita, inerte. Filosofa, em vez de lavar o defunto. A mulher faz tudo; arranja o morto, veste-o. Sabe qual é a toalete conveniente para a viagem ao Sete Pés. Sabe que as crianças se transformam em anjinhos e veste-as de cetim branco, com renda de filó e grinalda de flor miúda. (Eu era capaz de vesti-los de cetim violeta, sem renda nenhuma e grinalda de rosas amarelas; falta de senso do certo).

A morta da casa é uma cunhadinha – Heloísa – de 7 anos. Vi tudo. Vi a ciência infusa feminina em ação. Não há o que não saibam, as danadas. Sabem que se deve pôr nas faces do defunto um lenço embebido em água-de-colônia – "para não pretejar". Sabem que entre os lábios é bom por um chumacinho de algodão – "porque pode subir alguma espuma" etc. E têm toda uma filosofia prática de grande comodidade, com a qual se consolam e consolam os outros: "Acabou de sofrer; agora é que ela está feliz. Vai para o céu, lá com Deus". "Que inveja tenho dela! Quando chegar ao céu, Deus não achará *isto* de pecado na coitadinha!" e marcam o "isto" na unha.

Tudo previsto, determinado, fixo. Enquanto o homem engasga-se com filosofias e oscila de Büchner a Pascal, elas praticam com a maior simplicidade d'alma essa filosofia da comodidade chamada Religião. Ingenuamente felizes!

Ricardo escreve da Itália uns cartões ardentes de saudades. Cândido já chegou e andou por cá uns dias – todo gravatas, todo roupas inglesas e aquele ar de bondosa indulgência rica para com os bororós. Com ele também chegaram uns tantos elegantes, caras conhecidas do Largo do Rosário, metidos em coletes ruidosos, mas zeríssimos por dentro. Que nada faz aos espíritos pequenininhos uma viagem pelo Velho Mundo! Nada veem do que há lá de excelente – nem os rumos da arte, nem o estuar da ciência, nem a sororoca da Ordem em vias de desabamento. Há sempre uma Ordem ordenada a naufragar, porque há sempre uma Ordem Nova Que Vem Vindo. Nada disso eles pescam – mas trazem notícias do hotel X, "o único onde se come em Paris" – e do alfaiate Z, "o único que sabe fazer uma gola" – e da Polaire, a única uma porção de coisas – tudo dum *dernier cri* já do tempo do Pitecantropo Erecto. O Cândido, que é o Cândido, insignificantiza-se quando está com eles. Vamos ver como volta o Ricardo. Anda em Florença, e baboso.

Adeus. A choradeira está muito grande. Impede-me de continuar.

LOBATO

* * *

Rangel:

Há tempos que ando para te dizer duma leitura que me pôs esbarrondado. *Lys dans la vallée*, de Balzac, foi romance que sempre me afugentou por causa do sentimentalismo do título, mas agora, em falta de título de maior sugestão, fui-me a ele – e dele saí como quem sai dum mundo novo. Conheces Balzac? Se não leste o *Lys* posso afirmar que não, porque é ali que Balzac assume as proporções desmarcadas dum Shakespeare do romance. A princípio me soou entediante e falsa a sua maneira de tratar o assunto; mas breve, reconsiderando e mudando o sistema de ler – lendo-o como o fanático lê uma encíclica e não como *nós* lemos um romance, a voar de ideia em ideia dentro do carro do estilo – lendo e pensando, lendo devagar, lendo palavra por palavra, frase por frase, cheguei a ponto de lê-lo dum modo novo: ler admirando, ler em êxtase, ler com espanto, ler bebendo as frases com o terror sagrado da beata que ingere a hóstia. Porque Balzac – só agora o percebi – é o Grande Gênio da literatura moderna. Compreendes? Balzac é o gênio da alma moderna, como Shakespeare foi o gênio da alma antiga. Penetrar, como Balzac o fez, no fundo do pensamento moderno, e pôr a nu todas as almas, quem mais que Balzac o fez? Meu entusiasmo é tanto que só tenho um conselho a dar-te: lê o *Lírio do vale* e depois varre da tua cabeça o alfabeto, para que nunca mais nenhum livro venha profanar essa leitura suprema e última. Lê o *Lírio*, Rangel, e morre. Lê o *Lírio* e suicida-te, Rangel. Se não o tens aí, posso mandar-te o meu exemplar – e junto o revólver.

LOBATO

* * *

SÃO PAULO, 4 DE AGOSTO DE 1908.

Rangel:

Espero *Criaturas*. Temos jornal.
Tito assumiu a redação da *Tribuna* de Santos, com 700 por mês. Promete "pagar" a minha colaboração. Havemos todos de mamar na vaca. Aceito o convite para o "erckmanchatrianismo"[2], mas para quando deixar São Paulo e voltar ao sossego de Areias. Setembro. Ricardo chega amanhã. Adeus.

LOBATO

---

[2] *Erckman e Chatrian escreviam em colaboração. Nota da edição de 1948.*

Areias, 27 de agosto de 1908.

Rangel:

Convite para uma boa maluquice.

Aqui de Areias descortina-se um gigantesco amontanhamento de três mil metros de altitude máxima – as Agulhas Negras, azulíssimas vistas de longe. Que tal galgá-las para berrar lá de cima o nosso hino do Minarete,

> Dé brin, o dé bran
> Cabussaran
> Dou fenestron
> dou Minaron
> Dedins lou Paraíba

que lá embaixo, como serpentina de prata, corre entre São Paulo, Minas e Rio? Pois esse projeto evoluiu e está a ponto de fazer-se realidade. A expedição apresta-se. *Alpenstocks* e cordas, guias e burros. Galgar o nosso Everest!... Já somos sete – um geólogo, um fotógrafo, um Paganel, um Bompard, um botânico... Faltava o cronista: indiquei você, já famoso com o *De São Paulo* ao *Guarujá*.

Tudo marcado para fins de abril ou meios de maio. Os que já lá estiveram derramam-se em "ohs!" do Raul. Dizem que há no cume lagos de água destilada, em côncavos de pedra pura – lagos com a superfície congelada, cor de prata nova. E efeitos de luz inesquecíveis. Tudo a zero e abaixo de zero –12º. E neves eternas (só durante o mês de junho). E para nós, os sublimes estetas, imagine quantas coisas mais! Estou cheio de entusiasmos.

Resolve e escreve.

Lobato

Areias, 15 de setembro de 1908.

Rangel:

Temos velhas contas a justar.
No bilhete em que declinas do cargo de cronista da Ascensão, há isto: "Não pude ler o *Sur la pierre blanche*!".

Não pôde? Impossibilidade material, como olho furado? Proibição da polícia? Ou não pudeste ler por inferioridade da obra, ilegibilidade do Anatole France?

Não podendo tomar o "não pude" no primeiro caso, tomei-o no segundo – e sinceramente desejei que Hércules ressuscitasse para fazer em teu cérebro o que fez nas cavalariças de Áugias.

O pobre Anatole nasce com fortes aptidões filosóficas e estéticas; educa-se laboriosamente durante cinquenta anos de vida europeia; afinal, apura, lapida as qualidades ingênitas de pensador e artista da expressão; consegue atingir a meta suprema – vários Everests ainda não atingidos, entre eles o de "associar às verdades extensas da Ciência as verdades profundas da Poesia"; escreve o *Le lys rouge*, onde bate Dante e Petrarca na descrição do maior amor que jamais existiu; cria um gênero em que ele ainda está só, uma arte nova – a de engastar raios de ironia na gema da forma; eleva o Paradoxo à estratosfera, chega a desvendar o futuro – e ensina à França o Humor. E quando esse homem alcança o zênite e produz *Sur la pierre blanche*, onde, na mais cristalina das linguagens, diz todas as altas ideias que embaraçam as pernas dos Sílvios Romeros – diz ideias que são como o sol de certas manhãs de maio – tu, Rangel, tu, pulgão verde da roseira literária, tu, Silvério dos Reis, tu, queijo de Minas, dizes, com onze letras: "não pude lê-lo!...".

Cândido escreve-me do Egito, montado num camelo junto a Grande Pirâmide. Veja a maldade! Dar-nos em cima com túmulos de faraós! Mas o Egito dele é um cenário pintado de fotógrafo de Paris. Percebe-se. Não te mando parabéns pela entrada na maçonaria[3]. Não há mais sociedades secretas porque

---

[3] *Rangel não entrou na maçonaria. Foi rebate falso. Sentiu curiosidade de conhecer aquilo, mas amedrontou-se com as misteriosas reuniões noturnas. Nota da edição de 1948.*

não há mais o que derrubar. Lembras-te da Bucha, na Academia, com todos aqueles panos pretos e caveiras, tíbias e círios? Eu ri-me sem querer. Caveiras, tíbias: calcários inofensivos! E contas que lês Manzoni!... Que estômago, Rangel! Manzoni é polenta cristã demais.

Contes drolatiques? Sim, conheço. Balzac é grande em todos os gêneros – e igualmente o contrário de Flaubert em todos.

Ando vogando em Anatole, Carlyle e Wells – este dum terrível mecanismo. E também ando fazendo alpinismo na Serra da Bocaina – aprendizagem para a nossa projetada ascensão às Agulhas Negras.

LOBATO

* * *

AREIAS, 29 DE SETEMBRO DE 1908.

Rangel:

Não se aprende, Senhor, na fantasia,
Sonhando, imaginando ou estudando,
Senão vendo, tratando e pelejando.

Você que lá leu o Camões inteiro diga lá se há nele coisa melhor que esta – mais sábia, mais profunda, mais "pedagogia moderna". Reduz tudo ao *ver, fazer e insistir*. Ao ler no livro da vida, em vez de nos de papel. Ao ver com os nossos olhos, em vez de com os olhos dos outros. Ao pensar com a nossa cabeça, em vez de pensar plagiariamente.

E parece que Camões escreveu esses três versos para nós dois, Rangel. Nosso mal é que já apuramos o nosso instrumento de expressão, já sabemos jogar um período para o ar e vê-lo, qual um gato, cair sobre os quatro pés. Pegamos toda a técnica do escrever e educamos o nosso senso de observação – mas vivemos embolorados dentro de caixas. Esta Areias é uma caixa e essa tua comarca é outra. Nossas cartas são como o rabinho de rato que

Hansel mostrava para a velha feiticeira. Somos a velha feiticeira um do outro. Você estira o rabinho de rato epistolar para que eu veja como está gordo e forte no estilo; eu faço o mesmo. Mas que assuntos, que temas, podem existir dentro de caixas?

Estamos como içás que derrubam as asas e afundam no buraquinho. O destino me deu este buraquinho de Areias e a você deu o de Machado. E invejamos Loti, o homem dos mares e do Japão. E Kipling, o homem todo Índias, todo *jungles*, todo Himalaias, todo feras. A única fera daqui é um pobre facadista barato. "Fulano é uma fera!", diz o Julinho. E a tua fera na vida, Rangel, o teu Mugger do Mugger Ghaut, é o chapadíssimo Fernandes[4]...

Somos uns pelicanos, Rangel. Vivemos a arrancar penas, carne e coisas de nós mesmos para que não morram os nossos pobres filhinhos literários. Os artistas subjetivos que só tiram de si em vez de tirar do mundo que os rodeia, ficam introspectivos em excesso e acabam satisfazendo a um público muito restrito: a si mesmos. Mas os artistas objetivos, os Kiplings, sugestionam e fazem estremecer de emoção grandes plateias – e o aplauso da plateia é o feijão com arroz de todos os artistas.

Casados, sem fortuna, com a coleira e a corrente do "ganhar a vida" presa ao pescoço e metidos na caixa de Hansel e Grettel, de que modo atendermos ao mandamento de Camões, do "vendo, tratando, pelejando"?

LOBATO

* * *

AREIAS, 1º DE NOVEMBRO DE 1908.

Rangel:

Receba lá os meus pêsames pela morte do João Pinheiro. Talvez nem você saiba quem foi esse João Pinheiro. Pois foi o autor das razões do veto contra a lei antirrábula, e da carta ao chefe de polícia a propósito do comparecimento da força pública nas procissões. E há ainda dele um mani-

---

[4] *Mugger, o velho crocodilo do* Livro da jângal, *de Kipling. Nota da edição de 1948.*

festo político. Inteirado dessas coisas, a tua ignorância sobre o João Pinheiro se transformará em veneração. Essas três peças fizeram-me considerá-lo o único homem em condições de na Presidência da República ser um verdadeiro republicano. Senti mais a sua morte que a do Artur Azevedo. Uma desgraça nunca vem só, diz o povo. Não bastava o desaparecimento de Machado de Assis. Foi-lhe na peugada o Artur Azevedo e agora o João Pinheiro. Será possível morrerem quase ao mesmo tempo três melhores homens? E houve nisso uma coincidência. Machado de Assis era Diretor duma secretaria, e por sua morte foi promovido para o lugar o Artur Azevedo. Apareceu na repartição uma só vez. Parece lugar fatal. Tenho medo de que ponham lá o Euclides da Cunha...

Para onde vai você depois do mês de discursos? Sai do colégio? Alguma promotoria?

O Nogueira, o Nogueira...

O *Problema* é uma ideia feliz, se é como eu a compreendi. Mas você ainda não se libertou inteiramente do subjetivismo e já antevejo a resolver o problema, sabe quem?... O Rodrigo...

Ando a remoer uma observação que fiz há tempos e insiste. A forma perfeita é *magna pars* numa literatura. Não basta a ideia, como a reação contra o romantismo nos fez crer – a nós naturalistas. Há erro em querer que predomine uma ou outra. É mister que venham de braço dado e em perfeito pé de perfectibilidade. Há pelo Norte uns escritores de talento que só querem saber da ideia e deixam a forma p'r'ali. Eu também já pensei assim – que a ideia era tudo e a forma um pedacinho. Mas apesar de pensar assim, não conseguia ler os de belas ideias embrulhadas em panos sujos. Por fim me convenci do meu erro e estou a penitenciar-me. Impossível boa expressão duma ideia se não com ótima forma. Sem limpidez, sem asseio de forma, a ideia vem embaciada, como copo mal lavado. E o pobre leitor vai tropeçando – vai dando topadas na má sintaxe, extraviando-se nas obscuridades e impropriedades. E se é um leitor decente, revolta-se com os relaxamentos à Sílvio Romero, os pequeninos atentados ao pudor da língua – e com todas essas revoltas e extravios e topadas perde o fio da ideia e acaba com a sensação do caótico. Acho a língua uma coisa muito séria, Rangel. Como a nossa mãe mental.

A forma de Sílvio Romero e outros nortistas, Rodolfo Teófilo, Manuel Bonfim etc., lembra-me uma estrada de rodagem sem pavimentação, toda cheia de buracos e pedras, e difícil de caminhar a cavalo – porque ler é ir o pensamento a cavalo na impressão visual e outras. Machado de Assis me dá a ideia duma estrada de macadame onde o nosso cavalo galopa tão maciamente que nem mais atentamos na estrada. Nos outros não tiramos os olhos da estrada, tais os perigos e a buraqueira – e como há de ver a paisagem marginal quem vai de olhos pregados no chão? O mau português mata a maior ideia, e a boa forma até duma imbecilidade faz uma joia.

O "diabolô" já é meu conhecido. Cheguei mesmo a ganhar um primeiro prêmio lá em São Paulo, num concurso em família, com 160 diaboladas sucessivas. É jogo interessante no começo, enquanto a gente progride. Depois monotoniza-se e enjoa. Ficamos tão hábeis que lançávamos o diabolô a grande altura.

O Tito tem faro de perdigueiro. Depois que descobriu o plágio daquele senador Abranches, entregou-se ao esporte – diz que está na pista de outros plágios ainda mais lindos.

Ando perdendo o gosto pela leitura e ganhando ultragosto pela carpinteiragem, pela horta e outras coisas manuais. Enchi-me de ferramentas e passo as horas fazendo jardineiras, mesas toscas, divãs estofados, molduras para quadros. Também pinto muito. Aquarelas como sempre. A razão de preferir a aquarela ao óleo é que com este sujo-me todo, inclusive a ponta do nariz. Vou mandar-te um mar. Vivo aqui entre montanhas e pois muito sem horizontes – e sempre com grandes saudades dos horizontes marinhos. E pinto mar como derivativo. Invento mares, aquarelas de mar, com bases em pequenos estudos feitos no Guarujá. Invento mares para sentir o horizonte. O horizonte faz bem à alma. E quanto a escrever nada de nada de nada. Só estas cartas, de quando em quando.

LOBATO

AREIAS, 2 DE DEZEMBRO DE 1908.

Rangel:

Estou tão endividado com você que já não me animo a fazer as contas. Vamos fechar a conta velha e abrir nova, com a entrada de 1909. Ando cheio de curiosidades – da tua nova vida, da tua nova profissão; e se não fossem estas raízes do casamento, em vez de escrever ia ver-te. Ver-te Juiz! Ver-te Meritíssimo! Conheço-te sob todos os outros lados, menos esse – Juiz, Magistrado! O homem que rabisca nas petições o "Como requer" – e fatalmente o fazes piscando três vezes. E usa óculos nessas solenidades, Juiz? Toga? A cabeleira dos ingleses – *wig*? Engraçados, os ingleses. *Justice* é ao mesmo tempo *justiça* e *juiz*, ou o tratamento dado aos juízes.

Quanto a essa tua comarca do Machado, sei por informação que é um seiozinho de Abraão, mas com um grave defeito: não se ouve aí apito de trem. Eu divido o mundo em duas partes: aonde se ouve apito de trem e aonde não se ouve apito de trem. Uma é o inferno, outra é o céu. Porque quando o trem apita temos uma sensação de ave com asas; e se não há apito de trem, a nossa sensação é de prego fincado na parede. Esta minha Areias seria um areal monazítico, se um trem apitasse por cá. Mas temos que ir a Queluz – três léguas em horrível lombo de sendeiro – para nos regalarmos com o som do apito – o apito que anuncia São Paulo, o Rio, a Europa, todas as tentações do mundo. E nós dois, senhor Juiz, metidos em comarcas sem apito! E quem tira os 500 contos é aquele sórdido escriturário da alfândega – leu? Senti-me roubado. Aqueles 500 contos eram nossos. Eram as nossas asas, as nossas pernas. Para que quer ele essas asas e pernas, se mora no Rio, terra onde o trem apita? Evidentemente a Sorte é irmã da Justiça – tem a cegueira das minhocas.

As cartas do Edgard Jordão são preciosas para quem lhe conhece os antecedentes. Edgard é a maior vítima da boniteza. Se nascesse feio como eu ou careteiro como você, era provável que fizesse a figura dum corisco nos céus da literatura nacional. Mas como, se a boniteza não deixa?

Para neutralizar esta Areias sem apito tomei uma assinatura do *Weekly Times*, de Londres – edição semanal em que vêm os melhores artigos do *The Times* diário, o grande, o velho, o tremendo *Times* de Londres – e com os pés na grade da sacada injeto-me de inglês, de pensamento inglês, de política inglesa, enquanto pela rua passam os bípedes que vão mexer a panelinha da política local na farmácia do Quindó, meu vizinho. E tenho lido exclusivamente em inglês. O francês anda a me engulhar todas as tripas. Como cansa aquela eterna historinha dum homem que pegou a mulher do outro – como se a vida fosse só, só, só isso! A literatura inglesa é muito mais arejada, variada, mais cheia de horizontes, árvores e bichos. Não há tigres nem elefantes na literatura francesa, e a inglesa é toda uma arca de Noé. Só em Kipling há material para um tremendo jardim zoológico: Kaa, Bagheera, Shere Khan, a macacada... E há focas e pinguins. Estou lendo *The water-witch* de Fenimore Cooper, um Alencar americano, mas sem idealismo.

LOBATO

* * *

AREIAS, 10 DE DEZEMBRO DE 1908.

Rangel:

Magníficas as notas e muito

prometedor o livro. Infelizmente a minha colaboração não sai; ando assoberbado de maçadas, que aliás rendem alguma coisa, sobretudo as traduções do inglês. Dito-as da rede e Purezinha escreve, e assim vai rápido. Este mês deram-me 80 mil-réis. E outra maçada são os preparativos para a ida a São Paulo. Eis a razão das poucas lançadas no caderno, sob as tuas. O assunto é imenso, e novo entre nós. Precisamos reunir muito material. Os "falhos" são eles os autores dessa copiosíssima flora cogumelar de jornalecos e revistecas que inunda o país inteiro e é a mesma no Maranhão e na Caçapava riograndense. Precisamos ler e joeirar essas folhas. Eles criaram uma língua nova, de preguiça de estudar a velha; e erigem ídolos novos, e expluem "ideias novas" ou pequeninos abortos que supõem ser ideias. Mas é preciso não perder de vista o Goulart. O Nó Vital do teu romance é ele. Aquela ideia blenorrágica da sua última "novela" tem de constituir o ponto culminante d'*Os falhos*.

Sigo nestes cinco dias. Queres os *Bem casados*? Ainda não pude meter ali o bedelho. Duvido muito da minha colaboração. Ando oco demais. Temos de discutir o entrecho. Com os valentões poderás fazer um livro profundamente nacional – como o *Cyrano* o é para a França. Tive há dias uma visão desse livro, que me encantou. Adeus. Estou sem tempo. Em São Paulo, rua Santo Amaro, 18.

LOBATO

1909

São Paulo, 2 de janeiro de 1909.

Rangel:

Tenho as duas cartas. Não há dúvida que é belo o teu programa e exequível, como o primeiro passo acaba de demonstrar. N'*Os falhos* poderás fazer nas nossas o que nas letras de França fez Daudet com o *Jack*. Os pecos, os chochos, as águias sem asas. Cabem no quadro não só aqueles *ratés* do Brás, que eram a nossa perpétua ojeriza no tempo do Cenáculo, como a própria gente do Cenáculo, pois cada vez mais me convenço de que de todos eles um só não vai falhar: você. Ricardo é positivamente um gênio, como aqueles botões de camélia que não se abrem são camélias. Há um defeito qualquer dentro do Ricardo, e temo que não se limite a "falhar" burocraticamente, como o Macuco, em paz, manso e gordo. Temo que Ricardo falhe às trágicas. Nunca me hei de esquecer da noite em que eu e o Artur o pilhamos, no Minarete, tentando enforcar-se com a gravata de seda. Ricardo me dá ideia duma criatura que não é deste mundo – caiu cá dum céu qualquer e não se acostuma. Como poeta, quase que se limita a sê-lo na ação – pouco produz. Fez aquelas palhoças de caipira, tão cheias de saudade, caçou um amarelo papo de tucano, mexeu no *Cyrano de Bergerac*, montou nos *Elefantes de Lecomte* e ainda nisso está, cornaca tradutor, repimpado, com bocejos maiores que um bocejo de probóscida, todo tédio perpétuo, sem ânimo de descer e caminhar a pé. Conheci um pé de camélia que todos os anos "ameaçava" uma floração tremenda; vinham centenas de botões – e "melavam", ficavam nisso. Todos emboloramos à espera das centenas de camélias do Ricardo – e os botões vão caindo.

Raul é uma bromélia lírica em cima do Ricardo. Raul é um eco. Colhe as coisas que caem da boca do Ricardo, estiliza-as e no-las serve no Guarany entre dois chopes. Agora está virando bromélia do Cândido. O Lino é um evadido da Convenção Francesa – vai falhar eloquentemente, como o Ricardo promete falhar tragicamente. Albino é o filósofo que fala sozinho na rua; vai falhar em solilóquio e dando de ombros. O Nogueira é o Padre Severiano de Rezende sem batina, sem veia poética, um Severiano a sério e com o olho arregalado do Ezequiel bíblico. Vai falhar por excesso de Deus nas entranhas. O Edgard Jordão é o eterno "pode ser que sim" "pode ser que não". Vai falhar por excesso de beleza física. Acho o Edgard bonito demais para que dele saia outra coisa senão produtos da beleza física. Homens assim acabam roídos pelas mulheres, como os queijos muito gostosos. Tito vai ser nosso *raté* político. Preconiza demais a lábia própria, exalta demais a sua "perspicácia política", pisca muito o olho – e tudo lhe vai saindo às avessas na vida. O atual hermismo do Tito é o tiro de misericórdia que ele está dando no ouvido – pisca e acha que é um suprassumo de esperteza política. Tenho dele três cartas que são três tiros de misericórdia. Hermista! O galho hermista do Cenáculo... Cândido não falhará porque não pretende ser nada, Lobato é o *raté* enciclopédico – o que falhou na pintura, vai falhar na literatura, vai falhar nos negócios – vai ser o D'Argenton do grupo, como Purezinha muito bem previu. A única semente que grelou, brotou, cresce e dará alguma coisa é o Rangel – és tu, infame! Traidor do grupo! Desertor daquela combinação de fracassos...

É com entusiasmo, pois, que penso no teu romance *Os falhos* e para ele quero contribuir com as minhas notas sobre os fracassos lobatinos, tudo coisas *d'après nature*.

A ideia dos valentões também é ótima. A dramatização poderá culminar com o episódio que te mando, recortado dum jornal. Luta das crianças com os urubus por causa dum rabo de bacalhau.

Penso também, e ando coletando coisas para um livro à Munchausen, de aventuras cinegéticas, como diria o tio do Cândido. Mentiras de Caçador. Mas não tenho o teu gênio, nem o teu método. Minha ação é desordenada, tonta. Age por impulsos desligados e intervalados – muito ao sabor da veneta. Após um mês de paixão por Camilo – paixão cega e que me tomava os dias inteiros – engulhei, e engulhado estou até agora. Voltei ao desenho. Há duas semanas não faço outra coisa. Tenho ideia de fundar uma espécie de *Le Rire* em São Paulo e ando a mexer nisso com um primo capaz da financiação. A *Lua* morre logo – e é uma limpeza. Impossível lua mais choca, mas minguante eterna. Acho que se praticar no desenho por um ano inteiro, adquiro mão. Desenho é como piano, questão de exercício. Mas já sei que de um momento para outro também me engulho do desenho e então voltarei aos *Bem casados*. Fora desses ímpetos intermitentes, não sou capaz de coisa nenhuma.

Seguem os discursos do Rui aqui em São Paulo. São catedrais de Chartres, Rangel! E aquele animal do Tito é hermista! Com catedrais destas, só admito o hermismo para os analfabetos e os safados.

LOBATO

* * *

São Paulo, 5 de fevereiro de 1909.

Rangel:

Não entendi a tua anotação do xadrez. P2 CRB – *qu'es-ce que c'est que ça?* Peão na segunda casa do Cavalo do Rei branco? Mas se a segunda do Cavalo é a casa primitiva do peão! Que cavalo me estás saindo... Mas para não perder tempo, começo eu com as brancas: 1 – P – R4. Mande as jogadas de acordo com o sistema do recortezinho junto, que tirei do *Weekly Times* – mas mande em português. Para quando o *Problema*? Vou propalar entre os Cães a grata nova do teu breve parto.

LOBATO

Areias, 1º de março de 1909.

Rangel:

Há dois dias que estou só e aproveito a solidão para esta. Purezinha foi dar à luz em São Paulo, e cá o meu Juiz me facilitou sair sem licença e só vir quando haja serviço. E como em meio janeiro e todo fevereiro não aparecesse serviço, só agora vim – e volto amanhã. Este é o meio de levar uma Promotoria como esta.

Tirante o Pinheiro, não tenho estado em São Paulo com nenhum dos nossos amigos – e, a falar a verdade, ando saciado deles. Parecem-me fúteis e vazios. Isto fique entre nós. Cândido só leva a sério elegâncias e modas de Paris; Ricardo embasbaca a sua turba de sempre com gestos vagos, palavras soltas, suspiros de tédio e nada. Raul anda adido ao Cândido como um bicho-de-pé. Está agora com ele não sei onde, divertindo-o, concordando com o que ele diz – estribeiro-mor daquele pequeno Luís XIV. Lino, a eterna carteira de traques. O Pinheiro é o menos brilhante, porém o mais capaz de todos. Realiza. É sincero, não põe acima de tudo o Remoque, a Perfídia, a Trepação, o *Bon Mot* é moda dos franceses.

Sabe que o Albino perdeu o pai? Está – coitado! – chefe de família. Edgard tem me escrito cartas absurdas que só o diabo entende, e eu ando mergulhado na *Ressurreição* de Tolstói, algo tremendamente forte e sincero. Também tenho feito incursões pela literatura inglesa. *The vicar of Wakefield* é qualquer coisa supremamente deliciosa – de Goldsmith, um tal que o doutor Johnson classificou de "imbecil de gênio". E também estou em mergulho na *The bride of Lammermoor*, do puntilhoso Walter Scott. Falam que o inglês é fácil... Certo inglês comum, como o dos livros de ciência, será fácil; mas o de certas obras literárias é crespíssimo.

Que diabo de fim levou o Nogueira? No Colégio ainda? Nogueira foi vítima dum fenômeno físico – reação exagerada, consequente ao exagero duma ação muito prolongada. O Seminário manteve-o durante anos numa posição incômoda, como a do chinês na canga; quando conseguiu soltar-se, Nogueira reagiu violentamente em sentindo contrário – e abusou dos Direitos do Homem, em vez de usá-los sabiamente como os homens que nunca estiveram em canga chinesa.

LOBATO

P.S. Li também *Memorial de Ayres* – o livro mais difícil de ser feito de quantos livros difíceis se fizeram no mundo. Do que nós chamamos *nada*, Machado de Assis tirou *tudo* – tirou uma obra-prima. Mas quantos compreenderão a beleza desse livro?

* * *

AREIAS, 3 DE MAIO DE 1909.

Rangel:

De novo em Areias, donde estive ausente quatro meses, venho pedir contas de nossa partida de xadrez, do teu *Problema*, da tua vida. Escreve-me com abundância. Estou cá com a "obrigação" acrescida da Senhorita Marta, uma menina graúda, gorda, que não chora, ri e vende saúde. A paternidade... Nada tenho feito senão rejubilar-me diante deste primeiro produto do meu desdobramento. Um filho, um livro: afirmação criadora. E como isso nos muda! Em quatro meses de estada em São Paulo não achei uma hora para procurar os velhos camaradas e não raro deles fugia. Solteiros! Infames solteiros! Quando estou com eles agora, sacio-me depressa e afasto-me, como um ser que já pertence a outro mundo. Eles são a esterilidade. Só com Pinheiro me sinto bem, porque o Pinheiro é fundamentalmente sério – e essa seriedade, essa positividade do bom-senso, é o *habitat* natural da família. E, além disso, ele também é pai. Só quero pais. Acho tremendo ser pai.

Estou com a *Légende des siècles* do velho Hugo, o Júpiter Tonante. Aqueles William Shakespeare que li no colégio, meninote ainda, abalou-me fundo. Também trouxe o *Ana Karenina*, que te recomendo como obra-prima. Quanto mais leio Tolstói e

Stendhal, mais os tenho como dois picos supremos. São verrumas da alma humana. E *Ressurreição*, queres?

Aguardo a tua jogada de xadrez.

LOBATO

* * *

AREIAS, 20 DE MAIO DE 1909.

Rangel:

Segue o meu número 1. Está pronto, só faltando a brunidura final. Quero que dele digas com a mais absoluta isenção. Meu fito principal é criar uma impressão fortíssima no espírito do leitor – coisa de que ele não se esqueça nunca. Te-lo-ia conseguido? A cena final me parece inédita – não a encontrei nunca. A existência do atoleiro é atestada por um naturalista alemão em livro de viagem, e foi dessa leitura que a ideia me veio. O melhor é passarmos os nossos contos à letra de forma do *Minarete*, para melhor os consertarmos. O *Minarete* tem a vantagem de exígua, ínfima, publicidade.

Adeus[1].

LOBATO

* * *

AREIAS, 2 DE JUNHO DE 1909.

Rangel:

Seguem os teus *Mãe* e *Exame* e o meu *Bocatorta* refundido – e creio que melhorado. Teus conselhos abriram-me os olhos. Como estava infame o outro! E agora, vamos ao resto. Comecei umas ilustrações para o *Mãe*.

LOBATO

---

[1] *Referência ao conto* Bocatorta. *Nota da edição de 1948.*

AREIAS, 12 DE JUNHO DE 1909.

Rangel:

Recebidos os cartões. 5) P
– 3BD. Estou refazendo o número 1, que breve seguirá. Uma coisa: Você é hermista ou o que é? Ou não sabe de política?

LOBATO

P.S. Insistência de última hora: publicarmos no *Minarete* os contos à medida que os escrevemos. Será uma espécie de primeira prova tipográfica.

L.

* * *

AREIAS, 27 DE JUNHO DE 1909.

Rangel:

Das muitas belas coisas propostas
não vacilo em aceitar o plano do livro de contos a dois – mas com leves modificações. Em vez de fazê-lo à nossa custa procuraremos editor. Há no Rio o Garnier. Quem sabe se esse Garnier... Com boas cunhas, Rangel, acho que podemos interessar um editor. Só em caso contrário editar-nos-emos por conta própria. Minha ideia é que quem se edita por conta própria faz uma coisa antinatural – como entre as mulheres o partir pela barriga, na cesariana. Mas, seja lá como for, proponho estes pontos: 1) Não haver pressa; 2) Apurarmos a forma, de modo que os críticos exigentes não descubram nem uma lêndea de pronome mal colocado; 3) Ler um a produção do outro, comentar, criticar, sugerir, vetar; 4) As duas partes conformar-se-ão com as sentenças, mas ficam com o direito de rejeitar o veto; 5) A fatura material do livro será perfeita; prosa boa impressa em papel de embrulho vira carne-seca da fedorenta; champanha em caneca de lata vira zurrapa. Sempre imaginei o nosso pri-

meiro livro assim ao tipo daquela edição Guillaume do *Robert Helmont* com desenhos de Myrbach. Podemos lançar mão da bagagem já publicada, depois de devidamente brunida. E também enfiar coisas novas.

Eu ando com uma ideia a me perseguir como certas moscas em dia de calor. Espanto-a e ela volta. Um conto. Um farol com dois faroleiros. O mar sempre a bater nas pedras do enrocamento da torre. A vida solitária dos faroleiros – o isolamento. As aves noturnas que se deixam cegar pela luz dos holofotes e se espedaçam contra os vidros. O objetivo é pintar o mar e as sensações de faroleiros isolados, mas para justificar a pintura ponho um drama qualquer – um mata o outro, algo assim. Faz uma semana que a ideia me está germinando lá num canteiro da cabeça, qual piolho interno.

Sou partidário do conto, que é como o soneto na poesia. Mas quero contos como os de Maupassant ou Kipling, contos concentrados em que haja drama ou que deixem entrever dramas. Contos com perspectivas. Contos que façam o leitor interromper a leitura e olhar para uma mosca invisível, com olhos grandes, parados. Contos-estopins, deflagradores das coisas, das ideias, das imagens, dos desejos, de tudo quanto exista informe e sem expressão dentro do leitor. E conto que ele possa resumir e contar a um amigo – e que interesse a esse amigo.

Tenho examinado os últimos livros de contos aparecidos. Nada como quero. O último foi o de Veiga Miranda, que a imprensa elogiou. Uns contos ordeiros, exatamente nos moldes de todos os outros – coisa *feita*, não *saída*. Espécie de presepe literário. Aqui, um boizinho. Aqui, um riozinho. Aqui, uma porteirinha para casar com a casinha lá diante. E agora, uma mulherzinha com um homenzinho de olho nela etc.

O nosso livro de contos será o contrário disso. Todo cheio de novidades, na forma e no entrecho. E nada de amorecos e adulteriozinhos de Paris. Isso já fede. Será como os de Kipling – com paisagem, árvores, céu, passarinhos, negros... Eu gosto muito dos negros, Rangel. Parecem-me tragédias biológicas. Ser pigmentado, como é tremendo! Já leste *A mais bela história do mundo*? Impossível novela mais rica de horizontes. Do mesmo grande Kipling traduzi para o *Minarete* o conto *Um fato*. Prodigioso. História duma serpente do mar que em consequência duma erupção vulcânica submarina rebentou lá no fundo e veio à tona, escabujando no desespero da "falta de pressão atmosférica", espécie de falta de ar. As serpentes vivem nas grandes profundidades e portanto sob tremendas pressões; trazidas à pressão menor da tona, elas estouram, soltam os pulmões pela boca etc. Não pode haver pintura mais fiel, mais *d'après nature*, dessa serpente marinha que Kipling *viu* escabujar moribunda – que ele viu, apesar da serpente do mar ser apenas uma crendice de marinheiro! Ou Kipling ou Maupassant. Não há maiores. Tenho aqui *Boule de suif, La main gauche, Clair de lune, Mlle. Fifi, Sur l'eau...* Por falar neste: havia uma tradução portuguesa naquela coleção romântica, com uma moça na capa, lendo um livro à luz do lampião, lembra-se? Traduziam o *Sur l'eau* por *Vogando*, e parece que foi o único Maupassant que o Tito leu. Sempre que asava ensejo, lá vinha ele: "Como diz Maupassant no *Vogando*...".

O *Ana Karenina*, que li agora, ponho-o junto de *Guerra e paz, Lírio do vale* de Balzac e *Le rouge et le noir* de Stendhal. Como é grande Tolstói! Grande como a Rússia.

Mas, voltando ao assunto: a ideia de associar-nos é ótima, porque um escora o outro; dois bêbedos de braços dados têm menos probalidades de cair. Até no namoro é assim. Quando em meninotes passávamos pela janela da namorada junto com um companheiro, lá passávamos firmes, sem tropicar em pedras inexistentes. Mas se passávamos sozinhos e Ela estava com alguma outra, a orelha nos avermelhava, quente, vinha uma comichão suada na cabeça, o passo perdia o ritmo normal, tornava-se, como dizem os ingleses, *Self conscious* – e ou a bengalinha nos caía da mão ou era inevitável a topada na pedra inexistente. Se sairmos os dois no mesmo livro, vamo-nos aguentar um ao outro maravilhosamente.

Pode mandar o *Queijo*. Quanto ao espiritismo, não me preocupo. William Crookes, aquele inglês dos raios catódicos, fez experiências rigorosas e concluiu pela existência duma força mal conhecida que atua de várias formas, e a que ele, por comodidade, dá o nome de *força psíquica*. Foi do que li o que mais me satisfez – e nisso fiquei, como em filosofia física fiquei na Evolução e na filosofia estética fiquei naquele maravilhoso *Vade mecum? Vade tecum!* do Nietzsche. Essa força psíquica só agora começa a ser estudada pelos homens de educação científica; antes negavam-na. Outro físico inglês, Oliver Lodge, tem coisas ótimas a respeito, e estuda tais fenômenos com o mesmo rigor com que estuda os fatos físicos. A palavra "sobrenatural" empregada em relação a essas coisas me parece imprópria. O fato de não sabermos uma coisa não a exclui da natureza ou não a põe *sobre a natureza*. É apenas um aspecto da natureza que ainda não conhecemos. Um dia esses fatos psíquicos, hoje considerados sobrenaturais, estarão conhecidos e fichados, como tantos da química. A "ação de presença", por exemplo, sempre existiu e era um mistério – algo sobrenatural; hoje a ciência dá-lhe o nome de catálise e utiliza-a para efeitos práticos. O feiticeirismo da Idade Média, o ocultismo, o espiritismo, o esoterismo, o eterno pendor do homem para o Mistério, tudo isso implica a existência de qualquer coisa que coexiste ao nosso lado, que certas pessoas pressentem etc. É o *au-delà*, o "outro mundo", como o mundo da luz solar é "outro mundo" para o cego, apesar de ser apenas um aspecto deste nosso mundo para os que enxergamos. Um sexto sentido parece que vem vindo, como foram vindo os nossos atuais cinco sentidos – e virá um sétimo, um oitavo etc. Evolução. E cada novo sentido nos descortinará um "outro mundo". O médium, que é senão uma criatura em quem o sexto sentido está se denunciando? Um dia todos teremos esse sexto sentido – e adeus, sobrenatural! Um dia os compêndios de física trarão o capítulo novo da metapsíquica, como os compêndios de hoje trazem o capítulo novo da termodinâmica.

O *radium*, por exemplo. Não nos desvendou todo um "outro mundo"? Há agora o quarto estado da matéria – o radiante. Haverá o quinto – o metapsíquico...

Ando a regalar-me com Macaulay nos *Essays*. É uma espécie de Rui Barbosa da história e da crítica – e por falar: leu o discurso de Rui saudando o Anatole France? Este o classificou de mais uma bela página acrescentada à literatura francesa – e não o disse por amabilidade porque é mesmo. Rui é positivamente grande como o mar.

E a *Careta*? Já viu? A melhor coisa que no gênero humorístico já apareceu entre nós. Finíssima.

A minha Marta está considerada a menina mais bonitinha de Areias – e não vai nisto babo de pai. Reação da Natureza. Pai feio, filha bonita. E onde foste cavar esse nome Nelo que deste ao teu menino? Mau nome, como o do Lino. Presta-se aos trocadilhos do Tito: "Viu o Lino?", "Descasque esse abacaxi, Nelo". Não louvo o "Nelo", como também não louvo o teu "Caim de Nazareth". Caim, ainda passa; mas Nazareth lembra nariz constipado. Nome que se associa no som a certas palavras é feio. Não posso ouvir falar em "Corina" sem me lembrar do mictório. "João" me sugere "sabão", "feijão". "Cornélio" lembra "corno" etc. Os pais escolhem mal o nome dos filhos e muitas vezes perpetuam no mundo pequeninas tragédias. Conheço um "Medardo". Uma criadinha lá da casa de meu sogro, sempre que esse Medardo aparecia (era cliente), atrapalhava-se e anunciava-o com o "r" fora do lugar...

Chega. Adeus.

LOBATO

* * *

AREIAS, 1º DE JULHO DE 1909.

Rangel:

Li *Bem casados* duma assentada – e que quer você mais? Só as novelas muito empolgantes suportam essa prova. Todos os personagens fisgados da vida; e cada um, um tipo. Dona Alípia, ótima! O Coutinho, o Licínio, todos, até a Flausina, ótimos! Só dona Ismênia me parece algo imaginada – poderá lá existir tamanha carneirice? Mas fica bem num livro de tanto realismo essa leve fuga à realidade. É sal na melancia. Está você, portanto, doutorado em romance! Falta apenas um pouco de focalização e o polimento final. Há umas coisas fora de foco.

E há a língua. Acho que nisso de língua a coisa é a mesma que nas argamassas físicas. Se os ingredientes não forem de primeira ordem, bem limpos de impurezas e misturados nas exatas proporções, o cimento não pega, o reboco falha – e a obra esboroa-se antes do tempo. Contra o reboco o que atua é a chuva, a intempérie, a erosão natural; na obra d'arte é a crítica. Quantos escritores clássicos, vazios de ideias como potes sem água, ainda vivem pela língua em que puseram as suas sensaborias! O "são vernáculo", como é bonito! É como o asseio do corpo e das roupas. O escritor que escreve mal é um porco imundo, um fedorento, um chulepento. Não tenha pressa em publicar-se. Olhe os bons exemplos. Não digo o Flaubert, que aquilo também era demais – pura doença; mas os outros limpos. Doze anos levou Rostand a anunciar esse *Chanteclair* que anda agora bulindo com o mundo e já lhe rendeu 1 milhão de francos. Valeria a mesma coisa se fosse atamancado em dois meses?

Se você gastou dois meses no borrão dos *Bem casados*, leve dois anos no polimento. E para dar comida à febre da criação, pode ir compondo o número 2 e o número 3. Mas imprimir, só quando estiver flaubertiano!

Que tal a tradução do *Dom Quixote* que andas lendo?

Meu estudo de português continua, mas em tom mais baixo. Tenho um inimigo à ilharga, que desfaz o que Camilo faz. É o jornal. Não dispenso a leitura diária de três ou quatro desses infames massacradores da língua. Mas exercem uma função boa. Impedem-nos de nos afastarmos muito da realidade. Mesmo assim eu desejaria dispensá-los por uns anos. Bom lugar para estudo e língua seria a prisão. Imagino as boas leituras de Camilo lá no fundo do cárcere. Só num cárcere podemos atacar, roer e digerir um Heitor Pinto ou outro freire encruado.

Tua proposta de colaboração me seduz – e talvez seja o meu único meio de aparecer. Mas é tirar de um renome que pode ser só teu uma parte para mim! Vou experimentar, embora uma coisa se dê: não tenho a tua operosidade, nem o tempo comprido e uniforme desse vilarejo. Logo irei a São Paulo por seis meses e não sei se lá haverá a mesma disposição para o trabalho.

Tenho mandado uns artigos para A *Tribuna* de Santos e publicado n'*O Estado de S.Paulo* umas traduções do *Weekly Times* – esse meu meio de neutralizar Areias. Leio o *Times* em Areias! Informo-me todas as semanas da saúde de *Her Majesty*. Quando encontro coisas muito interessantes, traduzo-as e mando-as para o *Estado* e eles me pagam 10 mil-réis. Acho estranho isto de ganhar um dinheiro qualquer com o que nos sai da cabeça. Vender pensamentos próprios ou alheios... Mas não tolero escrever por obrigação. Traduzo quando quero. Faço coisas para A *Tribuna* quando quero. Do contrário, sentir-me-ia escravo no eito. Vou fazer a prova da escrita a dois com um capítulo novo para os *Bem casados*, que mandarei como amostra.

Do Ricardo nada sei. Parece-me que aquele nosso Cenáculo era um ninho de Macucos implumes. Tremendas promessas, e até agora, tirante você, nada de nada de nada.

A *Lua*, muito bonita e benfeita no material! – mas como é insulsa e chata no texto, meu Deus! O tal caricaturista Yoyo, quer, coitado – mas a ponta do lápis não o ajuda. Um "curioso" ainda. Mandei para lá duas sensaborias – e arrependi-me, apesar de serem sensaborias. Por enquanto só temos no país inteiro A *Careta*. O nosso O *Gato* era uma maravilha, apenas etéreo demais; imprimiamo-lo no ar do Café Guarany... Tenho a impressão de que somos todos umas moscas azuis, mas sem perninhas e asas. Moscas "depenadas", como dizia um menino lá do colégio. O gosto dele era pô-las sobre um papel branco assim "depenadas" de pernas e asas, para "ver o que elas faziam".

Então o Bernardo, como você previa, vasa os seus queixumes na forminha clássica dos decassílabos? Não há escapar às influições de Calíope! Aposto que até você já versejou às ocultas, Rangel! É coisa que em certa idade nos vem como as espinhas.

Gastei 240 minutos ontem lendo o discurso de Juiz de Fora. Que assombro de homem, esse Rui! Que cetáceo, neste nosso marzinho de arenques! Ele rege as frases como um cocheiro russo rege a *troika*! Que nababo! Pare com o Camões e o Cervantes e pegue no Rui: ele resume-os a todos e é do nosso tempo. Acho uma honra tremenda sermos coevos de tal homem, e duvido que tenhamos outra semelhante na vida. Aprendamos a degustá-lo como ao rei da língua. É uma espécie de Império Britânico do vernáculo. Eu saio dele mais chato que um percevejo.

LOBATO

AREIAS, 6 DE JULHO DE 1909.

3ª – P x P (Se você jogar
B x P, eu respondo: BR – 3D)

Rangel:

Em mãos a tua de 1º, chegada ontem. Ando com medo de começar. Nunca escrevi contos e não sei se me será coisa possível. O que eu considerava contos, se releio agora me sabem a crônicas com pretensões humorísticas. No fundo não sou literato, sou pintor. Nasci pintor, mas como nunca peguei nos pincéis a sério (pois sinto uma nostalgia profunda ao vê-los – *sinto uma saudade do que eu poderia ser* se me casasse com a pintura), arranjei, sem nenhuma premeditação, este derivativo de literatura, e nada mais tenho feito senão pintar com palavras. Minha impressão predominante é puramente visual. Ora, sendo eu assim, vejo-me em apuros com os teus empurrões para a realização imediata.

Vou tentar – mas bem desesperançado. Se até aqui não produzi um só conto que mereça tal nome, isso demonstra minha inaptidão para esse gênero literário. O único livro que me acho capaz é uma espécie de *Journal des Goncourt*. E do meu Diário eu poderia extrair um volumezinho[2]. Mas contos, Rangel... Vejo-te, porém, tão animado que não me animo a vir com água fria – e vou começar.

Não encontrei o Kipling. Onde parará? Como de Tolstói só conheces a *Sonata de Kreutzer*, vou mandar a *Ana Karenina*, que o Julinho anda a ler. E com *Clair de lune* mando *Boule de suif*, que a crítica dá como o melhor de Maupassant. Chamo a tua atenção para o último conto, *Une soirée*, uma coisa verdadeiramente única. Mas faça-os voltar, não como veteranos vindos duma guerra estropiadora, sim como turistas que voltam duma viagem de recreio. O pobre do Paul de Saint-Victor chegou bem "doente", apesar de ser todo super-

---

[2] *Ideia realizada catorze anos mais tarde, com a publicação de* Mundo da lua. *Nota da edição de 1948.*

-homens e deuses. O *filho pródigo* do Hall Caine fez como o filho pródigo da Bíblia: chegou tão escalavrado e perrengue que lá baixou à enfermaria do encadernador. Ao que parece, você só tem amor à substância do livro. Despreza-lhe o corpo – a vil matéria.

Quanto ao teu espiritismo, acho que deves encostá-lo e só pensar nos contos. Metido com médiuns e em sessões, acabas mediúnico, astral, sideral e imprestabilizado para a literatura. Temos muito tempo de ser espíritos; aproveitemos este momentinho em que somos carne. Divisão de trabalho, especialização de funções. Se pudesse cochichar ao ouvido de dona Bar longe de você, dir-lhe-ia que te proibisse andar às voltas com almas penadas, mormente agora que tens o Nelo e o Livro a te pedirem todos os cuidados.

Inferno verde é bom, mas não é essas coisas que o Ricardo anda dizendo. É um livro que seria original, se não existisse Euclides da Cunha, mas não é obra-prima. O homem concentra coisas demais em cada frase, o que impõe ao leitor um grande esforço de atenção – e isso cansa. Coelho Neto precisa podar palavras. Alberto Rangel precisa desdobrar frases. O Ricardo não entendeu muita coisa do livro e por isso exaltou-o tanto. Eu também não entendi, mas tenho a coragem de não esconder a minha insuficiência atrás do tamanho do homem. E adeus.

LOBATO

* * *

AREIAS, 7 DE JULHO DE 1909.

11) D D
12) Roque

Rangel:

Nada sei de Ricardo. Estará no *Comércio de São Paulo*? Suspeitei-o, encontrando por acaso um número desse jornal em que vinham os clássicos e nunca assaz republicados *Elefantes* do Lecomte de Lisle da sua tradução e também o meu *Gens ennuyeux*, que entra assim na quarta edição em jornal. A mim não convidou para colaborar. Donde recebi convite foi da *Tribuna* de Santos, jornal cor-de-rosa que o Valdomiro Silveira dirige, e já mandei como pano de amostra uma coisa cruel contra o Hermes. Prometem pagar a colaboração logo que concluam lá umas reformas. É preciso que a literatura renda ao menos para o papel, a tinta e os selos. A primeira coisa paga que escrevi foram artigos sobre o Paraná, coisa de outiva. Renderam-me 10 mil-réis cada, uma assinatura de *Revue Philosophique* (33 francos), um Aristófanes completo e um belo canivete de madrepérola com saca-rolha. Não foi mau o negócio, e assim pilhemos tão alta remuneração para tudo quanto produzirmos.

O que dizes d'A *gargalhada*[3], eu vagamente previa; havia ali coisa que me desagradava, sem que eu atinasse qual. Deve ser o que dizes. Vou refazê-la como indicas, e também dum jeito que ando cá a matutar. As vantagens do nosso sistema de mutualismo tornam-se cada vez mais evidentes.

Tuas observações sobre *Os faroleiros* sossegaram-me e deram-me alento para pensar no número 4, do qual ainda não tenho ideia. *Os faroleiros* escrevi sem plano; sentei-me à mesa e deixei-o escorrer de dentro de mim.

Quanto ao que propões sobre o português – interessante! – era o que eu ia propor-te nesta. Você foi o primeiro a alcançar o polo, como Amundsen. Mandei vir o dicionário de Aulete, que ainda é o melhor, e estou a lê-lo. Aventura esplêndida, Rangel! Os vocábulos são velhos amigos nossos que pelo fato de diariamente nos acotovelarem no *brouhaha* da Língua, não nos merecem a atenção curiosa e indagadora que damos às palavras estrangeiras. Pelo fato de frequentar um parente, você chega a ponto de não poder descrever-lhe a cara – e no entanto é capaz até de desenhar de memória a cara dum estranho que viu ontem. Deixam de nos impressionar as coisas habituais. Daí o valor da leitura de dicionário. Todo o povo tumultuoso da praça pública da Língua lá o encontramos individualizado, como soldados em quartel, cada um com o seu número, o seu posto, perfilados e

---

[3] *O engraçado arrependido*, conto dos Urupês. *Nota da edição de 1948.*

obedientes quando os defrontamos. Na rua vemos passar cavalos. No dicionário encontramos um CAVALO. "Quem é você?" E ele muito sério: "... *substantivo masculino*. Quadrúpede doméstico, solípede; ramo ou tronco em que se enxerta; banco de tanoeiro etc. etc.". A gente regala-se com o mundo de coisas que cavalo é, e muitas vezes também nos regalamos com as cavalidades do dicionarista. Se o cavalo é um "quadrúpede doméstico", como se arranja o dicionarista para denominar um *equus* selvagem? E vamos assim mentalmente retificando aqui e ali o dicionário, enquanto ele nos faz o mesmo aos inúmeros pontos vocabulares em que claudicávamos sem o saber. Quantos novos sentidos de palavras, das quais sabíamos um só? Quanta construção bonita de frase, com forma intransitiva de verbos habitualmente transitivos? E as antigualhas merecedoras de restauração? Que deleite seguir em mente a evolução dum vocábulo! Ver, por exemplo, *agora* sair de *hac hora*, como a borboleta sai da crisálida; e *preto* sair de *pyraites* (queimado), como sai preto o papel branco depois que o fogo o queima. E caravançará sair do persa *Karvan sarai*. Essa leitura nos vai dando firmeza, com o conhecimento da exata propriedade dos vocábulos.

Euclides da Cunha foi um grande ledor de léxicos. Nos *Sertões* eu notei como ele fugia à vulgaridade sem cair no abstruso, por meio do emprego de palavras que o jornalismo não estafou (porque a cachamorra que achata todas as palavras da língua é sempre o jornalismo). Em vez de prematuro, *imaturo*. *Implexo* por complexo etc. Uma variação dos prefixos habituais da imprensa – e a frase fica mais fina, toda petulante de distinção. A desgraça em tudo é a vulgaridade – o "toda gente".

Estou lendo e marcando as palavras úteis para o meu caso, os sentidos figurados aproveitáveis nesta "nossa" literatura etc. Ainda estou no "A" e já tenho belos achados. É um verdadeiro mariscar de peneira. Deves fazer a mesma coisa, e depois trocaremos as notas.

Não tenho nenhum bom retrato de Purezinha e da Marta. Por Areias passou antigamente um fotógrafo – e toda gente recorda-se com saudades do tempo em que podiam fixar as caras. Lá pelo fim do ano vamos para São Paulo e então terás o que pedes. Também Purezinha tem muita vontade de saber como é a cara de dona Bárbara. Se tem retrato que dê ideia, venha.

Precisamos ler Camilo. Vou mandar vir um sortimento. Saber a língua é ali! Camilo é a maior fonte, o maior chafariz moderno donde a língua portuguesa brota mijadamente, saída inconscientemente, com a maior naturalidade fisiológica.

Eu tenho a impressão de que os outros *aprenderam* a língua e só Camilo a *teve ingênita* até no sabugo da unha de todas as células de seu corpo.

LOBATO

* * *

AREIAS, 22 DE JULHO DE 1909.

Rangel:

Recebi a carta e o *Exame de consciência*, no qual mais uma vez voltas para Rodrigo. Sinceramente acho que é um exame de consciência e nada mais – não é conto é exame de consciência dum fracassado. Não vejo ali a tua maneira habitual. Aquela retórica, aqueles lugares-comuns – aquilo não é Rangel, tenha paciência. A "pedra angular" logo na segunda linha já me pôs de orelha em pé; e a coisa vai até o fim sem uma novidade, sem um imprevisto, sem nada interessante. Paiva raciocina sem nenhuma elevação, como o Goulart ou o Macuco raciocinariam em idênticas circunstâncias, e você comete o erro de não fixar esse raciocínio como coisa dum *raté*; parece que encampa aquilo e acha muito bom. O meio de melhorar o *Exame* é esse – dar aquilo como coisa de *ratés*. Mas meio melhor ainda é guardá-lo na lata de lixo. Lembro-me dos contos tão finos, tão originais e ricos de psicologia que já escreveste. Por que não aperfeiçoas essas coisinhas velhas e ótimas? O *destacamento* melhorado dá um Maupassant legítimo.

Dia 23.

Acabo de receber o *Clair de lune*, o meu e o teu primeiro conto. Li este. Ótimo! Aquela mãe está esplêndida – é muito comum essa perversão do amor que degenera em injustiça e causa os piores males. Todos os tipos estão bem acentuados de caráter e colhidos ao vivo. Só me parece fraca a cena do fim em que Próspero procura emprego. Ele deve procurar tal ou tal emprego. Como está, fica a cena rápida demais – curta como umas calças curtas. Outro senão: "luxo asiático". Chega de luxo asiático, Rangel. Pobre Ásia! Na página 5 acho muito abrupto o atletismo de Próspero. Não havia tempo. Na página 9, depois daquele choro, ele não devia prometer "tornar-se um bom filho e bom irmão". O idiota já era tudo isso; ruins, só os seus irmãos. E outras coisinhas assim. Mas está ótimo.

O meu conto agora... Que tristeza, Rangel! Reli-o depois que chegou e achei-o tão seco, tão magro. As tuas observações me abriram os olhos. Vou seguir os conselhos. Defeito principal que só agora percebi: *são tão curtos os períodos que o leitor não tem tempo de apanhar o que eles dizem*. Fica tudo empastelado lá na compreensão do leitor, tudo "telescopado", como nos desastres da Central quando os trens se chocam e uns vagões entram pelos outros. O leitor salta para um período novo, onde tudo muda, antes de apreender totalmente o que o período anterior disse. Vou consertar. Coisa curiosa! No momento em que escrevemos, o nosso espírito *acostuma-se* com os defeitos, não os vê. Mas se passados uns dias relemos, já os defeitos se visibilizam.

Estou escrevendo o número 2, gênero totalmente diverso do *Bocatorta*: *A casinha de rótula*. Mando-te mais umas ilustrações.

LOBATO

P.S. Ando a colaborar no *Fon-Fon*. O que aparece lá assinado H. B. é meu. Desenho e caricaturas.

AREIAS, 3 DE AGOSTO DE 1909.

Rangel:

De volta de Taubaté, restabeleço o contato. Acabo de ler tua *Prosopopeia*. Tipos apanhados, e ótimo o perfil de Tata – a mocinha vulgar, mansa e apagada. Deste-lhe um fim que lembra o Maupassant da última fase, antes do *Le horla*. Ficaria mais estranho e empolgante se o protagonista visse Tata não em sonho, mas numa visão astral. No fim, aquela quase loucura ficaria melhor se contada por um terceiro; um amigo, por exemplo, vai visitá-lo e em carta conta a outro o estado do doente. Porque é difícil, naquele estado de quase loucura, alinhar pensamentos calmos que historiem a marcha gradativa do seu mal.

Estou escrevendo na *Tribuna*, de Santos, jornal cor-de-rosa, a 10 mil-réis o artigo. Mandei para lá hoje o *Bocatorta*.

LOBATO

E o xadrez? Por que paraste?

* * *

AREIAS, 6 DE AGOSTO DE 1909.

Rangel:

Magnífico O *destacamento* como caricatura, mas noto uns senões. O fim, aquela apoteose a foguetes de lágrimas e confete, e aquela *imensa multidão* num lugarejo daqueles, isso estraga. Corte, que melhora cem por cento. E temos várias coisinhas. *Quase todo o Domingo*, não; *todos os domingos*, sim. *Famigerado salteador*; dá ideia da Calábria, aqui só temos bandidos; Antônio Silvino é um bandido. O período *"Toniquinho, você não faz bem"* etc. precisa melhor torneio; "ques" demais. "A *concorrência foi enorme*" etc.: aqui já você começa a carregar muito a mão; como está fica engraçado, mas não humorístico, que é o tom que deve guardar o conto. Fale na concorrência das pessoas gradas, do coronel, do padre, do coletor, mas não exagere. Dizes: *"todo o povo concorria para lá*"; ora, isso não é exato e estraga o efeito. Em vez de *"longas barbas brancas"* ponha barba amarela de sarro – fica menos São Nicolau. O desembarque do destacamento eu o contaria assim: "... desembarcaram no meio da população alvoroçada dum sentimento novo entre pânico e regozijo". *Foi de ver-se a alarma*; acho "alarma" muito forte. Se o Miguelzinho estava tramando a dissidência, como podia fazer protesto de nunca mais pisar no Carmo, onde ia ser o campo da luta? *Olhares derretidos*, só entre namorados; para soldados tens de escolher outra espécie de olhares. *Espipocar da guerra*: guerra espipocante, só a do Alecrim e da Mangerona. Espipoca um tiroteio; guerra tumultua, referve, ou outras coisas assim. *O destacamento afinal era seu* etc.: está obscuro este pedaço. Dizes que a Câmara exultava com o reforçamento da sua autoridade, pois o *Capitão Toniquinho não saía etc*. Não percebi essa consequência. E como podia ele considerar a vinda das praças como um desprestígio da sua autoridade, se vivia clamando contra o governo porque não as enviava? Quando os soldados convidam o cabo para um pega no baiano, não está boa a transição entre a sua cólera e bravura de momentos antes e o repentino medo que você lhe atribui. Daí até o fim vai tudo muito carregado, muito fantástico.

São as observaçõezinhas que me ocorrem, mas o conto é dos melhores, talvez o melhor que você fez, com situações dum cômico extraordinário. E depois dos retoques, irá ficar em Nosso Livro como aquele *Soirèe* no de Maupassant. Será nele um oásis de humor onde o espírito do leitor, cansado de tragédias, se espojará regaladamente.

LOBATO

* * *

AREIAS, 14 DE AGOSTO DE 1909.

Rangel:

Chegaram os contos e a carta.
Meu processo é outro: quando topo palavra que desconheço, ou conheço mal, ou que também se usa em sentido diferente do fa-

miliar, anoto-a com toda a frase em que está metida, frase que lhe entremostra a significação e a propriedade. Assim, já de começo o espírito pode utilizar-se da aquisição – é uma espécie de apresentação da nova personagem à inteligência, e passo primeiro para a familiarização entre ambos e consequente assimilação. Anotar apenas a palavra é perder tempo; só a mão lida com ela, e o faz maquinalmente, como copista automática que obedece a uma ordem do cérebro; este não trabalhou para a fixação da novidade, limitou-se apenas a dar ordem à mão para que a grudasse no papel.

Já percorri este ano as primeiras setecentas páginas do Aulete e breve chegarei ao fim, porque está me agradando o passeio. Mas depois do enriquecimento vocabular é preciso que aprendamos a bem gastar o acumulado, senão viramos *nouveaux riches* e insensivelmente nos metemos a ostentar riqueza vocabular. Machado de Assis é o mais perfeito modelo de conciliação estilística; seu classicismo transparece de leve e nunca ofende os nossos narizes modernos. Como vivemos neste século e neste continente, não podemos, sem uma hábil e manhosa tática, usar expressões lusitanas e de tempos já muito remotos.

Esse Albalat que o Ricardo te mandou anda interessando muito à rapaziada de São Paulo que pretende lugar nas letras. Tenho a impressão de que é obra vã e perigosa, talvez das que ensinam um certo estilo – e neste caso teremos estilo postiço, como há dentes postiços. Estilo é cara; cada qual tem a sua e o que fazemos para modificar nossa cara é em geral mexer nos pelos, barba e grenha, e podemos sair um bigodudíssimo Umberto I ou um cara-rapada à americana. O mais do nosso rosto não se sujeita a *travestis*. No estilo também há algo de imutável, de ingênito, de inalterável, a despeito de tudo o que façamos para deformá-lo. Não as exterioridades, mas essa *alma mater*, esse eixo central, é que verdadeiramente constitui o estilo.

De Camilo Castelo Branco tenho alguma coisa em Taubaté e aqui só o *Regicida*. Quanto aquele conto do F., desagradou-me em absoluto; parece pornografismo puro, digno de figurar no *Rio Nu*. E teve a coragem de dar-se como protagonista! Chego a crer que é pilhéria. Dar-se como capaz de "amar" uma bodinha da rua, o tipo da coisinha à toa... E o entrecho e tudo mais, e aquele cínico desdobrar aos olhos do leitor das "doenças vergonhosas"... O nosso F. a contar uma aventura de alcoice com uma negra, onde espera na antecâmara, todo mordido de ciúmes, que o desconhecido que "ocupava" o seu "amor" saísse e lhe cedesse a praça. E tudo acompanhado de velhos sórdidos e sargentos podres de sífilis que tressuam mercúrio... Palavra, tenho lido muita coisa, mas em nada vi tão pesada atmosfera de bordel do mais reles...

Em literatura a condição básica é haver beleza, e que beleza ali existe? Numa negra sórdida, na vida imunda que leva, no "amor" que inspira, nas "doenças vergonhosas" que espalha, nos sargentos que enrabicha onde qualquer resquício da beleza salvadora? Em nome da Arte veto esse conto e lamento que F. seja suscetível do estado de ânimo necessário à produção de tal coisa.

LOBATO

* * *

AREIAS, 15 DE AGOSTO DE 1909.

Rangel:

Já mandei para o Ricardo aquele conto. Ando a passear pelo oceano das palavras, isto é, ando a ler o dicionário de Aulete, e vou tomando notas. Já descobri três ou quatro palavras que eu pronunciava erradamente, como "probóscida" e "litania". Descobrindo as minhas batatas! E interrompi a fabricação de contos até que haja terminado esta leitura tão divertida. Pena serem tão pífios os nossos dicionários.

Estou sem ideia para o conto número 4. Mande-me um tema. Recebi: C – 2D. Respondo: P – 3BR. Você: P – 4CR. Eu: P – 5R. Se você tomar o P com o C ou com o P, eu jogo: B4R.

LOBATO

AREIAS, 22 DE AGOSTO DE 1909.

Rangel:

Perdi o meu xadrez e com dificuldade reconstituo o jogo no ponto deixado. Verifique isso e mande-me a série de jogadas. E se estou certo, a minha jogada é P – 5R.

Recebi a *Desforra*, que me encheu as medidas, principalmente no fim, da cena do sapesal em diante. Esta é a primeira impressão; depois lerei mais analiticamente.

Consolou-me a tua opinião sobre *Bocatorta* e isso me anima a pensar no número 2, que já está no útero. Não tenho feito outra coisa senão ler Macaulay nos *Essays* com um encanto cada vez maior, e também pinto projetos de cartazes para um concurso no Rio, ao qual arrojadamente vou concorrer. O *Fon-Fon* vai dar umas caricaturas minhas. Do teu *Mãe* ainda tenho aqui umas ilustrações, que seguem.

N'A *Desforra* há ótimos temas para desenhos que vou tentar.

* * *

DIA 23.

Reli *Desforra* e a primeira impressão se confirmou. Ótimo, forte, bem construído. Merece dar o nome ao volume. Não tenho objeções contra o entrecho, e o desenvolvimento segue de rota batida, lindo.

"Rota batida"... Aprendi esta expressão aos 15 anos, com meu professor de aritmética no Coração de Jesus – doutor Eliseu não sei de quê. Um baixotinho, que falava muito na Isolina Monclar, uma atriz em moda naquele tempo. Rota batida! O doutor Eliseu chefiava o grupo que no fim do ano foi a exames em São Paulo. Improvisamos uma "república" na rua Conselheiro Furtado, presidida por ele. Doutor Eliseu... Um dia mostrou-se afobadíssimo, precisando de 30 mil-réis – "Quem tem aí 30 mil-réis?" Eu tinha e dei. Dias depois, nova afobação – e mais 30 mil-réis. O bom doutor Eliseu esqueceu-se completamente desses 60 mil-réis, mas eu não me esqueci. Era o primeiro calote – e quem esquece as primeiras coisas?

– "De rota batida! Vamos agora terminar frações e depois seguiremos de rota batida até o fim."

Aquelas duas afobações eram para pegar um trem e mais não sei quê. Hoje sei que a afobação é um dos mais velhos truques para pegar 60 mil-réis.

LOBATO

RASA (do latim *rasus*) medida antiga maior que o alqueire; rasoura: certa quantidade de linhas contida numa página de autos etc. No sentido em que a empregaste, não vem no Aulete.

* * *

AREIAS, 30 DE AGOSTO DE 1909.

Rangel:

Veio o 5, acompanhando o Albalat. Comecei a ler este e a gostar. Não é o bestalhão que imaginei. Parei com os contos e segui com o Aulete. Dá-me mais prazer isto, além das vantagens que traz – prazer pitoresco, variado como o de um general que assistisse ao desfile de setenta mil homens não uniformizados, cada um vestido dum jeito e lá com sua cara diferente. Outra vantagem está sendo a retificação de muitas palavras que eu *pensava* que eram uma coisa e são outra; e também já cavei 24 vocábulos que eu pronunciava erradamente. São 24 "batatas" de que fico liberto. Estou no M. O que mais aprecio num estilo é a *propriedade* exata de cada palavra e para isso temos de travar conhecimento pessoal, direto, com todos os vocábulos, um por um, em demorada, pensada e meditada vocabulação dicionarística. Só pelo conhecimento exato do valor de cada um é que alcançaremos aquela qualidade de estilo.

E quanto circunlóquio, quanto rodeio, esse conhecimento vocabular nos evita! Em vez de: "F. correu os olhos em torno da mesa" como fica melhor dizer: "F. circunvagou os olhos".

Mas no uso dum vocabulário abundante torna-se mister o mesmo hábil discernimento de boa aplicação que distingue os Camilos dos Camelos – dos camelos plumitivos à Macuco, o fundador do *profundismo*... É necessário aprender a bem gastar, como faz o rico inteligente, que gasta simultaneamente em proveito próprio e alheio, não à moda do perdulário inepto. O Macuco aprendeu um dia a palavra "apropinquar" e escreveu toda uma história só para ter ensejo de empregar dez vezes o grande achado – e apropinquou-se mas foi das cocheiras do Brás.

Não conheço melhor modelo que Machado de Assis. Camilo ainda me choca, é muito bruto, muito português de Portugal e nós somos daqui. Machado de Assis é o clássico moderno mais perfeito e artista que possamos conceber. Que propriedade! Que simplicidade! Simplicidade não de simplório, mas do maior dos sabidões. Ele gasta as suas palavras como um nobre de raça fina gasta a sua fortuna e jamais como o *parvenu, o upstart*, que começou vendeiro de esquina e acabou comprando um título de barão do papa.

Os Macucos adquirem vocabulário unicamente para fazer alarde da "riqueza vocabular"; os Machados, para da riqueza reunida só gastarem os juros. E pois, espero terminar meu passeio pelo país dos vocábulos para em seguida retomar a tarefa dos contos.

Os três tipos de "falhos desenganados" são ótimos e merecedores de hipossulfito de sódio. Não os perca de vista. Achei boa a observação dos que fazem literatura na vida por impossibilidade de a fazerem no papel. Você fala nos *ratés* de Daudet meio de outiva, como quem os não conhece pessoalmente. Se queres o *Jack*, tenho-o cá. Eles acreditavam em si mesmos, não eram desenganados, como os teus.

O Mário Roberto andou meio ligado a mim no tempo da Academia; às vezes, depois da aula, íamos juntos até a casa do Sílvio de Almeida, onde ele morava, e eu lhe ouvia um ótimo Beethoven na penumbra da sala; tenho saudades desses dias musicais; eram um êxtase.

Da tua proposta acho aproveitável uma parte: colecionamento de tipos a dois, visto como ação e local são coisas consequentes e determinadas pela psicologia dos tipos. Dado o caráter deste ou daquele tipo, a ação tem de ser esta ou aquela, e o meio também está *ipso facto* predeterminado – são sequências lógicas. Vamos aos tipos. Você tem facilidade em ver o tipo dentro do homem comum. Uma espécie de raio X. Também o Ricardo é maravilhoso nisso. Instantaneamente ele capta o tipo das criaturas – e com que finura! Grande Ricardo! Dá-me ideia daqueles sujeitos da Califórnia, especialistas em conhecer, sem outro recurso além duma rápida inspeção, se em tal sítio há ou não há ouro. Esse faro natural de perdigueiro você também o tem, Rangel. Já foste podengo em outra encarnação. Associemo-nos, pois.

Num romance, quando as radículas da nervura central são constituídas por tipos discretamente pintados, de modo a não projetar sombras na coisa principal, o efeito é maravilhoso. Em *Jack*, por exemplo. Como aviva a pintura do caráter de D'Argenton aqueles *ratés* secundários que o rodeiam! Em Machado de Assis lembro-me do Dias, o homem dos superlativos, tão discreto. Às vezes o que salva um romance é isso – esse fundo.

Ando frio com o conto. Acho um campo muito restrito, coisa só para os grandes mestres. Engano pensar que por ser mais curto seja mais fácil, mais próprio de principiante. Este deve começar com um *Rocambole* e só depois de bem maduro fazer um continho. A propósito, lembro-me dum plumitivo de Pindamonhangaba, que me abordou um dia e contou da sua ideia de publicar um livro de pensamentos. E explicava: "Nós, principiantes, devemos começar pelo princípio, pelo primeiro grau; coisinhas leves, *pensamentos*; depois *sonetos*; depois contos e por fim novelas e romances". Ele andava com uma trena no bolso.

Proponho uma coisa: concatenarmos um entrecho, armarmo-lo como o arcabouço duma casa; depois vamos metendo dentro habitantes, os heróis e tipos. Não sei o que sairá dessa casa a dois pedreiros – temos de fazer a experiência – é o que Bacon exige. Um entrecho do romance que sempre me seduziu é o de *Bocatorta*, por causa da originalidade do desfecho – a necrofilia do negro e a morte por afogamento no barro. Imagino-o do modo que vai no papel anexo.

Um tipo que peguei aqui: o do homem eufêmico, extremamente delicado, que evita dizer as coisas como são e usa dos mais suaves circunlóquios. Não diz que F. está bêbado, e sim que *está doente*, e grifa com sutil entonação o "doente". Não diz "morreu" e sim "deixou-nos", "descansou". As prostitutas são as "infelizes" – e assim por diante. Podemos dar como mãe desse homem uma dona Eufemia.

Mando *Karenina*. Livro de gênio como haverá pouquíssimos no mundo. E adeus.

LOBATO

* * *

AREIAS, 1º DE SETEMBRO DE 1909.

Rangel:

Volta a *Desforra* com algumas ilustrações. Estou melhorando e espero fazer coisa que não nos envergonhe. O meu número 2 são dois, um em meio e outro pedindo passagem a limpo. O quanto me dá prazer desenhar, aborrece-me escrever. E o Euclides da Cunha? Que horror, hein? Aquilo não me sai da cabeça. É como se eu houvesse levado a bala. Euclides naquele meio – com um inferno na cabeça...

LOBATO

* * *

AREIAS, 2 DE SETEMBRO DE 1909.

Rangel:

Ando a reclamar do correio a carta e o conto perdidos. Talvez estejam na agência de Taubaté. Quanto ao xadrez, aconteceu um desastre; como levei para lá o tabuleiro de papelão com as pedras de cartolina enfiadas, desprenderam-se algumas e não consigo recolocá-las propriamente. Se fazes questão de levar por diante essa interminável partida de xadrez, mande-me a posição do jogo no ponto em que paramos.

O meu negócio com a *Tribuna* é pequeno: cinco artigos por mês. Talvez também entre na *Gazeta de Notícias*, onde está agora o Sebastião Sampaio – você não o conhece –, aquele da nossa corrida no Viaduto. Mas o negócio mais importante em que ando às portas é a compra, por um grupo, dum jornal de São Paulo e eu iria para o comando literário. Se isso se realizar, meu Rangel, tu estás feito. Tens jornal e colaboração paga por tabela especial, mais alta que para os outros. Em fevereiro ou março vou passar seis meses em São Paulo, para cuidar disso e mais coisas. Basta de Areias, Rangel.

Eu bem que vivia a berrar louvores a Tolstói, sem que me desses ouvidos. Tolstói é gênio, de sentar à mão direita de Shakespeare. Leia depois de *Ana Karenina* a *Guerra e paz* – a novela panorâmica de maior fôlego que jamais foi escrita, toda ela gênio, gênio e mais gênio.

A Marta está uma turuninha, engatinha muito bem, diz papai e mamãe como as bonecas e já mostra dois dentes. Percorre a casa inteira com uma curiosidade sem-fim, vendo e pegando tudo. E leva à boca o que encontra. Ontem, num momento de descuido da pagem, pegou uma lagartixinha tonta e levou-a à boca. Se Purezinha não aparecesse no momento, comia-a...

Que herói da coragem literária és tu, Hércules de Moura Rangel! Já no número 11! Onze coisas grandes – onze romances... Isso me achata. Vejo que não nasci para a coisa.

Vou atacar uns livros tremendos: *Anais de Dom João III*, de Frei Luís de Sousa e *Vida de São Francisco Xavier*, de Lucena. Também vou afundar na *História universal* de Laurent.

E o Vilalva? De que morreu? Foi pena – sabia português como pretendemos sabê-lo. Mas era mau de entranhas. Sarcástico e implacável. Com certeza fez alguma "perversidade" contra a Morte, e esta, danada, o levou.

Tens acompanhado a polêmica *pour rire* do Vicente de Carvalho com outro Carvalho muito pouco Vicente? J. J. Carvalho é médico e secretário duma Academia Paulista de Letras que anda tentando existir. Esse J. J. foi o parteiro dessa academia, a qual veio (diz ele na plataforma inaugural) como uma *protestação* contra o mau hábito da Academia Brasileira de Letras (que ele chama Academia do Rio) de não recolher em seu seio os J. J. estaduais. E fez uma nova academia de quarenta imortais. As academias hão de ser de quarenta, como as venezianas hão de ser verdes. Vicente ri-se do homem e o homem bate o pé e arreganha para o Vicente.

> *Olhos encantados, olhos cor do mar*
> *Olhos pensativos que fazeis sonhar...*

Como é linda a *Rosa, rosa de amor...* do sublime Maneta! Vilalva, se estivesse vivo, diria que o Vicente se fez Maneta para nem nesse ponto ficar abaixo de Camões – que era caolho[4].

LOBATO

P.S. Li em Taubaté a *Paixão de Maria do Céu*, do Malheiro Dias, o mesmo que produziu o horrível *Mulata*. Estilo lindo, claro de meter inveja. É escrito em português de Portugal, do bom, do que corre como regato em leito de pedras lá da fazenda do meu avô. Vale a pena lê-lo só pelo português. Queres que o mande?

L.

* * *

AREIAS, 6 DE SETEMBRO DE 1909.

Rangel:

Nossas cartas andam desencontradas. Temos de assentar numa coisa: um nunca deixará de responder ao outro dentro de dois dias, e se não puder responder acusará o recebimento por um bilhete-postal.

---

[4] *O grande Vicente de Carvalho sofrera a amputação de um braço. Nota da edição de 1948.*

O teu plano do louco está de arrepiar. Purezinha ficou horrorizada e sonhou. Acho-o ótimo, convenientemente podado e atenuado. Coincidência notável: um dos episódios do teu louco figura no conto número 1 que estou escrevendo e está me agradando. O arcabouço já se vai revestindo de carnes.

Quanto a arcabouços, minha ideia é que todos são bons. A fatura, o revestimento é que é tudo. E não vale a pena discutir planos ou arcabouços. É o mesmo que discutir esqueletos. A grande coisa é a carne que os reveste. Com o mesmo esqueleto a natureza faz uma Laís ou uma bruxa. Quanto ao que deva ser o livro, acho que deve ser o que sair. Nada de *parti pris* ou ergástulos. Gosto de ser livre como um passarinho. O programa é um só: *fazer bom* – e, trágico ou neutro ou cômico, o livro sairá bom.

Mando amostra das ilustrações que estou procurando fazer. Gênero novo, com uns pequeninos truques, ao qual depois de algum exercício espero *m'y faire*. Mande-me a toda brida o teu *Robert Helmont*, caso seja edição Guillaume. Não esqueça, é importante.

LOBATO

* * *

AREIAS, 6 DE SETEMBRO DE 1909.

Rangel:

Tenho recebido regularmente os teus cartões, e também as notas. Só não me veio a tua jogada depois da minha última T4BR. Festas, hóspedes e mais embolias têm atrapalhado a minha tarefa e me impedido de escrever-te alguma coisa sobre os projetos que propões. Mesmo assim dei conta do primeiro volume do Aulete e de mais duas letras do segundo. Antes de terminar esta viagem pelo país dos vocábulos não pretendo pensar no número 3 nem no 4. Queres que continue a mandar as notas? Em geral só nos sabem bem quando por nós mesmos colhidas – porque sem o perceber só colhemos aquilo muito afim com o nosso temperamento ou a nossa personalidade. E mando agora o *Ana Karenina*, do Tolstói. Grande, Rangel, grande...

LOBATO

AREIAS, 15 DE SETEMBRO DE 1909.

Rangel:

Boa-nova: chegou a salvamento
a história desgarrada e apresso-me em dar a notícia. Li – e acho que o teu verdadeiro gênero é aquele. Está pura e simplesmente ótima. A melhor coisa que produziste. Mas acho deficiente o teu português. Nós não sabemos essa maldita língua, Rangel, e manejamos achavascadamente, plebeiamente, um barro, um caulim de primeira, com o qual se podem modelar as mais leves e finas coisas. Só agora ando alcançando a extensão do meu erro nesse ponto. Até aqui me repastei, quase que exclusivamente, no francês, e "ouvia falar" da "língua de Frei Luís de Sousa". Meu português era o caseiro e do jornal. E eu ficava de olho grande: "Que linda não há de ser, meu Deus, a língua de Frei Luís de Sousa!". Mas não tinha coragem de investigar. Agora, sim, a coragem me veio e entrei. Estou, Rangel, dentro da língua de Frei Luís, embora ainda longe de lá do centro, onde ele deve figurar como um Deus, com Herculano à mão direita e Camilo à esquerda. E sei que há uns frades tremendos da mesma família de Frei Luís – Frei Pantaleão do Aveiro, um Lucena, um Frei Heitor Pinto, e um "delicioso" Bernardes. Aquilo lá é uma espécie de Olimpo da Língua, todo deuses e semideuses e deusa nenhuma. Não havia mulheres em matéria de língua antiga, Rangel, como ainda as há tão poucas hoje – a Júlia Lopes e quem mais?

Parei com as minhas leituras de língua estrangeira. Não quero que nada estrague minha lua de mel com a língua lusíada, que descobri como o Nogueira descobriu a Pátria, e o Macuco o verbo "apropinquar". E sabe o que mais me encanta no português? Os idiotismos. A maior beleza das línguas está nos idiotismos, e a lusa é toda um Potosi. A parte que as línguas têm de comum é como a estrutura óssea das várias raças humanas, coisa que não varia apreciavelmente; o que as distingue, o que faz o inglês, por exemplo, ser tão diverso do italiano, são as feições, os trajes, os modos e as modas de cada um, isto é, os *idiotismos fisionômicos*. Note, observe. Fulana, a moça mais graciosa de rosto de todas que enfeitam aí essa tua cidade do Machado, que é que nela a distingue das demais e lhe dá aquela graça especial? O idiotismo com que a natureza a dotou; o narizinho arrebitado, a curva da boca, o modelado do queixo; particularidades essas, todas, que fogem à correção ideal e clássica das linhas dum rosto normal. Por que é o português de Portugal tão superior ao português do Brasil? Porque é muitíssimo mais *idiotizado* pela colaboração incessante do povo, ao passo que aqui o povo praticamente não colabora na língua geral – vai formando dialetos estaduais como na Itália.

Mandei vir *Noites de insônia*, de Camilo, doze volumes, e ainda apanhei uns em Taubaté. E leio anotando os jeitos. Palavras novas não me interessam. A grande coisa não é possuir montes de palavras; se assim fosse, um dicionarista batia Machado de Assis. É saber combinar bem as palavras, como o pintor combina as tintas e o músico o faz às notas. Beethoven só dispunha de sete notas – e com elas abalou o mundo. Corot só jogava com as sete cores do arco-íris, que aliás são três. Deem cem notas a mim, que sou um cretino em música, e deem duzentas cores ao Jonas de Barros, que é em pintura o que sou na música, e não sai nada!

Já li um volume das *Lendas e narrativas* de Herculano e releio o ultrabom *Eusébio Macário* de Camilo – Camilo a fazer fosquinhas para os naturalistas! E tenho um livro de Frei Luís, uma hóstia sagrada, Rangel: *Anais de Dom João III*. O Nó Vital é ali com esse frade, o verdadeiro dono moral da língua. Quantas vezes eu tinha lido, "A língua de Frei Luís de Sousa...". Ando por Herculano, Camilo e outros, como quem anda sobre as lages que se aproximam do templo.

Já encetei a série de artigos para a *Tribuna* e já fiz jus a 40 mil-réis. Com isso pago dois meses do aluguel da casa. Pagar a casa com artigos – que maravilha, hein?

Recebi carta dos fundadores dum semanário ilustrado em São Paulo, gênero *Fon-Fon*, pedindo colaboração. Eles montam as revistas e saem com o pires... Chama-se *Lua*. Promete mundos e fundos – menos morrer do mal dos sete números. A primeira fase dessa lua será para janeiro. Posso meter lá o teu conto? Mas quero entrajá-lo por um figurino novo que lhe irá bem. Simples experiência. Como já não contavas mais com ele, tomo-o para uma experiência *in anima nobile*.

O trecho que mandaste sobre a algolagnia é bastante curioso; há um interessante estudo a se fazer por aí, no sadismo.

Em ortografia estamos num caos – e numa encruzilhada. O que penso a respeito está no artiguete que incluo – mas entre pensar assim e agir de acordo vai um passo, e eu me debato no pélago da indecisão, como diria o Macuco.

Tens os discursos do Rui? Que maravilha! Que deslumbramento! Que incomparável mestre e que artista da palavra! É o grande clássico que nos dispensa de lidar com os velhos clássicos – tudo que neles há de bom aparece em Rui, e melhorado. Tem todas as energias e todas as suavidades. Rui é um Everest.

Não há motivo para indignação, mesmo mansas como as tuas. "Talvez você, se compreendesse e se penetrasse de minha ideia etc." Exprimi essa dúvida, enervado, zangado, aborrecido por não saber exprimi-la a contento. Era natural que você não alcançasse bem, bem, bem, uma ideia que o pai expressou tão mal.

Aprovo as ideias sobre a composição e nada tenho a aditar.

Voltam as tuas notas. Não é bom o sistema de colher pétalas de flores, em vez da flor inteira e com cabinho. Quem quer apenas vocábulos exóticos ou raros, não precisa ler autores, é ler o Aulete. Lá estão todos, e já anotadinhos. Adote o meu processo, que é o único.

LOBATO

* * *

AREIAS, 22 DE SETEMBRO DE 1909.

Rangel:

Minha impressão de *Criança*:
ótima na primeira parte até página 11; boa no resto, menos o desfecho, que me decepcionou. Não deve ser um médico o noticiador da morte; fica muito arranjado, muito *Irmãos Zanganno*. Além disso, o povo que invadiu o picadeiro era natural que se derramasse também pelo interior da barraca onde estava o

menino. Nesses lances o povo não faz distinções, nem respeita nada. Ficaria muitíssimo melhor se Siá Chica irrompesse lá de dentro do povo com o menino morto ou morimbundo para depô-lo aos pés do assassino, em meio a uma chuva épica de invectivas rubras de cólera com que vingasse a morte do filho adotivo. O Lopes está muito bem, e com a velha de bigodes, mais a Zizi, dá muita cor à cena. Em suma: aprovado!

Que letra péssima tens – ainda pior que a minha! Precisamos arranjar máquinas de escrever. Mas eu, quando quero, escrevo legibilissimamente, e você quanto mais capricha pior fica.

Vou ver se ataco o número 3. O teu número 4 envergonhou-me e meteu-me em brios. Estou lendo *Memoires d'outre tombe*, de Chateaubriand. Acabei o Albalat. Bom, mas de pouco valor para nós aqui. Discreteia sobre o estilo francês, e as coisas mudam quando em português. A parte referente ao estilo descritivo em Homero é ótima e boa para nós. A conclusão que tirei do livro é que estilos não se fabricam, nem se ajustam por influxo de regras; são o que são, como o nariz das pessoas. O mais, arrebiques, sobrecargas, postiços que só aparentemente melhoram o natural ingênito e espontâneo de cada um. Gostei do meu juízo sobre Chateaubriand coincidir com o de Albalat. Em Taubaté tenho O *gênio do cristianismo*, *Atala*, *René* e excertos. Deixe em repouso o número 4 para revê-lo mais tarde. Isso é bom.

LOBATO

* * *

AREIAS, 23 DE SETEMBRO DE 1909.

Rangel:

O meu xadrez estava errado, mas já retifiquei a posição e continuo: 9) C3BR – D3CR (na tua carta vem D3CD, mas como não é possível, atribuo-o a engano, troca de R por D). Minha 10) C4T.

A tua operosidade envergonhou-me e fez-me vomitar o número 2 e o número 3. A *casinha de rótula* encalhou e também outro sem nome. Espero que alguma forte maré os safe. O Edgard Jordão escreve-me essa carta que mando. Há nele muita originalidade e capacidade metafísica. Talento real. Já temos matéria para a metade do livro, umas 150 páginas. Vou ver se faço coisas menos sanguinárias, sem morte. Temos de variar de nota, senão a crítica nos toma por uns Troppmans que erraram de vocação.

LOBATO

P.S. A Marta está um rolete de carne, com roscas no braço e covinhas pelo corpo. E está saindo uma danada! Creio que o segundo já está a caminho. Será Edgard Guilherme. Donde tiraste o nome do Nelo? Do Goncourt, aposto...

* * *

Xadrez: 21... P5BR; 22) C x C –
T x C; 23) B x P ch – RT; 24) P4TD

AREIAS, 23 DE OUTUBRO DE 1909.

Rangel:

As minhas "batatas", referidas

em carta anterior, são: Congérie, Cábrea, Caramanchão (eu dizia carramanchão), Cérbero, epifanía, hábitat, hílare, homilía, homizío, dulía, hiperdulía, índigo, litanía, liturgía, mândria, mnemotecnia. Das mais não me recordo. Eu acentuava-as errado. Com exceção da terceira, nunca as empreguei na conversa; mas se viesse a empregá-las pronunciaria errado. Começo a perceber o meu relaxamento com o português. Quando calouro, furtaram-me um Aulete que fora de meu pai e eu levara para São Paulo, e desde essa ocasião (dez anos!) fiquei sem dicionário! De gramática sou a personificação da ignorância. Depois que me vi livre do exame, botei fora a infernal gramaticorra do Freire da Silva, que tanto me martirizou e me valeu uma bomba, e nunca tive comigo nem a gramatiquinha do Coruja.

E estou convencido da inutilidade delas, como também pensa o rei dos gramáticos, o Cândido de Figueiredo.

O exemplo que citei foi apenas para frisar a beleza da palavra própria. Talvez por simpatia minha, acho o *circunvagar* mais próprio para designar o movimento *lento e circular* dos olhos em torno duma coisa do que o correr. Correr dá sempre a sensação de pressa. "O moribundo circunvagou os olhos." Quando o movimento é rápido, então sim, cabe melhor o correr. "Corri os olhos pelo jornal."

O *Jack* é bem o que dizes, romance otimamente bem arquitetado, bem travado. Ótimo como *modelo de fatura*. Purezinha, que o leu, me viu no tipo de D'Argenton, e quando briga comigo me chama D'Argenton... Que tristeza, Rangel!...

Não concordo com a tua ideia de que todo crítico é um *raté* da literatura, porque a crítica é um ramo da literatura para o qual certos sujeitos nascem com aptidões especiais. Olhe Taine, Sainte Beuve, Macaulay. Mas não deixa de ser certo que muitos críticos de segunda são literatos fracassados em outros gêneros. Sentem o prazer satânico de se suporem numa sacada, e lá de cima cuspirem nos que passam pela rua. Prazer de juiz sentenciador – mas juiz que se nomeia a si próprio, não é nomeado pelo governo. Vingança, picuinha contra a Fatalidade. "Falhei no meu poema? Pois esperem que vou desancar todos os poemas alheios." O Albalat me parece dos tais. Aquilo de só admitir Homero, e ir filiando um estilo a outro até chegar ao de Homero, aquilo me parece ódio aos seus contemporâneos donos de estilo.

Hás de notar a minha insistência em *Bocatorta*, mas é que ainda não me fiz compreender. O meu conto com esse nome não dá plena ideia da *Ideia*, porque tive de podá-la muito, só deixando o essencial. A minha ideia completa é a seguinte: um monstro hediondo no físico, mas homem de sentimentos normais por dentro. Afora a teratologia visível, ele é um homem como todos os outros. Não é negro, não é rudimentar de espírito como o do conto. Quando chegado a puberdade, nasce nele o desejo de mulher e em consequência o amor. Mas ao mesmo tempo vai cada vez mais adquirindo a consciência da sua horrível condição de monstro, e ele, que em menino vivia na fazenda do pai de Cristina a vê-la todos os dias, ao tornar-se homem e bem conhecedor da sua disformidade, entra a sofrer um martírio horrível e afasta-se. Vira bicho do mato, foge dos homens: e os sentimentos normais que a natureza lhe deu vão, por influxo duma surda revolta contra o Destino, se avinagrando. O amor por Cristina (resultante da sua sexualidade expandida) transforma-se em ódio. Ele a espia do mato. Chora. Escabuja em acessos de cólera epilética. Pintar a vida dele na mata. Suas relações com a mata. Sua simbiose com a mata, mental e física. Amizade e antipatia por certas árvores (há mil coisas a desenvolver aqui). Algo daquele Mowgli do Kipling. Ensejo de pintar a natureza florestal com cores novas e processos novos – em que pese ao Albalat. Chateaubriandizar, mas com ciência, com biologia, com botânica. A floresta deste país de florestas que é o Brasil *nunca* foi pintada, nem interpretada! Não temos nada *d'aprés nature* em matéria de mata. Tudo é imaginado e tratado com receitas, com frases feitas – e sem ciência nenhuma. O grande triunfo de Euclides foi meter um pouco de ciência na literatura. Os papuas arregalaram o olho! Lá de dentro da mata Bocatorta acompanha o movimento da fazenda. Tira conclusões. Induz, deduz. Recompõe em espírito a vida de Cristina, que às vezes vê de longe, num passeio a cavalo. Chega a ir espiá-la num dos seus banhos na cachoeira. Nua! O inferno do drama interior... Um dia passa o trole que vem da cidade, e no trole vem um moço desconhecido. Bocatorta adivinha nele o namorado, o noivo. Sua dor. O ciúme. Contrastes constantes. Na fazenda a alegria radiosa do noivado; na mata, um círculo dantesco de impotência e ciúme e desespero. Bocatorta desabafa nos animais, trucida-os, tortura-os, esmaga as flores que encontra, gasta dias quebrando os brotos novos das árvores e ervas, na ânsia de aniquilar a vida, de vingar-se da natureza etc. etc. Depois, o casamento – o macabro casamento de Cristina, não com o noivo, pois morreu, mas com ele, Bocatorta, no cemitério, de noite. Cristina desenterrada! Imagino uma coisa fortíssima – Bocatorta sempre latente na mata, *naquela* mata, como o próprio gênio da mata, o seu Caliban, a sua alma secreta e *noturna*. Quanta coisa Rangel!

Mas da ideia à realização o caminho é áspero. Talvez você tirasse do assunto a coisa que imagino. Eu não me atrevo – por isso reduzi o romance a conto – um conto que é apenas um frouxo programa do romance.

Toda gente considera o conto um gênero leve – e tomam o leve como sinônimo de fácil. Mas note que em todas as literaturas só emerge do conto um Maupassant para dez romancistas. Mesmo assim, achas que é possível meter Maupassant na plana de Balzac, Dostoiévski e Tolstói? Não creio. É mister fazer bom e grande e o contista, embora alcance o bom, não pode chegar ao grande. É ourivesaria, não é arquitetura. Cellini fez o Perseu, mas faria o Taj Mahal? O meu *Bocatorta* conto é pobre maquete em gesso dum terrível monumento. Miniatura.

Viver um ano, dois, três, dentro dum romance, construindo um romance, como Flaubert. Que fôlego exige! Que saúde – e nós somos uns doentinhos. Mas quanto aos contos que projetamos, absolutamente não penso em desistir; quando mais não seja, ao menos para habituar-me a conduzir uma tarefa do começo ao fim. Que saiam bons ou não, que se publiquem ou não, que amareleçam eternamente inéditos, nada disso importa: o que importa é a satisfação de não havermos procedido como *ratés* que planejam, delineiam, começam... e só.

Outra vantagem, e não menos preciosa, é obrigar-nos a esta correspondência, coisa que me é (e para você também) de muito valor como incentivo, como enchimento de tempo vazio, como ocupação mais nobre do que discutir política na farmácia ou caçar as moscas do imperador Domiciano.

Para o mês vou passar duas semanas em Taubaté e das notas que lá tenho extrairei os tipos e observações aproveitáveis. Se não presto para desentranhar tipos, tenho em Purezinha uma perfeita mestra na arte. Ainda ontem ela me contava duma família de gente excessivamente acaipirada, lá numa chácara em Taubaté, na qual só o pai, um velho de posses, tinha desembaraço e coragem de mostrar-se. Quando vinha alguma visita, as moças filhas do homem (solteironas) não apareciam na sala; o pai explicava que elas haviam acabado de sair naquele momento. Mas enquanto o velho conversava, a visita as pressentia (eram três) a se *revezarem* num velho buraco de fechadura. E Purezinha desenvolve o tema: "O buraco já estava grande, gasto, e cada vez maior; por ele se via um olho inteiro e uma rodela de cara". E enfeita: "A porta, de casa antiga, era curta, ficava a meio palmo da soleira, e pela fresta viam-se pés – seis pés – pés que mudavam de posição, "sôfregos e impacientes os de lado, e *quietos*, sem pressa, os que ficavam na linha vertical no buraco".

Purezinha começa com base num fato real e insensivelmente vai acrescentando apêndices lógicos que o frisam, com uma arte que me dá inveja.

Vou anotar as coisas assim que ela me conta e te mandarei.

Andei metendo o nariz na questão das candidaturas presidenciais, como verás do artigo incluso, da *Tribuna*. Repugna-me esse militarismo que certos jornais do Rio defendem... Mas não falemos nisto.

LOBATO

1910

Areias, 12 de janeiro de 1910.

Rangel:

Vai por quatro o número de vezes que me ponho a escrever e estarrece-se-me em meio a pena, tolhida de súbita vergonha. É o caso que leio e leio e leio Camilo, com o afã dum Henry Morgan a remexer as arcas de um galeão espanhol capturado no mar dos Caraíbas. Leio-o e penetro-me de Camilo, ensaboo-me com as riquezas do maior sabedor da língua d'aquem e d'além mar, Algarves e Colônias; e, com a "descoberta" que fiz do que realmente é a língua portuguesa, espanto-me do atrevimento da filha bastarda que vingou vicejar nestas paragens, tomou-lhe o nome e vive a dar-se como sua sucessora!

Num romance de Júlio Verne há um Tiago Paganel, geógrafo de má memória, ao qual sucedeu o caso, que hoje não me espanta, de aprender o espanhol pelo português. Quando deu pelo engano, abriu a boca. Não me espanta porque fiz o mesmo: aprendi por cá uma língua bunda pensando que era a nobre e fidalga língua portuguesa.

Sempre vivi nesse elegante atascal da língua francesa, no qual me cevava de literaturas exóticas, eslava, britânica, escandinava e até hindustânica – sem me lembrar que isso só deve ser permitido aos que já perlustraram a fundo as províncias da literatura pátria. E tão encrostado me pôs o longo patinhar por anos a fio nesse engano ledo e cego, que não creio em cura para o mal. Tenho sífilis no idioma, da incurável! Mas é provável que encetando agora o estudo da Grande Língua, aos 80 anos menos leigo serei de suas louçanias que hoje. E como ajustado ao intento me pareceu Camilo, a ele me arremeti. Fiz vir um fardel de cinquenta volumes, que trago (tragar, engolir) em parcelas de meio por dia. E espero encomendas feitas a várias livrarias lusitanas, que me abasteçam de Francisco Manoel, um sujeito que deve valer muitos Stendhais e Taines. E de Almeida Garrett, o visconde resgatador de todas as alimárias viscondadas, baronadas, acondadas, marquesadas com que o moderno Portugal atravancou o mundo. E de mais Camilo, Herculano, e Tolentino, e Garção... Que coorte!

E enquanto de todos me não tornar amigo íntimo em diurno e noturno conversar, protesto não admitir amizades bárbaras (no sentido romano, isto é, estrangeiras). Não me mandes, pois, o teatro francês, que te delicia; muito tempo hei perdido com esses deliciosos pechisbeques – cocadas que atendem ao paladar mas empecem a alma. Tenho deles em Taubaté um metro de estante, e acodem-me os nomes de Robert de Flers e Caillavet, o seu irmão siamês; e Tristan Bernard, o Barbinegro, espirituosíssimo e safadíssimo; e Maurice Donnay, todo sutilezas de bordel e salão; e Alfred Capus, consolador dos que tudo esperam da Sorte; e Rothschild, e Paul Hervieu, e Lavedan, e Henry Cain, e o Octave Mirbeau do Nogueira, e Henri Bataille, e o traumatizante Bernstein, e Dario Nicodemi, o amante da *faisandée* Réjane; e Porto-Riche, e Tarride, e o Edmond Rostand do Ricardo... Acho que em França há mais teatrólogos do que espectadores.

O Acre... Para remeter dinheiro tanto vale o Correio como o Banco. Prefira o banco. No correio o provável é esbarrarmos na má vontade pachola dessa gente federal. O Acre... A *Lua* é um pobre satélite. Têm-te valido alguma coisa as minhas notas? Mando mais uma dose. Se te enfandam, dize. Joeiro agora as belezas de Camilo. Que Eldorado! A gente tropeça em pérolas. Tudo ali rutila e canta. Custa-me no Alves 1.300 réis cada um desses Camilos vermelhos da Parceria. O Acre... Você sabe o que é o Acre, Rangel? É fazer o que fez um Ricardo Arruda de São Paulo, que comprou um bilhete inteiro da loteria de Espanha e meteu-se num prêmio de 6 milhões de pesetas... (falta o resto).

São Paulo, 30 de abril de 1910.

Rangel:

Recebi tua carta. Não posso responder já porque ando à procura de casa para onde me mude, já que aqui no meu sogro uma hora de silêncio é sonho inatingível. Meti-me em coisas industriais e creio que deixo Areias e me fixo em São Paulo. Não tenho tido tempo nem de me coçar. Muitas novidades.

Lobato

* * *

São Paulo, 20 de maio de 1910.

Rangel:

Não é por falta de tempo que te não escrevo e sim por falta de sossego. Estou em casa de meu sogro, onde há muita gente, filhas que estudam piano (uma toca o dia inteiro o *Chiribiribi*) e onde há três pessoas surdas, ou de "ouvidos duros", de modo a produzir-se muito falar gritado. E há as mulheres, que, surdas ou não, falam demais e sempre alto – e não há um cantinho sossegado onde um pobre cérebro possa pensar pensamentos como os nossos. Eis a razão pela qual não te escrevo, nem leio, nem faço nada além de ouvir. Ouço, ouço e mais ouço. Outra coisa que me rouba o tempo é a Rua – coisa que não existe em Areias. Passo do torvelinho da Rua para o burburinho da Casa e vice-versa – e assim me vão correndo os dias.

Ando querendo dar nova direção à minha vida, e por causa disso tomei mais três meses de licença. Tua carta me chegou como voz do outro mundo ou pelo menos do mundo em que eu estive há quatro meses passados.

Depois que saí de Areias, não pude nem sequer pensar nos nossos deliciosos planos, coitadinhos! Não sei que fazer de mim, se vou para Caçapava, se fico em São Paulo ou retorno para Areias. Também ando a pensar em Ubatuba por causa do mar. Todo um ano só mar, mar, mar, como no *Joie de vivre* de Zola, em que o mar marulha desde a primeira página até a última!

Estive ontem em Taubaté, onde a morte de uma parenta me fez herdar uma estatueta de Sèvres, Vênus nua com Eros bêbê a querer alcançá-la – uma perfeição de beleza. Namoro-a todos os dias, e queria que a namorasses também. Esse Sèvres me fez curioso da porcelana, e eis-me atolado nuns volumes eruditos.

Ando ansioso pelo reatamento da nossa vida secreta sempre lá pelos intermúndios literários, tão longe deste mundo de carne e ossos. Lembrei-me de te convidar para concorrermos ao prêmio da Academia e tua carta veio bater na questão. Deves concorrer sozinho – eu não presto mais para estas aventuras. Teus contos dão para o volume requerido. Faça uma coisa: refunda no *quantum* necessário os melhores e mos mande para uma inspeção final antes de subirem aos julgadores. Podias mandar *Bem casados*, mas parece que é concurso só de contos. Mande-me o que está pronto do livro novo. Estou com saudades de te ler. Adeus.

O meu Edgard chora, o piano toca o *Chiribiribi*, as mulheres falam, os surdos gritam, um canário trina. O barulho não é uma ficção, Rangel.

LOBATO

P.S. O teu conto *História de bonecas* não pode ir porque ficou em Areias.

* * *

AREIAS, 18 DE JULHO DE 1910.

Rangel:

Cá abicou o monstro. *Caspité!* Hurras pela coragem do empreendimento e tenacidade da execução. Pena não usares a escrita mecânica. Compra-se hoje uma Oliver por cento e tantos mil-réis e é dinheiro sapientissimamente bem empregado no caso dum sujeito de letra martirizante como a tua. Ando com ideia de realizar essa proeza – uma Oliver!

LOBATO

* * *

SÃO PAULO, 22 DE JULHO DE 1910.

Rangel:

De conformidade com tuas ordens, voltam Os pioneiros da luz. Li de um gole a parte enviada e notei séria melhoria no processo narrativo e no estilo. Mais maleável este, ou com a fluidez dos estilos que escondem as técnicas da fatura. Sinto nele, entressachadas sem esforço e sem quebra de nível, todas aquelas nossas aquisições nas leituras camilianas. Na narrativa, muita ordem lógica e grande clareza – qualidade que em você é um dom – e observação constante, ininterrupta. Quem te lê percebe a honestidade literária. Adivinha que todos aqueles tipos foram estudados do natural, e até a pouca paisagem que ali aparece é d'après. Grande qualidade essa fidelidade ao natural, e quem a possui vence. Em suma: há progresso em teu novo romance; tua evolução literária tem sido constante, sem hiatos ou recuos, e tua personalidade se cristaliza. Já és bastante Rangel em quase todas as frases. Já és uma *realidade*!

Este teu romance, se prosseguires com o *ímpeto* de até aqui, merecerá a honra de ser publicado. Será o número 1, a estreia. Que beleza!

Pena não poder dá-lo a ler ao Manoel Carlos, que mo pediu e de você só conhece um conto e dos menos bons.

O primeiro livro de Spencer que li? *Educação*, em meu tempo de calouro. Como todas as mais obras desse Aristóteles moderno, é uma suma da mais alta e nobre sabedoria.

Minha vida continua furta-cor. Ia voltar para Areias esta semana, mas resolvi tirar mais licença. Ando empenhado em ser sócio duma empreitada de sessenta quilômetros de estrada de ferro. Se não falhar, será tacadazinha. E ainda tenho outros negócios em marcha, que me animam a esperar para breve o ensejo dum suculento pontapé na promotoria.

Escrevo na sala de visitas desta casa da rua Formosa, 53, em meio a um barulhão do inferno. Na sala de jantar, seis damas, visitas, falam todas ao mesmo tempo – e entendem-se! Atrás de mim quatro pessoas graves rosnam coisas sérias. Na rua passam constantemente os infernais bondes da Light. Já não sei o que está para trás, nem tenho ânimo de reler. Ando a pensar em refugiar-me no porão da casa, onde há um fundo escuro silencioso. Lá, sozinho, terei uma sensação de Areias e talvez possa escrever-te à moda antiga.

Lobato

* * *

São Paulo, 30 de julho de 1910.

Rangel:

Respondo à tua de 21. Os defeitos de

Pioneiros, a que de leve me referi, são coisinhas tão pequenas que nem merecem debate. Entusiasmo-me com a marcha em que vai tua obra, não só a literária como a erudita! Refiro-me ao teu dicionário. Pode estar nele o germe duma coisa tremenda. As mais tremendas coisas começam assim. O próprio Shakespeare começou dum espermatozoário. Também a mim me ocorre às vezes a ideia de fazer algo de ciência e desistir da literatura. Uma gramática histórica e filosófica, que me vingue da bomba que tomei no meu exame inicial. Comecei minha vida de estudos, bem sabes, com uma inabilitação em português. Ou um vocabulário brasileiro. Coisas assim de paciência. O perigo é nos meterem no Instituto Histórico. Não tenho ideia do que seja o Instituto Histórico, mas me represento um museu de múmias vivas, tossindo, escarrando. Antes disso talvez publique a minha tradução do *Anticristo* do Nietzsche, para a qual já tenho editor. Depende duma correção final do manuscrito que só poderei fazer quando acabar esta minha interminável estada em São Paulo, consumidora de todo o meu tempo em coisas profanas.

Achei heresia a comparação do *Brás Cubas* com as *Memórias de um Sargento*. Conquanto estas memórias sejam um dos pouquíssimos livros bons da nossa literatura inicial, falta-lhe a ironia e o pessimismo sibarita e anatoleano de Machado. E falta estilo. Tenho a impressão de que as *Memórias póstumas de Brás Cubas* foram escritas por um conjunto de mestres: Sterne, Anatole, Xavier de Maistre e Stendhal. Não sei a conta do que levar, mas livro nenhum, daqui ou de fora, jamais me soube tanto às minhas mais íntimas e misteriosas vísceras estéticas. Parece um livro ateniense, anacronicamente rebentado no Rio de Janeiro – essa coisa berrantemente tropical! As *Memórias de um sargento* têm contra si, no confronto, a vulgaridade plebeia das coisas ditas; e nem podia deixar de ser assim, pois que esperar dum sargento de milícias? Já o doutor Brás Cubas é fina floração de fim de raça, num *faineant* como aqueles das cortes luisescas de França. Flor de fim de Ordem Social. Ao primeiro sopro das Revoluções, os Brás Cubas morrem como passarinhos.

A minha ideia do porão falhou, porque uma criada ocupa a repartição próxima, e como é preta põe lá um bodum pior que o barulho da sala. Ando a ler uma batelada de coisas, entre elas a correspondência de Taine, a *Conduta da vida*, de Emerson, uns Anatoles e um romance de Marion Crawford. Este mês decide-se o negócio da empreitada; e se não falhar mudo de vida. Meu dilema agora é este: ficar aqui metido em negócios ou remover-me para Ubatuba e passar um ano diante do mar – a namorá-lo, a cheirar-lhe as maresias, a comer-lhe os camarões e ostras, a pintar marinhas, a ouvir histórias de pescador, a pescar nas pedras, a tomar banhos e ficar ao sol da praia de mãos cruzadas sobre os olhos, como um caranguejo feliz.

Creio que foi aquela *Joie de vivre* de Zola que me fincou na cabeça tal ideia. E caso meu plano se realize, que tal ires também passar lá uns três meses de licença, com a tua Bárbara? Ela há de estar precisadíssima de banhos de mar. Arranjo-te casa mobiliada junto à minha, se não couberem as duas famílias na que irei tomar – caso escape do hotel. E viveremos uns meses no mar, para o mar, do mar, pelo mar, com abandonos de mulher que se entrega ao amante. Levaremos uma batelada de literatura marinha, Lotis e Conrads, e faremos literatura, contos e novelas cheias de mar, com muito verde-cana e muito azul do céu.

Ubatuba é uma grande tapera à beira duma sucessão de praias lindas. Anda-se lá de pé no chão, com chapeirões de palha, sem paletó, a comer coco verde na rua e a sentir de todos os modos o mar, o mar – nos banhos, nas refeições, nas pescarias, na leitura dos escritores marinheiros.

O juiz de lá é meu tio por afinidade e velho companheiro de colégio, de academia, de tudo. Aquele Eneias que se atirou do trole no desastre da ponte, lembra-se?

Uma estada assim em Ubatuba será coisa de marcar época em nossas vidas, Rangel!... Seduz-me tanto que, podendo ser removido de Areias para Araraquara, estou negociando permuta com o promotor de Ubatuba. Talvez haja incompatibilidade por causa do tio afim. Já consultei a Secretaria e espero resposta. Mar, mar, mar... Há sempre saudades do mar na obscura trama do nosso imo. Já fomos filhos do mar, nos inícios da nossa evolução, quando éramos o peixe *amphioxus*...

LOBATO

* * *

TAUBATÉ, 27 DE SETEMBRO DE 1910.

Rangel:

Tua última me pegou neste Taubaté para onde vim por três dias em virtude da morte de meu sogro, a 13 do corrente. Esta morte atrapalhou-me um tanto os cálculos e talvez me leve de novo a Areias, e então retomaremos os fios. Coincide andarmos a ler o mesmo livro, À *margem da história*. Como é novo, como são inéditos entre nós a ideia, o pensamento, o estilo, a língua de Euclides! E por causa duma simples mulher esse Homem Estupendo desapareceu numa voragem...

Certo o que dizes do Cândido. Teve elementos para tudo, mas o excesso de dinheiro o perdeu. Cândido pobre daria algo precioso. O dinheiro dessora e dá a preguiça. Outro que está se estiolando e de quem nem o Raul espera mais nada é o Ricardo – o gênio da nossa rodinha. Vive em São José dos Campos.

O "literatinho da tua terra" definiu muito bem os falhos. Isso mesmo! Hoje, sarado já da catarata, coloco-me no lugar devido e nada mais espero de mim. Antigamente, a simples ideia de falhar me dava ânsias de desespero. Hoje, que positivamente já falhei, nem mais me acodem à mente os sonhos de outrora. Perguntas que tenho feito. Uma coisa só: procurado ganhar dinheiro, procurado mudar o rumo da minha vida – mas não espero nada este ano. A coisa não é fácil como eu supunha.

Ando ansioso por Areias – parece incrível! Mas aquele sossego me faz bem à alma e ao cérebro. Não há lá este dispersivo das grandes cidades; podemos cultivar uma horta. Aqui nada produzo. Meu jardinzinho do cérebro está cheio de mato. Sinto-me entorpecido dos miolos, como ficamos entorpecidos dos músculos quando muito tempo acocorados. Só de você espero ocasionalmente algum lubrificante. Literariamente, vivo pendurado em você, como quem caiu num abismo e se agarrou a uma raiz. Se você me larga, vou ao fundo.

LOBATO

1911

Taubaté, 4 de abril de 1911.

Rangel:

Tua carta chegou-me ao voltar eu da missa de sétimo dia da morte de meu avô. Faleceu a 27 de ruptura de aneurisma, como se previa. Um grande homem, o meu avô, e grande amigo meu. Esse fato vem mudar minha vida. Já não volto para Areias – abandono a carreira. E com pesar. Aqueles dias lá passados, sem serviço como promotor, todo entregue ao mais absoluto borboleteio mental, ora em caça de coisas no Camilo, ora a ler e anotar o Aulete ou a traduzir artigos do *Weekly Times*, ou a tentar um conto, ou a ler um livro novo – tudo isso, dentro da nossa eterna troca de conversa escrita, é coisa de deixar saudades, pois não. Minha vida agora vai ser a de "proprietário". Em estudante eu *tinha* uma cama, uma cadeira de balanço, uma canastra e uma agulha – minhas propriedades paravam nisso. Essa agulha me fora dada aqui, certa vez, por uma velhinha de nome Nh'Ana Rosa. Conservei-a toda vida espetada na gola e com ela preguei todos os meus botões caídos. Chegou a entortar de tanto uso, a coitadinha. Pois hás de crer, Rangel, que logo que me casei a primeira coisa que Purezinha fez foi perder a minha agulha histórica e tão amiga? Conservei-a comigo, na gola, oito anos! Depois que me casei assumi mais propriedades – mulher, filhos, a responsabilidade de pai de família. E agora vou ser proprietário de coisas – casas, terras, fazendas. Mas a "nossa agulha" será conservada e continuaremos *quand même* a costurar as nossas secretas literatices.

Isso é raro e bom, Rangel. A mim me descansa da materialidade da vida e a você garante uma opinião sincera neste mundo de opiniões malandras. Ainda não sei que rumo vou tomar. O mais provável é ir viver naquela fazenda onde escrevi o hediondo Os *Lambe-Feras*. O lugar tem a calma propícia às letras – embora, dada a amostra, as produza péssimas. Produzirá melhor feijão e milho. E lá me hás de visitar um dia, você, dona Bar e a prole. Prometido?

Os preços de impressão do Lello são realmente convidativos, mas de mim sou contra o teu lançamento agora. Eu queria que aparecesses com os seis romances ao mesmo tempo, de jato, todos perfeitos, inatacáveis! Coisa de achatar a crítica indígena e dar uma tremenda prova de consciência do valor próprio. Essa história de vir com o primeiro livrinho e submeter-se à piedade da crítica, e ouvir que somos uma "bela promessa", isso não vai comigo. Ou entro e racho, ou não entro nunca. A coisa há de cair na taba como um bólide.

Quanto a ganhar dinheiro com livro, e essas esperanças de criar um "nome vendável", uma marca de fábrica que tenha saída, varra isso da cabeça! Tão cedo o livro não será negócio de dar dinheiro no Brasil. Sabe que o pior negócio do Garnier foi a edição completa do Machado de Assis? O Paulo, gerente da livraria Alves em São Paulo, disse-me que "o Alves não quer a obra de Machado de Assis nem de graça, porque não passa dum entulho de prateleiras" – tão divorciados andam entre nós a Glória e o Valor Comercial.

Pescar! Coisa deliciosa. Foi na minha infância o meu maior prazer. Em menino, o anzol, o tresmalhos e o covo me faziam esquecer o mundo. Ainda hoje é com emoção sagrada que levanto um modesto mandi. Em Areias eu pescava com o Fídias, delegado. O riozinho de Areias dá muito acará. Este capítulo é longo e com muito prazer a ele voltarei.

Hei de ler o Conan Doyle que recomendas. Gosto do homem. Leio-lhe tudo quanto pilho.

LOBATO

TAUBATÉ, ABRIL DE 1911.

Rangel:

Li a última parte dos *Soldados do livro*. Não resta a menor dúvida: estás romancista. Possuis todas as qualidades necessárias: 1) Capacidade de trabalho, coragem de começar na primeira e ir até a página 350; 2) Instinto da composição, da arquitetura, da montagem, do enredo; 3) Habilidade de manter até o fim o caráter dos personagens; 4) Estilo e correção de língua. Resta agora a lapidação de todas essas qualidades, que é um trabalho do tempo.

Noto no romance umas tantas excrescências, que o aumentam de tamanho e o diminuem de harmonia – uns tantos excessos que cumpre podar. Uma cara só é bonita quando nada tem de mais ou de menos. Suprima, por exemplo, ou atenue, a catequese dos botocudos pelo Marolo. Materialmente não havia tempo, entre sua saída do ginásio e o dia dos exames, do homem catequizar índios e padecer martírios. Faça a conta. Não dava tempo nem dele chegar a Cuiabá. Além disso, muito mais consequente com o caráter de Marolo será sair do ginásio e agregar-se parasitariamente ao bispado, em cargo que um leigo possa desempenhar.

O capítulo 16 pede refusão. Está prolixo, cheio de coisas que não dizem com o tom geral. Desafina. Noto que nos diálogos você se vulgariza um pouco. O diálogo no romance é o enxerto das coisas vivas, frisantes, engraçadas ou áticas, que por associação vão ocorrendo ao escritor. A cena dos conspiradores em casa do Dadico pede reparo. Da rua, portas e janelas fechadas, como podiam eles ver e ouvir tudo quanto se passava lá dentro? Muito melhor deixar *entrever* a situação do que narrá-la às cruas. E assim outras coisas.

Em muitos pontos é preferível entremostrar a mostrar, diluir os contornos duros, substituir luz por meia-luz ou penumbra. Há ganho de sugestão.

Nossos estudos de clássicos deram um resultado curioso: tua linguagem ficou metade século XX e metade século XV. Pareces um homem de cartola e bofes de renda, ou de paletó-saco e sapatos de fivela. O que eu achava melhor é que decantasses o estilo. Que o deixasses filtrar e assentar por si mesmo, porque estilo não é uma coisa que se faça deliberadamente de acordo com certos moldes; estilo é cara, é feição, é fisionomia, é nariz. O amanho da cara não vai além do asseio da pele, do pentear ou não os cabelos, do cortar ou não os bigodes. Se alguém passa além disso e usa cremes e ruges, perde a cara e vira *maquillage*.

Quer que mande já o livro ou prefere que o anote? Se insisto em anotar os defeitos é que muito o apreciei no todo e desejava vê-lo sem senão. Às vezes olhos alheios enxergam melhor em nossos filhos do que nós mesmos. Há aquela fábula dos filhos da coruja – e tudo quanto produzimos é filho de coruja. Por isso meus olhos, embora não sejam mais apurados que os teus, verão no que escreves defeitos que não vês – e, vice-versa: no que escrevo os teus verão muito melhor que os meus olhos de pai. É da vida. Minha opinião é que podes aparecer em público com este romance. Tema empolgantíssimo. Será uma grande estreia.

Os *Bem casados* continuam aqui. Quer que os devolva? Apesar do meu atarefamento atual, estou pronto para recopiar o teu romance, pelo menos em parte.

O Nogueira escreve-me sobre a sua novela sideral. Vacila na nuança do papel, na largura das margens, na cor da capa etc. Coisas evidentemente de muita importância nos intermúndios. E quer umas ilustrações minhas – imagine...

LOBATO

* * *

TAUBATÉ, 6 DE MAIO DE 1911.

Rangel:

Venho pôr-me em dia. Não há dúvida, os teus *Pioneiros* ganharão com algum desbaste a foice, sabiamente feito nalguns trechos que me parecem muito copados. É o que estou fazendo aqui numa chácara que foi de meu avô: desbastando, derrubando tudo quanto é árvore inútil. Só ficam as árvores que dão renda. Pés de cambucá que produzem mal e frutas enferrujadas – machado neles! Mangueiras maninhas – machado nelas! No romance também é assim. Tudo que for inútil ao progressivo efeito central pede foice e machado. Podar, podar! Eis o grande segredo. Desbastar. O que fica eleva-se, ganha realce.

O Sebastião andou tão arredio do colégio que será bom alijá-lo do livro. Está lá sem fazer nada. E não é possível uma coisa daquelas – um tal troglodita filho de gente fina. Poderás dar-lhe muita liberdade, para mostrar a desordem do colégio, mas não a ponto de fazer dele um Robinson. O Dário e o Meira estão pedindo poda. Em Adélia não toques. É um tipo muito corriqueiro na vida, que a gente sempre entrevê oculto no fundo das casas. Os velhos são a nota emotiva do livro e coisa realmente ótima.

Tens uma impressão do *Robinson* que é também a minha, com a diferença que nunca o reli – nem relerei. Ganhei-o de presente num memorável dia de Natal e li e reli aquilo com um deleite inenarrável. Conservo essa impressão infantil com o carinho com que um poeta deve conservar a sua primeira produção. Que maravilha não será o *Robinson* para a formação do caráter dum menino inglês, que cedo vai para as Índias, a Austrália, construir uma vida de que Robinson é o espelho! Para nós não é tanto, porque não temos Índias para ir – somos ostras.

Os *Lambe-Feras*... Deixemos aquilo em paz. Hórrido.

Vou-me à vida livre do fazendeiro, criar porcos em vez de acusar réus, viver como bicho ou árvore em vez de como chapéu-de-sapo que o doutor Washington desloca daqui p'r'ali.

Não sei se o *causar espécie* é locução vernácula. Talvez um idiotismo – e idiotice é. Será francesismo? "tresmalho", no tempo em que eu pescava na Fazenda do Paraíso (9 a 12 anos) era uma redinha de malha que atravessávamos no ribeirão à tarde e na qual na manhã seguinte encontrávamos peixes enroscados – peixes que desciam o ribeirão de noite. Se o nome aí é outro, a coisa é a mesma.

Recebeu os prospectos de novo dicionário? Imagine que são 23 volumes de quinhentas páginas cada um! Está sendo feito por um Jerônimo de Azevedo da Biblioteca Pública de São Paulo. Vinte mil-réis o volume. Irá saindo aos poucos.

LOBATO

TAUBATÉ, 22 DE JUNHO DE 1911.

Rangel:

Será que a tal carta de meia légua se perdeu pelo caminho? Já estou cansado de esperá-la.

O mês passado fundei aqui um colégio para aproveitar duas coisas: um casarão imenso deixado pelo meu avô e um parente que não conseguiu estudar. Que fazer de quem não conseguiu aprender, senão pô-lo a ensinar? Já inauguramos o externato – o internato fica para o ano que vem. Temos agentes pelas cidades vizinhas. E aí? Não me poderás conseguir um bom? E estou planejando o lançamento dum sanatório em São José dos Campos. O lugar é ótimo e ninguém ainda teve a ideia. Tenho cá um tratado sobre os sanatórios suíços e o engenheiro Huascar está me fazendo um anteprojeto.

Mas a grande ideia não é essa: é a de um colégio que não existe, só para meninos ricos. Um colégio onde só ensinem coisas de rico – esporte, *pocker*, *bridge*, danças, línguas vivas faladas, elegâncias, pedantismos, etiquetas e as tinturas de literatura, ciência e arte necessárias nas conversas de salão. O café está a 10 mil-réis, o fazendeiro nada em ouro – que fazendeiro não quererá os filhos educados assim? O passadio do colégio será excelente. Mesas redondas, garçons de casaca. E podemos até introduzir as cartolas de Eton. Estatutos luxuosíssimos, com maravilhosas gravuras. Agentes por toda parte onde haja ricos. Grandes reclames nos jornais, diretos e indiretos. Para professores, só medalhões, *"imortais"*, homens bem-postos, aristocratas estrangeiros; e o Beccari, que é marquês, poderá entrar como *Maître d'hôtel*. E temos ainda o conde Lorenzaro para a equitação. Importaremos até um duque da Itália – ou um grão-duque da Rússia.

Preços exorbitantes, que enchem de orgulho os pais, porque ter filho em tal colégio será o mesmo que ter frisa de assinatura permanente na ópera: atestado de riqueza.

No fim do ano, excursões dos alunos pelos países de turismo clássico, com professores que expliquem a Esfinge e mostre as melhores *boîtes* de Paris e as mais afamadas casas de joias da Rue de la Paix. Em suma, ensinar aos meninos ricos o que eles vão necessitar pela vida afora – porque não sei de maior imbecilidade do que meter logaritmos na cabeça dum futuro herdeiro de milhões. Mas ensiná-los a ser ricos com decência e proveito social.

O rico educado! O rico treinado na sua alta função social. Pense nisto, Rangel. O rico forçado a ter altas obrigações, como aqueles nobres dos começos da nobreza.

A ideia me veio porque há aqui um rico (aliás mineiro) que tem boa alma, é decente etc., mas está transformado na craca mais inútil do mundo porque nunca lhe ensinaram a arte de ser rico. Um rico educado em meu colégio será um nobre embelezador do mundo com a sábia arte de bem gastar em proveito próprio e alheio, que o colégio lhe ensinará.

Não comunique esta ideia ao Fernandes, que ele corre a executá-la. Incrível que um gênio da marca do Fernandes ainda não se tenha lembrado disto!...

LOBATO

* * *

TAUBATÉ, 7 DE AGOSTO DE 1911.

Rangel:

Já andava saudoso de algo sem conseguir precisar o que fosse, quando tua carta veio abrir-me os olhos. Era a falta das nossas palestras epistolares, nas quais nos chafurdamos no assunto que não cansa. Há quantos séculos interrompemo-las! Desde Areias. Mas como vou breve para a fazenda com o fito de morar pelo menos um ano, e você de novo afundou nesse tremendo Machado, a distribuir justiça, é de crer que tenhamos ambos disposição e tempo para... Para quê? Que será realmente isto que fazemos? Devanear? Para mim o sabor de tudo está em que só nos momentos em que te escrevo, ou te leio, é que vivo a minha "vida insuspeitada" – uma vida velha, boa, cara e rara; uma vida proibida e única, de espanejamento de ideias, de espojamento mental. Observe como as bestas de carga se espojam no pó, quando, depois de longa viagem, o tropeiro as alivia das cangalhas! É o que fazemos epistolarmente, sem que o Mundo desconfie. Pobre Mundo! Como nós o enganamos...

Ah, eu no Mundo sou outro. Converso sobre o café, a alta do açúcar, raças de gado, política municipal. Mas com você eu ressuscito um Lobato alma de gato que não morre nem a porrete e literateja às ocultas – Lobato *quand même*. E há quantos anos já dura esta conversa misteriosa, de que o Mundo jamais desconfiará? Quanta coisa nos dissemos, quanto projetamos, quanto nos espojamos... Enquanto isso, fomos vencendo estirões na estrada da vida. Vencendo fases. Namoramos. Noivamos. Casamos. Proliferamos. Descobrimos o primeiro fio de cabelo branco...

Mas ando curioso de conhecer o teu pedaço de vida que vai da saída de Machado até a volta para Machado. Tanto machado, Rangel – não receias um fim à Ana Bolena? Conta-me lá esse pedaço de vida. Foi pena não quereres te associar ao meu colégio aqui. Vai de vento nas costas. Dei-o de presente a um cunhado, e diz ele que já lhe está rendendo 1 conto de lucro por mês, o que é alguma coisa para colégio começado este ano e aqui. E ele não é dos que têm grande jeito. Mas com você dentro – com toda a técnica que aprendeu do Fernandes...

Agora que te voltou o sossego tens de prosseguir no romance. Lembra-te que a ti cumpre salvar a Tarasca, já que és a única semente que não falhou. Todos nós vivemos de olhos grudados em você, como náufragos num penedo da costa. Quando algum dos cães pergunta de você (porque sobre o Rangel sou eu a grande autoridade), respondo com mistério: "Nada de pressas. É de lá que vem a *coisa*!". E o "a coisa" é dito em tom que os comove; os olhos do Raul brilham de amor. É que todos do Cenáculo esperam de você e de você só. O resto da cainçalha vive na voragem, esquecidos das ideias e juramentos de outrora. Ricardo engorda e em vez de sonetos produz filhos. Raul ainda se mantém o último abencerragem – ainda é um produto residual das leituras do Eça. Ainda acorda e emite aquele "oh!" quando ouve o nome do Eça. Albino policia Ribeirão Preto. Lino, Tito, eu... Até erva-de-passarinho me deu no estilo. Perdi o jeito de escrever, por força deste delicioso hábito de não escrever que estou adquirindo. Atualmente, sabe em que lido? Arquitetura... Fiz o projeto de uma capelinha que uma de minhas irmãs quis construir em sua chácara aqui da cidade – e peguei a empreitada! Estou arquiteto e construtor! Há três meses que vivo essa vida nova; passo os dias, desde as 6 da manhã até noitinha, na "obra", dirigindo e fazendo. Ajudo o carpinteiro e o pedreiro. Eu mesmo preguei todas as telhas "Eternit" do telhado, porque o pobre pedreiro não entendia dessa novidade. Ontem, quando entrou lá na chácara o correio com tua carta, eu estava no alto da escada ajustando uns lambrequins (que não figuram no desenho que te mando). Que felicidade construir! Não me esquecerei nunca destes dias passados a lidar com a torrinha em ponta de flecha, a dez metros do solo, sob o sol. Nunca meu tempo correu tão depressa. Os pedreiros e carapinas não sabem como são felizes. A felicidade humana é diretamente proporcional à velocidade com que passamos o tempo – ou ao "andante" da vida. Pedreiro e carapina e mais operários manuais são ultrafelizes porque vivem "prestíssimo". O mais desgraçado dos homens é o preso de cadeia, porque vive no "lentíssimo", com dias de cem horas. Meus dias da capelinha têm, sabe quantas horas? Nem seis. E a minha impressão é de serem horas de vinte minutos apenas.

A verdadeira vida dum artista deve ser esta que estou levando – vida de aprendizagem, como a teve o *Wilhelm Meister* de Goethe. Viver todas as vidas – depois pintar a Vida. Uns tempos como pedreiro, outros como carapina, vivendo no meio deles, com o aroma das madeiras morando-nos no nariz, mais os cheiros das telhas e da cal e do reboco, com a unha do polegar da esquerda sempre negra das marteladas em falso. E depois, o mar, uns tempos de mar – e engajado em barco de vela, cantando e apanhando bofetadas tremendas do capitão – um capitão de suíças. E depois, cocheiro de *cab* em Londres, ou de *fiacre* em Paris, ou mesmo de tílburi em São Paulo. Depois, criado, maquinista, guarda-freio da Central, motorneiro da Light, vendedor de frutas no carrinho, e de bilhetes de loteria, e caixeiro, e faroleiro, e *camelot*, e farol de roleta... Viver as principais "vidas coloridas" e realmente vivas – e só depois então casar. Só assim um homem tornar-se-ia honestamente casável.

Mas sempre com dinheiro escondido no banco, para não passar a tal necessidade que goza fama de ter cara de herege. Vivo pensando nesse projeto, para quando alcançar a independência econômica – e sempre contando com você para companheiro. Sem você sinto-me podado, com falta de pedaço.

Se não todas, há entre essas vidas que citei algumas que teimo em viver. Uma é a do faroleiro. Não imaginas, desde aquele conto tentado em Areias, que profunda nostalgia me ficou da vida em farol. Ainda hei de passar dois meses num farol – e com você ao lado.

Quanto aos *Falhos*, creio que vão ser a tua obra-prima. Nada observaste tão bem e tão ao vivo, talvez por superabundância de modelos. Estas cidadocas são cachos de *ratés*.

Não conheço o *Inocente* de D'Annunzio – nada tenho lido ultimamente, fora uns malucos de gênio como o Aretino e o horrível louco que foi o Marquês de Sade. E por falar: desconfio que este marquês é a fonte donde Nietzsche emana – o olho-d'água de Nietzsche. Sade está no Index, e é de fato a coisa mais anticristã que possa ser imaginada. Mas é um gênio!

E como vai de filhos?

LOBATO

* * *

TAUBATÉ, 11 DE SETEMBRO DE 1911.

Rangel:

Volto ao Euclides. Estive a lê-lo e

pareceu-me que a sóbria e vigorosa beleza do seu estilo vem de não estar cancerado de nenhum dos cancros do estilo de toda gente – estilo que o jornalismo apurou até ao ponto de bala acadêmico, tornando-o untuoso, arredondado e impessoal.

1) Euclides evita prepor o adjetivo ao substantivo, o que contraria a lógica percepção cerebral. Por exemplo: "exaustivas correrias", "paupérrimas choupanas", "esguia palmeira". O que na mecânica da leitura o cérebro tem de representar ao rece-

ber a impressão dum desses adjetivos (sem ter ainda recebido a impressão do substantivo posposto) é uma qualidade *vaga e dissipada* em extremo, capaz de mil articulações diversas: ao passo que na forma contrária – "palmeira esguia", por exemplo – a impressão é de extrema nitidez e vigor; o cérebro representa a coisa indicada pelo substantivo e imediatamente a qualifica ou determina com o adjetivo posposto. Ora, em Euclides *não há* adjetivos prepostos aos substantivos, ao passo que no estilo de jornal é esta a forma que predomina ("nosso inteligente colaborador", "o distinto amigo", a "gentil senhorita", a "virtuosa consorte", o "honrado comerciante desta praça" etc.).

2) Os verbos em forma composta, essa nojenta coisa de agregar o "ter" e o "haver" ao resto da verbalhada. É outro vício dessorante, que enfraquece o estilo com amortecer a nitidez da impressão cerebral ("haviam feito", "tinham estado comendo" etc.). As formas verbais simples são esplêndidas de energia e Euclides só emprega as compostas quando indispensáveis. Já o estilo de jornal só quer saber das compostas, justamente porque melifluem a frase, fá-las de salão de Clube Recreativo. Abro um *Minarete* e encontro: "andaram percorrendo", "tiveram começo", "estavam reclamando", "foram verificados" etc. A explicação do fato é a mesma do adjetivo preposto – dispersão, dissipação.

3) Os advérbios em mente, outra asquerosa invenção do jornal com o fito de adocicar o estilo por causa das leitoras folhetinistas, normalistas, pianistas, feministas – todo o hospital dos cloróticos para os quais o jornal é um pão de cada dia – pão doce. A razão ainda é a mesma. Claro que têm mais força as formas – "de leve", "à larga", "à sós" – do que o "levemente", o "largamente", o "solitariamente". Euclides é idiossincrásico aos advérbios em mente e o estilo de jornal não quer outra coisa. Pela-se por eles.

Veja este trecho: "A deiscência das vagens das catingueiras, abrindo-se com *estalidos secos e fortes*, soava-lhes como percussões de gatilho ou estalo de espoletas, dando a ilusão de *descargas súbitas* de alguma *algara noturna inopinada* – e as *grinaldas fosforescentes* dos cananãs fulguravam ao *longe*, esbatidas nas sombras, como restos de fogueiras quase apagadas, em torno das

quais velassem, em silêncio, expectantes *tocaias numerosas...*".
E compare como ficaria em jornalismo: "A deiscência das vagens
das catingueiras, abrindo-se com *secos e fortes estalidos*, soava-lhe
como *agudas percussões* de gatilho e *secos estalidos* de espoleta,
dando a ilusão de *súbitas descargas* e alguma *inopinada algara*
noturna, e as *fosforescentes grinaldas* dos cananãs fulguravam
remotamente, esbatidas nas sombras, como restos de fogueiras
quase apagadas, em torno às quais *estivessem velando, silenciosa
e expectantemente, numerosas tocaias etc.*" (falta o resto).

Lobato

* * *

Taubaté, 10 de outubro de 1911.

Rangel:

Ora a tua versão do "enigma do Olivais"! Ele assume atitude de enigma e vocês caem e tentam decifrá-lo. O fato é que Olivais anuncia, mas nunca mostra nada de bom que haja escrito. O cavalo de batalha é agora o Alberto de Oliveira – a famosa carta do Alberto! Quem precisava duma carta do Alberto, conferidor de talento, é o Dantas Barreto. O *País* transcreveu uns trechos da *Guerra de Canudos* desse imortal, simplesmente hilariantes. Que pena! A academia vai descendo...

Escreveu-te o Edgard. Donde vem tua ligação com o Edgard? Sei que ele reproduziu no aniversário de Euclides aquela sua célebre carta sobre o *Eternel retour* nietzchiano, desta vez precedida de uma apreciação minha. O *Eternel retour* do Edgard parece o soneto d'Arvers, um canto do cisne.

O que na Revolução Francesa me interessa é o que os estúpidos historiadores à moda clássica não contam. Eu quero fatias de vida da época, conservadas aqui e ali em memórias, em panfletos de despeitados. Interessa-me o *bas-fond* da revolução, o formigueiro dos interesses inconfessáveis, a trama secreta dos bastidores, os fios que movimentavam os polichinelos políticos – os subornos. A história fala no patriotismo de Danton, na virtude de Robespierre, mas o que me interessa conhecer é o apetite de Danton, a ambição de Robespierre. Os grandes homens aparecem infinitamente mais interessantes, mais *homens*, quando despidos das falsas atitudes com que os veste a História – esse reposteiro. Anatole acaba de dar um livro com drama da revolução, tal como gosto. Infelizmente os exemplares que vieram para São Paulo derreteram-se como sorvetes. Cheguei tarde.

Quanto ao que me propões, não sei... Sou incapaz de literatura; convenci-me disso em Areias, onde tinha todo o lazer possível e não produzi nada. Minha literatura não é de imaginação – é pensamento descritivo; não cria – copia do natural. Em suma, sou pintor; nasci pintor e pintor morrerei – e mau pintor! Nunca pintei nada que me agradasse. Quando escrevo, pinto – pinto menos mal do que com o pincel. Copista, portanto, e só. Talvez seja capaz dum livro de viagens, de impressões e até de pensamentos, porque meu cérebro pensa – mas é só. E não tenho fôlego. Escrever aborrece-me – mas quando estou desenhando ou pintando, esqueço de mim e do mundo.

LOBATO

* * *

TAUBATÉ, 9 DE NOVEMBRO DE 1911.

Rangel:

Apavora-me a lonjura da tua toca, menos pela distância do que pelo tempo necessário para lá chegar. Não posso arredar-me daqui por mais de três dias, e para visitar-te é preciso no mínimo o dobro. O burro da canastrinha não trabalhará por minha causa – pelo menos por enquanto. Mas guardo o itinerário e o convite, e quando houver jeito irromperei por aí como você irrompeu em Areias. Quanto a malas, sossega; não sou parente do Jacinto Galião nem do Cândido. Levo uma só, e pequena.

Muito fácil – basta que a tua visão do Cenáculo não seja do nosso cenáculo e sim dum cenáculo teórico, epitomático, e estará a tua consciência em paz com os amigos que te serviram de modelos e que – o livro sendo cruel – não se reverão nele. Pinta-os sem dó, a largas espatuladas, e farás livro novo e muito vívido. E é livro necessário.

Por quê? Ora, porque há cenáculos em toda parte e em todos os tempos. O cenáculo é um tumor. Basta que meia dúzia de vaidades afins se juntem e pronto – está ali um cenáculo em estado fetal. Nós dizemos "cenáculo"; o povo diz "panela".

O livro que você planeja sobre bandidos do sertão, capangas etc. também é dos necessários. O assunto foi tocado pelo velho Bernardo Guimarães e outros – gente de pouco realismo, e de romantismo em dose maior que o *quantum satis*. O filão está virtualmente virgem.

Uma das vantagens do romancista brasileiro é poder lidar só com virgindades. Nenhum tema nosso tem "barriga suja". A literatura faz *pendant* com a lavoura; ambas só lidam com matas virgens, terras virgens. Tudo está por fazer. Aqui em São Paulo, quanto elemento de primeira ordem à espera dos Balzacs e Zolas, pedreiros que saibam assentar tijolos! A Terra Roxa, o caboclo queimador de mato, o bandoleiro *avant coureur* da civilização representada pelo colono italiano: o bandoleiro espanta o "barba rala" e permite que o calabrês se fixe na terra grilada; a invasão italiana nas cidades – o Brás e Bom Retiro; a fusão das raças nas camadas baixas – e na alta; o norte de São Paulo invadido pela decadência do estado do Rio e a migração dos fortes para o Oeste...

Mas quem pensa em escrever romance quando a senha é o pega-pega do dinheiro? Era preciso que o romance também desse dinheiro.

A ideia do livro fragmentário não é má – aproxima-se da *Lanterna mágica* de Théodore de Banville, uma série de quadrinhos sem outra ligação entre si além da paternidade comum. Tudo serve, tudo presta, tudo é material – a questão toda está na fatura.

Um livro de piraquaras, entremeado de lendas ribeirinhas (como a do Minhocão do Paraíba, comparável à Serpente do Mar dos velhos marujos: ouvia-a contar em Queluz), a atmosfera ambiente, o cheiro da água doce, dos guapés apodrecidos; e o marasmo da vida, o sol parado das 2 horas, com cigarras, com a lombeira, com a menina estudando piano – batendo no piano uma escala de Czerny...

A empreender a coisa, eu faria assim: estudava o rio desde a humildade do olho-d'água – o óvulo donde ele saiu, até que se fundisse no Nirvana de todos os rios, o mar. Acompanhava-lhe o curso todo, o despejar de todos os afluentes, e as inúmeras coisas que o rio vem criando ou modificando pelo caminho. O nosso piraquara é uma criação do Paraíba, tal qual o lambari, o taiabucu de rabo vermelho, o nhacundá pintadinho. É o homem em função do rio; acessório, portanto; matéria que o rio plasmou – que o rio folga nos anos de bom peixe ou esfomeia nos de penúria – e que envenena nas enchentes, quando a água em redor do piraquara apodrece nas lagoas verdes. Dramatizar o fluir do rio, as tragédias passionais e outras ocorridas nas suas margens, os afogamentos, os desastres etc. E para comodidade da composição, podíamos pôr toda a história na boca dum átomo do Hidrogênio componente duma molécula d'água do Paraíba, que se dissociou, abandonou o Oxigênio e foi escrever suas memórias...

Rangel: esta carta foi interrompida há dias, e desde então corri tanto de cá para lá que perdi todos os fios. É que estou me mudando para a fazenda, o que me vai tomar todo o mês. E só depois de lá bem instalado é que poderei reatar a nossa prosa sem-fim. Fica pois adiada a resposta à tua última e a continuação dessa história do rio. Isso não impede que você me escreva outra, uma vez que já estás definitivamente afundado, ou encravado numa pedra, como pretendo fazer com a minha mudança para a fazenda.

Adeus.

LOBATO

* * *

FAZENDA, 10 DE DEZEMBRO DE 1911[1].

Rangel:

O problema que propões é de tal ordem intrincado que para solve-lo só um Balzac – e acho até que só o Balzac da *Fisiologia do casamento*. Creio que a atitude do

---

[1] *Fazenda São José, no município de Buquira, próximo a Taubaté. Em 1949 a localidade passa a se chamar Monteiro Lobato em homenagem ao escritor, morto no ano anterior. Nota da edição de 2010.*

marido tem de ser um reflexo natural do seu temperamento. O bilioso, o linfático e o sanguíneo agem de modos diversos. Mas como a classe dos biliosos, linfáticos e sanguíneos se desdobra num infinito de variedades, assim também variam as atitudes maritais diante dos *flirts* públicos de que a consorte é objeto. Em tese, uma cara bonita que passeia pela rua por um braço masculino faz parte da paisagem; e, portanto, todos os transeuntes de bom gosto estético têm o direito de encher o olho com ela. Uma bela árvore, uma bela fachada de casa, um bonito jardim particular, uma bonita mulher na rua (ainda que com o Cérbero ao lado), são coisas para os olhos de todos – e o marido, tal qual o dono da fachada ou do jardim, só deve orgulhar-se das olhadelas admirativas e invejosas. A questão complica-se quando o olhar é mais que o olhar. Há olhar e olhar. *Est modus in rebus*. Há olhar atrevido do conquistador de esquina, coisa muito nossa e sobretudo carioca. No Rio abundam profissionais do olhar atrevido. Moram na rua e contra todas as mulheres que passam ao braço dos donos chispam eles o tal olhar magnético, na eterna esperança do *coup de foudre* (que às vezes sobrevem). Muito adultério deve ter se gerado desses coriscos. O fim remoto e secreto de tais peixes elétricos é esse: caçar as Bovarys.

Mas vamos à atitude marital. Há o remédio homeopático: para um olhar atrevido e insistente, olhar ainda mais atrevido e insistente. *Similia similibus*. O defeito deste sistema está em que enquanto o marido encara o gajo, este está encarando a esposa e não percebe coisa nenhuma. Se, entretanto, percebe, enfia e some-se. Há a atitude linfática: fingir que não vê e quando em casa a mulher queixar-se do "mal-educado", enfurecer-se, ameaçar – e ir discretamente azeitar o tambor do revólver, mas de modo que a mulher o perceba. Há a atitude nervosa, ou sanguínea, em que o marido perde a tramontana e agride o insolente a bengaladas – e tudo acaba com explicações na polícia e entusiasmo da esposa. Há a atitude biliosa na qual não sei o que se faz, visto como sou bilioso e os homens não se conhecem.

A melhor solução me parece a de um sábio ecletismo, coisa muito ponderada: fingir que não vê enquanto isso é possível; encarar com insolência provocadora, quando isso aproveita;

quebrar a cara do olhador, quando não houver perigo do feitiço voltar-se contra o feiticeiro. Faz-se mister um grande tato na aplicação deste ecletismo, só possível, pois, para os homens que não perdem a cabeça.

Um meio que dá bons resultados é abordar o olhador e dizer-lhe qualquer coisa finamente mordaz.

Eu tive um companheiro de república, o Mateus, que se viciou em encarar e fulminar com fluidos magnéticos todos os palmos de cara bonitinhos com que se cruzava na rua. Uma vez estrepou-se. Foi no Largo do Rosário. O palmo vinha acompanhado do irmão, o qual entreparou e disse amavelmente ao Mateus, estendendo-lhe o cartão: "Moramos na rua tal, número tanto, onde teremos muito gosto em receber sua visita e onde poderá encarar minha irmã com toda a comodidade. Parece-me que aqui na rua o lugar é impróprio". Mateus, apesar de cínico, engasgou. Ao "Patife, eu te quebro a cara!" ele sabia reagir, mas de que modo reagir contra um convite tão amável?

É esta reação que sugiro. Amável, limpa, decente, sem polícia no meio. É o sistema francês – atender a todas as situações da vida com um *bon mot*. E eles levam o processo ao extremo. O marquês de Galifet, figura das mais altas na aristocracia francesa, vingou-se do chifre que *un tel* lhe pôs dizendo numa roda lá no clube, quando *un tel* entrou: *"Je viens de le faire cocu"*. E esclareceu a surpresa dos ouvintes: *"J'ai couché avec ma femme"*.

O inglês, dizem, resolve o caso com um murro – no que eu não acredito. E dizem que o italiano o atende com uma facada – o que é natural.

A você aconselho que guarde o revólver. Matar gente, além de contrário a um dos mandamentos de Moisés, deve ser uma tremenda maçada – o júri, o libelo, as imbecilidades do promotor e da defesa. Também não aconselho que finja que não vê, porque é desmoralizante. Tire o troco da tua veia de humorismo. Faça espírito. Não somente ficarás satisfeito contigo mesmo, lisonjeado com a mordacidade do *bon mot*, como deixarás o gajo "interdito" – e é até possível que tua mulher passe a te admirar. Elas lambem-se por qualquer forma de superioridade do esposo.

Estou na fazenda há já uma semana, lidando com doenças de bestas, bicheiras de carneiro, roças de milho e mais coisas.

Ainda não adquiri o olho exclusivamente utilitário. Uso muito o estético – e temo que isso me dê prejuízo no fim do ano. É a opinião do meu utilitaríssimo administrador.

Quanto ao *Romance do Rio*, havemos de voltar ao assunto. Ideia já velha, mas boa. N'*Os Lambe-Feras*, de execrável memória, o melhor pedaço é o em que essa ideia bruxuleia. E cá a tenho ainda no útero mental, para o mais belo e original romance brasileiro do século vinte: *O PARAÍBA*.

Sabe quem andou por aqui? Um emissário daquele famoso coronel João Francisco do Rio Grande. Está com ideias dum saladeiro em Caçapava e pensa em comprar-me a fazenda.

Lobato

1912

FAZENDA, 7 DE FEVEREIRO DE 1912.

Rangel:

Na Ilha da Trindade há um conto esquecido à Edgard Poe. É um *Escaravelho de ouro* às avessas. Na literatura dos tesouros enterrados, a inevitável *boîte à surprises* é o encontro final do tesouro depois de mil e uma peripécias e decepções. Corresponde ao casamento no quinto ato dos dramalhões do amor contrariado pela "prepotência paterna". Ora, um conto ou novela em que, no desfecho, quando o leitor ansioso já sente o "afinal!" aliviador de suas angústias, tudo lhe saia às avessas, será interessante – senão para o leitor ao menos para o autor. E não é mister ir à ilha. Daqui mesmo você faz a coisa. Por que te lembro a ideia? Porque sou incapaz de produzir um conto.

Lino escreve-me. Conta que para te publicar *Os legionários da ciência* arranjou O País. Felizardo! Com passinhos de lã vais caminhando para a Academia, para reabilitar aquilo... E eu cá a criar galinhas e porcos. Minha academia vai ser a Sociedade Nacional de Agricultura.

Por falar em galinha: estou de avicultor novo, um grego legítimo, contratado no Rio. É da ilha de Tinos e recém-chegou do Acre. Para valorizar minhas Leghornes dou-o como descendente bastardo de Homero. Purezinha vive a perguntar-lhe como é em grego isto e aquilo, e vai formando vocabulário. E como o Lino me promete um lote de Orpingtons pretas da preciosa criação de luxo do Pedro Toledo, Ministro da Agricultura, veja que produtos vou obter: aves aristocratas, ministeriais, de bom *pedigree* inglês e criadas por um neto de Homero – talvez um Átrida! Em tempo te mandarei um casal da maravilha, para que assombres Minas com o requinte.

Quanto ao teu Caio... Manda-me todos os sintomas que eu o curo.

Idade certa, se mamou leite materno e até quando, que regime está seguindo, há quanto tempo veio a diarreia – consistência, cor, cheiro e acidez (verificada com papel de turnessol), quantas vezes evacua por dia, se chora muito, etc. etc.

Virei médico à força por causa dos filhos, e tenho obtido curas maravilhosas. Em diarreia sou mestre. E como sou "doutor", todos aqui me procuram e tomam meus remédios e saram ou morrem – tal qual com os médicos de verdade.

O peralta é o Edgard. Põe-me doido e é escandalosamente protegido pela mãe e a tia Anastácia, a preta que eu trouxe de Areias e o pega desde pequenininho. Excelente preta, com um marido mais preto ainda, de nome Esaú.

Sim, se não fosses casado não estavas fazendo nada do que dizes: estavas correndo atrás duma mulher para casar. O *Homo sapiens* é uma besta, Rangel.

Já te expus a minha teoria do cabloco, como o piolho da terra, o *Porrigo decalvans* das terras virgens? Ando a pensar em coisas com base nessa teoria, um livro profundamente nacional, sem laivos nem sequer remotos de qualquer influência europeia. Muito possível que te vendo impresso n'*O País*, a Inveja, essa fecunda espora, me force a escrevê-lo. Se não sair, será mais um casulo que seca sem dar borboleta.

Lobato

FAZENDA, 9 DE ABRIL DE 1912.

Rangel:

Anda o Nogueira com livro em Portugal! Há de ser o *Venerando*, história já minha conhecida. Nogueira tem preocupações cômicas – a qualidade do papel, o tamanho das margens, ilustrações, como se um livro valesse por outra coisa que não o miolo. Quem procura essas galantezas estranhas à literatura não mostra confiança no que escreve. É procurar muletas. Veja se um Machado, um Anatole, um Euclides, lá vão pensar nessas bobagenzinhas. E por dizer-lhe eu isto, anda ele agora zangado.

Vou ver se consigo escrever um conto, o *Porrigo decalvans*, em que considerarei o caboclo um piolho da terra, uma praga da terra. Mas não garanto coisa nenhuma. A vida de fazenda é absorvente; pouco lazer me sobra para pensar em coisas alheias à faina.

Apareceu um novo livro do Anatole, com um drama da Revolução Francesa. Parece que já te falei nisto. Duns tempos para cá ando muito interessado nessa convulsão social. Li a história da Revolução de Michelet e estou lendo uma coisa enorme e enormemente boa – *As origens da França contemporânea*, do Taine.

Infame. Andas então preparando os dentes para trincar o casal de Orpingtons que te prometi? Saiba que nos criadores do Rio não obténs um casal dessas galinhas por menos de 200 mil-réis. Tens de criar, bárbaro, fazer do casal prometido o núcleo da tua galinhada futura, isso sim.

LOBATO

* * *

FAZENDA, 19 DE AGOSTO DE 1912.

Rangel:

Deu-me inveja a vida desse A. Silveira que você pintou tão bonita, a viajar de serra em serra, de bacia em bacia. Há de ser solteiro, evidentemente. Casar é cortar as asas; ou,

melhor, trocá-las por feixes de raízes cada dia mais fortes. E com certeza esse felizardo anda instintivamente a forjar as grilhetas que o vão ligar a uma mineirazinha. Quanto mais difícil se me vai ficando o viajar, mais ardo por isso. Com família é impossível. Já notou que a maior parte dos artistas são largados da mulher? Explica-se o caso. Casam, na idade de casar, porque o casar é como o sarampo – coisa que vem. Mas depois de casados a mulher enciúma-se da arte do marido, e este ou abandona a arte ou abandona a mulher. Em Taubaté havia um pintoreco que um dia se casou. Viu logo a incompatibilidade entre a pintura e a mulher, mais os consequentes filhos, e falou-me do seu mais ardente desejo: um sobrado para morar; no primeiro piso punha a família, no segundo punha a pintura – e nada de comunicação entre os dois andares a não ser um buraco no forro, que ele atravessasse "arranhando-se todo"; e para que a mulher não fizesse o mesmo, ele a manteria perpetuamente grávida de sete meses – "impassável" pelo buraco.

Quanto à ortografia, procedi de modo inverso ao teu. Atacaste-a pel'*A Lanterna* e adotaste-a em público. Eu defendi-a em público mas não a adotei. Por quê? Preguiça, incapacidade. Acho que deve ser *dificílima para mim*. Ter de aprender de novo, na minha idade, isso é duro. E há ainda uma razão estética. Acho razoabilíssimo que se escreva, por exemplo, "estética"; mas acho fidalgo, distinto, cheiroso, escrevê-la à antiga, com aquele inútil "h" a flanar no meio da palavra. Tenho paixão pelo "h". Dá-me ideia duma letra nobre, de muita raça, com avô barão rapinante nas Cruzadas. Só trabalha quando quer, e só para modificar o som de outras letras. Age por ação de presença. O "n", se o "h" lhe surge pela frente, mija-se todo e fica "nhe". E fora de casos assim, o "h" só aparece nas palavras por puro esporte, por uma espécie de parasitismo – para arejar-se ou para exibir-se quando puxa fila, como em "Homem". E o que dá dignidade ao Homem é o "H". Imagine se o Gonçalves Viana propusesse mudar-nos para "Omem". Até eu, daqui, ajudava a linchá-lo.

Adotas a reforma desse Viana? Se eu puder decorar regras é possível que faça o mesmo – apenas para acompanhar o movimento, não que a ache bonita. Boa, sim, é. Ou então persistirei na antiga, contribuindo para vitória da nova com o criar os filhos nela. O Le Bon que te serve é o sobre a evolução da matéria. Não aceito o oferecimento do Poincaré porque agora só leio coisas agrícolas e com imenso encanto. Ontem, a *Galinocultura* de Delgado de Carvalho me enlevou a cabeça e a alma, como outrora as enlevava um romance de Daudet. Não calculas, Rangel, como tomo a sério a lavoura, nem que belezas há na vida do solo. O cruzamento das raças, a hibridação, a seleção – mundos! Tudo biologia ali na fonte. Estou empenhado em fixar uma nova raça de galinhas por meio do cruzamento da Wyandotte Silver-laced com uma raça crioula que encontrei aqui, muito rústica e adaptada. Aplico os processos americanos, que nisto são incomparáveis e têm formado raças maravilhosas. Adoro uma ninhada de pintos – penugentas biologias vivas. Que pena não te interessares pelo assunto! Ensejo de trocarmos cartas utilíssimas. Poderás começar criando galinhas – há de haver aí lugar para elas. Minas é grande. E apurarás uma raça, selecionarás. Impossível melhor distração, e mais nobre, para um homem de letras. Paderewsky é um dos primeiros criadores do mundo. Tem uma *basse-cour* avaliada em 2 milhões de francos. Pintos que piam em sustenido e galos que cantam em lá menor.

Colecione as ideias do Nelo, suas agudezas e ingenuidades. Dará matéria para um livro que nos falta. Um romance infantil – que campo vasto e nunca tentado! A ideia do Nelo, de matar passarinhos com foguetes de espeto na ponta, é de se requerer patente.

Mando uma fotografia dos meus pintos empencados no pai-capão. E a da capelinha. E a de Purezinha feito Madona.

LOBATO

* * *

FAZENDA, 19 DE SETEMBRO DE 1912.

Rangel:

A Academia está descendo porque a
sina deste país é a descida. O primeiro erro da Academia foi fixar em quarenta o número de membros. A única razão para a escolha desse número, ou a dum número qualquer, só pode ser um precedente – a menos razoável de todas as razões. Por capricho dum rei, a

França organizou uma academia de quarenta – e os nossos pitecos, *zás*, academia de quarenta! Mas se a França, por um critério bastante cabo de esquadra, acha que os imortalizáveis devem ser quarenta, parece-me pretensão bastante pitecoide que um país como o nosso também pretenda tanto. Vem daí que para um Machado de Assis, um Bilac, um Neto, valores reais, torna-se necessário meter lá "enchimentos", como o Dantas e outros. E a própria Francesa recorre a enchimentos – uns marqueses, uns duques, uns prelados. O resultado vai ser, cá na nossa, que acabarão entrando até presidentes da República, porque não há razão para que a um general Dantas Barreto não se siga um marechal Hermes da Fonseca. E assim a nossa Academia irá descendo, como tudo mais em nossa terra, até ficar uma panelinha de gente equívoca. Acho, pois, que um homem de letras visceral como você não deve nunca pensar em academizar-se. Muito preferível que de fato te imortalizes com três ou quatro romances à Flaubert, dos sólidos e imperituros. A Academia está ficando a Guarda Nacional da Literatura Indígena.

Se sou maçon? Não. E não porque não tenho temperamento religioso nem político, e a maçonaria me parece uma religião política. E a maçonaria da roça ainda é menos que isto – é a botica do Eusébio Macário portas adentro. Acho, Rangel, que tudo quanto seja contato com os netos do Pitecantropo que têm três olhos deve ser evitado pelos que têm quatro – os três de todos os netos e o quarto, o olho estético que falta a tantos acadêmicos de letras perras. *Turris eburnea!*

E dela só sair para estudos do primata – para analisá-lo, daguerreotipá-lo, nunca para confraternizar com ele.

A maior delícia da minha vida de roça aqui é justamente lidar com pintos, com perus, com bois e cavalos e do bípede humano só me meter com esta insuficiência mitral que é o caboclo da roça. Mesmo assim só lido com eles através do "administrador", a ponte de ligação. E o caboclo ainda é a melhor coisa da nossa terra, porque analfabeto, simples, muito mais próximo do avô Pitecantropo do que os que usam dragonas ou cartola, e se dão ao luxo de ter ideias na cabeça, em vez de honestíssimos piolhos.

Também não desisti do retorno à literatura. O Dantas Barreto encoraja-me, mas não acho ocasião – vou protelando. Ontem deliberei-me. Fecundei o cérebro com uma ideia e penso que com quinze dias de gestação sairá alguma coisa.

Ando, às furtadelas, escondido de mim mesmo, a reler Kipling, e meu próximo conto será feito sob a sua égide. Um conto de animais, aves. Fiz um grande lago perto da casa e enchi-o de marrecos de Pequim, patos indígenas, gansos, mergulhões. E estou estudando o palmípede para escrever a história do tanque. Contar a história do fio d'água que primitivamente alimentava um brejo e hoje me alimenta o tanque – um brejo todo capituvas, peris, taboas – todo um pedaço da miúda flora aquática. E com guaruzinhos nos rasos, e traíras amigas do lodo, e batuíras e saracuras amigas das minhocas e vermes palúdicos. Fechei a saída da água e ela foi crescendo e afogando as capituvas, expelindo as batuíras – e por fim os meus marrecos tomaram conta da superfície. Tudo isso olhado do ponto de vista dum pequeno pica-pau de cabeça vermelha que mora num velho esteio fincado ali na água antigamente, não sei com que fim. Ele abriu na madeira, que é de lei, um buraco assim do tamanho duma jabuticaba das grandes e escuro como ela. Mora ali. Há de ter ninho lá dentro, e espia pela entrada do buraco redondo, com apenas a cabecinha vermelha de fora. Evidentemente se julga dono da minha lagoa e dos meus marrecos. É a sua janelinha, aquele buraco. A qualquer ruído estranho, uma grita de gansos, uma pedra que eu atire contra o esteio, lá aparece a cabecinha vermelha a ver o que é.

Em suma: a crônica do tanque, porque creio que não passo dum cronista.

Parabéns pela confiança. É a base de tudo. Sobrepõe o teu juízo ao de todo mundo, inclusive o papa. Crê em ti mesmo, como o Cristo cria em si – e afirma que és o Filho de Deus, e acabarás Filho de Deus – se conseguires escapar do Juliano Moreira.

LOBATO

1913

São Paulo, março, 1913.

Rangel:

Já vai muito longo o nosso muito silêncio e preciso saber onde estás, em que céu, em que nuvens tu te escondes. Somos dois viajantes de itinerários diversos e condução diversa, mas combinados de não se perderem de vista a fim de um dia, reunidos afinal, seguirem juntos. Conte-me em que romance você está, qual é a ideia dona da casa e como se comporta o *entrain*. Eu teimo em organizar definitivamente a vida econômica para depois entregar-me todo à para a qual nasci. E como andam fortes as saudades da tua arte, espero me mandes o borrão dos últimos partos. Tenho lido pouco; os *affaires* comem-me o tempo, mas leio. Li Garrett nas *Viagens na minha terra*, *Arco de Sant' Ana* e li também Hoffman. Conhece este bicho? Mando um volume mal rotulado de *Contos fantásticos*, onde muita coisa me seduziu, sobretudo o *Zacarias Werner*. Veja que bela arte do bem dizer. Leia-o e depois conversaremos a respeito.

Estou associado ao Ricardo num negócio que se sair nos enriquecerá a ambos. Mandar-te-ei os recortes dos jornais, quando for tempo. Imagine que é substituir o atual Viaduto do Chá por um monumental viaduto habitável, com casas dos dois lados – uma rua suspensa!

O Manoel Carlos deseja muito conhecer o "Rangel através dum dos seus calhamaços". Manda o que houver para a rua Formosa, 53.

Lobato

São Paulo, 21 de abril de 1913.

Rangel:

Em mãos as tuas últimas. Nossas empresas são práticas. A última é a rua aérea, suprimindo o hiato que existe entre a rua Direita e a Barão de Itapetininga, hoje vencido canhestramente pelo nosso velho viaduto. Lê o recorte incluso. Está orçado em 2 mil contos e assegura boa renda. Se a Câmara nos der a concessão, estamos ricos. Tive essa ideia ao passar uma noite por lá, e associei-me ao Ricardo, que tem influência na vereança. Mas o negócio vai mal. Imagine que, movido duns estúpidos laivos de pieguice sentimental, encarreguei o B... de fazer o desenho do anteprojeto a apresentar à Câmara. E por burrice, ou inadvertência, deixamos que ele, um simples desenhista contratado, assinasse a papelada. Pois foi a conta. O homem inflou-se de vento, tomou-se do delírio das grandezas, não aceitou nossa proposta de coparticipação nos lucros e acabou rompendo conosco. Há duas semanas que o encaminhamento do negócio está paralisado em vista da atitude desse irredutível animal. O B... sempre viveu no mundo da lua, e na mais negra e suja miséria. Não sabe nada da vida dos negócios. Deslumbrou-se com as perspectivas da Rua Aérea e como desenhou o anteprojeto tem-na como saída da sua cabeça exclusivamente. Nós não ignorávamos que o B... era duma ignorância enciclopédica e creio que foi você quem o definiu assim. Agora verificamos que é também uma burrice erudita. Cita a ponte do Rialto em Veneza para provar que tem direito a um terço do negócio... Essa atitude nos extremou de tal maneira que o mais certo é abandonarmos o negócio. Se houver jeito de acordo, continuaremos com a Rua Aérea; do contrário, enterremo-la. Esse será o castigo da monstruosa ingratidão do quadrúmano. Que vil! Como ajudei esse homem na vida! Como lhe arranjei empregos e lhe dei dinheiro! A paga é essa. E o pior é que não o faz por maldade, sim por burrice – ou absoluta incapacidade de compreender um negócio à moderna, dependente de concessão e *ipso facto* de lubrificação das engrenagens.

O Nogueira surgiu por cá. Não é mais aquele nosso Nogueira do Minarete. É o autor do *Amor imortal*, que sabe de cor e declama para os amigos basbaques. É o Nogueira *beuglant*. Flaubert devia ser assim. Reformou-se-lhe a filosofia. A Vida é uma atitude. As filosofias são atitudes diante da Vida. O Homem é uma atitude. Tudo é atitude. E com este atitudismo, Nogueira posa atitudes diante da objetiva do futuro. A atitude atual é deduzida de Nietzsche, que ele descobriu, apoteosa e dissemina. Está causando sucesso em nossa rodinha semi-industrializada, como se fosse um homem caído de Marte. O perigo é algum auto moê-lo na rua. São Paulo intensifica-se, e aquelas nossas palestras peripatéticas de antanho são hoje quase um suicídio. O ponto do Nogueira é o escritório do Ricardo. No meio dumas dessas discussões... (falta o resto).

LOBATO

* * *

SÃO PAULO, 9 DE MAIO DE 1913.

Rangel:

Casualmente encontrei hoje a tua de 25 de abril, que um dos meus pimpolhos recebeu do carteiro e encafuou numa gaveta. E deu-me alegria saber que não degenerei – pelo menos na tua opinião – embora eu não perceba o que te levasse a tal conceito. Infelizmente, meu caro, ainda sou o mesmo; não consegui os belos resultados do Mário Roberto, apesar da fazenda, do jogo do bicho, do Beccari e do Hermes. Imagine que ao julgar-me completamente sarado, entro na livraria Alves para comprar um tratadinho de Salmon sobre *L'élévage du cochon dans l'Amerique du Nord* e saio com 200 mil-réis de Paul de Saint Victor, de Taine, Henri Fabre etc. E mergulhei, literalmente chafurdei, no vício antigo, para grande escândalo dos meus canastrões, caracus e Leghorns. Que revanche! E no dia seguinte compro uma tal *Biblioteca internacional de obras célebres* e estou agora organizando uma lista de memórias para mandar vir. Parece que ando na idade de ler memórias. Só nelas temos o que é possível de história verdadeira, com os *bas-fonds* e as cozinhas e copas da humanidade. A história dos historiadores coroados pelas academias mostra-nos só a sala de visitas dos povos. É um *garni* uniforme, incolor, tanto na França como na Turquia e Rússia. Mas as memórias são a alcova, as anáguas, as chinelas, o pinico, o quarto dos criados, a sala de jantar, a privada, o quintal – a pele quente e nua, ora macia e lisa, ora craquenta de lepra – da humanidade, a grande humanidade com "h" minúsculo, esse oceano de machos e fêmeas que come, bebe e ama – e supõe que faz mais alguma coisa além disso.

O meu grande sonho literário, jamais confessado a ninguém, é um livro que nunca foi escrito e talvez não o seja nunca – porque Rabelais o esqueceu. É uma visão da humanidade extra-humana ou sobre-humana. O homem visto pelos olhos dum ser extra-humano, um habitante de Marte, por exemplo, ou dum átomo, ou da Lua. Um quadro da humanidade feito com ideias de um não homem (que maravilhoso absurdo!). Uma pintura objetiva apenas, nada de julgamento de juiz. Toda literatura, todo romance, todo poema, por mais impessoal que procure ser, não passa de um julgamento. A ideia moral, que domina mesmo o autor mais liberto de tudo, *não permite* a simples pintura objetiva. E essa pintura seria um susto e um assombro para o homem, que não consegue jamais conhecer-se a si mesmo porque ninguém o desnuda. Livro de um louco. Livro para o Marquês de Sade, se não fosse a sua obsessão sexual – ele tinha gênio para tanto. Sinto que se apenas esboçar esse livro, metem-me no Juqueri. Encostemos por enquanto o pesadelo.

O Beccari nos tem aborrecido tanto, que a nossa roda já fala em roda de pau. Até Raul, o inofensivo, quer ter o gosto de colaborar na surra com a sua elegante bengala de junco. Que fim do Cenáculo! Os subgênios atacando em massa, e deslombando, o Gênio Máximo, o Leonardo da Vinci do Cambuci!

Se visses o Ricardo no escritório de advocacia que armou com o Luís Maia e outros... O Luís, como parente que é, e homem de 1 metro e 80 de altitude e 90 quilos de tonelagem, tornou-se o chefe, o dirigente mental, o assessor e o motor do Ricardo. Empreendeu desenrabichá-lo das musas e casá-lo com a machorra da Advocacia. E para isso força-o a assinar o ponto às 11 horas e a ficar sentado a uma secretária até as 4, diante de autos, de papel marcado, de cartões do escritório e de um *Assessor Forense*. Como única transigência admite, na estante que lhe fronteia a secretária atochada de Lobões, Mafras, Bento Farias, Trigo Loureiro, Aveias e Coentros, bem em cima, em lugar pouco visível, uma coleção da *Kosmos*. Todos os dias às 11 em ponto Ricardo assoma à porta, entrepara, arranca um suspiro e entra. Pendura no cabide a capa e o chapéu, ouve uma descompostura do Maia e uns conselhos paternais (gênero do D'Argenton no *Jack*): "A vida não é um romance, doutor Ricardo Gonçalves. A advocacia é coisa séria, de grandes responsabilidades etc.". Ricardo, sem um pio, abanca-se, escreve uma petição ou razão, para afazer-se à forma tabelioa. O Luís passeia pela sala e dita:

– "... e assim requer que o dito mandado..."

– "Dito mandado!" – geme o poeta. Já há um "dito" atrás e está tão claro que é sempre o mesmo mandado...

– "Escreva, escreva! É preciso muita clareza, senão o juiz não entende. Isto não é poesia, doutor Ricardo Gonçalves. É coisa séria. A vida não é um romance."

E no papel, que outrora recebia os seus lindos sonetos, Ricardo lança aqueles odiosos "ditos", e safadíssimos "referidos", suspirando. E fora soa um chorinho abafado, no corredor. São as musas que não podem entrar e de longe espiam aquilo...

Como consolo aparece de quando em vez um abencerragem literário – em regra o Raul, que foge da repartição e vai vê-lo, todo *smart*, com um tédio superior no canto da boca e gestos de dedos espetados, mas já sem os "ohs", sem Eça e até sem Fialho. Também aparece um Joaquim Correia, crítico de pintura e versos que o Raul outrora hostilizava mas que o Ricardo considera boa pessoa. Também o Nogueira deixou lá rastro luminoso – e as musas quase entraram com ele. E como dissertou bem! "Porque o Alberto me disse... Porque o Artur me escreveu." O Alberto é o Alberto de Oliveira. O Artur deve ser o Rei Artur. Você não lhe pilha mais a camaradagem, Rangel! Serias para ele agora uma *mésalliance*. O Nogueira de agora é só ali no "imortal" e não faz por menos. E você, ingênuo, ainda lhe escreve! Mas não espere resposta. Nogueira só atende de Alberto para cima.

Pobre e bom Nogueira! É um excelente rapaz. Estas minhas maldades talvez sejam no fundo inveja do seu *Amor imortal*. Inveja do que já é editado (ou "edicionado", como ele diz) pelo ainda não editado. Assim o tivéssemos sempre por aqui, para agitação e desempoeiramento das nossas ideias!

LOBATO

1914

Fazenda, 3 de abril de 1914.

Rangel:

Estávamos no exame de consciência. Em virtude do teu desastre comercial com as galinhas, da tragédia íntima, do romance craniano etc., deste balanço nos miolos e concluíste: "Sou meio curto de inteligência e meio bobo". Nesta conclusão sim, tu te revelaste um alarve. Não tens tino comercial e por isso não és esperto como o rato, como o vendeiro da esquina, como o Afonso Coelho. Negócio é essa esperteza infame, Rangel. Mercúrio era um espertalhão. Os gatunos são espertíssimos. Comércio e gatunagem são os polos duma mesma atividade humana; o primeiro exige mais fôlego e se faz dentro da lei, hipocritamente e com toda a segurança; o outro se faz fora da lei, heroicamente, entre mil perigos e sem honra nenhuma. O vendeiro abusa-nos da fisiologia; vê a fome em nossa cara e acena-nos com um rabo de bacalhau, e em troca do fedorento peixe nos tira do bolso uma certa quantidade do nosso sangue-dinheiro. O gatuno que nos tira a carteira, sem tentar a nossa fisiologia, é muito mais discreto, gracioso e cômodo. Ora, as tuas experiências apenas demonstram que não és negociante matriculado, nem gatuno. Se o fosses, Rangel, se o teu negócio de galinhas desse resultado, estavas logo aí a fazer um *corner* de aves, e a açambarcar os ovos todos de Sapucaí, e a perturbar o mundo com a tua ganância, e a tentar a fisiologia humana etc., com grave dano dessa coisa tremenda que se chama Literatura. Parabéns, pois, pelos desastres comerciais. Não fojes, meu caro, ao destino de Messias do Cenáculo. Tu és o esperado. Tu és o que prometeu e deu. Todos os mais não granaram, como as espigas do meu arrozal do Barro Branco.

O Cenáculo – um pardieiro já, Rangel. Procura escorar-se com admissão de sangue novo. Andam querendo atrair o Roberto Moreira e o Plínio Barreto, mas acho-os muito pouco tartarinescos. Não tiveram a iniciação da Tarasca, como nós. O teu prestígio na rodinha cresce na proporção da tua demora em aparecer. "Ele que tarda é que vai ser formidável", informo eu, o iniciado nos segredos do Rangel, e sussurro coisas, conto que pões romances como as minhas Leghorns põem ovos – e às vezes até perdes um ou dois na rua de caminho para o fórum. (Sabe que com o Coelho Neto aconteceu isso? Perdeu um original de romance no bonde...) E descrevo o entrecho e a filosofia dos teus romances numerados, e o teu modo de trabalhar, e os prodígios que andas arrancando da língua. "O número 7 é assim" – e vou contando. "Ele escreve como Gautier, com um gato preto ao colo e um boi zebu no quintal. E está com um estilo que é mais que a música da Guiomar Novais. Se descreve um sol quente, o leitor sua. Se fala numa piabanha recheada, ninguém domina os arrotos da beatitude gastronômica. Eu lá na fazenda engordo os porcos de ceva lendo-lhes todos os dias um capítulo do Rangel sobre o milho vermelho." E todos ficam pensativos, com os olhos úmidos de ternura. Porque eles todos traíram a Tarasca, Rangel. Senão, veja lá onde param.

Ricardo não é mais o nosso Ricardito do Minarete – é o doutor Ricardo Mendes Gonçalves, vereador da Câmara Municipal de São Paulo!

Lino já não é o Lino da rua Bráulio Gomes – é o doutor Lino Moreira, tabelião de notas na cidade do Rio de Janeiro!

Albino o Filósofo não é mais isso – é o doutor Albino de Camargo, lente de psicologia e lógica do Ginásio de Ribeirão Preto!

Tito baba.

Raul, o último abencerragem, sempre surdinho, continua com os famosos coletes de seda e está acarrapatado a uma Secretaria qualquer.

O Correia... bom, o Correia não é do teu tempo.

Cândido está transformado em Carbono, Oxigênio, Hidrogênio e outros gases, e calmamente incorporado aos pinheiros da Suíça.

Edgard Jordão sumiu-se no *maelstrom* carioca.

Lobato enternece-se com os porcos numa fazenda da Mantiqueira.

Todas as luzes se apagaram – só resta a do eletricista de Sapucaí[1].

LOBATO

* * *

FAZENDA, 30 DE ABRIL DE 1914.

Rangel:

Incrível, mas ando sem folga para uma carta. É que estou construindo um chiqueirão, consertando a máquina de beneficiar café e remodelando americanamente as acomodações das minhas Leghorns. Isso me ocupa o dia inteiro, ora aqui, ora ali, e à noite estou deliciosamente cansado e sem ânimo de te escrever – e há muita coisa de que não te informei, sucedida no meu atochado ano de 1913.

O negócio do viaduto tem dado pano para as mangas. Aquela Casa de Orates que é o cérebro do Beccari fez dum negócio muito simples – pedido de concessão para um viaduto e nada mais – um tremendo *affaire*, com rompimento de relações, com parlamentares de lá para cá, advogados no meio, ameaças. Tudo porque de um momento para outro resolveu não contentar-se com a quota de lucros que num contrato prévio lhe atribuímos. Só agora ficamos vendo como funciona aquele cérebro. Dum modo absolutamente diverso do normal. Coisas que para nós são claríssimas e evidentes, não entram nos miolos do Beccari. É louco, Rangel, e só agora o descobrimos! Se eu fosse contar o

---

[1] *Rangel acumulava o cargo de juiz com o de contador de uma usina elétrica. Nota da edição de 1948.*

negócio inteiro com detalhes, lá se me ia uma resma de papel. Temos de meter o nosso Da Vinci num conto, não há remédio. Tipos assim a gente empalha e guarda no museu.

Quanto aos *Legionários*, se esse romance ainda não foi publicado a culpa é só tua, Rangel, que recorres a estranhos em vez de à prata da casa. Manda-me isso, que tenho elementos para fazer que saia num dos diários de São Paulo, *Estado, Correio, Comércio*. Manda-mo que sairá, já, já, já. R. manso é um lorpa (e parece-se comigo, dizes – que lástima!). Chamo lorpa todo sujeito que faz espírito por empreitada. Espírito é sabor e perfume acompanhando uma fruta ou uma flor. Destacado da flor ou da fruta temos sabor em lata e "água florida". Quando numa conversa, ou numa coisa escrita, surge de repente um "espírito" bem a propósito, sem denúncia de encaixe a martelo, sentimos o mesmo prazer de quem recebe uma lufada de perfume da flor que está colhendo. Mas se um sujeito nos agarra e nos enfia pelas narinas uma série de perfumes, e isso diariamente, o que temos a fazer é fugir desse sujeito – meter léguas entre ele e as nossas narinas. Conquanto eu ache o R. manso muito engraçado e espirituoso, raro o leio, porque minha impressão é de que o homem está pago para nos fazer sentir cheiros à força.

Deves andar muito atormentado com a tal eletricidade. Que tempo te sobra para a literatura? Temos de voltar a ela, Rangel, você e eu, porque estamos envelhecendo e o destino nos deu essa função na vida. O que não compreendo é como acumulas a função de juiz com a de eletricista. É então permitido isso aí em Minas? Casamento de Mem Bugalho Pataburro com Thomas Edison?... Que mineiro não haverá em Minas Gerais, Rangel!...

Sinto-me estafado hoje. Escrevo-te para não esfriar a nossa "corrente alternada" com o prolongamento da demora. Mas creio que com mais uma semana acabo estes serviços todos e então conversaremos à moda antiga.

Mande os *Legionários*.

LOBATO

FAZENDA, 15 DE MAIO DE 1914.

Rangel:

Que estranha é a alma humana! Vivo há tempos com intenção de escrever-te e não escrevia, embora o *far niente* fosse absoluto. Agora que ocorreu por aqui uma revolução e estou abarbado de serviços e problemas, acho tempo para esta carta! Imagine você que há dias, cansado de ser hóspede em minha fazenda, cansado da minha literatura a *batons rompus*, cansado de fazer fotografia e pintar aquarelas e de ler uns Balzacs um tanto maçadores, deliberei repentinamente mudar, e da reserva me passar à ativa. Expus a situação ao meu administrador e dispensei-lhe os serviços. Mas o homem estava aqui de pedra e cal. Sorriu-se da minha ingenuidade de diletante e, fingindo ceder, pediu uma semana de prazo e pôs-se a conspirar nas minhas ventas sem que eu o percebesse. E sugestionou os camaradas e colonos todos, ameaçou aos que não pôde convencer (ele é parente do Moreira César de Canudos), preparou tudo para uma embolia geral dos serviços, justamente agora que tenho de dar começo à colheita. E finda a semana do prazo me disse com a maior segurança: "Seu doutor, sem eu aqui a colheita deste ano está perdida, mas continuo sempre às suas ordens", e partiu na besta calçada, *pac, pac, pac*.

Eu então solenemente desci da Casa-Grande e fui para a Casa da Administração assumir o governo da fazenda em que até aquela data vivera como hóspede. E o que ocorreu foi abracadabrante. Começaram a chegar das fazendas e lugarejos vizinhos carros de boi e burros de tropa, que vinham buscar "meus camaradas", "meus colonos". E todos começaram a retirar-se, sem virem me dizer coisa nenhuma. Eu não entendia aquilo. Por fim um velho italiano, o Raimundo, que está na fazenda há trinta anos e cuida da criação e dos serviços do terreiro, veio despedir-se de mim.

– "Então você vai também, Raimundo?"
– "Que remédio! Tenho de ir..."
– "Tem de ir? Como? Não entendo..."

– "Eu não posso falar, seu doutor. Tenho de ir, tenho de ir..."

O caso começou a intrigar-me. Apertei o Raimundo, o qual, por fim, com muito medo, tudo me contou: o administrador passara aquela semana do prazo conspirando contra mim. Arranjara colocação nas fazendas vizinhas para todos os meus colonos, devendo a mudança se fazer no dia em que ele fosse embora, de modo a ficar um êxodo em massa. E a ele Raimundo e a outros ameaçara de morte, se não saíssem também naquele dia. O plano era deixar-me impossibilitado de colher o café – a não ser que eu o readmitisse como administrador, caso em que todos os colonos voltariam e ficaria tudo como dantes. Ou eu cedia ou arruinava-me!

Retesei todos os músculos da alma e virei herói.

– "Raimundo, vai-te para o inferno! Que todos vão para o inferno! Não preciso de ninguém aqui. Eu sabia de tudo, escrevi para São Paulo e mandei contratar lá cinquenta colonos novos. Você vá dizer para essa gente que está saindo, ou vai sair, que o que quero é que saiam todos o mais breve possível, para desocupar as casas. Preciso delas para os colonos novos."

O Raimundo ainda contou que o administrador ia voltar no dia seguinte para ver se alguém o havia desobedecido. E eu: "Se voltar, não passa daquela porteira! Mato-o como quem mata um cão!".

O pobre homem assombrou-se e foi contar aquilo aos outros. Todos se convenceram de que o patrão era um homem tremendo, que matava de verdade, e começaram a mudar de ideia, a perder o medo às ameaças do administrador. E como no dia seguinte o truculento administrador não reaparecesse para "ver quem o havia desobedecido", o pessoal todo foi voltando, muito desapontado. Dias depois estavam todos cá, sem exceção dum só – e eu vencedor e dono final da minha fazenda.

Isso aumentou muito a consideração que eu merecia de mim mesmo. Vi que sei agir com firmeza e psicologia nas emergências tempestuosas.

Ontem perdi o sono e conclui a leitura do *Cousine Bette*. Rangel, Rangel! Balzac me assombra. É gênio dos absolutos. Lembro-me duma imagem de Zola, comparando a obra de Balzac a um colossal edifício inacabado – tijolos nus, andaimes, só o arcabouço externo. Não é nada disso. Não tem nada de inacabado – mas Balzac não é homem que desça a truques, remates, ornatos secundários. Pinta a largas espatuladas. Diz o essencial, cria blocos apenas, formidáveis blocos, mas não alisa a pedra, não usa lixas, não lhes enfraquece a grandeza. Que tipos! Que prodígios! Que coerência! Que fertilidade! Que mina! Que celeiro de ideias e imagens! Que multidão de gente viva estua dentro de seus romances! Como perto dele é pálido e artificial Zola, com sua arte mecânica, sua lógica invariável, seu romantismo despido das belezas heroicas do romantismo! Balzac nem em capítulos divide a narrativa. Aquilo rompe e rasga, e vai numa catadupa tumultuosa, numa avalanche, até o fim. *Quelle puissance!* Já li *César Birotteau* e a *Cousine* e afundo-me agora em toda a sua obra, como num mar. Já não dispenso todo Balzac!

Adeus. Meu ajudante de ordens me chama para resolver qualquer coisa. Vou decidir, impor sabiamente a minha vontade. Sou rei deste território de 1.800 alqueires de montes e vales

....

Continuemos. Já atendi ao caso. Foi assim: "Que há Chico?", principiei. O Chico Eusébio coça a perna e diz: "Não vê que parece que o homem vem mesmo amanhã. Mandou dizer". Levei o Chico Eusébio para minha sala e mostrei-lhe uma carabina Marlin de doze tiros. Carreguei-a e descarreguei-a diante de seus olhos atônitos. "Doze?" "Doze, sim, Eusébio, e veja que balas." E ele: "Boas para matar queixadas". "Ou parentes do Moreira César de Canudos", emendei eu. "Mande dizer a esse homem que pode vir, mas trate de fechar o corpo primeiro."

Balzaquiano, hein?

LOBATO

FAZENDA, 7 DE JUNHO DE 1914.

Rangel:

Temos contas a justar. Pena é que a Odete, um restolho feminino que veio engordar aqui, me esteja azucrinando os ouvidos com uma valsa d'*O Malho*. Tilita-me a ideia, dá-me nós no fio das ideias. E vem-me uma interrogação: será que a existência de Guiomares Novais compensa a existência de Odetes pianoteiras? Além do piano da Odete há uma pulga que conspira contra você, Rangel. Está nas minhas costas, lá onde a mão não alcança. Odete e pulga não querem que eu te escreva...

Da tua carta, modelo de ironia fina aliás, vejo que o juizado, mais Sapucaí, mais a luz elétrica, estreitaram um tantinho o âmbito das tuas ideias. Acenas-me com um tipo, com um molde, com uma forma de literato que é a que conformou o Artur Goulart e que hoje é o *garni* de inúmeros pretendentes à glória. De passagem para a Vida, recém-saídos da Cartilha, é hábito da nossa rapaziada, ao mesmo tempo que fuma o primeiro cigarro e se inicia com a primeira mulher, fazer o primeiro soneto ou conto. Se o rapaz é de boa estirpe e sadio, faz essas coisas e passa adiante, entretido com outras muito diferentes. Convence-se por intuição de que a Glória é um pau de sebo com uma nota falsa na ponta. Mas se é um taradinho, se é um Macuco, insiste em subir pelo pau de sebo para pegar a nota – e besunta a cara e a roupa, enseba-se. E se é um tarado integral como o velho Goulart, que Deus haja, fica naquilo a vida inteira, obcecado pela nota falsa. Goulart morreu ao pé do pau de sebo, e morreu ensebadíssimo. Será Rangel, que você me inclui nessa classe?

Vou explicar-me. Acho que quem escapa de ser uma simples unidade na mediania do *vulgum pecus* é porque tem lá nas circunvoluções cerebrais um boleadozinho mais favorável. Disso vem a essa criatura o anseio e o direito de viver a sua vida, e não a do rebanho. Este viverá a vida preestabelecida pela tradição ou pelo interesse dos pastores que o tangem. Ora, nós dois, Rangel, temos a coisa favorável lá nas circunvoluções; e portanto nós gozamos da regalia de seguir no rumo da estrada real por onde seguem os carneiros, mas fora de forma, fora da massa de "més", por atalhos ou picadas laterais que vamos abrindo. Temos direito às nossas venetas!

Viver a sua vida é o supremo programa da vida. Mas o clã dos que vivem a sua vida é da mais tremenda variedade. Antônio Silvino, Olavo Bilac, Pinheiro Machado, Godo Rangel, coronel Rondon, Maria Lina, Edu Chaves, Monteiro Lobato, eis alguns representantes dessa classe de privilegiados, que criam os deuses à sua imagem e caminham na vida como francoatiradores, vendo de longe o desfile dos batalhões cerrados que ao som dos tambores da Moral e da Religião marcham suarentos para o grande destino comum da Morte. Nós também vamos para lá – mas não em nenhum passo de ganso. Vamos caminhando gostosamente. Aqui nos detém uma flor. Colhemo-la, aspiramos-lhe o perfume, e ficamos a analisar as associações de ideias que a cor, o aroma e a forma das pétalas nos provocam. O nosso cérebro sente o prazer de tal exercício. Mais adiante, um pôr de sol nos faz sentar numa pedra e lá nos acodem os devaneios. Se somos Antônio Silvino[2], vamos enfrentar uma escolta do governo que vem em tal direção – e antegozamos a delícia da vitória. Se somos Rondon, o que nos interessa agora é descobrir uma nova maloca de índios nus. Para Maria Lina será mais uma vez convencer-se de que é linda e serpentina, pelos olhares babosos que vê nos homens da plateia. E Edu sonha varar de São Paulo ao Rio pelo ar sem cair pelo caminho. E que faz Rangel lá num fundão mineiro? Aperfeiçoa o seu instrumento de expressão, como Stradivarius aperfeiçoava os seus violinos. E que faz Lobato no Buquira? Vive contente como um passarinho, a debater com Rangel coisas de que o mundo não desconfia – e que para o mundo não tem o mínimo valor.

Nós, Rangel, nós todos do Atalho, vivemos as nossas vidas. Uma revolução muda as instituições dum país? Nós perscrutamos a essência recôndita do fato, vemos as coisas que o rebanho não vê e passamos adiante, com a atenção atraída por um beija-flor evidentemente parado no ar. Sim, eles e as varejeiras sabem ficar paradinhos no ar, por meio da vibração das asas. Por que

---

[2] *Cangaceiro muito famoso na época. Nota da edição de 1948.*

não também o homem, o qual já começou a voar? E ou nós nos metemos na peleja e vamos chefiar o movimento e colher os despojos da vitória, ou vamos escrever os *Sertões*. Ora roubamos, ora matamos, ora somos o Marquês de Sade, ora César Borgia. O que não somos nunca é ovelha – fiel ovelha do Santo Padre, de S. M. o Rei, do Partido, da Convenção Social, dos Códigos da Moral Absoluta, do Batalhão, de tudo que mata a personalidade das criaturas e as transforma em números.

Destes díscolos, que a grande massa humana a seguir pela estrada real olha com desconfiança e inveja, um como você, escolhe como instrumento da afirmação própria o livro, e com livros gritará para o mundo: "Sou assim, vejo assim, imagino, quero, sonho assim". A tua prancha de saltar é o prelo; o teu fim, uma imposição da personalidade. Vitória ou derrota virão do bom ou mau malabarismo que fizeres com as palavras. Outros, como Antônio Silvino, queimam fazendas e berram para o país: "Eu sou assim, mato e esfolo!". O fim de Silvino é idêntico ao de Rangel: afirma-se. Apenas usa a faca e o trabuco em vez do malabarismo dos vocábulos. E como se afirma o Pinheiro Machado? Fazendo e desfazendo leis, servilizando um Congresso maquiavelizando, subjugando uma nação como o domador faz a um potro. E grita: "Eu sou assim. Domino, quero e mando. Afirmo a minha personalidade e divirto-me com fazer-me leão desta sórdida carneirada legislativa". Outros desprezam a plateia; são o que são para si sós, sem público, e vivem suas vidas individualíssimas por força do incoercível individualismo e nada mais. Quantos fazendeiros não há por aí tremendamente eles mesmos, superiormente eles próprios perante a sua consciência, os seus colonos, os seus porcos de ceva? Estes homens dispensam plateias. São indiferentes ao barulho chamado "palmas" e ao barulho "assobios". *Sono soddisfatto di me e basta*. Eu, Rangel, ainda ando nesta turma, contente comigo mesmo e vivendo uma bela vida mental, tendo à minha disposição maravilhosos livros e passarinhos, perfeita companheira e flores, porcos que engordam gostosamente na ceva e uns filhinhos viçosos. Vivo no mar do *Joie de vivre* de Zola. Às vezes passa-me a ideia de agarrar palavras, fixá-las e, ao teu modo, dizer ao mundo: "Sou assim, quero assim, não tenho contas a te prestar, irmão, não te lisonjeio nem te satisfaço o paladar, ó carneirada feia! Não escrevo para ti, nem aspiro ao teu aplauso. Apenas satisfaço uma necessidade orgânica, sem visar coisa nenhuma". Pura fisiologia. Tal qual o homem que nos braços duma mulher chega ao momento da exploração da Via Láctea por amor do amor, por pura fisiologia – não vendo o provável filho resultante.

Rangel, Rangel, o piano da Odete continua a esfuracar-me os miolos. Ela malha-me com a valsa d'*O Malho*. Proibir o piano ao *vulgum pecus*, como a Igreja lhe proíbe a liberdade de pensamento... Em São Paulo ouvi Guiomar Novais em casa do Gelásio Pimenta; sentei-me ao lado dela para bem ver e ouvir – e a propósito escrevi um artigo no *Correio Paulistano*, a primeira coisa na vida que assinei com meu nome inteiro. Que divina pianista! Desses mesmos sons azucrinantes da Odete ela faz uma nuvem de gaze em que a nossa alma se rebola em delíquio. Assim também com as mesmas palavras com que o Geraldo saúda a bandeira, Olavo Bilac nos conta divinamente o julgamento de Frineia.

Rangel, Rangel! Receio que os autos forenses, que Sapucaí e a luz elétrica te hajam encolhido as ideias, já disse. Julgas-me então um *raté* pelo simples fato de não haver nas livrarias uma brochura amarela com o meu nome na capa? F. F. tem lá brochuras com o seu nome e esse, sim, Rangel, é o *raté* dos *ratés*. *Raté*, eu? Mas como, meu bobinho, se *vivo a minha vida*? *Ratés* são os que querem uma coisa e sai outra. O Goulart e o Macuco eram *ratés* porque queriam ser gênios e os quatro pés não deixavam. Um rebelde nunca é um *raté*. Só o será se quiser ser rebelde e permanecer escravo.

Recomecemos, caro Rangel. Vamos por diante com a nossa eterna correspondência. Eu prefiro um leitor como você aos três milhares que vais ter n'*O País*. Dá-me mais prazer escrever-te do que escrever livros. Talvez que um dia, quando não te tiver mais como o meu público, talvez eu tome para meu uso o Público. Sei que será passar de cavalo a burro, mas é corrente aqui na roça que trocar de montaria descansa. Vamos lá, meu público, meu leitor único! Aguenta-me em teu lombo! Sigamos os dois como até aqui, peripateticamente, a debater frivolidades e a repastar as misteriosas exigências mentais dos nossos eus, apesar das centenas de quilômetros que nos separam. A separação é apenas geográfica – a menos separante das separações. Esta nossa caminhada já vem de dez anos. É provável que um dia nos separemos *nel mezzo del camin...* na encruzilhada da Saciedade ou no pouso do Nada Vale a Pena. Mas em que quilômetro ficam essa encruzilhada e esse pouso? Não sei. Talvez para além da nossa vida – e morreremos sem tê-los alcançado.

Continuemos, Rangel. A grande coisa duma viagem não é o chegar – é o ir.

Lobato

* * *

Fazenda, 22 de outubro de 1914.

Rangel:

Ora graças que nos encontramos de novo. Porque não tinha graça nenhuma que depois de tão comprida caminheira nós nos "estranhássemos", num quase divorcio, só porque você se meteu a eletricista e eu a fazendeiro. Vida em fazenda antes personaliza do que uniformiza. E argumento por argumento, os teus podem aplicar-se a você mesmo, que na classificação social tem a ficha de juiz mineiro. Quantos elementos cá na roça encontro para uma arte nova! Quantos filões! E muito naturalmente eu *gesto coisas*, ou deixo que se gestem dentro de mim num processo inconsciente, que é o melhor: gesto uma obra literária, Rangel, que, realizada, será *algo nuevo* neste país vítima duma coisa: *entre os olhos dos brasileiros cultos e as coisas da terra há um maldito prisma que desnatura as realidades.* E há o francês, o maldito macaqueamento do francês.

Não sei como vai ser essa obra. Talvez romance. Talvez uma série de contos e coisas com uma ideia central. Nessa obra aparecerá o caboclo como o piolho da serra, tão espontâneo, tão bem adaptado como nas galinhas o piolho-de-galinha, ou como no pombo o piolho de pombo, ou como no besouro o piolho de besouro – espécies incapazes de viver em outros meios. O caboclo, piolho de serra, também é incapaz de outra piolhagem que não a da serra. Já te escrevi sobre isto; e se a ideia volta e insiste, é que de fato está se gestando bem vivinha e será parida no tempo próprio.

Atualmente estou em luta contra quatro piolhos desta ordem – "agregados" aqui das terras. Persigo-os, quero ver se os estalo nas unhas. Meu grande incêndio de matas deste ano a eles o devo. Estudo-os. Começo a acompanhar o piolho desde o estado de lêndea, no útero duma cabocla suja por fora e inçada de superstições por dentro. Nasce por mãos duma negra parteira, senhora de rezas mágicas de macumba. Cresce no chão batido das choças e do terreiro, entre galinhas, leitões e cachorrinhos, com uma eterna lombriga de ranho pendurada no nariz. Vê-lo virar menino, tomar o pito e a faca de ponta, impregnar-se do vocabulário e da "sabedoria" paterna, provar a primeira pinga, queimar o primeiro mate, matar com a pica-pau a primeira rolinha, casar e passar a piolhar a serra nas redondezas do sítio onde nasceu, até que a morte o recolha. Constrói lá uma choça de palha igualzinha à paterna, produz uns piolhinhos muito iguais ao que ele foi, com a mesma lombriga nas ventas. Contar a obra de pilhagem e depredação do caboclo. A caça nativa que ele destrói, as velhas árvores que ele derruba, as extensões de matas lindas que ele reduz a carvão. Havia uma gameleira colossal perto da choça, árvore centenária – uma pura catedral. Pois ele derrubou-a com "três dias de machado" – atorou-a e dela extraiu... uma gamelinha de dois palmos de diâmetro para os semicúpios da mulher! Também extraiu da gameleira morta um pilãozinho de moer sal. Como aproveitou a gameleira, assim aproveita a terra. Queima toda uma face de morro para plantar um litro de milho. E assim por diante. Um dia aparece o pó da Pérsia que afugenta a piolhada: o italiano. Senhoria-se da terra, cura-a, transforma-a e prospera. O piolho, afugentado, vai parasitar um chão virgem mais adiante.

Como você vê, não é fantasia nem carocha. É uma coisa que está aí e ninguém vê por causa do tal prisma. Rangel, é preciso matar o caboclo que evoluiu dos índios de Alencar e veio até Coelho Neto – e que até o Ricardo romantizou tão lindo:

Cisma o caboclo à porta da cabana...

Eu vou contar o que ele cisma. A nossa literatura é fabricada nas cidades por sujeitos que não penetram nos campos de medo dos carrapatos. E se por acaso um deles se atreve e faz uma "entrada", a novidade do cenário embota-lhe a visão, atrapalha-o, e ele, por comodidade, entra a ver o velho caboclo romântico já cristalizado – e até vê caipirinhas cor de jambo, como o Fagundes Varela. O meio de curar esses homens de letras é retificar-lhes a visão. Como? Dando a cada um, ao Coelho, à Júlia Lopes, uma fazenda na serra para que a administrem. Se eu não houvesse virado fazendeiro e visto como é realmente a coisa, o mais certo era estar lá na cidade a perpetuar a visão erradíssima do nosso homem rural. O romantismo indianista foi todo ele uma tremenda mentira; e morto o indianismo, os nossos escritores o que fizeram foi mudar a ostra. Conservaram a casca... Em vez de índio, caboclo.

Entrementes, colho café, planto feijão, milho e arroz, acompanho a guerra, leio Albalat, fumo cigarros de palha, não pago dívidas, carteio-me de longe em longe com o Rangel e, sempre magro, vejo engordar à vista-d'olhos a legião de parentes e amigos que hospedei este ano e hospedo ainda. Agora que te puseste fora da eletricidade, que vais tu *começar* ou que tencionas *concluir*? Ando saudoso dos tempos de Areias, em que o correio me trazia os teus famosos romances numerados. Quando me mandas o último? Vamos, Rangel, toca a andar. Quem sabe se estamos *perto*? Às vezes a gente chega inopinadamente.

LOBATO

* * *

FAZENDA, 22 DE NOVEMBRO DE 1914.

Rangel:

Chove. Aproveito a interrupção dos serviços para pôr a minha correspondência em dia. Creio que desta feita a montanha parirá. Sinto cá dentro as agitações do filhote. O diabo é que não é um filho só, sim ninhada – assuntos a dar com pau. Publiquei a semana passada um artigo no *Estado* e, com surpresa, recebi a propósito cinco cartas e um convite da Sociedade de Cultura Artística de São Paulo para fazer uma conferência lá. Em vez disso, eu e minha mulher fomos ler o tal artigo, cheios de vontade de gostar – e nada vimos que provocasse o entusiasmo dos paulistas. Fiquei na dúvida, porque cá no íntimo, Rangel, acho o meu talento muito problemático; o que tenho é jeito, habilidade; e assim como sem ser pintor, pinto minhas aquarelas, sem ser caricaturista faço minhas caricaturas, sem ser relojoeiro conserto relógios (dos grandes), e conserto fechaduras, e faço toda uma mobília tosca, como fiz em Areias, e construo uma capelinha com torre (como a construí em Taubaté), assim também, por força desse mesmo jeito para tudo, escrevo artigos e contos sem ter o real, o sólido, o bom talento do escritor que veio ao mundo só para escrever. Sinto-me capaz de tudo, mas sempre por força da habilidade e da manha, não pela força ingênita do artista que cria inconscientemente e de jato. Sou, em suma, o tipo do "curioso" – e acho uma beleza de expressão esta palavra popular, equivalente a "amador". Eis Rangel, o que no fundo penso de mim.

A obra capital da minha literatura, Rangel, o porco macho da ninhada, é ideia muito velha em minha cabeça: o homem visto por um não homem – e para comodidade este não homem pode ser a alma duma montanha. Livro fragmentário. Impressões. Jatos. Manchas. Notas dum não homem. Tenho algumas e mandarei para que ajuízes.

Outro feto que sinto no útero é um romance cômico onde se desenvolva o quatriênio Hermes, visto por um Zé Ninguém que o hermismo plantou num cargo público – de agente do correio, suponhamos. Outro feto que já me dá pontapés no útero é a simbiose do caboclo e da serra, o caboclo considerado o *mata-pau* da terra: constritor e parasitário, aliado do sapé e da samambaia, um homem baldio – inadaptável à civilização.

Por hoje bastam essas três amostras da barrigada. Mas antes delas o que vai sair é um estudo da guerra dum *ponto de vista novo*. Novo, imagina tu! A *hostefagia*, Rangel! Não dar comida aos soldados para que lhes venha água à boca à lembrança da *carne dos inimigos*. O grande prêmio do vencedor não é o saque – é a satisfação da fome velha com a carne assada dos inimigos. Napoleão trocará os quarenta séculos por quarenta mil bifes. "Camaradas, atrás daquelas pirâmides, quarenta mil mamelucos assáveis vos esperam!"

LOBATO

1915

Caçapava, 16 de janeiro de 1915.

Rangel:

Meu atraso para com você vem da bacanal doméstica que se chama "mudança". E a mim a coisa triplicou. Resolvemos passar uns meses nesta cidade, mas com a pressa tomei casa errada – uma daquelas coisas horríveis em que moravam os nossos bisavós, com alcovas escuras, sem jardim, sem ar, sem nada. Depois que vim com a família e a bagagem é que dei pelo erro. Começaram os suspiros da esposa. Tive de levar a família para Taubaté até que concluíssem cá a pintura de outra casa, moderna e como se quer. E como só ontem me instalei, só hoje posso pôr em dia a correspondência.

O que me dizes do artigo *Urupês*, à parte os exageros de amigo, é sábio. Só discordei da floração do ipê. Não haverá engano meu ou teu nisso? Tenho por ipê uma árvore que no outono toda se desfolha e fica amarelinha de flores. É esse o teu ipê ou impingiram-me como ipê outra árvore de flores amarelas? Se é não vejo mal em comparar uma floração de ipê à chuva de ouro parada no ar. É comparação tipo sete Santos, como a da lua com um queijo que boia no ar. No mais, dou as mãos à palmatória. De volta para cá, relendo aquilo, assombrei-me com um ror de coisas que hoje eu diria melhor – hoje, Rangel, um mês depois da ejaculação. Como mudamos a galope!

Sobre a matéria temos muito que falar – para dizer sempre a mesma coisa. Estilo é como o nariz na cara: cada qual o tem como Deus o fez e não há dois iguais. A miragem está nisto: a gente procura, por efeito de mil influições, aperfeiçoar o estilo – aperfeiçoar o nariz. No entendimento dessa *perfeição* é que nos transviamos. Há a estrada real, ampla, macadamizada, frequentadíssima, e há as picadas que podemos abrir marginalmente no matagal chapotado. Quase todo mundo toma pela estrada e pouquíssimos se metem pelas picadas. Resultado: engrossam-se as fileiras do estilo redondo e só um ou outro conserva o nariz que Deus lhe deu. Por aperfeiçoar o "estilo" temos de entender exaltar-lhe as tendências congeniais, não conformá-lo segundo um certo padrão na moda. O estilo padrão mais em moda hoje desfecha no estilo de jornal, nessa "mesmice" que floresce, igualada no gênio, na cor, no tom, no cheiro, tanto no *Monitor Paraense* de Belém como na *Tribuna do Povo* de Dom Pedrito, e é o mesmo no *Estado* e no *Correio da Manhã*. Quem conduz a humanidade e esse estilo é o Mestre--Escola, é o Gramático Letrudo, são os mil "Conselheiros" que no decorrer da vida nos vão podando todos os galhos rebeldes para nos transformar naqueles tristes plátanos da Praça da República – árvores loucas de vontade de ser árvores de verdade.

Mas se somos bons jardineiros de nós mesmos, o que nos cumpre é matar as lagartas, extirpar os caramujinhos e brocas, afofar a terra e bem adubá-la. Em matéria de poda, só a dos galhos secos. E a árvore que cresça como lá lhe determina a vocação. Isso, concordo, é aperfeiçoar o estilo. O mais desnatura-o, troca o nariz natural por um nariz de carnaval.

Minhas incursões pelos romances do Camilo têm duas intenções: uma, passarinhar naquela desordenada mata virgem, apanhando as boas locuções que não tenho em meus viveiros; outra, mariscar os idiotismos, que são as pérolas da língua. E também me é um descanso andar pela floresta do grande malabarista – descanso desta nossa crise monetária de vocábulos e graça, que nos envolve neste país em que a leitura do jornal mata a do livro. Não há livros, Rangel, afora os franceses. Nós precisamos entupir este país com uma chuva de livros. "Chuva que faça o mar, germe que faça a palma", já o queria Castro Alves.

Na tua carta levas ao extremo o estudo camiliano. Levas ao extremo de esfarelá-lo num glossário metodicamente disposto para a rebusca de frases feitas. Condenas aquele meu terreirinho limpo onde caiam as sementes que o vento traz. Com o teu sistema de glossário, sabe o que acontece? Tornamo-nos uns Camilos enfezados, uns puros camelinhos, quando o que eu quero é que de Camilo tu saias mais Rangel do que nunca e eu saia bestialmente Lobato – embora sem as brocas e lagartas para as quais o melhor veneno é justamente Camilo.

O meu processo é anotar as boas frases, as de ouro lindo, não para roubá-las ao dono, mas para pegar o jeito de também tê-las assim, próprias. Dum de seus livros extraí sessenta frases de encher o olho. Não releio mais esse livro – não há tempo – mas releio o compendiado, o extrato, e aspiro o perfume e saboreio. Formo assim um florilégio camiliano do que nele mais me seduz as víceras estéticas. E não discuto nem analiso, porque seria fazer gramática, do mesmo modo que não analiso botanicamente um cravo ou uma gostosa laranja mexeriqueira. Cheiro um e como a outra.

Resumindo: meu plano é ter uma horta de frases belamente pensadas e ditas em língua diversa da língua bunda que nos rodeia e nós vamos assimilando por todos os poros da alma e do corpo. Um jardim de flores simpáticas à nossa estesia inconsciente. No meu passeio pelas *Vinte horas de liteira* apanhei isto: Um *corujão berrou no esgalho seco de um sobro*. Detive-me; fiz pouso nessa frase enchedora de olhos e ouvidos. E não anotei, por que anotada ficou para sempre em meu cérebro. Não a analiso, não a comento; ponho-a apenas em uma lapela do cérebro, como pus naquele prego um ninho de beija-flor encontrado no barranco. Se Camilo houvesse dito: *Uma coruja piou no galho seco de uma árvore*, eu teria deixado no barranco esse ninho de beija-flor. O "berrou" é que me seduziu. Toda vida, para toda gente, as corujas piam – só em Camilo aparece uma que berra. Lindo!

Filosofando: coletar modos de dizer, jeitos de expressão afins com esse misterioso *quid* que me leva a olhar com enlevo para os brincos-de-princesa que vejo pela janela, e com arrepios de asco para uma barata que apareça. E isso apesar da ciência que há dentro de mim, dizer que ambos, brinco-de-princesa e barata, são duas prodigiosas obras-primas da Natureza.

O para que te convido não vai mais longe desse alegre varejar por Camilo e outros adentro, saindo de seus livros como quem sai dum jardim, com a braçada de flores que nos caíram no goto. E enfeitarmos com elas o nosso ambiente de trabalho. Pendurá-la pelos pregos, como ao ninho de beija-flor – em vez de herborizá-las num glossário. (Esta palavra até me fede.) E de vez em quando olharmos para os "pendurados". E sentirmos-lhes o aroma. A velha boemia cenacular, em suma. Nosso estilo – nosso nariz literário – fica assim num banho-maria ambiente.

Outra coisa que precisamos debater é a afinação do senso estético a fim de que ressoe às vibrações imperceptíveis ao vulgo. Para as almas gordas e coradas, bem simples é a classificação do mundo. Em matéria de visualidade, as 7 cores do arco-íris; em som, as 7 notas da escala. E há as 3 virtudes teologais, os 3 poderes do estado, os 10 mandamentos da lei de Deus. E com tudo reduzido a 3, a 7 ou a 10, o bípede vive, ama, pensa que pensa e perpetua-se. O imensíssimo mundo das cambiantes escapa-lhe. E há ainda o mundo das subcambiantes, das infravibrações, das coisas que só o tísico ouve ou só os perdigueiros farejam. Há o mundo subliminal, dos histéricos, artistas e loucos. E há as estratosferas e as troposferas. E há o *Au-delà*, Rangel. Temos de nos tornar harpa eólia de mil cordas, finas como os cabelos da Cabeleira de Berenice.

Ainda não concluí a leitura de *Águas e arvoredos*. Andei numa longa estagnação de brejo e me arrependo. Ficou-me por tanto tempo pendurada ao cabide a harpa, que tenho de afinar novamente todas as cordas. Você me veio arrancar ao letargo. Aquela carta marota que me classificava no gênero "fazendeiro pai de família" foi um pontapé nos brios adormecidos.

Ando no *Cancioneiro alegre* e recém-saído do *Amor de salvação* – e lá receberás as flores colhidas.

Conheces o Cornélio Pires? Contradiz-me num jornal de São Paulo. É um dos Dom Magriços do caboclo Menino Jesus. Frágeis demais os argumentos; mais que isso – tolos. A *velha praga* não cessa a peregrinação. Já foi transcrita em sessenta jornais, conforme me informa o Sinésio Passos, redator dum jornal de Guaratinguetá. Acho muito, e se o consigno é para frisar a ignorância em que andamos de nós mesmos: a menor revelação da verdade faz o público arregalar o olho. Só não gostei dos teus elogios, Rangel. Impossível que sejas sincero. Exageraste – e para quê, meu juiz? Andas, com os elogios a meu respeito, como esses doentes de urina solta. O remédio é Atropina, um constringente de esfíncteres. Lembra-te que, ao contrário da sabedoria popular, *quod abundat nocet*...

Uf!... Adeus.

LOBATO

* * *

FAZENDA, 23 DE JANEIRO DE 1915.

Rangel:

Confundes bobamente duas coisas: clássicos e Camilo. Camilo não é clássico no sentido gramaticoide do termo; e para afundarmos os dois no mar do classicismo, nunca te convidaria eu, porque o aborreço sobre todas as coisas. Convidei-te para o passeio através de Camilo como remédio contra o estilo redondo dos jornais que somos forçados a ingerir todos os dias. Camilo é o laxante. Faz que eliminemos a "redondeza". É a água limpa onde nos lavamos dos solecismos, das frouxidões do dizer do noticiário – e também nos lavamos da adjetivação de homens copados como Coelho Neto. Camilo é lixívia contra todas as gafeiras. E além desse papel de potassa cáustica, ele nos dá essa coisa linda chamada topete. Camilo nos "desabusa", como aos seminaristas tímidos um companheiro desbocado. Ensina-nos a liberdade de dizer fora de qualquer forma. Cada vez que mergulho em Camilo, saio lá adiante mais eu mesmo – mais topetudo. E o topete filosófico eu o extraio de Nietzsche. Agora estou fazendo uma viagem com o meu topetudo estilístico em *Vinte horas de liteira*.

Tenho escrito alguma coisa, mas ando exigente e refaço muito. Vai sair no *Estado* um meu estudo sobre a caricatura, em duas partes.

Quem é esse Bernardo que te escreve? Falas dele como se fosse meu conhecido. De Bernardos só conheço o Bernardo del Carpio, do *Carlos Magno e os doze pares de França*, e o Monte São Bernardo, o dos cachorrões peludos na Suíça.

O Pinheiro me escreve e proporciona-te um cartão de ingresso nas letras paulistas. São Paulo já é alguma coisa, e vale a pena entrar no Palco por essa porta. E iremos juntos. Eu atirei-me. Imagine que estou arrolado no rol dos conferencistas da Sociedade de Cultura Artística, para este ano. Que tema vou escolher? Ah, um ótimo: "O estadulho na vida e na obra de Camilo". A história de todas as sovas que Camilo apanhou no lombo ou sacudiu no lombo alheio. Camilo foi um grande mestre em surras. Descia o porrete com a mesma elegância com que manejava a pena. Em todas as polêmicas, quando a coisa chegava a certo ponto, ele largava a caneta e dizia: "Agora é a pau!". E era. Ia esperar o contendor numa esquina e deslombava-o. Já marquei em seus livros todas as cenas de pancadaria. São maravilhosas. Parece que em cada uma ele recorda uma briga real e a descreve – vinga-se dando de novo, literariamente, as pancadas que deu materialmente. O estudo da pancadaria na obra de Camilo dá todo um livro.

Outro assunto interessante seria o estudo da influência de Alexandre Herculano e de Eça de Queirós na literatura da roça, a qual abre suas flores nos jornaizinhos locais. "Era por uma dessas tardes de verão em que o astro-rei no horizonte etc." Eles não acham jeito de começar de outro modo. Sempre os começos de *Lendas e narrativas* e do *Eurico*. E agora é o Eça. Só agora é que o Eça está chegando ao interior e é um espanto. "Olá, Gonçalo amigo!"

Manda-me dizer que devo declarar ao Pinheiro. Ele lá te ofende, supondo-te incapaz, financeiramente, de ficares com uma quota da sociedade em organização para o lançamento da revista. Respondi que deves estar riquinho. Se te convidarem, entra. Precisamos de portas, Rangel.

LOBATO

FAZENDA, 30 DE JANEIRO DE 1915.

Rangel:

O negócio de anotar Camilo só convém nas sobre-excelências; do contrário é copiá-lo inteiro. Livro há em que ele é uma roda de fogo de artifício, a chispar fagulhas do começo ao fim. Não cuidemos de quantidade, nem façamos disso tarefa. O meu sistema é lê-lo com atenção e marcar à margem as frases que me *encantam* e me *aproveitam*. Depois de terminada a leitura, encosto o livro: mais tarde abro-o e releio as coisas assinaladas – e copio num caderno as que *ainda* me impressionam.

Meu hábito em tudo é pôr de lado métodos e seguir as intuições da veneta. Acho a veneta algo muito sério e misterioso, Rangel. É como se uma força dentro de nós cochichasse.

Talvez tenhas razão em criticar a ortodoxia do *Estado*, mas cumpre ter em mente que é o único que possui tiragem – quarenta mil exemplares, com provavelmente cem mil leitores. É das nossas escadas regionais a de mais degraus e a mais sólida.

Se *Águas e arvoredos* está em borrão, posso anotar nas costas, não é assim? Um defeito meu, teu, nosso: damos espaço demais ao cenário, com prejuízo das figuras. Em Camilo quase não há cenário; as almas vão logo entrando em cena. Shakespeare pinta-o com uma palavra. Nós nos perdemos nas *mignardises* da paisagem, a copiar até as perninhas dos carrapatos – vício que vem do tempo em que o Naturalismo zolaiesco nos seduziu. Mas aquilo era exagero propositado. Eles estavam botando a língua para o Romantismo. Tu tens paisagens belíssimas, mas estragadas pela abundância dos detalhes. Queres descrever tudo, quando o certo é apenas sugerir – é dar um rápido relevo de estereoscópio com meia dúzia de pinceladas rápidas e manhosas. Pinceladas-carrapicho, nas quais se enganchem as reminiscências do leitor. Forçamo-lo assim a colaborar conosco – ele vê mil coisas que não dissemos, mas que com os nossos carrapichos soubemos acordar dentro dele.

O mais belo e sugestivo cenário que conheço é um de Shakespeare no *Henrique IV*, ato 3º, suponho: A *Street*. Nessa rua eu pus toda a impressão sugerida pelo transcorrer dos dois primeiros atos. Vi uma velha rua de cidade inglesa, como naquele *meu momento* me parecia deverem ser as ruas trafegadas por Falstaff. Qualquer outra indicação prejudicaria a ideia pré-sugerida lá no meu imo, colidindo. Isto mostra como a extrema sobriedade, quando hábil, desentranha maravilhas da imaginação do leitor – e o tolo as vai atribuindo ao romancista esperto. Em suma, o caso é de esperteza, como nas fábulas do jabuti. Fazer que o leitor puxe o carro sem o perceber. Sugerir. Arte é isso só.

Estou a suar em bicas. Faz calor como no inferno. E aí? Em Santos, ontem, derreteu-se o asfalto das ruas e correu para o mar como um rio de lava negra.

LOBATO

P.S. "Retrucou de pancada" – bom substituto do "respondeu imediatamente".

Quanto ao "no Brasil ninguém imita o Eça", do João do Rio, pode-se opor o "no Brasil toda gente imita o Eça". São exageros equivalentes. Eu já li e gostei do João do Rio; hoje parece-me tolo, *plaquet* chocalhante, maracá, cuia com pedrinhas dentro. Insubstancial. Usa umas elegâncias de *rastacuero*. Tem uns barões de Belfort que ele acha mais elegantes que os barões do Pilão Arcado ou um barão do Jambeiro da minha terra que não dava jambos. Não há mulheres em suas histórias, há *madames* – coisa muito parecida com madamas. E descobriu um homem inglês de nome Oscar Wilde que ninguém sabia quem era, e eu acho que é mentira dele. *Dorian Grey*! Potoca. *Cárcere de Reading*! Potoca. *Salomé*! Potoca. Esse misterioso "Oscar Wilde" (nome inteiro, Oscar Fingal O'Flahertie Wills Wilde) é uma pura mistificação do João do Rio. Outra novidade dele foi o lançamento do adjetivo "inconcebível" e do *up to date* em vez de "na moda". João descobriu também uma tal língua inglesa, que igualmente me parece potoca. Tudo nele são potocas – tudo nele é Rua do Ouvidor. Não fica.

LOBATO

FAZENDA, 3 DE FEVEREIRO DE 1915.

Rangel:

Noto que a feição maciamente irônica de teu espírito – entregue ao estudo das almas boas da roça que se deixam viver ao sabor das correntezas da vida sem revolta nem reação – é a tua feição predominante, Rangel. Em *Águas e arvoredos* vejo-te em casa. Um suave cetismo de paina. Paisagista dos seres humildes. Na cena da porteira eu senti a alma das porteiras – de todas as porteiras. Na cena final da mosca pintas como um mestre do claro-escuro, tal é o contraste entre as palavras e a ação. O que ali dizes, habilmente converge para entremostrar o que não dizes – e no que não dizes está tudo quanto queres dizer para a compreensão total duma alma toda paradoxos.

Do que não gostei foi do *som* – o estilo. Noto uma preocupação de simplicidade que me parece excessiva como quem quer escrever de chinelas para ser lido por homens em chinelas. O som é meia vitória, meia glória, meio valor total duma obra. Talvez mais – talvez três quartos.

O que Anatole conta no *Silvestre Bonnard* entra por um quarto no total da obra-prima; os três quartos restantes forneceu-os o modo de dizer, o *som*.

Mas isto de opinião é como nariz, cada qual tem a sua e essa é a boa, como o bom e certo é o nosso nariz. Tu és maior em letras, e eu me saio um tolo com estas pedagogias. Lá tens tua arte; cá tenho a minha. Criticar é sempre dizer: "Eu faria assim". Ao que pode o Autor objetar como o Maneco Lopes: "E que tenho eu com isso?". Por essa razão não me meto a criticar as *Águas*. Dou apenas a impressão geral que pediste. E a impressão é esta: tom, ótimo; som, fraco. Coisa reparabilíssima para quem está senhor de todas as gamas cromáticas da língua. É só calçar os punhos de renda de Buffon, pôr no colo o gato de Gautier e sacudir os excessos de virtude que puseste ali – a chanice excessiva. Entre os picos de Gôngora e o fundo do vale está a meia encosta, a Região Certa, cujo clima te recomendo. Ora, tu tens os magníficos punhos de renda de Buffon. É usá-los.

LOBATO

FAZENDA, 6 DE FEVEREIRO DE 1915.

Rangel:

Estou à espera dum americano que vem ver a fazenda. Se acaso sair negócio, talvez eu realize uma ideia: ir espiar o vulcão europeu de uma aldeia do Minho que seja toda ela Camilo. Quero ler Camilo em Cabeceiras de Basto, para ver se é assim mesmo. Isso será comer curau dentro do milharal. E conto contigo lá; alugarei uma quinta espaçosa onde caibam você, dona Bárbara, o Nelo e mais os gatos que, à imitação do *Silvestre Bonnard*, hás de ter. E lá comeremos os divinos figos minhotos e ouviremos latejar os olhos-d'água donde todos saímos; e restauraremos as nossas virgindades estéticas, gafadas pelas superfetações cosmopolitas. E voltaremos, depois de dois anos de assimilação da língua ambiente, dois tremendos escritores, para assombro destes papuas.

Já li o segundo fascículo de *Vida ociosa* e agradou-me ver os tipos se irem definindo, firmes. Emergem do limbo. Até o Américo, que na primeira parte me pareceu informe e incapaz de varar todo um romance como tipo sem recorrer a muletas, aprumou-se e vai numa beleza. O negrinho aluno está uma pura maravilha; conheço uns tantos desses pretos de pastinha, brancos por dentro, pretos só por fora. Zé Correto! Até o nome não podia ser melhor. A cena das galinhas: muito pitoresca, embora prejudicada pelo desenvolvimento excessivo, como farei ver em nota no original. E tudo mais no mesmo diapasão.

Recebi hoje uma carta do J. Carlos a propósito do meu artigo sobre a Caricatura. Carta cheia de adjetivos. Decididamente estou a caminho de glória nacional, coisa que a gente sabe pelo número de adjetivos que chove sobre nossa cabeça. Uma revista feminina de São Paulo (até elas, Rangel!) transcreve-me qualquer coisa e em linda nota chamariz me trata de "flamante colorista". Quatro séculos atrás chamar-me-iam "flamívomo".

É a Glória que começa, Rangel. Os adjetivos vão se chegando, como ratinhos ao queijo. Vêm primeiro os camundongos de todos os dias. Depois começam a aparecer as ratazanas – os ratos raros. "Flamante!" Isto me cheira a rato raríssimo, já é coisa ogival, *flamboyant*, das que queimam e tiram o sono à gente. Como irei dormir em paz, Rangel, se sou flamante, chamejante, uma espécie de tição em brasa? Pobre Purezinha...

Também a *Cigarra*, à qual mandei uma história das minhas crianças, me chia ao ouvido coisas deliciosas; infelizmente sei que esse mel procede do Gelásio Pimenta, que o dá a torto e a direito na revista. Apesar disso, lá te mandarei como documento essas primeiras ondulazinhas, para que todo te remordas de inveja da minha Glória. Aqui na roça planta-se o feijão e depois de nascidinho chega-se-lhe terra. Minha glória está nascidinha e chegam-lhe terra...

O momento é pois o mais oportuno, Rangel, para vendermos a fazenda e, montados na cobreira, irmos refestelar no Minho, onde, em vez de meninas revisteiras que nos flamejem, teremos cachopas coradas, divinamente estúpidas como as pintam Camilo e Fialho.

Isto de hoje não é carta. É apenas aviso de que chegaram a *Vida ociosa* e o retrato dos meninos. Responderei de verdade depois que liquidar este caso do misterioso americano.

LOBATO

* * *

FAZENDA, 12 DE FEVEREIRO DE 1915.

Rangel:

Que carta escreves!
Se me fosse lícito receber tudo aquilo pelo valor nominal, ou mesmo com quebra de 50%... Mas há ali muita visualidade de amigo. Ainda que sejas sincero, é sinceridade eivada duma simpatia atenuadora das arestas. Mas estive em São Paulo três dias e todos me falaram da minha literatura com certo calor, achando que eu sou coisas. Ouvi os elogios de pé atrás, como sempre. Quem na cara não elogia? O que vale é o cochicho às costas. Pinheiro é amigo e me ficou atrás do quadro, como Apeles, para pegar o que de mim dizem pelas costas. Contou-me que na sala do Nestor, no

Estado, houve uma séria discussão sobre aquele artigo *Urupês*, na qual poucos concordaram comigo totalmente, mas todos foram unânimes em que sou "novo de forma" e uma "revelação". Será, Rangel, que com tão pequena amostra se possa chegar a esse veredicto? E disse mais o Pinheiro, que cada um me atribuía uma filiação. Um provou que eu imitava o Eça. O Armando Prado, que eu imitava o Fialho. A maioria, porém, achou que eu me revelava pessoal e sem filiações aparentes. E disso resultou que o *Estado* vai pagar-me os artigos a 25 mil-réis, logo que a folha volte à normalização financeira e se refaça dum desfalque de 150 contos que lá deu o velho gerente – foi o que ouvi. Atualmente não pagam a ninguém, razão de terem desaparecido o Sílvio de Almeida, o Feliciano, o João Grave e outros. Isso são mistérios dos bastidores da nossa "grande imprensa".

Dizes bem quanto à disseminação do nome por intermédio de outras folhas. Isto é como eleitorado. Escrevendo no *Estado*, consigo um corpo de oitenta mil leitores, dada a circulação de quarenta mil do jornal e atribuindo a média de dois leitores para cada exemplar. Ora, se me introduzir num jornal do Rio de tiragem equivalente, já consigo dobrar o meu eleitorado. Ser lido por duzentas mil pessoas é ir gravando o nome – e isso ajuda. Já tirei a prova. Indo ontem falar com um médico do Instituto Paulista, Enjolras Vampré, recebeu-me ele de dois modos: o primeiro, frio, indiferente, o modo de receber aos que na vida não passam de números – mas depois que dei meu nome, a cara do homem clareou.

– "Aquele que escreve uns belos artigos no *Estado*?" – e ao ter a confirmação tratou-me como *alguém*.

Veja você como para o mundo tem peso um nome que assina artigos no jornal. A gente passa de servo da gleba à classe dos senhores. O "senhor" é o homem armado, que pode desta ou daquela maneira tornar-se ofensivo. A grande desgraça na vida é ser inofensivo, Rangel. Veja as minhocas. Por essas e outras, não concordo com o teu afastamento do jornal. Para quem pretende vir com livro, a exposição periódica do nomezinho equivale aos bons anúncios das casas de comércio – e em vez de pagarmos aos jornais pela publicação dos nossos anúncios, eles nos pagam – ou prometem pagar.

Quem mais anuncia, mais vende. E eu tenho sido o teu anúncio vivo, Rangel. Tal propaganda faço cá em nossas rodas paulistanas, que eles te têm como um canhão 42 oculto em Minas, e que quando atirar mete os obuses até aqui e tudo arromba – e eles esperam o tiro. E serás o rei dos tolos, se não surgires na arena com uma série de "anúncios" do nome que breve aparecerá na capa das brochuras amarelas. O Pinheiro conta com o teu romance para a *Cultura*[1] e, apesar do que me escreveste, também conta ver-te empoleirado no "grande órgão"[2].

Apareceu-me um editor, isto é, apareceu-me um papudo com esta proposta: reunir em livro várias coisas publicadas, *Bocatorta* refundido, com ilustrações minhas, a sova *Urupês*, a *Caricatura no Brasil* com reprodução dos desenhos de Ângelo Agostini lá referidos, *Jardim da roça*, inédito, e mais uma morte carnavalesca também inédita. Não é um editor profissional, é um "cara". Ora, cara por cara, por que não a minha? Editor de verdade não creio que apareça, nem eu procuro. Chegar com os originais dum livrinho, isso me dá ideia de chegar com o pires. E se ele vem com o "Deus o favoreça, irmão!" com que tromba ficamos?

Andas a me fazer vir água à boca com a *Mademoiselle de Maupin*. Li-a muito mal, um tempo em que não sabia ler, e de bom grado a releria agora – não fosse a guerra. Estou de mal com a França em tudo – e sabe por quê? Porque a rodinha do *Estado* é aliadófila demais, fora de toda conta e medida. Para equilíbrio, pus-me contra – o único lá. Numa roda em que estavam o Bilac e o Pujol, alguém falou da minha germanofilia, e o Pujol disse: "Mijando, sara". Estou com isso atravessado na garganta. Pobre Gautier. Vítima do Kaiser, do Clemenceau e do Pujol.

A tua observação sobre a *Maupin* é exata. É preciso alento para um escritor ir até o fim no tom forçado que assumiu no começo. Muito mais fácil fazer como Fialho, que não assume tom nenhum – é si mesmo no livro todo e vai às do cabo, nada o impede; diz "puta" e "fideputa" quando há mister e onde toda

---

[1] *Primeiro nome proposto para a* Revista do Brasil. *Nota da edição de 1948.*

[2] O Estado de S.Paulo. *Nota da edição de 1948.*

gente poria discretos sinônimos ou rodeios preservatórios dos arminhos e catarros moralísticos.

Ando meio enjoado do *Estado*, daquela gravidade conselheiral. Eles se têm como o umbigo do universo; num necrológio ou notícia qualquer, pesam numa balança de farmácia o adjetivo a dar ao sujeito – "distinto"; "notável", "conceituado" – e há neles a convicção de que se não deram ao sujeito o adjetivo matematicamente certo, Sírius pisca lá em cima e pode nascer uma lêndea na Cabeleira de Berenice. Aquela bisca do Fialho inoculou-me o vírus do tudo dizer sem papas, e pôs-me sem válvulas controladoras. Não sirvo para jornal. Meu campo é o livro, o panfleto – ou um jornal meu cá como o entendo. Também tenho escrito umas diabruras para *O Povo*, jornalzinho de Caçapava no qual sou livre como o era no *Minarete*. Sou lá o Mem Bugalho. Mando-te o último número para que vejas o tom da folha que eu queria ter aqui em São Paulo. Esse tom é o meu tom natural, normal – qualquer outro será forçado. E o diabo queira escrever forçado! É o mesmo que andar arcado. Nada emperra mais a pena, e tolhe tanto o correntio da frase, como sentirmos sobre os ombros alguém a espiar-nos. A "feição" do *Estado* é um Censor que me espia sobre o ombro quando para ele escrevo. A Opinião Pública é outro Censor. A dos amigos, idem. As conveniências... Como vivemos amarrados, Rangel!...

Que belo jornal ou revista não faríamos nós, do nosso grupinho, acrescido do Plínio Barreto, do Heitor de Morais e mais uns tantos rebeldes sem medo de chegar fogo aos estopins!...

E o nosso livro de contos a dois? Chegou o tempo. Refaçamos o que tivermos de melhor e publiquemos. Manda-me a tua parte, coisa que dê aí umas cem páginas ou mais. Eu me encarregarei do resto.

LOBATO

FAZENDA, 30 DE MARÇO DE 1915.

Rangel:

Grandes novidades me dás. Irão
demitir-te a bem do serviço público, como o original do protagonista de *Vida ociosa*, o juiz que perde inquirições de testemunhas por amor ao *otium cum dignitate* da roça? Irão suprimir essa comarca? Seja o que for, parabéns. Será arrancar um urupê desse pau podre aí. Não há nada como um tranco do Destino. Revira-nos de pernas para o ar – parece o fim de tudo, e acabamos ganhando. Eu continuo firme na minha ideia do artista deambulatório, errante como aqueles *chemineaux* de Maupassant, harpa eólia de pernas a varar mundo e a ressoar a todos os ventos. A você e a todos os Eleitos só desejo uma coisa: movimento. A inação apodrece tudo, cria bolores, musgos, visgos.

Agora, tudo isto é muito interessante em tese, mas *il faut manger*, e há ainda a mulher e os filhos... Eu não disse que não casasse? Toma! Casar, só bem maduro e rico. Enfim, lá sabes da tua vida. Quanto a mim, o que hoje mais me seduz é afundar num convento de pátios frescos, arcadas, grande biblioteca de livros iluminados, bom vinho e bom irmão cozinheiro – vida de frade gordo. Palavra d'honra, isso vale mais que este corre-corre moderno atrás do dinheiro ou da glória. Por desgraça nossa, nem conventos do bom tipo há hoje. Ou frade ou soldado. Também o soldado vive a crua vida que remexe as profundas bárbaras da alma humana – *quando há guerra*. Na paz é um triste boneco que às vezes até se suicida *tired of buttoning and unbuttoning*, como um tal coronel inglês.

Não tenho voltado ao *Estado* porque me enfada aquele tom casacal. Até dos jornaizinhos amigos fugi, porque não me suportam o *tom*. Está me ganhando um azedume que só terá esgotos em jornal próprio. Acabo montando um, ou uma revista na qual só eu mande e desmande. Talvez seja influência de Camilo e Fialho, esses dois impenitentes. Sobretudo Fialho, que chega a tornar-se antipático de tanta ferocidade. Uma hiena com cirrose no fígado e enjaulada não estilaria tanto fel como a pena desse tranca. Que estilo! Bárbaro como um huno, belo como a saúde. Estilo que não dá satisfações a ninguém – que não manda dizer. Quanto a Camilo, vejo-o sempre o mesmo e único. E cada vez mais me dá Eça a ideia dum creme Chantilly, muito gostoso. Camilo é o rosbife quase cru, vermelho. A semana passada li dum fôlego *Agulha em palheiro*. Que garbo! É um romance saído de dentro dele como um rato sai dum buraco. É um jato. E sabe que anda em Portugal um vivo movimento de reação pró-Camilo? O câmbio do Eça cai, e como não há nenhum "grande novo", o remédio é retroceder umas estações e parar em Camilo. Amiúdam-se os estudos camililanos. Recebi mais um de Pimentel e há dias o *Jornal do Comércio* trouxe colunas sobre ele.

Eu de mim não quero outro mestre. Leia isto:

> "As portuguesas caem de maduras, ou porque a lascívia as sorveu antes de sazonadas, ou porque vêm ao chão, de velhas. As indígenas são pardas como pão de rala, têm uns palavreados que travam a ervilhaca e gelam os mais escandecidos desejos. São carnes de ralé onde amor não acha em que pegue. Lembra-se (é de Camões que Camilo fala) das lisboetas que chiam como pucarinho novo com água".

Que desgarre!... "Chiam como pucarinho novo com água..." E mais adiante:

> "Mas entrevejo na cerração de três séculos que o poeta, na apoteose de Albuquerque terribil e do Castro forte, elaborando a epopeia que sagrou em idolatria de semideuses uma falange de piratas, escrevia com as mãos lavadas de sangue inocente do índio, a quem os conquistadores apenas concediam terra para sepultura como precaução contra a peste dos cadáveres insepultos, quando não exumavam os dos reis indígenas, na esperança de que lhos resgatassem com aljofar e canela. Façanhas de Camões não sei decifrá-las nos seus poemas; eles, os poemas, só por si sobejam na sua história como ações gloriosíssimas".

Isto, Rangel, não é dizer passado por alambique, mais mijado! Nada aqui da impecabilidade estafante de Flaubert, antinatural, anti-humana, antiartística, toda *ficelles*, receita, formas. As *ficelles* do Eça também transparecem muito, e começam a enjoar quando percebemos que são *ficelles*. Camilo é floresta virgem, irregular, com perambeiras e espigões, com taquaruçus, bromélias, borboletas de azul celeste em voos boiados, e mamangavas tremendas, e sapos que espirram leite venenoso. Eça é um jardim francês daqueles que Le Nôtre desenhava. É possível levantar a planta dum jardim, mas quem tira a planta duma floresta virgem – dum Camilo? Eu recomendo a *Boemia do espírito* aos que sofrem de lazeira de estilo.

Os tais americanos cá estiveram e se foram e – diz carta – o comprador vem em maio ou junho. Sairá disto minha viagem ao Minho, santo Deus? Praza aos céus. A estupidez por aqui não é crua, santa e sólida como a das aldeias minhotas. A estupidez nacional não tem estilo – acho-a mal ajambrada e frouxa. Até nisso degeneramos.

Em matéria feminina, estou que a boa mulher, a certa para esposa, é a quituteira, mentalmente divorciada do marido e que lhe dá liberdade de esvoaçar. A monogamia não é agradável a Deus. O que Deus quer é a forma grega: esposas procriativas no gineceu e Aspásias no jardim. O francês resolve o problema com o *ménage à trois* e um tácito consentimento individual e social que sorri da combinação. Mas não há negar que o sistema binário existe entre os passarinhos. E também entre os homens, quando encontram esposas merecedoras de devoção, como as nossas.

LOBATO

Fazenda, 3 de abril de 1915.

Rangel:

Leste a carta da Marina? Será possível que haja sinceridade ali? As mulheres fingem com tanta perfeição... Sincera ou não, se ela seguir os meus conselhos vai lucrar imenso. Eu andava a suspeitar das tuas faculdades críticas, tais os ditirambos com que me apresentaste a moça; agora compreendo a delicadeza da situação. Como seu tutor literário, hás de saber guiá-la. Conte-lhe que Flaubert levava dez anos para fazer um livro. E quanto a mim, estou quase a meter-me por um romance adentro só para reagir às tuas aguilhadas. Porque, dizes muito bem, nossa vida é um eterno provisório. Isso de esperar o advento duma era de paz e prosperidade é tolice da grande. O mundo é eternamente guerra e desordem. À guisa de exercício, vou começar.

Vá, parabéns pelo cuidado com que levas a vida econômica, de modo que mesmo atarraxado numa juizança mineira fazes voos livres, "com a família guardada em Machado". Ótimo. Nada introverte mais calorias do que estes periódicos despegamentos do lar – férias conjugais. Se fossem criadas, como temos as forenses e as escolares, muito melhoraria o mundo. Conheço um rapaz que reagiu contra o aprisionamento conjugal desde o primeiro dia. Chamava-se doutor Sebo, porque era muito metido a sebo. Casou-se em Taubaté com uma mocinha modesta, dona duma casa. Dias depois encontrei-o em São Paulo. – "Então, por aqui?" – "Sim, estou em viagens de núpcias." – "E a esposa, como vai? Está gostando de São Paulo?" – "Ela ficou; eu viajo sozinho." – "!!!" – "Sim, vendi a casinha e, como deu pouco dinheiro, saí em viagem de núpcias sozinho. Quero ver se chego até Montevidéu." Este doutor Sebo é que podia escrever de cadeira sobre a emancipação dos maridos.

Ando mergulhado na *Ana Karenina* e desmealhando o processo de Tolstói. Que prodígio de vida! Como a Rússia inteira palpita e freme ali! Como Tolstói bate longe Flaubert e os relatórios dos Goncourts...

LOBATO

FAZENDA, 17 DE MAIO DE 1915.

Rangel:

Após um interregno de negócios, de americanos que chegam, correm à fazenda e não resolvem, volto à vida antiga. Diz o agente do Rio, tramador de tudo, que seguiram informações para os USA e que em junho virá o comprador. Quarenta mil dólares. De posse dos dólares: negócios, tacadas, coisa de enriquecer duma vez e sossegar com o dinheiro. Em matéria de vida moderna acho que há dois termos: ou nada ou bastante. Ou montar numa boa cobreira ou falir – as duas coisas sossegam. Vidinha a meio pau, terá encantos para Horácio. Se não fosse a estúpida crise de 1914 e a guerra, eu estava neste momento rico; a ventania europeia mudou o rumo do meu barco.

Mas deixemos isto, que dinheiro é coisa que fede. Lembro-me que você é um selenita puro, dos a quem a palavra *business* causa mal-estar. E eu que acho poesia nessa infâmia? Fujamos desse setor. A nossa *joint account* é só literária.

Ontem emergi do *Turbilhão* do Coelho Neto – um livro simples, sem esparramo de adjetivos, sem pompas orientais, dum Coelho Neto evidentemente podado a podão e tesoura (*shears* em inglês é tesoura de podar; nós não temos a palavra). Os tipos são fotograficamente montados e de tudo resulta a montagem fotográfica do avacalhamento moral e social da família carioca. Documento, enfim, mas (falta o resto).

LOBATO

* * *

FAZENDA, 20 DE MAIO DE 1915.

Rangel:

Veio afinal a carta contando da saúde. Na verdade, a doença que te arriou foi das mais sórdidas. Envenenamento pela nicotina! Puah!... Sarrodepitose!... Quanto à neurastenia, não compreendo como possa ser vítima de tal coisa um homem dotado da tríplice felicidade de ser casado, juiz e morador de Santa Rita do Sapucaí. O casamento! Só esta delícia deve afugentar para muito longe as borboletas negras das psicoses depressivas. Ser casado é gozar uma tremenda superioridade sobre essa infame gente solteira. É ser um toco de pau solidamente agarrado ao solo pelas subterrâneas raízes, em vez dum miserável passarinho que anda voando pelo céu e vai para onde quer. Uma mulher nossa, só nossa, sempre nossa, eternamente nossa, celestialmente nossa – isso é sublime comparado à triste vida de Dom João Tenório, sempre a pular duma Elvira para outra, como o beija-flor vai de rosa em rosa. Desgraçados os mortais que não se saboreiam com a ambrosia do casamento! E o infame Byron atreve-se a dizer que o casamento transforma em vinagre o vinho do amor. Iconoclasta!

Ser juiz: outra felicidade suprema. Toco social, piúca bem enraizada na terra fofa duma Comarca e com a nobre função de dar a A o que é de A e a B o que é de B. E do alto dessa suprema função ver de palanque o turbilhão da vida agitar-se em redor.

Morar em Santa Rita... Imagino que seja um tonel de Diógenes, um tonel de paz perpétua num mundo feroz em luta permanente, essa Santa Rita em que moras e onde dás a A o que é de A e a B o que é de B.

Como és feliz – e mesmo assim a neurastenia te engrifa! Que mais quererá do mundo Rangel o incontentável?

Pois, meu caro, essa depressão nervosa não ficou por aí, anda também cá a me rodear. Sofro do mal do toco, do excesso de raízes e da falta de asas. Às vezes faço esforços convulsos para me arrancar destas serras e pelo menos ir morar onde a natureza seja mais completa, com terra, céu e mar. Falta-me aqui o mar, e nós temos sempre saudades subliminais do mar, porque já fomos peixes – tu já foste um *amphioxus*, juiz – e o fomos por milhões e milhões de anos, e só de muito pouco tempo somos mamíferos de terra. Estamos tão perto do mar ainda, que lhe não dispensamos o sal. O sal é o meio de termos algo marinho dentro de nós. O *amphioxus* que há dentro de mim anda a pedir sal.

Coelho Neto queixa-se de que recebe poucas "missivas". Isso é sina de reação, *assoupissement*. Neto é aquela jabuticabeira que vejo daqui. A folhagem excessiva não me deixa ver o desenho nervoso e bonito do tronco e dos galhos. Se Neto tivesse a coragem de podar-se, que lindo não ficaria! Há nele duzentos mil adjetivos a mais.

– E o romance?...

– O romance, Rangel? Ah, nunca mais pensei nisso. Ando farto de letras, lidas ou escritas.

Escrever apavora-me, como em criança me apavorava tomar óleo de rícino. É algo fisicamente doloroso – e por que procurar a dor? Todo este mês foi de desenho e aquarelas – com a literatura de castigo no canto. E se comparo o meu estado de beatitude quando desenho ou pinto, com o ar de mulher parindo quando me ponho a escrever um conto, convenço-me de que sou uma besta de andar a insistir na senda errada. Não escrevo mais. Nunca mais. Se há quem escreva nos outros países é que existem por lá compensações sérias, renome e dinheiro. Desde que entre nós não aparece compensação nenhuma, escrever não passa de pura manifestação de cretinice. Machado de Assis não fez outra coisa, e qual foi o prêmio? Ouvir o Alves dizer: "Não quero a obra dele nem de graça; viria atravancar estas prateleiras, tomando o espaço das minhas cebolas". O Brasil ainda é uma horta, Rangel, e em horta, o que se quer são cebolas e cebolórios, coentros e couves-tronchudas, tomates e nabo branco chato francês. Não somos ainda uma nação, uma nacionalidade. As enciclopédias francesas começam o artigo Brasil assim: "*Une vaste contrée...*". Não somos país, somos região. O que há a fazer aqui é ganhar dinheiro e cada um que viva como lhe apraz aos instintos.

LOBATO

FAZENDA, 3 DE JUNHO DE 1915.

Rangel:

Recebi mais *Vida ociosa*. Só darei opinião quando me vier o fim.

A razão de estar a escrever n'*O Povo* com uma assiduidade de que nunca me julguei capaz (três colunas e pico por semana) é bem curiosa. *O Povo* imprime 200 exemplares; quer dizer que tem 100 leitores. Entre esses 100 leitores há um velhinho de 70 anos, que não me conhece, nem é meu conhecido. É só para ele que escrevo.

Foi magistrado e há muitos anos que não sai de casa, ali a esperar a morte como o tio Maheu do *Germinal*. Um genro desse velhinho me disse um dia:

— "Sabe quem não pode mais passar sem *O Povo*? O meu sogro. Quando recebe o jornal, vai logo em procura de artigo seu; e se não encontra fica jururu. Lê tudo quanto é seu, e nos chama para apreciar certos pedacinhos."

Isto me calou, Rangel, e nunca mais deixei de mandar coisas para *O Povo* e sempre no gênero que o velhinho gosta. Às vezes não estou disposto e resolvo falhar — mas me vem o remorso de decepcionar o velhinho e escrevo. Desanco o Hermes – é o de que ele gosta. Sinto mais prazer nisso do que na vaidade dos cem mil leitores do *Estado*, e a verdadeira razão de nada mais meu aparecer no *Estado* é que *tenho* de escrever para *O Povo*. Não é um solilóquio no ermo, como dizes, mas diálogo com uma sombra.

Quanto a livro, Rangel, não sei se me sairá algum, algum dia. Porque isso de encher o mundo de livros é fácil – o difícil é produzir um livro que seja UM LIVRO. Note que não aparece nem um só por ano. Se em algum tempo me sentir capaz de produzir UM LIVRO, então aparecerei. Do contrário seria aumentar com mais uma pedrinha a imensa montanha da Mediocridade.

Ontem li *Histórias sem data*, de Machado, e ainda estou sob a impressão. Não pode haver língua mais pura, água mais bem filtrada, nem melhor cristalino a defluir em fio da fonte. E ninguém maneja melhor tudo quanto é cambiante. A gama inteira dos semitons da alma humana. É grande, é imenso, o Machado. É o pico solitário das nossas letras. Os demais nem lhe dão pela cintura.

 Você queixa-se, Rangel, e no entanto quem produziu mais que você, homem ingrato para consigo mesmo? Quem tem parido mais e com mais afinco? Falta-te apenas publicidade. No dia em que sair o teu primeiro livro, juro que sararás dos muitos males que te atormentam. E já é tempo de soltar o livro. Tens no mínimo três romances altamente merecedores de impressão. Que esperas? Eu não esperaria coisa nenhuma. E, por falar, que notícias há do livro do Nogueira? Não compreendo a demora.

 Encontrei hoje umas ilustrações feitas em Areias para o livro de contos que íamos fazer de colaboração, e a ideia desse livro me voltou. Seria um *In memoriam* da nossa convivência mental. Um livrinho leve, bem impresso, bem ilustrado, com o que tivéssemos de mais fino e pessoal. Seríamos um público do outro – o velhinho um do outro. Mando os desenhos a ver se eles te comovem e te fazem voltar à ideia.

 Quarta sigo para São Paulo e sexta para Santos. Escreve para Ponta da Praia, 55.

LOBATO

* * *

SANTOS, 24 DE JUNHO DE 1915.

Rangel:

Cheguei hoje e encontro cartas aqui. É que encalhei mais duma semana em São Paulo. Não respondo hoje mesmo porque estou me adaptando à casa, ao mar (que ouço pelas janelas abertas). O *amphioxus* está feliz. Tenho belas coisas a contar-te, o livro do Nogueira, o projeto do meu, o do Ricardo – a combinação que temos para que tudo venha no mesmo dia, um dia de desova geral! Muita coisa. Enquanto isso, tome lá esse recorte de jornal para a tua coleção de atitudes bec-

carianas. A *Revista do Brasil*, ex-*Cultura*, sai em agosto, e nela cabe um dos teus contos ou romances. Manda o *Estado-Maior*. São eles próprios que pedem.

LOBATO

* * *

SANTOS, 30 DE JUNHO DE 1915.

Rangel:

Viva o ressuscitado! Eu já andava compondo um *Adonais* para o extinto juiz e eletricista[3] de Santa Rita do Sapucaí.

São 9 horas da manhã fria e sem sol. Sinos repicam lembrando o dia santo – Corpo de Deus. ("Deus tem corpo?" – "Não, é um puro espírito", dizia o meu catecismo.) Fumo um cigarro, com as pernas estiradas sobre uma gaveta entreaberta, e sinto na alma o dia santo; estou feliz, contente, amigo dos homens e das coisas, num estado d'alma merecedor de eternização. Olho para aquele vaso ali e me enterneço. Coitadinha da porcelana! Por quê, Rangel? Sei lá. Não sei nem quero saber, porque nestes momentos de felicidade misteriosa fujo de raciocinar. Parece que a felicidade é a animalidade contente, e raciocinar vale por desanimalizar-se. Nietzsche diz que a felicidade é a sensação de que a nossa força cresce. A roleta do Miramar fez crescer a minha. Há uma semana que jogo todas as noites e ganho.

Sabes o que é a roleta, juiz? Durante a ação, uma luta tenaz entre o Homem e a Sorte. Depois, uma alegre ou melancólica ressaca, em que relembramos os lances bons, ou maus, as coincidências e mil coisinhas que só os jogadores entendem. Como no xadrez. Explique você a um leigo a beleza dum cavalo que come a dama e dá xeque – e o leigo não vê beleza nenhuma. Mas no xadrez temos como adversário a ciência do parceiro; na roleta o adversário é o Destino. A deusa Sorte rodeia a mesa do

---

[3] *Godofredo Rangel desempenhava o cargo de contador da empresa de luz da cidade de Santa Rita, para onde fora removido. Nota da edição de 1948.*

pano verde (há que ser verde, como as venezianas que se prezam) e ora se reclina sobre o ombro de um jogador, ora sobre o de outro, e aqueles momentâneos beneficiados pelos reclinos ganham – e é *l'ebbrezza*. Ontem perdi sistematicamente durante uma hora. Parei. Deixei transcorrer dez bolas nas quais os meus palpites não deram. Na décima primeira rebentou um deles. "É hora!", disse eu comigo e voltei a jogar. Senti no ombro a pressão dum seio – era a deusa que dera a volta e parara atrás de mim. Joguei forte no 17. Deu. Parei um instante, sondando. Nova pressão no ombro. Joguei forte no zero. Deu. Repeti o jogo. Deu. Carreguei no *double* zero. Deu. Arregalamento de olhos da assistência. Eram as melhores boladas da noite, e "em seco", o que é raro. Creio que vem dessa noitada o meu estado d'alma de hoje – uma ressaca feliz.

Não conheço nenhum estudo psicológico do jogo. Em geral, sobre ele só escrevem os moralistas, gente bocejante e sermonária. Cheira-me que o jogo não é o que esses Catões dizem, já que se entronizou tão sólido na vida humana, como pé duma tripeça: Bebida, Mulher e Jogo. Dizem os teólogos que é a trindade do Diabo – mas a Ciência mostra que o verdadeiro nome do Diabo é *Homo sapiens*. O homem não pode viver sem uma certa ebriedade – *l'ebbrezza*. Bebida é *ebbrezza*. Mulher é *ebbrezza*. Jogo é *ebbrezza*. Fisiológica e psicológica. Bem-aventurada sejas tu, ó humaníssima trindade!

Por que tanta *ebbrezza* em vez de ebriedade? É que ando com a Itália dentro de mim, como azeitona em pastel. Leio Edmundo d'Amicis, senhor juiz, esse homem que é um encantador sem par (tomo a palavra encantador no sentido que tem na magia). Sabe quantas edições já teve o *Cuore*? Quatrocentas e cinquenta e uma! A *vita militare* teve 93... *Idioma gentile*, 46... *Constantinopla*, 30. Que explica semelhante coisa? A sedução, a magia do homem. É um visgo. A gente começa a lê-lo e vai embora. Magia, magia. Há a Magia Negra, a Magia Branca – e a Magia Literária. D'Amicis é um grande Mago Literário. E sabe, Rangel, que aqui no Brasil também há um livro com o poder de me enfeitiçar assim? Creio que já o li, espaçadamente ou de uma assentada, oito ou dez vezes, e sempre com o mesmo encanto: *Memórias póstumas de Brás Cubas*. Outra "obra-prima" que pelo jeito vai longe, sabe qual é? Aquele meu artigo *Velha praga*, que continua a ser transcrito pelo país afora, precedido de elogios como esses do recorte incluso (e não precisas devolver porque está tolo). O homem só diz asneiras, e a mais curiosa é a que vai grifada e na qual tens parte, como pai do adjetivo. Diz o couve-tronchuda que eu chamo aos políticos "matracolejantes caríssimos!". Como conseguiu ele jungir na mesma canga essas palavras? O jornalismo entre nós é perpetrado pela ralé da incompetência. Isso explica a apoteose que andam a fazer do Alberto Torres, cuja genialidade não passa de simples desvario. Diante de tantos louvores, comprei-lhe os livros e li-os; não me contive, mandei para o *Estadinho* dois rodapés de análise. Demonstro a insubsistência das ideias desse homem de miolo atrapalhado, que querem equiparar a Euclides da Cunha e já anda com maiúsculas no rótulo: Alberto Torres o Grande Pensador Nacional. *Le Penseur*, de Rodin. Há no Pará ou no Amazonas um político, Eduardo Ribeiro, que também tem o cognome de Pensador.

Eu não sabia de tuas relações com a Júlia Lopes! Parabéns.

Cá espero a *Vida ociosa*. Purezinha tem faro estético mais fino que o meu e fa-la-ei ler também – e o que ela disser, é! Ontem abriu a *Casa de pensão* do Aluísio e logo depois a largou por haver encontrado, na descrição dum mocinho, que "grossa cadeia de ouro pendia-lhe do ventre". Como essa cadeia e esse ventre envelhecessem o moço, ela fechou a casa de pensão para evitar maiores calotes.

Estou há um mês de viagem engatilhada e não desfecho... *Ubi bene ibi patria*. Em plena lua de mel com o jogo, do qual andava afastado de três anos, vou me ficando. O único bom e respeitável critério da vida é a Veneta. Tudo mais, servidão, moralismo.

Conheces a *Vita de Benvenuto Cellini*? O que diz D'Amicis despertou-me a fome. Lembro-me de ter lido uma redução da obra por Lamartine. Uma ovelha a reduzir um leão! Quero conhecer o leão *dipinto da se*.

LOBATO

PONTA DA PRAIA, 3 DE JULHO DE 1915[4].

Rangel:

Eu havia deliberado não escrever a ninguém nesta minha visita ao mar, nem ao administrador lá da fazenda, nem a você, nem ao papa. E conservei-me neste propósito até hoje, quando o correio me trouxe a tua. Por Netuno! Que redada de cincas de gramática apanhou você em meus escritos, ó gramaticão de má morte, ó Candido de Figueiredo de Santa Rita! Dou as mãos à palmatória – exceto quanto a *vieiro*, que Aulete autoriza; e a undecimilla, de *undecimus-a-um*; e a *soerguer-se*, que é também erguer-se a custo (Aulete). E dou-me parabéns de conhecer no mundo um crustáceo tão meticuloso como o meu amigo juiz.

Confesso, Rangel, a minha ignorância do português gramática e mais camarões da filologia. Guio-me pelo faro, como o pescador que *sente* que ali naquelas pedras há garoupas. Infelizmente, faro é nariz; e em dias de resfriado lá se vai o faro. Mas o vento que me leva hoje a escrever-te é o Bernardo Torres – esse extraordinário Bernardo o Eremita de Caldas. Escreve como fala e é tão nosso igual que tanto faz a mim escrever a você como a ele. Foi fabricado da mesma massa e no mesmo molde e com o mesmo ponto de forno de todos nós lá do Cenáculo. E é psicólogo. Diz uma grande verdade de que eu andava suspeitando às escondidas – que somos todos uns Jecas Tatus. Pura verdade. Com mais ou menos letras, mais ou menos roupas, na Presidência da República sob o nome de Wenceslau ou na literatura com a Academia de Letras, no comércio como na indústria, paulistas, mineiros ou cearenses, somos todos uns irredutíveis Jecas. O Brasil é uma Jecatatuasia de oito milhões de quilômetros quadrados.

As observações do Bernardo sobre *Urupês* são muito justas. E algumas das inexatidões apontadas são propositais. A história do caboclismo... Aquilo foi fabricação histórica para bulir com o Cornélio Pires, que anda convencido de ter descoberto o caboclo,

[4] *Bairro da cidade paulista de Santos. Nota da edição de 2010.*

como o Nogueira se convenceu de ser o descobridor da Pátria. O caboclo de Cornélio é uma bonita estilização – sentimental, poética, ultrarromântica, fulgurante de piadas – e rendosa. O Cornélio vive, e passa bem, ganha dinheiro gordo, com as exibições que faz do "seu caboclo". Dá caboclo em conferências a 5 mil-réis a cadeira e o público mija de tanto rir. E anda ele agora por aqui, Santos, a dar caboclo no Miramar e no Guarani. Ora, meu *Urupês* veio estragar o caboclo do Cornélio – estragar o caboclismo. Se tens aí mais cartas do Bernardo, não confidenciais, manda-mas.

A grande besta G. B., que se corresponde com o Nogueira, não será uma que zurra no *Correio Paulistano*?

Recebi o resto da *Vida ociosa*. Ainda não comecei a ler. Mas li o *Amor imortal* e pretendo escrever a respeito. Aqui é impossível. Sou todo mar, roleta, aquarelas – não tenho repouso. Ontem passamos o dia em Itanhaém. Fomos de auto, beirando a fímbria das ondas. Encontramos vários pinguins arremessados por algum temporal. Havia um vivo que levei para casa. Morreu, coitadinho, no dia seguinte. Amanhã vamos à Bertioga. Depois, a um farol. Depois... Cada dia, uma festa. Mar, mar, mar. O *amphioxus* regala-se. O Heitor de Morais, meu cunhado, tem uma esplêndida biblioteca – uma biblioteca que seria o meu encanto... longe do mar. Porque quando caio no mar, sou só mar, mar, mar.

LOBATO

Quem é esse Bernardo? Que faz? Onde mora?

* * *

SANTOS, 15 DE JULHO DE 1915.

Rangel:

Ontem e hoje dei folga ao mar para reler o livro do Nogueira, que me parece uma obra extraordinária. Fora os diálogos, que são em regra deselegantes, o resto é ótimo. A última novela, *Os deuses morrem*, é uma obra-prima.

Nunca supus no Nogueira tamanha profundidade. Tem muito de Edgard Poe. Mas acho que bem pouco pode esperar do público. Não será lido pelas massas. Falta-lhe a nota do pitoresco e da comédia humana – da humanidade ao alcance da humanidade. Todos os personagens do Nogueira são exceções, coisas de Ibsen, astralidades. Já escrevi uma crítica do livro, bastante encomiástica.

O que me contas do Bernardo é realmente assombroso. Eu o imaginava um bacharel grudado como craca numa promotoria de Minas. E no entanto cultiva a vinha e tem venda na estrada!... Está melhor situado que nós, Rangel, para o estudo de almas humanas. Está mergulhado na massa do povo, e nós bestamente vivemos entre títeres que não são povo nem coisa nenhuma. É pasmoso como a *sociedade* esconde o homem em carne viva, todo instintos crus. A burguesia não tem alma. Educação e riqueza são máscaras de desindividualização. Que delícia nadar nas ondas da plebe, como num mar!... Como Gorki nadava...

Ontem fomos à Bertioga, onde há um velho fortim escalavrado do tempo de Tomé de Souza. As primeiras ruínas que vi em minha vida. Mas nada me sugerem aquelas ruínas de convento em Itanhaém e estas da Bertioga. Que havia ali antigamente? Frades por dentro e índios por fora. Mato e índios. Ruínas são as da Europa, da Escócia. Aqueles castelos cheios de dramas e até com fantasmas. As nossas ruínas são muito recentes. Os frades são os mesmos de hoje, os jesuítas de batina; e os índios são os caboclos de agora. Não sinto grandeza nenhuma, nem tragédia.

Nas pedras de São Vicente peguei outro pinguim, de asinha machucada. E por causa deste coitadinho tive de brigar no bonde. Eu o trazia ao colo. O condutor, um português bem merecedor de que Cunhambebe o houvesse comido, implicou. "O regulamento *purive* conduzir aves nos bondes." Eu quis discutir calmamente. "Ave tem penas, meu senhor, e onde estão as penas deste vivente?", aleguei. Ele teimou que era ave. Eu jurei que pinguim era filhote de foca, segundo a opinião de todos os zoólogos ou exploradores ao tipo de Amundsen etc. etc. – uma coisa comprida. Minha ideia era manter a discussão até que me aproximasse da casa do Heitor, mas o raio do mondrongo teve uma ideia luminosa. Fazer parar o bonde. "Com ave o bonde não segue!" Eu ainda fiz chicana: "E se o Rui estivesse aqui? Seguia ou não o bonde?". "Que Rui?", perguntou o alarve. "Rui, a águia de Haia." Ele desconfiou que eu estava a "mangaire" e fez parar o bonde e foi a um telefone "falar à Companhia e pedir *pruvidências*". Voltou. Continuou o estúpido bate-boca. O bonde estava se atrasando. Havia mais gente dentro. Tive de ceder. Insultei-o à portuguesa e desci. A casa do Heitor não estava longe. Depois de exibido lá o meu pinguim, soltei-o de novo no mar. Com que gosto se meteu a nado! Quando vinha uma onda, enristava o bico e furava-a. E lá foi nadando e sumiu-se ao longe. Talvez tenha sido o único pinguim do mundo que jamais andou de bonde.

Quero agora visitar o farol da Moela, para captar impressões e refazer um velho conto de faroleiros que fiz em Areias. Pena é não estares aqui, Rangel. Não sei fazer nada sem você. Com os meus olhos somados aos teus, havíamos de ver muitas coisas a mais das que vejo.

O Gorgulho é outro prodígio aí de Minas. A história da álgebra da Idade Média numa cidadoca mineira vale todas as do Beccari.

Já enviou os manuscritos ao Pinheiro?

LOBATO

* * *

SÃO PAULO, 1º DE AGOSTO DE 1915.

Rangel:

Acabo de ler a última parte de *Vida ociosa* e corro ao papel para que nada se perca do calor da primeira impressão. Confesso que as partes anteriores me deram a suspeita de que em vez de um romance com *desenlace*, a coisa te saísse simples crônica da vida roceira. Enganei-me. Parabéns! O Capítulo do Sô Quim está magnífico de observação e graça: é da gente rir como em Mark Twain. Aquele "ajutório", aquele "fazer companhia", oh, aquilo é ouro. O remate, a seca do cliente, a surpresa do anel e a criação da escola são uma obra-prima de beleza, emoção e arte. A publicação desse livro vai ser um acontecimento literário. Coelho Neto, nada! Acadêmicos, nada! Você vale todos os romancistas da Academia de Letras.

Vou levar ao Ricardo o manuscrito, porque faço questão de que ele se convença por si mesmo do que sempre eu disse do Rangel. E desde já te dou o meu voto para o primeiro do Cenáculo, lugar que deixo de aspirar, já que o PRIMEIRO é você. Homem feliz! Empreendeste uma viagem longa e desalentadora e chegaste à meta. Hoje estás no ponto em que é só escrever e publicar: a crítica só terá carinhos com você. Uma coisa ainda aconselho: podar as camilices enxertadas na primeira parte. Estou convencido de que o vocábulo fora da moda, fóssil ou raro, é "pedra" de banana-maçã. O teu estilo é o desta última parte. Nela não há ressaibo de Camilo nem de ninguém: tudo ali é Godofredo até ao sabugo das unhas.

Adeus, Grande!

LOBATO

* * *

SÃO PAULO, 4 DE AGOSTO DE 1915.

Rangel:

A carta que mandei ontem não se referia ao último capítulo, que é de fato uma excrescência. Deves aproveitá-lo para um conto, porque o livro acaba maravilhosamente no penúltimo capítulo. Lemos o teu manuscrito ontem, eu, o Ricardo e o Adalgiso Pereira. Grande entusiasmo. Aclamamos-te o Dickens do romance nacional.

É indispensável que apareças, já, já, em letra de forma, Rangel! Conquistas tudo de pancada. Vamos dar um capítulo, o penúltimo, em rodapé no *Estadinho* sem consentimento teu. Purezinha também gostou e louvou – ela é exigentíssima e incorruptível. Tem aquele faro infalível da cozinheira de Molière.

O pinguim também me decepcionou. Quando topei o primeiro, morto na praia, a surpresa foi enorme – surpresa literária: o Polo

Sul, a tragédia do vendaval que o arrastara até ali, Rudyard Kipling, o capitão Scott. O encontro do outro, semivivo, foi o requinte da surpresa. O terceiro, apanhado no mar, nadando, já não me produziu grande sensação. Já era coisa vista. Hoje já não me abalo com pinguins, tantos encontrei mortos nas praias de Santos. À saciedade.

Dos pinguins de Santos passei à *Ilha dos pinguins* do Anatole France, que comprei e vou ler.

Adalgiso te louvou o estilo nas partes onde as "aquisições camilianas não empecem de arqueologia a atualidade da língua". Condenou os trechos onde Camilo está demais. Também acho que deves raspar o excesso de Camilo. É forçoso que ele não fique com as orelhas de fora. Na segunda parte da *Vida ociosa* está mais diluído, homeopaticamente, mas na primeira parte está alopático, em doses cavalares.

Enfim, Rangel, estás consagrado no nosso grupo como o grande romancista que o país esperava – e a nossa roda sabe o que diz, e o que ela diz é a opinião de amanhã. Queres negociar comigo a publicação da *Vida ociosa*? O Monteiro Lobato editor do Godofredo Rangel – que maravilha!

LOBATO

* * *

SÃO PAULO, 7 DE SETEMBRO DE 1915.

Rangel:

Quantas respostas estou a dever-te, meu Deus! Consequência da corrimaça. Este mês volto para a fazenda e lá me ponho em dia. Recebi um teu bilhete-postal acompanhando o *Minas Gerais* e te remeti o *Estadinho* em que saiu o capítulo da *Vida ociosa*. Como não estava revisto, veio-me a liberdade de, ao copiá-lo, fazer umas correçõezinhas, do que humildemente te peço perdão.

O Nogueira tem me escrito com assiduidade. Ingênuo!... Esperava que com o aparecimento do *Amor imortal* até a lua arregalasse o olho, surpresa do novo sol que surgia. A lua não arregalou, o mundo não parou e Nogueira, estomagado, com pisaduras de sangue preto na alma, queixa-se no meu colo. Consolei-o, mostrando que o mundo não *para* para ninguém, como os bondes, porque é cego, analfabeto e invejoso, sendo isso um modo natural de ser do Mundo e não acinte pessoal picuinha malévola contra ele, Nogueira, como o nosso filósofo sideral santamente supõe.

Ainda não devolvi teus manuscritos porque metade está em Caçapava. Quero que vá tudo junto. Guarde isto do Araripe Júnior: "Milton um dia, definindo a sua estética, disse: *Poet must be a true poem*. Com isto quis dizer que a obra literária que não é uma pura resultante dum organismo, pode ser tudo, menos obra artística. As verdadeiras regras estão no sangue, nos nervos, na estrutura do indivíduo, na cerebração inconsciente". Grande verdade. Por que o Ricardo não compõe um poema? Porque ele é em si um poema – um poema de pernas. E nós sentíamos isso e adorávamo-lo como a encarnação de um poema de Musset. Que é que faziam o Raul e o Artur, sempre com os olhos no Ricardo? Liam aquele poema vivo e semovente. *Poet must be a true poem!* Eu queria esfregar Ricardo no nariz de *Milton* para que ele visse como acertou.

LOBATO

* * *

SÃO PAULO, 21 DE SETEMBRO DE 1915.

Rangel:

Tens razão quanto à minha vida de cigano. Já me está cansando, e volto para a roça a semana que vem, saturado desta civilização. A minha estada aqui, graças à popularidade que o *Estado* deu ao meu nome, foi fértil em conhecimentos novos, entre os quais Emílio de Menezes o Viperino. Estive numa comilança a céu aberto a ele oferecida pelos 30 de Gideão das letras paulistanas, lá no Bosque da Saúde – *sub tegmine as fagi*, como disse o Juó Bananere. Emílio tem fama do

homem de mais espírito deste país. E é o moto-contínuo da graça. Ri-me tanto, que voltei para casa com os músculos faciais doloridos e talvez inchados. Além de grande poeta satírico, é Emílio ator de incomparável máscara e senhor de todos os truques psicológicos que desmandibulam os homens mais sisudos.

Mas volto para o mato, Rangel. Aqui nada se faz. O nosso tempo some-se todo na vidinha social – visitas, palestras, teatro, rodinhas, Triângulo. Leitura, só de jornais e algo de fugida. Houve uma festa *d'O Pirralho* que deu nota. Mando-te o número. Veja as caricaturas sonetadas do Emílio. Há um continho meu feito a galope, do qual gosto e pretendo refazer decentemente. O desfecho agrada-me. Recebi a revista mineira. Julguei que fosse teu o artigo sobre o *Amor imortal*, mas vi logo que não.

A *Revista do Brasil* aparece em janeiro e pelos modos vai ser coisa de pegar, como tudo que brota do *Estado*, empresa sólida e rizomática. Razão para aderirmos. Prometi um estudo sobre o Almeida Júnior e você pode entrar com um dos romances. Continuaremos assim juntos. O Bernardo escreve-me de vez em vez e eu lá vou respondendo de corpo mole. O fato de me corresponder com você, Rangel, não me obriga a fazer o mesmo com quem queira corresponder-se comigo. Tenho comprado muitos livros para ler na roça. Entre eles a coleção *Les mille nouvelles nouvelles*, de que te mando amostra. São os melhores contos modernos. Oitocentos réis o volume.

LOBATO

* * *

Fazenda, 30 de setembro de 1915.

Rangel:

Não mandas nada para a *Cultura*.
Aquilo ainda é um espermatozoide do Pinheiro na madre de um projeto. Muito cedo. Ainda procuram acionistas de 300 mil-réis a quota. Em todo caso, se queres te coçar ao feto, dirige-te a J. M. Pinheiro Júnior, redação do *Estado*.

Grande bem me fazes com a denúncia das ingramaticalidades. De gramática guardo a memória dos maus meses que em menino passei decorando, sem nada entender, os esoterismos do Augusto Freire da Silva[5]. Ficou-me da "bomba" que levei, e da papagueação, uma revolta surda contra gramática e gramáticos; e uma certeza: a gramática fará letrudos, não faz escritores. Depois, quando cheguei à puberdade estética e sobrevieram as curiosidades mentais, pus-me a ler – mas só em francês e isso até depois dos 25 anos. Até essa idade conto nos dedos os livros em nossa língua que li: um pouco de Eça, uns cinco volumes de Camilo, meio Machado de Assis. E Euclides e jornais. Como vês, ensarnei-me a fundo na sarna gálica. A reação vem dos tempos da *Velha praga*. Ali ainda sou o antigo. Em *Urupês* aparecem uns clarões ricocheteados de Camilo – o grande Camilo que me *revelou* a língua portuguesa e me fez ver as balizas que a extremam da língua bunda dos jornais e deputados – a Língua de Cafra para Cafrarias, diz Camilo. De *Urupês* em diante tateio, na luta das transições, procurando saltar para o outro lado. Esse pulo não vai assim ao jeito dos pulos ginásticos; é pulo metafórico, pulo imperceptível de ponteiro de relógio. Estou com um pé na Cafra e o outro no ar, a descer com lentidão e medo sobre a língua lusa verdadeira. Conto saltar. Hei de saltar. No intento de apressar a coisa, voltei-me para a gramática e tentei refocilar num Carlos Eduardo Pereira. Impossível. O engulho voltou-me – a imagem do Freire e da bomba. Dá-me ideia duma *morgue* onde carniceiros de óculos e avental esfaqueiam, picam e repicam as frases, esbrugam as palavras, submetem-nas ao fichário da cacofonia grega. A barrigada da língua é mostrada a nu, como a dos capados nos matadouros – baços, fígados, tripas, intestino grosso, pústulas, "pipocas", tênias. Larguei o livro para nunca mais, convencido de que das gramáticas saem Sílvios de Almeida mas não Fialhos. Mil vezes (para mim) as ingramaticalidades destes do que as gramaticalidades daqueles. E entreguei-me a aprender, em vez de gramática, *língua* – lendo os que a têm e ouvindo os que falam expressivamente.

Quando releio o que escrevi no *Minarete* vejo que já me arranquei ao lodaçal em que os jornais e o francês me lança-

---

[5] *Monteiro Lobato foi reprovado no primeiro exame que fez – o de português. Nota da edição de 1948.*

ram de cabeça para baixo. Mas mesmo assim grande serviço me prestas com o me ires apontando falhas.

Alegrou-me deveras a tua nota sobre o progresso da minha assimilação vocabular e da construção portuguesa. Receava andar iludido e só haver enricado de algumas palavras de bom cunho.

Tua análise do estilo *rompente* de Euclides me satisfaz. À ossatura e o músculo, ele os consegue como dizes. Mas não bastaria isso. Sem a rede de nervos dum pensar original, fortemente enfibrado pelo *metal deployé* das ciências naturais e sociais e da filosofia moderna, bem digeridas e assimiladas, Euclides não seria esse fenômeno novo que nos esbarronda, um homem que tem o que dizer, sabe o que diz e o diz – assombro! – em português de verdade. Porque a língua de Euclides já é a Língua. E, pois, apartados um momento, eis-nos de novo de braços dados na estrada real. Que importa que a massa nos não entenda? À massa compete admirar. O entender é só das minorias. Atenta neste belo clarão de Fialho: "Tomou as mãos do agonizante, um mármore molhado". A minoria entrepara, atônita com essa beleza. A maioria não para, passa, mas admira, porque não entendeu – o ininteligível é o supremo pasmo das multidões. Vejamos agora isso dito no estilo bunda: "Tomou as mãos do agonizante: estavam geladas por um suor frio". O clarão da frase de Fialho vira aqui luzinha de vela de sebo; entendem-na todos; a clareza democrática atinge o apogeu – mas que *analidade*! Língua bunda, estilo anal, ideias de toda gente, aninhadas como piolhos dentro de bolas de escaravelho. O escaravelho da adjetivação dessorada pelo advérbio. O adjetivo sempre *médio* (porque *in medio virtus*! O *in medio* em tudo na vida só dá o medíocre). Nunca o adjetivo extremo; e para desenervar o adjetivo médio de suas últimas fibrilas ainda não flácidas, um *auxílio* pré ou posposto. Este auxílio é sempre muleta. É um modificativo que dessangra e empalidece o adjetivo, cambando o vigor da frase.

Em Camilo noto curiosa evolução: nos últimos livros, velho e doente, é ele um feixe de ossos amarrados por uma rede telefônica de nervos mais vibráteis que cordas eólias. Seu estilo reflete o Camilo do fim. Não há ali células de gordura. Nada balofo, só durezas. Veja na *Boemia do espírito*:

> "Se o adversário Rodrigues almeja desforrar-se da justiça dura e rude com que o incomodo, haja-se por vingado na repugnância com que lhe replico. Tenho pesar de haver sacudido com a pena a luva que me atirou. Enganaram-me uns fementidos jornais que por aí inculcaram o teólogo com a adjetivação encomiástica das pílulas de família. Caluniaram-no. A sua ignorância dava-lhe jus a uma sossegada irresponsabilidade em coisas de letras. Colocaram-me nesta atitude de lutador pimpão, em mangas de camisa, obrigado a defender-me das vaias de ignorantes ao cabo de 36 anos de estudo apenas interrompido pelas dores de todas as espécies e pelas prostações das longas vigílias etc.
>
> ....
>
> Pelo contrário, escrevo com tristeza dos velhos que, na penúltima estação da viagem, olham para o passado e não avistam na via dolorosa, clareira onde não avulte um grupo de miseráveis. A Teologia era a única potência que me tinha deixado passar sem pedrada; mas afinal nem essa... Ela depois disso raros filhos desova que não venham gafos da oftalmia purulenta que os não deixa encarar as frechas aflitivas da luz. Alguns, porém, conheço com a íris normal, sã, remirando a fito todos os esplendores da ciência etc."

Temos aqui 13 adjetivos para 198 palavras – 6%! Não pode haver linguagem mais virilizada, mais enxuta, mais ossos e nervos – e gordura nenhuma. Nada amolengante. Lembra vergalho de boi estorricado ao sol. Só 13 adjetivos e todos matematicamente exatos. Vejamos em Fialho:

> "Tomou as mãos do agonizante, um mármore molhado. Está a amanhecer lá fora, e os cinzentos azuis dessa madrugada de inverno entram no quarto como albescências funerias que me espantam."

Temos aqui 3 para 30 palavras – 10% e em descritivo!

O pior vezo nacional é cevar o estilo como se cevam porcos. O ideal literário parece que é a banha. Está gordinho? Ah, então está lindo.

Toca a jejuar até emagrecer às justas proporções – jejuar de adjetivos *modificatórios*. São a gafa. O qualificativo é tinta boa, viva, crua; o modificativo é água diluente, dessorante: *"Radiava um céu azul"*; o azul está forte, na pureza com que sai dum tubinho do *Ceruleum blue* do Windsor & Newton. Posponha-se-lhe um "desmaiado".

Raiava um céu azul desmaiado...

Adeus, vigor! Junte-se mais um "diáfano",

Raiava um céu azul, desmaiado, diáfano...

e do Portugal nervoso de Camilo saltamos para o Brasil toucinhento de João do Rio. Já é aquarela, água rala, água panada, pintura de moça. Dirão: "É um gênero como outro qualquer". Sim, mas que não sobrevive como sobrevivem os fortes claro-escuros de Rembrandt – e o tudo na biologia é sobreviver. O que já nasceu desbotado continua a desbotar pela ação do tempo. Cumpre notar que a coisa descrita perde, na passagem do cérebro do autor para o do leitor, uns trinta por cento de força pictural, como a corrente elétrica perde de intensidade na passagem do gerador para o quadro de distribuição.

Chega. Quando me meto por estas vias, seco – e não digo o que quero. Mas tu me entendes, ó grande Rangel, tu que conheces de longo o meu *modus explicandi*.

Já notaste como é mais vivo o estilo das cartas do que o de tudo quanto visa aparecer em livro ou jornal? Acho maravilhoso o *prime saut* das cartas. Eu queria ver em todos os teus livros o elance *primesautier* da última carta que me mandaste. A caraça do público, a "feição" do jornal, os moldes do editor, sempre antepostos aos nossos olhos quando "escrevemos para imprimir", acanham-nos a expressão, destroem-nos a alerteza do *élan*. Eu, por mim, só lia cartas e memórias como as do Casanova.

LOBATO

FAZENDA, 23 DE OUTUBRO DE 1915.

Rangel:

Est modus in rebus — nem tanto a Cândido, nem tanto a Graça. Olhe que se este nos autoriza ao "fazer com que", ao "cumprir com o dever" etc., é o caso de nos mudarmos para o bairro dos que o não autorizam. Há sempre uma alta nobreza no estilo que se põe nos moldes sintáticos dos grandes antigos, procurando tomar como regra o que neles for regra, e não se autorizando a constituir como regra geral uma exceção, uma cinca, um desleixo de Vieira ou Camilo, quando é certo que até Homero cochilava. Quanto ao meu erro do "se o pratica" é coisa tão soez e chata que escusava te alongares tanto na demonstração. Já o expungi. Não fujo à pecha de ignorante em gramática, e até proclamo essa ignorância. E na realidade guio-me pelo tato e o faro, pelo aspecto visual e auditivo da frase. Se algum período me soa falso, releio-o em voz alta para perceber onde desafina. E achada a corda bamba não a analiso, dispenso-me de saber que preceito gramatical foi ali ofendido: aperto a cravelha e afino a frase. O método não será dos melhores, mas é o meu. É o mau mas meu. Topete, hein? E queres ver que ilações tiro desse topete? Não arquiteto a frase: despejo-a sobre o papel no jeito, no tom, no rebarbativo, no elance com que me acode à pena. Depois barbeio de leve, sem escanhoar. Raramente substituo os adjetivos que saltaram à tona, como peixes. Chamo a isto *doigté* e está acabado. E isto porque dia a dia mais me enjoa a "forma" – tanto na composição da frase como no "raconto", como diz o Fialho em seu volapuque. Tomei-me de tal engulho pelo naturalismo formalístico, impessoal – pedaços da natureza vistos através dum molde –, que o considero máquina de fabricar linguiça. Entram pela boca Zola, Aluísio e *tutti quanti*, sobraçando o assunto; dá-se à manivela e sai do outro lado sempre a mesma linguiça, na forma e no comprimento, apenas com leves diferenças no tempero interno.

O meu primeiro livro será minha primeira veneta. Talvez um misto de Sterne, Machado, Camilo etc. Um capítulo de uma linha, outro de cem páginas, ora numerado, ora com um "De como..." maior que o texto com digressões e o diabo. Mira suprema: 1) não estafar; 2) convergência disfarçada, não forçada, para realce da ideia *mater*; 3) assuntos universais com cor local; 4) quando pintar um homem, dar a sombra do Homem; 5) evitar por sistema o descritivo que matou o Naturalismo e é quase masturbação. E por aí vou. Outra, o livro sairá quando tiver de sair; não procuro escrevê-lo, ele é que tem de gestar-se dentro de mim como um tumor. Se o tumor endurecer e não vier a furo, paciência – pêsames ao mundo pelo aborto da obra-prima.

Noto de há muito tempo que essa tua vida isolada te vai pondo muito introspectivo. Vives num perene exame de consciência literário, e agora vais te submeter a processo – horror! – a júri talvez. Mas sairei a defender-te. Essa introspecção, se não mata, esfola – e nada aproveita. O tribunal ainda é o público. Faze-te julgar por ele. Se te condenar, apelas para a Posteridade e derrancas os juízes. Nada, porém, desse eterno julgares-te, condenares-te, penitenciares-te, absolveres-te. O que te falta é restaurar a saúde da alma comprometida por esse bioco de Santa Rita, sufocante. Estás aí como um vulcão arrolhado. Precisas rebentar, irromper. Com a boa erupção dum livro, saras dos hipocôndrios inflamados. As amas quando aleitam, se acontece que a criança lhes recusa o seio por algumas horas, sentem-no tão túrgido e dolorido que têm de ordenhar-se como vacas. Assim tu, Rangel. Ordenha-te com a publicação dum livro, e voltarás à plena saúde.

Eu cá adotei um sistema: quando o humor negro vem chegando com os seus pés de lã, escrevo qualquer coisa e publico: provo assim ao venenoso demônio da desconfiança que ainda há lá dentro fibra rija e bons ovários, os quais um dia darão coisa séria. O tudo é a convicção permanente de que *somos capazes*. Adota este sistema: emissões periódicas de papel-moeda declaratório de que na Caixa de Conversão há uma grande reserva de ouro. Esse papel-moeda entra a circular, e ainda na hipótese de não haver nenhum ouro na Caixa de Conversão (hipótese que não é a nossa), produz efeitos fiduciários e enriquece o emissor.

Há no *Pirralho* uma enquete sobre o Fradique Mendes do Eça. Queres falar? Convidaram-me a mim e me pediram o retrato, e vou fazer que também te convidem. Boa ocasião para, deixando de lado o Fradique, darmos uma amostra do nosso pano. "Vejam como falando de Fradique eu habilmente falo de mim e me pinto lindo!" é o que se depreende de todas as respostas. Atende ao *Pirralho*, Rangel. É preciso um pouco de comercialização.

LOBATO

* * *

FAZENDA, 7 DE DEZEMBRO DE 1915.

Rangel:

Sinto pruridos, ânsias de vômito, esquisitices. Consulto o *Chernoviz* e meu quadro de sintomas encaixa-se no artigo GRAVIDEZ. Estou grávido, Rangel! Grávido do livro – o Livro!... Interessante o meu pendor pelas letras. Vem e vai. Tem fluxos e refluxos. Um pêndulo. Depois de meses de engulho, em que apenas assimilei inconscientemente, sinto que a Necessidade de Produzir vem chegando com pés de lã. Neste andar espero que em janeiro ou fevereiro estarei em fase. E dos meus úteros hei de extrair um livro que não me ponha na lista do D'Argenton, do Labassindre e mais *ratés* do *Jack*.

Enquanto isso... que episódios sabes das travessuras do Pedro Malazarte? Estou a colecioná-las. Conheces alguma coisa de crítica sobre esse tipo do ladino? Dá um livro popular no gênero *Barão de Munchausen*. Mas não é este o *meu* livro.

Releio *Os Maias*. Como é grande, no sentido de volumoso! Dava dois, três livros diferentes. Acho que *Os Maias* seria um belo romance se fosse traduzido em português e levasse poda de foice. Há frases como esta: "Desde moço fora célebre, na capital, por pôr casas a espanholas; a uma mesmo dera carruagem ao mês". Acho o Eça o culpado de metade do emporcalhamento da língua no Brasil, onde o lido e o imitado é só ele, ele e mais ele. Mas Eça progrediu muito no fim. A *Ilustre casa de Ramires* já está escrita em língua que escova os dentes.

Da tua carta vejo que coincidem as nossas opiniões sobre o Nogueira. Está se formando dentro dele uma poça de vaidade onde nadam todos os peixinhos do orgulho mariscado no *Assim falou Zaratustra*. E a poça é em cima da promotoria de Baependi, o que agrava o caso. Nogueira me dá aflição. Voa muito alto, bate as asas muito forte. Assusta-me. Estou acostumado a esta nossa andadura de égua de silhão, escondidos do mundo, pelas humildes veredas ermas dum matagal onde não aparecem intrusos nem guarda-caças. Desadoro cavalarias de alto voo, eloquências, atitudes diante da câmara fotográfica da Posteridade. Já sou mais velho que moço, e nada me vale este gamão que jogo há mais de dez anos com o Meritíssimo Juiz de Santa Rita do Sapucaí. Quando me surge um novo que quer andar comigo pelos mesmos caminhos, sinto-me esquerdo, fujo, enxoto-o. Estas veredas, Rangel, têm dono – são só nossas. Há um Menotti que anda querendo invadir a nossa propriedade, esse Menotti de que já tanto me falas. Estou com ciúmes. É um *braconnier*, senhor Juiz! Ele está violando o nosso Paradou. O que eles procuram são as flores do elogio para enfeite das lapelas da vaidade. Não as colhem impressas em quantidade suficiente e metem-se a pescá-las manuscritas. Eu resisto. Quando me entra na tapada um *braconnier* novo, todo modesto mas com cheiro de quem procura tais flores, enxoto-o com o porrete da sinceridade. O último enxotado foi um Quintino de Macedo, que você, mole que é, me recomendou.

Para o trabalho do estilo, a primeira empreitada é mundificá-lo, como diz você, das "maneiras" consagradas. Fugir sobretudo da maneira do Eça, a mais perigosa de todas, porque é graciosíssima e muito fácil de imitar. "Cigarro lânguido" – "Caneta melancólica" – "Tinteiro filosófico". Também o descanso nas linhas exóticas é preciso – sobretudo no inglês. A literatura alemã também ensina muito. Sudermann revelou-te um grande segredo, e a mim quem mo revelou foi Hauptmann. O *Caminho dos gatos* é romance de deixar sementes em nosso terreirinho, quanto à composição e ao modo de dizer.

A literatura francesa infeccionou-nos de tal maneira que é um trabalho de Hércules remover as suas sedimentações. É gafeira lamelar. Temos de ir tirando aquilo casca por casca. Da casca haurida em Zola já nos alimpamos; a flaubertina e a goncurciana ainda subsistem em você. Temos depois as casquinhas hauridas aqui – a casca eciana, a fialhana, a euclidiana e até a camiliana. Abusamos de Camilo como certos sifilíticos abusam do mercúrio. O espiroqueta morre, mas ficamos com os dentes estragados. Temos de eliminar todas as cascas e ficarmos em carne viva. Será possível, Rangel? Certas cascas nos ficam como pele e dói o arrancá-las.

Li a *Caveira da mártir*, onde há uns tipos soberbos. Ter de arrancar a casca camiliana, como isto dói! É ter de apear.

Diga ao Gorgulho que não seja bobo – que eu não sei desenhar nem pintar. Desenho e pinto como me coço, porque vem a coceira – mas só me coço portas adentro, para mim mesmo. Eu sei o que é desenho – pintura. Sou velho assinante do *The Studio* de Londres. Diga-lhe que o Lobato não desenha, apenas se coça com o lápis quando lhe aperta a urticária crônica.

LOBATO

1916

Fazenda, 5 de janeiro de 1916.

Rangel:

Não. Em matéria de "contra", o rei é o Manequinho Lopes. Lembra-se dele? Nunca o vi a favor de coisa nenhuma – está sempre contra. Certa vez numa roda estava Maneco a arrasar tudo, completamente tudo – os alemães e os aliados, o Brasil e a Argentina. Eu perguntei-lhe:

— Mas, Maneco, que é que você é, afinal de contas?

— Sou antitudista – respondeu ele num daqueles seus prodigiosos repentes.

E realmente é o que ele é. As histórias do Maneco! Davam um livro. Ele gosta de beber, e uma noite voltou para casa de madrugada, toldadíssimo. Sacou do bolso a chave da porta da rua e tentou abrir. Mas o buraco da fechadura ia subindo, subindo. Maneco insistiu na tentativa até que, já na ponta dos pés, não o alcançou mais. Era um besouro... (falta o resto).

Lobato

Fazenda, 20 de janeiro de 1916.

Rangel:

Foi bom me chamares a atenção para o "jugular", que, não sei por quê, empreguei como "subjugar". O meu Morais e o meu Aulete são deficientíssimos e especializados em não dar justamente as palavras que eu procuro.

Já viste a *Revista do Brasil*? É caso de tomares uma assinatura. Nasceu de boa estirpe, está bem aleitada pelo *Estado*, é a única nesse gênero em todo o país – e é *nossa*. Já no segundo número devo ocupar-lhe dez páginas com um conto de monjolos e monjoleiros, coisa muito buquirana, daqui – *Chóó-pan*. Vou acampar na revista e ficar lá à tua espera, para glória do Cenáculo (que no último número da *Revista da Semana* foi incidentemente citado).

Peguei de Garret estes dias. É elegante, vivo, chistoso e libérrimo, no sentido de fugir a cangas de escolas e métodos. Estou em *Arco de Sant'Ana* e *Viagens*. Falta-lhe a genial truculência de Camilo. Também tentei umas leituras de clássicos, Vieira nas cartas, Lucena, Frei Luís de Souza... Não vai. Não me dão prazer nenhum. Jurei ler todo um volume de Frei Luís e fiquei perjuro. O mesmo que subir um Himalaia. Por maior que seja a decisão, a gente arreia a meio morro. O sono não deixa. Dormi dez páginas do maravilhoso Frei Luís de Souza. E que sono, Rangel! Dos incoercíveis. Duns que eu tinha em menino, quando me levavam ao teatro, de camarote. Lembro-me duma *Traviata*. Eu fazia esforços inauditos para ver o que acontecia àquela mulher, e consegui manter os olhos abertos até lá pelas 11 horas. Aí não aguentei mais. Lembro-me que fiz um esforço prodigioso para ficar acordado – mas o sono me derrubou. Fiquei toda a vida com essa impressão na memória – a incoercibilidade do sono – e agora, nesta idade, vejo a coisa repetir-se, nesta fazenda, por obra e graça do "mavioso", do "maravilhoso" Frei Luís, o clássico que recebe os melhores adjetivos! Tanto adjetivo me faz desconfiar. Quando a gente dorme no meio duma coisa, o remorso nos faz dizer maravilhas dessa coisa. Impossível que os outros leitores desse frade também não hajam sentido o "sono da *Traviata*" que eu senti.

O mérito de Camilo está em que nos ensina todas as acrobacias da língua, e nos mostra todas as "bravuras" e ainda nos diverte. Quando se põe a troçar é enorme! Quando vira palhaço e vai descambando para o reles, sai-se com um disparate de gênio e salva tudo... Em matéria de diálogos de gente do povo, não sei de nada igual. Veja isto, do *Onde está a felicidade?*:

> O João Antunes, por alcunha o Cágado, natural de Lixa, viera rapazito de 12 anos para Lisboa, conduzido pelo seu tio materno, o tio Antônio Cabeda, com destino de embarcar para o Brasil. Achando-se no cais da Ribeira com o dito seu tio, admirando o tamanho do iate, que o bom Antônio Cabeda denominava uma *anau de guerra maritema*, com grande espanto do rapaz chegou-se a eles um homem gordo, de jaqueta de ganga amarela e chinelos de ourelo, perguntando ao tio Cabeda se o rapaz embarcava. À resposta afirmativa, disse o homem gordo, mandando que se cobrissem os admiradores da *anau de guerra maritema*, que era dono de duas lojas de mercearia na Fonte Taurina, e muito desejava meter em uma delas um rapaz que tivesse boa pinta para o negócio.
> – A respeito de pinta, ela aqui está como se quer –, disse o tio, levantando com orgulho a cara do sobrinho, como o troquilhas que mostra os dentes duma cavalgadura.
> – Não tem mau olho, não – disse o merceeiro. – Quer V. deixá-lo comigo? O Brasil é em toda parte. Tenha ele cabeça e boa aquela para o negócio, que em toda parte se arranja dinheiro.
> – Tu queres ir ou ficar, rapaz? – Perguntou o tio, atirando com a perna direita sobre o pau de lodo.
> – Eu... – resmungou o rapaz, fazendo em torcidinhas a borla do barrete.
> – Vá... É decidir! Isto é maré de encambar enguias. Assim como assim, este senhor diz bem: o Brasil é em toda parte. Queres ou não queres?

– O que vosmecê quiser; eu antes queria ficar aqui mais perto da minha gente. Acho que o Brasil é por aí abaixo muito longe. Etc.

Qual é o naturalista que apanha viva assim uma cenazinha destas, de todos os dias? Eis por que incursiono nos outros, mas em matéria de língua minha base de operações é Camilo.

Tua carta vem com uma frase absurda: "Sinto necessidade de arrepiar carreira em estilo e recomeçar do princípio". Equivale a: "Examinei ao espelho minha cara e sinto necessidade de voltar atrás os bigodes, o nariz, o ar, e refazê-la segundo um molde que me bacoreja cá dentro". Olha, Rangel, enquanto te preocupares com o estilo, não o terás. Estilo é o jeito da gente. E todo jeito artificialmente procurado desajeita uma pessoa. O que devemos é comportar-nos com grande decência no trato da língua, e só a aprendermos no trato dos mestres. Que preocupação de estilo há nesse Camilo que transcrevi? E que estilo! Donde a conclusão: têm-no os que não o procuram – os descuidosos.

Para o diabo o estilo, pois – e toca para a frente. A frente agora é a *Revista do Brasil*...

LOBATO

* * *

FAZENDA, 7 DE FEVEREIRO DE 1916.

Rangel:

Chegaram a salvamento *Os faroleiros* e a carta. Aproveitarei muitas das observações. Como borrão que é, ainda está cheio de "cracas". Meteste esta palavra num círculo floreado, mas sem razão. No Morais a encontras com o sentido que lhe dei, de marisco que reveste as pedras e os cascos de navio. De craca vem "craquento", áspero, adjetivo de muito curso a beira-mar.

O meu artigo *Nitrogênio* teve a sorte de cair em graça. Recebi cartas elogiosas, entre elas uma do doutor Luiz Pereira Barreto. Aí vai ela. Fez-me bem essa opinião dum homem que eu venerava desde a sua famosa polêmica com o Eduardo Prado, e que sempre admirei pelo muito que alia a ciência com as mais altas qualidades literárias. Tem o tal estilo que prende o leitor.

E por falar em estilo: quando deixamos a ideia correr ao fio da pena, sem nenhuma preconcepção quanto a "maneira" ou regra e, pois, não procuramos "fazer estilo", é justamente quando temos estilo. Receita: quem quiser estilo, jamais o procure.

Escrevi também em prol do Wasth Rodrigues, um pintor que *ia* passando despercebido. *Ia*, mas o brado valeu. Quebrou-se o gelo. A crítica tomou-o em consideração. Mas antes ninguém piava sobre ele, o que levou o pobre rapaz a mandar-me uma carta triste, pedindo socorro. Pelo *Correio* o Oswald de Andrade me combateu as ideias "antilitoralistas", e o caso foi que a exposição do Wasth está muito frequentada e os quadros vendem-se. Já compreendi o nosso público. Para interessá-lo, é preciso vir com bombas na mão e explodi-las nas ventas de alguém, ou meter a riso qualquer coisa, farpear um grande paredro da política (o meu alvo predileto é o Fre Val, o morubixaba da estética oficial) – ou então falar do caboclo. Em havendo caboclo em cena, o público lambe-se todo. O caboclo é um Menino Jesus étnico que todos acham engraçadíssimo, mas ninguém estuda como realidade. O caipira estilizado das palhaçadas teatrais fez que o Brasil nunca pusesse tento nos milhões de pobres criaturas humanas residuais e sub-raciais que abarrotam o Interior. Todos as têm como enfeites da paisagem – como os anões de barro de certos jardins da Pauliceia.

O *Estado* é cauteloso. Poda-me os pedaços mais atrevidos e portanto melhores. Baixa o tom das minhas violências. Em compensação, vingo-me n'*O Queixoso*, revista quinzenal de "pau no lombo". Lá não me cortam coisa nenhuma. É tudo à Camilo quando brigava. Uma curiosa empresa, o *Estado*. Emite galhos ou rizomas, como certas gramíneas. Depois corta-os e deixa que os galhos vivam sozinhos. A *Revista do Brasil* é um galho do *Estado* que acabará autônomo. Talvez aconteça o mesmo com o *Estadinho*, o galho travesso e garoto do *Estadão*. E o mesmo com *O Queixoso*, a revista onde agora me expando.

No segundo número da *Revista do Brasil* apareço com a *Vingança da peroba* – um conto de monjolo e monjoleiros que termina sangrentamente. Acho que o sangue em golfos trágicos e o amor são as únicas coisas que nunca saem da moda em todas as literaturas. A ideia desse conto me veio há pouco tempo, quando mandei um monjoleiro da zona fazer um monjolo cá para a fazenda. Eu passava horas na "obra", vendo aquele serviço de escavamento a enxó e provocando conversa com o carapina e o seu ajudante. Eles fizeram-me o monjolo e eu fiz o conto. Saiu escudado com uma bela citação de Camilo nas *Vinte horas de liteira*. Leia isso, seu Rangel, e achate-se.

"Onde devo ir? Nas cidades é que já não há sentimento de originalidade nenhuma. As paixões de lá, boas ou más, têm tal analogia, que parece haver uma só manivela para todos os corações. Esta identidade é grande parte da monotonia dos meus romances. Há duas ou três situações que, mais ou menos, ressaem do enredo de vinte dos meus volumes cogitados, estudados e escritos nas cidades. Quando quero retemperar a imaginação gasta, vou caldeá-la à incude do viver campesino. Avoco lembranças da minha infância e adolescência, passadas na aldeia, e até a linguagem me sai de outro feitio, singela sem afetação, casquilha sem os requebrados volteios que lhe dão os invesados estilistas bucólicos. Assim que descaio em dispor as cenas da vida culta, lá vem a verbosidade estrondosa, o tom declamatório, tirados à força da violentada consciência a umas inocências e virtudes que me têm granjeado descréditos de romancista da lua. Conta-me, pois, uma história sentimental, amigo."

Isto é o tal estilo "pão com manteiga" de que não há enjoar nunca.

Quanto ao livro projetado, faço questão de que seja de nós dois. Anda você a me fugir com o corpo a essa ideia. Por quê? Como não viso carreira literária, quero, apenas por capricho, ter um livro que seja isto mesmo das nossas cartas sob o aspecto público. Desse livro só me interessarei por meia dúzia de exemplares, que oferecerei à meia dúzia de pessoas que estimo neste mar de milhões de criaturas que é a humanidade. Como somos restritos!

LOBATO

FAZENDA, 10 DE MARÇO DE 1916.

Rangel:

Estás mais adiantado que eu.

Leste O *poeta* e eu ainda o não vi. Não sei a que propósito me publicaram no *Estado* essas linhas escritas para prefácio duma edição microscópica dos sonetos do Ricardo, da qual só se tirariam dez exemplares. O editor era o Joaquim Correia. Não sei se a ideia foi por diante. Os Cães não me têm escrito, e até você passou tempo sem fazê-lo.

Ando às voltas com o rebento número 4, desta vez uma menina de nome Ruth nascida a 29. Purezinha não passa bem e eu estou como enfermeiro.

Tenho muita coisa a contar, e o melhor é como sempre do Nogueira. Sabes que ele empreendeu a sério a salvação da pátria? Em artigos vários – o último dos quais magnífico – Nogueira injeta coragem, emite *Sus! Eias!* Para que nos afastemos da beira do abismo. Trocou comigo várias cartas em estilo assimfalouzaratustra, "concitando-me" a salvar a pátria junto com ele. Quer uma salvação a quatro mãos. Quer companheiros bem palavrosos para a arrancada – porque é só com palavras que vamos salvar a coitadinha. Eu a princípio pus-me sério; depois ri-me nesse artiguete que mando. Pois hás de crer que o Nogueira ficou seriíssimamente magoado, como se a Pátria fosse avó dele, sogra dele, qualquer coisa lá da casa dele? Mandou-me a carta que junto, onde ressurge o velho Nogueira fundador da religião do Brás, e parece que rompeu comigo. O seu artigo *Pessimismo* é uma indireta a mim. Nogueira leu-me e não me entendeu. O caso é este. Depois do grito de Bilac, a imprensa repisou de tal modo o assunto, que só é lido hoje quem, desta ou daquela maneira, foge ao tom sério geral. Ora, justamente depois que os paladinos do Sorteio Militar ensarilharam as armas e o assunto foi tirado do cartaz, o Nogueira chega atrasado lá dos cafundós de Minas e vem botar a sua acha de lenha na fogueira já reduzida a cinzas. Eu caçoei no tal artigo e ele está agora a cortar as nossas relações epistolares. "Não admito que brinquem com a minha sogra", parece dizer.

Não apareci no segundo número da *Revista do Brasil* porque o Veiga Miranda estava na frente com *O Margarida*, aquele conto de que te mandei um trecho. Fui transferido para este mês. E agora faço questão fechada de que o conto do mês de abril seja teu. Cada número só traz um. Manda-mo cá, que eu o encaminharei. Falas em "conquistar" a *Revista*! Mas a *Revista* é nossa, bobo... Unicamente porque não tens relações com o Plínio, que é quem manda lá dentro, proponho isso de entrares por meu intermédio. Funcionarei apenas como introdutor diplomático. Deste no *Minarete* uma obra-prima – aquela cena das visitas. Quer que a copie e mande para a *Vida Moderna*?

Tenho cá o Payot – mas não largo o cigarro. Há tão poucos vícios no mundo – e na roça, então?! É quase o único. A mim não me faz mal; quando fizer conversaremos. Já uma vez passei dois anos sem fumar, só por capricho – para tomar o pulso à força da vontade.

A propósito de que falas no *Fausto* do Castilho? Justamente agora ando a traduzir para meu uso uns pedaços da tradução francesa do Gérard de Nerval (que o Goethe gostava mais que o original) e quero cotejar a tradução do Castilho com a minha. Escrevi ao Pinheiro encomendando o livro mas fiquei sem resposta. Estão todos lá em São Paulo às voltas com Momo. Também acho Castilho uma perfeição de homem. Que língua! Que riqueza! Infelizmente dele só tenho *Sonho duma noite de São João*, tradução do *Midsummer's night dream*, e não sei como Castilho mete a noite de São João no meio do verão. Minha livraria é duma pobreza incrível de livros em língua portuguesa. Quase tudo francês. Uma vergonha.

Adeus. O estafeta vem vindo. Apontou lá na curva do morro.

LOBATO

FAZENDA, 17 DE MARÇO DE 1916.

Rangel:

Vai um recorte do *Minarete* como claro indício dos tempos. Não te gabo a pachorra arqueológica e inútil. O que essas minhas cartas pedem é fósforo. Toca-lhes fogo e pronto. Quanta pretensão lá dentro!

Está bem definido o Nogueira como ator. Isso. E se acrescentarmos: ator de melenas de trinta anos atrás, ficará bem viva a definição. A última coisa dele por aqui foi uma Carta-Bilhete assim endereçada: *Excelentíssimo Senhor Doutor Monteiro Lobato – morador em uma fazenda – Caçapava*. O que veio dentro revê a mesma altissonância de divodigno a deixar cair palavras para que as aparem orelhas de papua. Em matéria de patriotismo está o homem uma galinha choca de pinto novo. O pinto é a Pátria. Nogueira arrepia-se e cacareja, se alguém olha para o pinto. O Albino e outros fundaram em Ribeirão Preto uma Pátria mensal, de cinquenta páginas, onde doutores locais desovam e incubam os pintos do patriotismo. Pois lá das profundas de Minas o Nogueira farejou e correu a empoleirar-se. E lá está com os seus pintos na primeira página, nas colunas de honra, com entrelinhas, todo ouriçado e de bico afiado para desferir botes contra quem sorria de qualquer coisa deste nosso amado Brasil. Nogueira virou um Alberto Torres apocalíptico, mestiçagem de Saint-Just, Deroulède e Santo Agostinho. No fundo é sempre aquele seminarista egresso que nos apareceu em São Paulo a citar os Vedas, e procurou criar no Belenzinho uma religião nova. É o monge Schwarz, descobridor de uma pólvora já descoberta pelos chineses séculos antes, que no teatro Sant'Ana, naquele 11 de agosto, assomou a um camarote, de melena caída na testa, e começou um discurso com abjurgatória à divindade: "Não há Deus!". As risadas e apupos impediram-me de ouvir o resto mas me lembro que o Nogueira continuou na invectiva. Todo descobridor de pólvora tem fé integral na primazia de sua descoberta. Nogueira naquele tempo acreditava sinceramente que negar Deus era o Himalaia, como hoje crê que o Himalaia é proclamar aos mundos uma coisa tremenda chamada Pátria.

E para isso veste-se de Dom Quixote, põe na cabeça o elmo de Mambrino, monta um pangaré e sacode no ar uma lança, que na realidade é vara de bambu com faquinha de matar porco na ponta. Nas duas ocasiões esqueceu de que já na Índia Buda suprimira Deus, e que as armas de Dom Quixote só existem hoje nos museus históricos. Nogueira é personagem fugido de romance romântico. Eu gosto imenso dele, mas fujo de brigar; prefiro cultivá-lo como a um cacto espinhento do deserto. Há cartas suas que são prodígios de megalomania espiritual. "Por que descrer da Pátria", diz numa delas, "se no Brasil há um Nogueira e um Lobato?" Está a preparar um livro tremendo, em que ele aparece como o Wagner do patriotismo. Segunda decepção que prepara, maior talvez que a do *Amor imortal* – que apesar de todo o seu grande mérito, como eu e você reconhecemos, não deteve o curso do sol.

Recebi O *poeta*. Que asneira darem a público aquilo que é só nosso; e com aquele entre parêntesis: "*Página de saudade*"! Vexou-me o ser autor de "página". Uma coisinha tão sincera e íntima... Para mim Ricardo é o Poeta. Não produz, não publica, mas é poeta no modo de olhar, no falar, nos atos mínimos da vida. Que grande e bela alma a do Ricardo!

Ando a estudar a história do Brasil. Há nela bons blocos de mármore a serem entalhados. Os bandeirantes, Borba Gato, Fernão Dias – que bandidos soberbos! Estou a imaginar a Doença do Ouro no Brasil. O período das minas gerais, a avidez dos homens, a cobiça louca, a ação e a reação desse ouro aqui e no Velho Mundo – lá envenenando Portugal e enriquecendo a Inglaterra. Um romance histórico feito naturalisticamente. Já notaste que o romance histórico nem sequer ainda balbuciou entre nós? Imagino-o à maneira de Walter Scott, mas com as tintas modernas de Kipling. Não te sabe uma arrancadinha passado adentro? O óbice maior será a restauração da fala dos personagens. O cenário é a mesma mata virgem de hoje, com as mesmas caças, o mesmo gavião-pato, os mesmos espinhos de brejaúva. Não conheço *As minas de prata* do velho Alencar, mas juro que também lá ele falsifica o homem – embelezando-o. Os índios de Alencar no *Guarani* são pescados na *Ilíada* de Homero.

Agora que ando com o espírito voltado para as coisas nossas, envergonho-me do pouco que possuo de obras nacionais de história. Que desleixo!

Mudando de assunto: leu a crítica do Adalgiso Pereira ao português do Afrânio? No *Estado*. Que perigo escrever com desleixo num mundo cheio de caracarás como o Adalgiso! O caracará é um gaviãozinho que frequenta os bois no campo, a fim de lhes apanhar os carrapatos.

Incluo uns recortes do Dantas Barreto e do T., dos quais verás que a "imortalidade" não é incompatível com a suprema chateza literária. Lê, pasma e devolve-me tudo.

LOBATO

* * *

FAZENDA, 20 DE MARÇO DE 1916.

Rangel:

Comecei a extrair dum caderno de recortes o teu *Visitas*. Interrompi o serviço. Retomei-o e agora noto que me está faltando um pedaço do começo. Cá o devolvo. Recompõe isso e manda para a *Vida Moderna*. Não sei de quem será o conto do quarto número da *Revista do Brasil*. Se não for teu, é preciso que o do quinto número o seja. Faço questão de te ver lá, metendo de chancas para o ar os contistas anteriores.

A minha estreia foi bem acolhida. Dentre várias apreciações mando-te a dum jornal italiano de São Paulo. Também recebi várias cartas a propósito de algo saído no *Estado*, uma delas curiosíssima. Aí vai para que decifres a psíquica da criatura. Respondi gabando-lhe... a letra! É realmente um primor caligráfico. Não imaginas como o meu artigo *Pecuária suína* agradou! Exultação entre a fazendeirada. Um conde húngaro, recém-vindo da guerra e já afazendado por aqui, foi procurar-me em casa de minha sogra – para conhecer-me e dar-me os parabéns. Como não me encontrasse, ficou de escrever. Estou curioso do que me dirá esse homem – conde, húngaro, soldado da guerra... Um fazendeiro de Itatiba escreveu-me ontem e outro dia... Lagoa dos Patos! Por que interessou assim essa tal *Pecuária*? Porque é ironia para cima do governo – e quem não detesta os nossos governos? Meti a riso o sistema oficial de criar porcos à custa do Tesouro, porcos que saem uma beleza mas a um custo de produção três vezes maior que os meus aqui – e contei o meu sistema. Meu sistema de criar porcos é uma ofensa à biologia, mas contado em letra de forma fica bonitinho. A letra de forma, Rangel, é como o azul das montanhas.

LOBATO

* * *

FAZENDA, 15 DE ABRIL DE 1916.

Rangel:

Recebi a de 12, com os recortes da parelha de "imortais" que mandei e sobre os quais silenciaste. O Frango Sura[1] está me cheirando a literato dos bons. Ah, que gente! Que perus recheados com a farofa da vaidade! Enfarei-me deles em São Paulo. O maioral da taba é o Vicente de Carvalho, poeta dos maiores da língua – mas que pena ser também peru recheado! Seus amigos formam-lhe uma corte luisesca; Vicente não solta um simples borborigma sem que eles, em redor, não arregalem o olho e murmurem em êxtase. "Não é arroto, é Camões!" O Amadeu Amaral é excelente criatura e esforça-se por ser modesto – mas de todos os lados "gavam-no" demais. Sabe o que é gavar? É a tradução do *gaver* francês – comer demais ou fazer comer demais. Em Estrasburgo os produtores do "Patê de *Foie Gras*" prendem os gansos em gaiolas, pregam-lhes os pés para imobilizá-los e gavam-n'os, isto é, metem-lhes pela garganta adentro um angu, a fim de superalimentá-los forçadamente. A maior vítima dessa violência alimentar é o fígado do ganso, que incha, fica enorme – exatamente o que os fabricantes do

---

[1] *Apelido dado a Manuel Francisco Pinto Pereira por Monteiro Lobato. Nota da edição de 2010.*

patê querem. Pois o excelente Amadeu deve estar com o fígado bem inchado, tal é a *gavage* a que o submetem. Anda mais cevado de ditirambos do que um imperador romano. O Emílio de Menezes disse que para o Amadeu entrar na Academia era necessário que se diminuísse a si próprio com um ano de banhos de pedra-ume! O Otávio Augusto, o Júlio César, todos – aquilo é um mútuo endeusar-se que está a pedir lenha. O Amadeu tem as chaves do *Estado* e recebe hosanas de toda parte – até de Baependi. O Nogueira manda de lá os seus gravetinhos para o fogacho propiciatório – mas Amadeu não murmura o *Sancta simplicitas* de João Huss na fogueira.

Tenho observado que não há resistir ao agradável – e que mais agradável que o elogio? Dá-nos a sensação de que somos ovos de duas gemas.

Quanto ao Frango Sura, saiba que me escreveu. Anda agora a reunir um florilégio de elogios, certo de que também é um ovo de duas gemas – ovo de galinha preta. E conseguiu um de Bilac, que ele anda a passear pelo nariz da gente, como um perfume. É dos tais que levam o livrinho ao crítico e ficam ao lado para assistir à leitura, com o "Que tal?" nos lances de efeito. Mas apesar de vir apadrinhado por Bilac e outros "imortais", em vez de cocada dei-lhe erva-de-santa-maria e está claro que para ele virei "aquela besta do Lobato".

Conheces a Carolina Michaëlis? Estou na leitura da sua *Saudade portuguesa*, onde o raio da mulheraça prova que uma alemã vale três alemães. Eruditíssima e elegantíssima. Profunda. É a maior autoridade em língua portuguesa de Portugal, apesar de patrícia de Von Mackensen. E chama a contas aos maus lusíadas: "Como explicar que ainda hoje os intérpretes da alma lusíada tanto desdenham do saber linguístico? Como explicar que espíritos cultos como Bruno, Afonso Vieira, Tomás Borba não se persuadam de que a língua é a base, e é a mais genial, a mais original e nacional obra d'arte que cada nação cria e desenvolve?".

Apesar da pulga geográfica que é, Portugal nos bate quantitativa e qualitativamente – se pusermos de fora Machado, Rui e Euclides. A produção intelectual é lá maior que a nossa, e hoje refervem na fúria dum pequeno Renascimento. Renascem, e nós nem conseguimos morrer... O jornal nos sufoca todas as tentativas de literatura, com os seus *reporters* analfabetos, com a sua meia língua engalicada, com os seus críticos de camaradagem ou de "passa cá 5 mil-réis", com paredros a receberem de gênio para cima (*O País*) ou de gatuno para baixo (*Correio da Manhã*)... Um "nome novo" consegue nos jornais amigos um "lançamento" igual ao do Tropon ou do Gelol. Parece que o mesmo homem que lança um Gelol lança um novo gênio – e o público "passa" os dois, a panaceia e o gênio. Balcão e camaradagem – eis a nossa imprensa. Há um "cafajestismo" que invade tudo – já invadiu o governo e vai invadindo toda a intelectualidade.

Mas o Nogueira vê "auspiciosos traços de capacidade racial" em toda essa decadência. E sabe por quê? Porque Quatrefages disse, e disse Gobineau e etc. Para bem penetrar nesses mistérios da Pátria, não há como o Nogueira. Tem consultório.

Minha ojeriza contra "patriotismo" e o "nacionalismo" que o Nogueira, o Bilac, o Sura e outros andam a lançar vem duma coisa orgânica em mim: o *Amicus Platus sed magis amica veritas*. Ponho sempre a verdade no topo – e não há verdade possível em nada visto através dos óculos desnaturadores de qualquer apaixonamento – seja patriotismo, nacionalismo, hermismo, civilismo etc. Tudo isso não passa de políticas partidárias, de que os filósofos naturalmente se afastam.

Lobato

* * *

Fazenda, 23 de abril de 1916.

Rangel:

O Frango Sura saiu-me melhor que a encomenda. Chapado! Publicou no *Estadinho* uma página sobre a Mulher, merecedora de Academia por aclamação – para *pendant* do X. Aqui incluo a frangorreia. Agora me lembra quem é ele. O Zé Correto da tua *Vida ociosa*, o discípulo amado do Américo! Exatamente isso...

Comecei a ler *Exaltação* da Albertina Berta, o livro que *assombrou* o Araripe Júnior. Caso curioso. A mulher tem talento e até gênio, mas consegue destruir a ambos à força dum amaneirado de estilo que raia o grotesco. Lembra uma obra de D'Annunzio que um Zé Cantinho ou um Frango Sura reescrevesse na linguinha deles. Que pena! Com uma tesoura de podar, picando o livro e reduzindo-o à metade, eu faria dele uma coisa excelente. A mulher tem um grande talento, mas nenhum tato plástico.

Fora disso recebi visitas. Tive um mês de casa cheia. O último que se foi acaba de partir agorinha – um pintor, Wasth Rodrigues. Vinham com ele o Ricardo e o Raul, mas doença na filha do primeiro gorou o projeto. Raul não veio sozinho porque é a sombra do Ricardo.

Aguardo os contos refundidos, e positivamente estou ansioso de ver-te em letra de forma na *Revista do Brasil*. E é bom que te apresses, porque as revistas no Brasil têm a duração das rosas de Malherbe; e quando morre uma, passam-se anos sem nascer outra.

LOBATO

* * *

FAZENDA, 30 DE ABRIL DE 1916.

Rangel:

Primo philologare... Não concordo com as glosas. O "deparar com" não o autoriza uma incorreção do Garrett. Se me dás com um "deparar com" em Garrett, aponto-te nele centenas do deparar certo. Se uma simples incorreção de clássico fizesse lei, não haveria gramática possível. Nesses casos atenho-me ao gênio da língua e ao gênio do próprio vocábulo. O "porém" inicial encontro-me com ele em Camilo e outros, ligando o que foi dito no período anterior ao que se vai dizer adiante, mas incide na minha observação acima; ofende o gênio dessa conjunção, a qual conjuga coisas dentro do mesmo período, mas não conjuga períodos distintos. A propósito há umas coisas luminosíssimas em Rui, na *Crítica ao parecer*. Escudo-me com ele. Quanto ao "lhe", idem. É muito novo para idiotismo. A ir por esse caminho, todos os erros contra a gramática cairiam na "idiotice" e adeus língua!

Aquela troça às paulistanas visa uma coisa: que saia à arena algum Magriço de lança em riste em prol das damas ofendidas. Meio de cá eu me expluir estes Camilos polêmicos de que ando ingurgitado. Mas parece que o tempo da Cavalaria realmente já passou; as damas, já sem macho que acuda por elas, se vêm na dura contingência de virem à arena em pessoa, brandindo as sombrinhas. E com mulher não podemos discutir, porque a vitória é fácil demais: basta que lhes ergamos a saia em público. A saia delas ou da gramática delas (livra!).

Não me veio o último número da *Vida* e já reclamei. E os teus contos estão retidos no correio de Caçapava por insuficiência de porte. Já mandei o necessário para desencravá-los.

Acho explicação do teu mal na falta do cigarro. Fume, homem! Com seiscentos milhões de cachimbos, fume que sara. "Fumar como um doido" está claro que é asneira, como também é asneira não fumar como um santo. Também te está faltando vida ativa. Ser juiz é incubar nevroses. É vida antianimal. O animal no homem! O trazê-lo bem tratado e saciado é alegria, saúde e felicidade. Com um mês aqui viravas uma abóbora.

Vou pintar um dia meu aqui na roça – o de hoje, por exemplo – e lá o compararás com um teu dia de juiz. É a *joie de vivre* e a nevrose.

Levantei-me às 6. Tomei um copo de leite de cabra e saí. Dei volta pelos terreiros, distribuí umas ordens e voltei para o café da manhã com bolinhos de milho – que adoro. Nisto chega-me uma visita, o Ângelo, fazendeiro e criador de gado meu vizinho o qual sempre que vai a São Paulo passa aqui pela fazenda para um dedo de prosa dos mais alentados e na vinda faz o mesmo. Tomamos o café de súcia e conversamos sobre mil coisas até as 8 e meia, inclusive a guerra. Depois que o Ângelo se foi, pus-me a assistir ao botar feijão ao sol, no terreiro ladrilhado. Depois dei volta por fora para ver a porcada e tive lá um atrito com um bode Toggenburg que me está virando uma fera. Lutei com ele porque contra mim investiu de chifre e não arredava por mais que lhe batesse com um pau. Furioso, dei-lhe uma sova com uma enxada que apanhei por ali, e o olho da enxada forçou-o a dar-se por vencido. O bode afastou-se. Voltei para casa alagado em suor, cansadíssimo, mas triunfante. Vencera o bode! Almoço. Na mesa conto a façanha, e Purezinha e duas primas que estão cá horrorizaram-se com a "minha maldade". Se fosse o bode que me moesse com o olho da enxada, elas se horrorizariam com a maldade do bode. Ouço-lhes o sermão enquanto vou comendo um rico tutu com torresmos e laranja-de-umbigo – e filosofo de mim para mim que o tal de *meter o pau* é o único remédio que realmente cura nas fazendas. Digo-o em voz alta e elas vaticinam-me coisas pavorosas, vinganças etc. Depois do almoço saio a cavalo, ver o serviço da colheita que justamente teve início hoje. Adverti severamente a um fiscal de que não me estava fazendo as coisas direito. Volto para o café do meio-dia, que é sempre à 1 hora. Tomo o café, com mandioca frita. Vou para a rede da sala e pego num Barbey d'Aurevilly interrompido na véspera, sujeito horrível, mas interessante. Às 2 horas vou ver um cercado de porcas com cria para onde entraram ontem setenta leitõezinhos novos. Divirto-me com aquele formigueiro de apetites e rabinhos encaracolados. Conto-os. Falta um. Descubro-o morto a um canto, na palha. Era um maninguera – conheces esta palavra? Depois vou dali ver a malhação do feijão. Quadro pitoresco. Eles sabem escolher varas no mato – compridas, rijas e bem flexíveis. Só de certos paus. E malham num ritmo lindo. As varadas conjuntas produzem um som especial que fica na memória – *lhá, lhá, lhá...* Suo de vê-los suar naquilo e lembro-me de que é hora do banho na cachoeira. Para chegar à cachoeira tenho de atravessar o pomar velho. De passagem vejo um começo de erva-de-passarinho num pé de laranja. Trepo e extirpo a praga, e chupo várias laranjas. Desço. Alcanço a cachoeira e tenho o meu banho. Volto. No terreiro estão a varrer em montes o feijão malhado. Tomo duma vassoura de guanxuma e esquento o corpo, e fico varrendo até que me chamam para o jantar. O jantar é sempre às 4 e meia. Janto. Há um frango Orpington da minha criação, gordo e grande como um peru. Vou saber umas coisas e dar umas ordens ao administrador, e volto para a Casa-Grande.

Sento-me numa das cadeiras de vime da varanda, a olhar a tarde que cai. O Guilherme vem para meu colo e começa a parolar.

– Papai, por que você não corta essa árvore? Diz apontando para uma velha casuarina fronteira, em cujos galhos secos do topo estão pousados muitos passarinhos.

– Para quê, meu filho?

– Para eu pegar os passarinhos.

Prometo cortar a árvore, *amanhã*.

Escurece e esfria. Recolho-me. Prosa na sala sobre almas do outro mundo. As mulheres falam dum médium célebre que anda assombrando São Paulo.

Nisto lembro-me de você e vou para o escritório. Releio tua carta última e passo a responder.

Eis, Rangel, o que é minha vida na roça. Os dias voam. Não há tempo para nada e há tempo para tudo. A minha hora literária é hora furtada no meio do dia e à noite. Conte-me lá agora um teu dia de Juiz, ó coruja de Têmis!

LOBATO

* * *

FAZENDA, 4 DE MAIO DE 1916.

Rangel:

Horrível começar um romance! É partir daqui, a pé, e lembrar-se a gente que tem de ir até Meca – sem conhecer o caminho, abrindo picadas. Requer tremendas qualidades – e daí a minha admiração por você, autor de tantos romances sem título, apenas numerados... Que prodígio és, Rangel!

Tua carta recordou-me a tentativa d'*Os faroleiros*, esboçado em Areias. Reli o conto. Chinfrim. Refi-lo inteiro e parece-me menos mal. Vou refazer outras coisas daquela época e quem sabe se não sairá o nosso projetado livro de contos a dois, com ilustrações? Com uma edição feita em Portugal, à Nogueira, erigiríamos um monumentozinho à nossa velha camaradagem.

Pelo menos em português de lei seriam esses contos escritos, o que é mérito nestes tempos de língua bunda. Senão, veja. O Veiga Miranda tem nome, já pariu três romances, mereceu do Oliveira Lima um artigo encomiasticíssimo, e, no entanto, pelos Serralhos de Apolo! Que estilo, que nabiça! Mando-te uma amostra, coisa do *Jornal do Comércio*, Rio. Numa época em que a um Veiga dão-lhe com superlativos pelas ventas, nós venceremos com os nossos livros. A história dos faroleiros é fantasia. De farol nunca vi senão a luzinha distante. Tem para mim esse demérito de ser todo imaginado, sem vinco de impressão pessoal e por isso mesmo procurei dar-lhe o tom da coisa vista e vivida. E engana, parece-me.

Reeditei O *plágio*. Não era bem conto, sim coisa para bulir com o Artur Goulart e os Macucos daquele tempo. Não tenho o talento da composição. Tudo me sai crônica. No fundo não passo dum cronista.

Na *Revista Brasileira* do José Veríssimo li uma novela dum Oliveira Paiva, cearense morto aos 30 anos, que me encheu as medidas. Penso em escrever um estudo sobre esse livro, *Dona Guidinha do poço*, a coisa mais nacional que tenho lido. Acho que se não morre tão moço, esse Oliveira Paiva seria o Messias do romance brasileiro. Vê se achas aí a revista. O romance começa no tomo XVII. Infelizmente falta-me o final.

LOBATO

* * *

FAZENDA, 15 DE MAIO DE 1916.

Rangel:

Tatá é um belo conto, com um tipo magnífico, o doutor Augusto. Podes extrair dele uma versão concentrada, cabível em sete ou oito tiras, e mandá-la para a *Vida*, reservando a coisa como está para o volume. O conto galináceo também está muito interessante; só observo que também devias dar à cor das aves tons galináceos, como pedrês, carijó, malhada; e falar nas suras (sem rabo), nas calçudas e nas nanicas. Haverá aumento de pitoresco e propriedade.

Invejo-te a aula. A indiscrição dos decotes e o mais buliram com o Casanova que há em mim e em toda gente. Conheces as *Memórias* desse genial maroto? São os seis volumes de coisas mais pitorescas e crespas que apareceram em todas as literaturas. Casanova correu a Europa inteira, passando a fio de espada todas as mulheres que encontrou, meninas e velhas – e conta as aventuras com uma vivacidade e colorido de incendiar um frade de pedra. Hoje, dadas as nossas condições sociais – sobretudo aqui – os Casanovas atêm-se à libertinagem da imaginação. E nas letras, que *pruderie*! Como se vai santificando o mundo!

A pandilha do *Estado* recusa o teu *Legionários* como indecente. Se fossem um bocadinho coerentes deviam recusar-se a si próprios, porque são indecentíssimos. Não te incomodes com esses juízos. Não valem um vento intestinal.

Iniciei na *Vida Moderna* uma espécie de "*Queijo*":

O CENTRO DE CULTURA ARTÍSTICA DE ITAOCA
OU
LUCAS DE ESPARAVÃO

História Natural e Social dum Patriota de
Carapinha nos Tempos de Wenceslau

Espero botar lá dentro todos eles, sem que nenhum o perceba. O protagonista, Zé Correto, é a súmula de vários conhecidos nossos, meus e teus. Das tuas cartas depreendo que levas vida muito sem ação física. Precisas espairecer, andar a cavalo, caçar; precisas, em suma, de quinze dias aqui neste meu sertão. Obtém de dona Bárbara férias conjugais e vem. Lembra-te: a vida é breve e envelhecemos 365 dias por ano.

Recebi grande quantidade de Camilos, e nos intervalos que estes tempos da colheita do café me folgam regalo-me. Entrementes, leio Barbey d'Aurevilly, um crítico ultramontano, rico de verve como o Carlos de Laet. Que sova dá ele no Victor Hugo! Este Barbey fez tal reboliço em seu tempo que o Larousse, ao biografá-lo, esquece-se de que é um dicionário e dá-lhe uma página inteira de surra impiedosa. E no fim conclui: "Mas é uma pena, porque o raio do homem tem muito talento!".

Barbey aproxima-se do Camilo polemista na riqueza dos recursos viperinos e na maleabilidade da língua.

Apareceu-me um novo amigo, um tal Nilo Cairo, médico. Como é interessante a carta que me escreveu! Aí vai ela.

Perguntas-me que acho da frase: "Desejo-lhe bons dias, senhor doutor!". Acho-a asnática. Sei que se abusa desse solecismo na literatura epistolar, mas a mim me causa nojo. Quando me escrevia, o Nogueira usava e abusava do "lhe" no dirigir-se a mim – e me vinham nevralgias no nervo sintático. Para a autoridade dos que a autorizam, baseados no uso dos cretinos, dou uma banana. Acho que se trata de uma questão de asseio, de decência. Quero a tua opinião de gramático oficial do Estado de Minas.

LOBATO

* * *

FAZENDA, 16 DE MAIO DE 1916.

Rangel:

Pobre Frango Sura!

Cá me veio de cartãozinho humilde, acompanhado de tua carta, pedindo-me a opinião sobre o ovo que botou e um artigo no jornal. Está crente de que salvou, senão a Pátria, pelo menos a parte feminina da Pátria. Deu-me dó a caretinha dele no frontispício do livro. É o Zé Correto, não há dúvida – e o Américo é mau fessô de português. O aluno único não lhe recomenda muito a veia. Frango escreve com o sério de um "imortal" da B. de Letras. O estilo dele me lembra o andar do Paulo de Morais Barros, o homem de andar mais pausado e cauteloso de São Paulo. O Filinto Lopes explica: "O Paulo anda assim de medo de perturbar o movimento de rotação da terra". O medo de ser interessante faz do Frango Sura um caixão de defunto.

Ando com saudades das tuas cartas antigas. As de hoje parecem apenas desencargos de quem já está farto de tanto Lobato. Até no papel encolheste, homem! Será a cavação gramatical[2]?

Tenho muito a dizer, mas temo importunar um juiz tão grave, tão sem tempo para futilidades tais. Cumpre-me arranjar outro amigo, não resta dúvida nenhuma.

O Beccari manda-te uma história de cavalos e cocheiras. Não posso imaginar o que o nosso Da Vinci pensa de Pégaso.

Haverá uma coisa mais sem expressão que a minha careta pelo Wasth saída na *Vida Moderna*? Foi desenho feito cá na fazenda.

LOBATO

* * *

FAZENDA, 21 DE MAIO DE 1916.

Rangel:

Encontrei na minha papelada uns capítulos do nosso *Queijo de Minas*, mas só na parte da tua colaboração. Não o terás inteiro aí na tua barafunda? Ando com vontade de reler aquela brincadeira. Uma pena, Rangel, sermos assim tão relaxados! Produzimos coisas e as perdemos. Quando a saudade vem, é tarde. Hoje eu dava bom dinheiro por uma coleção completa do *Minarete* e o que não darei por ela aos 60 anos?

E que tal um segundo *Queijo* para a *Vida Moderna*? Ou reeditar aquele, melhorado? Acho-te marasmado, Rangel. Vivo a propor planos e não te decides, foges com o corpo indecentissimamente. Será que há em tua vida qualquer coisa que não corre bem e me escondes?

Mandei para a *Vida* um mundo de notas tiradas do meu *Diário*, que o Simões espalha pela revista como *sueltos*. Infelizmente a Revisão colabora e me "melhora" de maneira apavorante...

LOBATO

[2] *Godofredo Rangel andava escrevendo uma pequena gramática. Nota da edição de 1948.*

FAZENDA, 7 DE JUNHO DE 1916.

Rangel:

Anos de prosa não conheço, mas *Os brilhantes do brasileiro* li em Caçapava e dele penso como você. Gautier há muito que não abro. Faz anos que li o *Fortunio, Mademoiselle Maupin* e *Capitaine fracasse* (este, uma obra-prima de sensaboria, mas com ilustrações do Doré – é o que o salva).

    Ando a reeditar o Hélio Bruma, com ilustrações, pela *Vida Moderna*. Segue um número (tem volta) para te estumar a fazer o mesmo com os teus contos. Manda-os cá. Eu faço as ilustrações e remeto-os ao Simões Pinto, que é o mais belo pinto que conheço. Enorme. Um pinto do pássaro Roca. A *Vida Moderna* está nas graças da gente do Cenáculo, a qual anda boicotando a pífia A *Cigarra* do rubicundo Pimenta, Gelásio.

    Ando farto, saturado de literaturas. Absolutamente não escrevo, nem leio nada. A veneta agora é venatória, alpinista e construtora. Estou pintando o caneco aqui na fazenda, erguendo cercas inexpugnáveis, à prova de porco e zebu, rompendo caminhos em morros virgens, plantando café, construindo casas – santo Deus! Uma revanche de quem passou meses inativo. Estou nessa boa atividade material de dirigir homens, utilizá-los como instrumentos para a realização de ideias. "Quero uma casa naquele morro!" Determino, especifico, ordeno. Os homens movem-se como formigas e a casa vai aparecendo. Disto imagino as delícias dum general no comando de formidáveis massas de homens. Mas como tudo me acode por épocas e crises iterativas, espero que o furor passe e venha a furo, pela milésima vez, a reincidente, intermitente e insofreável postema anual da literatura – e então tentarei organizar o meu livro.

    O Pinheiro anda graúdo. Tem entrevistado figurões e por último ao Olavo Bilac. Deu duas colunas de entrevista *gommeuse*, com o jamegão no fim – Pinheiro Júnior. É topetudo e irá subindo depressa. Que suba como um foguete. No nosso passinho de jabutis malandros, Rangel, e pelos nossos atalhos, chegaremos ao céu muito antes deles todos.

LOBATO

FAZENDA, 11 DE JUNHO DE 1916.

Rangel:

E aquela baboseira da aproximação de Portugal e Brasil? Ah, eu não tolero essas coisas que não têm nada dentro – e os nossos jornais pelam-se por isso. Sendo lugar-comum, patriotismo comum, ideia-mãe, coisa do "não fede nem cheira", é com eles. O Pinheiro, em nome do Nestor, me pergunta por que não tenho mandado mais coisas para o *Estado*. Respondi que quem tem um Zé Correto sempre no poleiro daquelas colunas não precisa dum cavalo bravo da minha marca.

Na *Vida Moderna* um Saul Maia faz filosofia para moças. O Oswald de Andrade dá uns palminhos de futurismo e o Guilherme e o Inácio Ferreira criam uma língua mista de português e francês muito engraçada. Aquelas coisas lisas de cimento, por onde andávamos e pensávamos que eram "calçadas" são *trottoirs*. Aquelas pequenas do Belenzinho que passavam rumo às fábricas, com a garrafa do café com leite pendurada no dedo, são, agora, *midinettes*. E na primeira coluna oficiam sentenciosamente, em itálico, um Bergstrom e o Júlio César da Silva, inevitáveis futuros acadêmicos.

Mas vamos às *midinettes* do Guilherme. Diz o meu Larousse sobre o Hospital de Midi, que deu o nome ao bairro de Midi donde saem as midinetes como saem saúvas dum formigueiro: "Desde a aparição da sífilis no reinado de Carlos VIII até meados do século XVIII, essa doença foi olhada como um castigo sobrenatural do 'Deboche' e os sifilíticos eram tratados com bárbaro rigor. Restauraram contra eles as velhas ordenações sobre os leprosos, e depois os admitiram em certo número no Hôtel-Dieu de Paris. De lá os enviavam ao Bicetre, onde eram surrados antes de entrar". E por fim criaram o tal Hospital do Midi para os sifilíticos homens. Para que as nossas meninotas do Brás sejam midinetes é preciso que haja alguma sífilis nos miolos de alguém. Mas a literatura do Gui e do Ferrignac é bonita e elegante. Não tem nada de substancial, mas vale como sorvete de distração em dia de calor. Gosto. Leio. O que não leio é o Zé Correto. Ah, como me está atravessado na garganta esse espinho de bacalhau!

Quanto a não te responderem às cartas, a culpa é só tua, Rangel. Você os trata com muita delicadeza, com muita humildade, e eles tomam tudo ao pé da letra. Seja bruto como eu, que eles derrubam as orelhas e atendem.

Mande mais *sueltos* para a *Vida Moderna*. E contos pequenos. Novos, improvisados. Quero ter o gosto de encontrar-me contigo lá. Sinto-me muito só entre tanta gente diversa de mim.

O Bernardo manda-me uma poesia onde põe em verso uma ideia minha (minha e de todo mundo; aquela da *Hostefagia*, de Cain como o pai da guerra). Se visses como o Bernardo me lisonjeia e adula! Com que fim? Manda-me uma das cartas dele a você em que fale de mim; quero ver o que diz pelas costas. Duvido sistematicamente de todos os elogios. Têm sempre um gato escondido dentro.

Já leu a *Vingança* de Camilo? Belo *entrain*! O primeiro capítulo é dum cômico soberbo, digno dos maiores cômicos ingleses. Recebi um Antônio Cabral, *Camilo de perfil*, onde encontro revelações curiosas. Num exemplar da *Relíquia*, Camilo deixou isto em nota: "Este livro tem duas partes – a primeira é *porcaria*, a segunda é *maçada*. É uma pochade à Paul de Kock – chalaças hiperbolicamente inverossímeis – uma vontade despótica de fazer rir à custa de tudo; mas não é isso o que o torna um mau livro: é a falta absoluta de bom-senso e bom gosto".

Quanta antipatia pessoal isto ressuma!

LOBATO

* * *

FAZENDA, 6 DE JULHO DE 1916.

Rangel:

Passou cá uma quinzena o Pinheiro Júnior e está aí a razão da demora na minha resposta. Levou o teu *Tatá* para a *Revista do Brasil*, refundido, com os progressos feitos aqui na fazenda. Vejamos se o povo gosta de coisas assim horrendamente trágicas. Irão também *Os faroleiros*, devidamente refeitos. E irá... um romance encomendado pelo Plínio! Vê que topete. O Pinheiro está aborrecido com o caso dos *Legionários* e com medo de que estejas zangado com a *Revista*.

Não creio que estejas. Como zangar-nos com a única janelinha de que dispomos, aberta para o público?

O carão patriótico do Nogueira já lá apareceu num púlpito *ad hoc*, armado para continuar a catequese que a falta de papel do *Estado* interrompeu. Não há dúvida, o homem salva a pátria.

Quando te asar ensejo, compra o Casanova. Não sei de memórias mais interessantes. E no gênero erótico tenho uns clássicos – Mirabeau, Aretino, Marquês de Sade, John Cleland. O gênero de que falas é outro – é o pornográfico. Não vale nada. Nestes que cito há muita filosofia. É o fescenino filosófico, ou o documento humano, como nos do marquês.

LOBATO

* * *

FAZENDA, 10 DE JULHO DE 1916.

Rangel:

Remeti à *Vida Moderna* o teu conto e o do Gorgulho. Não ilustrei nenhum dos dois porque não ando de maré – nem aos meus. O furúnculo *delineandi* é como o furúnculo *scribendi*. Intermitente. Depois de períodos em que *tenho* necessidade de desenhar ou de escrever, vêm as fases de fobia. Estou agora em fase de fobia, e bem sabes como respeito os histerismos dessa dama.

O *Barbeiro*, na versão mandada, ficou tal qual eu o tinha na memória. É um episódio só compreensível pelos leitores casados, enfilharados, encrencados na vida. A esses sobrevém muitas vezes o desejo de pôr a trouxa às costas, na ponta dum pau, e sair andando até o fim do mundo.

Tenho aqui outra coisa tua que quero mandar para a *Vida*, caso não te oponhas, uma cena de visitas, *Como se faz uma visita*, desovada no *Minarete*. Não há nada que retocar – está ótima.

O Nogueira anda meio estomagado comigo porque toquei com o dedo o tumor maligno, beletreante, que o ensandece desde o *Amor imortal*. Para que avalies a que estado de exasperação lhe chegou o orgulho, aqui junto suas últimas cartas. Derramei um pouco de água fria nessa fervura e ele estorceu-se. Não me parece que o Nogueira venha a sobrenadar como artista. Seus contos, pelo gênero que escolheu, pela super-humanidade revelada, dar-lhe-ão nome nos intermúndios siderais; cá na terra, não. Nós, terráqueos, queremos que a arte espelhe a vida como a vemos e sentimos. Além de que o estilo do Nogueira revê Frei Pantaleão do Aveiro e mais frades descritores de fontes, pátios de convento, a Benfica e outras (veja-se *Seleta Nacional* do Aulete); há lá abuso da palavra "seráfico" e mais expressões defumadas, denunciadoras de ranço seminarista; e há desprezo da observação pessoal. Tudo isso o faz um frade à paisana, tão destoante do nosso meio como do nosso tempo. No fundo é um teólogo, é o bispo de Alexandria que fez lapidar Hipatia. Tentamos, eu e o Ricardo, impor o Nogueira à nossa rodinha de São Paulo, a qual, por pouco que valha, é exponencial – e nada conseguimos. A rodinha acha-o rançoso. O *Amor imortal* não entra naquela roda, apesar das belezas reais que encerra. Isto digo-te eu aqui no maior segredo. Não deixes que transpire, vê lá! O orgulhoso Nogueira morreria de paixão.

O Bernardo pouco entendeu do que eu disse nas entrelinhas e continua a literatejar em cartas mais que toda uma academia. Enquanto isso a filoxera lhe vai roendo a vinha. Mas aquelas teorias não se entendem conosco, que formamos um duo à parte, que não incomodamos o mundo com as nossas letras, que não andamos a pedir opiniões, nem a extorquir elogios de ninguém. Conversamos epistolarmente sem testemunhas e longe do público. Tudo quanto dizemos é só para nós. Somos descentíssimos, Rangel!

O que acentuas de Camilo, já o notou Purezinha. Ela gosta de vê-lo surgir por entre os personagens. Isso encanta-me a mim também – essa coragem de pôr-se de pé dentro do livro e mostrar-se, conversar com o leitor. Há os cuidadosamente objetivos, como Flaubert, que só fazem falar aos personagens, nunca aparecem em cena, fingem que não existem. Camilo existe, faz questão de que saibam que ele existe e está sempre presente em tudo quanto escreve. Veja este pedacinho de *Maria Moisés*: "O tonsurado entreabriu um sorriso de forçada complacência e não deu aso a que o espírito forte abrisse a válvula dos sarcasmos, por causa dos quais havia sido expulso dum convento graciano onde noviciava, e também porque sabia francês e lia *O citador* de Pigault Lebrun, e chamava a carniceira da Revolução Francesa a grande operação de catarata social. *Dizia coisas como os socialistas de hoje, que estão a chocar o ovo de uma coisa pior, que há de ser o socialismo de amanhã*". Nesta frase está inteiro o Camilo de que Purezinha gosta – o que não resiste e pula em cena.

Eu continuo a não achar salvação fora de Camilo, a ponto de não conseguir ler *Os Maias*. Já o Machado de Assis eu o alterno com Camilo. Donde concluo que em matéria de estilo há dois, Camilo lá e Machado aqui. Todos os mais cansam. Agradam muito no começo, como um pedaço de bolo inglês, mas acabam enfarando. Camilo e Machado são como o pão com manteiga – coisas de que ninguém enjoa nunca.

Rangel, não abandonemos o Camilo! É um par de halteres, um trapézio, uma barra fixa, um campo de futebol, um barco de regata ou um salão de ginástica dos mais completos onde apuramos *todos* os músculos da língua. A razão de haver eu parado de escrever é que estou amolando o estilo no rebolo camiliano. Se me pega o fio, volto à arena. Se não, paciência. Fico de fora, no sereno.

LOBATO

* * *

FAZENDA, 8 DE AGOSTO DE 1916.

Rangel:

Recebi carta e livrecos, que não servem para a experiência porque demasiado crus. Vou mandar-te um para que conheças uma das obras-primas do gênero. Também o Beccari te manda uma *coisa* por meu intermédio. O nosso Leonardo da Vinci está nos saindo sesquipedal. Entrou no concurso para as armas de São Paulo e recusaram-lhe o projeto. Danou, enfiou, e defende o seu tamanco na linguagem mais cômica deste mundo. Lê isso e regala-te.

A *Vida Moderna* trouxe as tuas notas sobre o Euclides e uns *sueltos* que me parecem teus. Errei?

LOBATO

* * *

FAZENDA, 12 DE AGOSTO DE 1916.

Rangel:

Não respondi à ultima há mais tempo... adivinha por quê? Por falta de papel! Aqui na roça, quando o papel acaba não existe o recurso de mandar a criadinha ao empório da esquina em busca dum bloco.

Recebi *Os faroleiros* e as notas, boas todas. Vão os galináceos, que reli e estão no ponto. Quis anotar à margem, dispus-me a isso – nada me saiu. Tu não erras mais, infame! Também segue a opinião do Medeiros e Albuquerque sobre o *Policarpo Quaresma*. A do Osório não vale nada. Esse Osório não é Osório, nem Duque, nem Estrada; é um cretino insolente. Crítico!... Crítico é Taine. Crítico é Araripe Júnior.

Cada vez mais pasmosa a burrice revisora da *Vida Moderna*! Pela asneira que te fez dizer, imagina as que, por alheias, não percebemos ou supomos ser originais dos autores. Vivo a malhar erratas nos deslizes que a revisão me faz cometer – e vai a burra e estropia-me também as erratas. Na errata ao último capítulo publicado, onde pus: "A revisão é a Parca que me persegue", ela estropiou o nome da deusa. Com a mão na consciência, a burra achou que a palavra Parca com que a mimoseei era elogio imerecido e trocou o *a* pelo *o* – acertando!... Ficou Porca!

Essas mazelas da composição tiraram-me o gosto de continuar a história natural e social dum patriota de gaforinha nos tempos do Wenceslau. Vou matá-la, como matamos o *Queijo*.

LOBATO

FAZENDA, 30 DE AGOSTO DE 1916.

Rangel:

Quando esteve aqui, por várias vezes o Pinheiro voltou ao assunto da *Vida ociosa* – se era boa "mesmo", se era coisa de valor etc. Ele não sabe julgar por si. Respondi: "Não escrevo ao Rangel sugerindo que mande a *Vida* à *Revista*: 1) porque a recusa do primeiro conto foi um grande desaforo e 2) porque não há na *Revista* competência para julgá-lo. O que Rangel vai fazer é dar em livro a *Vida ociosa*, com um sucesso tremendo e vocês terão de convencer-se de que não passam duns asnos". Isso calou no ânimo do Pinheiro e o levou a escrever-te pedindo a *Vida*.

Quanto ao que me perguntas sobre ela, concordo com o Nogueira na supressão da Lua (como já disse em carta). E as mais observações do Nogueira parecem-me muito razoáveis. O Nogueira sabe o que diz. Só deves cortar isso. O resto corrigirás, sempre atento a um ponto: Próspero não é um caipira ignorante e sim um velho de algumas letras que decaiu por pobreza. Guia-te pelo Nogueira, e ao Del Picchia (que ainda é muito tenro) deixa-o de lado. Também vou com o Nogueira no relativo à linguagem. Limpe-a do "insucesso", do "banal" e do mais que cheirar a francês. Abaixo a França! A minha germanofilia me está beneficiando o vocabulário. Da antipatia pelo gaulês passei à execração do galicismo; e se de passagem pilho algum, mato-o entre as unhas como a um piolho.

Mande depressa a *Vida*, a tempo de apanhar o próximo número – e sairemos juntos. Vou sugerir ao Pinheiro uma convergência *casual* num futuro número da *Revista* de todo o pessoal do Cenáculo – Ricardo, você, eu, Albino, Nogueira e Raul. Que tal a ideia? A vantagem de dar a *Vida* em revista é poderes tê-la em forma impressa para o "passar a ferro" final. Em manuscrito a gente não vê totalmente um livro.

LOBATO

FAZENDA, 2 DE SETEMBRO DE 1916.

Rangel:

A notícia da ressurreição chegou. O mal, se não é o que pensei, é embolia conjugal que enturvou o céu, afuzilou relâmpagos e afinal descaiu para uma lua de mel serôdia, com projetos de vidinha a dois, tal qual a preluzida nos tempos do noivado. Resta-me dar os parabéns e calar-me, para não perturbar as delícias da paz em Varsóvia.

LOBATO

P.S. A *Revista* anuncia o teu nome para colaborador de números próximos. E o *Tatá*? O meu horrendo *Bocatorta* saiu. Se eu pudesse ouvir o mal que estarão a dizer dele por aí... Na frente todos elogiam. Oh, se pudéssemos ouvir o murmurado por trás, e conhecer as restrições, a assinalação dos defeitos, que proveitoso não seria!

LOBATO

* * *

FAZENDA, 8 DE SETEMBRO DE 1916.

Rangel:

Lamento o teu nervoso. Conheço isso em mulher, e já é horrível. Mas num homem como você, sensível, e além disso sedentário, e juiz, e gramático, e professor e escritor, a coisa agrava-se de um ponto para cada coisa que és. Eu sei de um remédio decisivo, mas é remédio para homem de fibra mais aventurosa; era te transformares em fazendeiro, em rei dentro dum pequenino estado. Tomavas desta minha enorme fazenda uns trezentos ou quatrocentos alqueires de terra para pagar um dia, como no caso dum meu bisavô. Numa viagem foi este bisavô conversando com um sujeito de pé no chão, ocasional encontro de acaso, e simpatizou-se. E acabou vendendo-lhe uma grande terra para ser paga depois que o homem formasse a lavoura e pudesse arrancar do próprio chão o preço. E o homem mourejou, criou o sítio com cafezais e o resto, pagou a terra e acabou rico. Os filhos dele são meus vizinhos aqui – e ainda desfrutam essa propriedade: os Pereiras. Por eles é que vim a saber da história. Por que não reproduzirmos o lance, Rangel? Vinhas para cá, afundavas num sertão já manso e, como Robinson, ias, de par com a restauração da fibra estragada, formando uma fazenda. Só o prazer de criar, de tirar da terra bruta mil coisas latentes, vale por *vida nueva*, das que fazem ou refazem um homem. Seria algo esplêndido. E da minha parte eu fazia mais: dava-te dado o pedaço de terra que iria ser o pedestal de tua saúde e da tua prosperidade. Ser juiz – a vida inteira Juiz! Isso achata a alma. Passar a vida inteira lidando com tiquinhas, a engolir escrivães a almoçar meirinhos, a jantar autos, e defecar sentenças... Isso vai te embolorar a alma e o fígado. Isso está bom para o Frango Sura e aqueles cagados para os quais o *Estado* é o Ser Supremo de Robespierre. Aquele Frango... Lá está no poleiro como sonhou, elogiado e publicado.

Guardo as tuas notas sobre Malazarte. Um dia talvez aborde esse tema. Ando com várias ideias. Uma: vestir à nacional as velhas fábulas de Esopo e La Fontaine, tudo em prosa e mexendo nas moralidades. Coisa para crianças. Veio-me diante da atenção curiosa com que meus pequenos ouvem as fábulas que Purezinha lhes conta. Guardam-nas de memória e vão recontá-las ao amigos – sem, entretanto, prestarem nenhuma atenção à moralidade, como é natural. A moralidade nos fica no subconsciente para ir se revelando mais tarde, à medida que progredimos em compreensão. Ora, um fabulário nosso, com bichos daqui em vez dos exóticos, se for feito com arte e talento dará coisa preciosa. As fábulas em português que conheço, em geral traduções de La Fontaine, são pequenas moitas de amora-do-mato – espinhentas e impenetráveis. Que é que nossas crianças podem ler? Não vejo nada. Fábulas assim seriam um começo da literatura que nos falta. Como tenho um certo jeito para impingir gato por lebre, isto é, habilidade por talento, ando com ideia de iniciar a coisa. É de tal pobreza e tão besta a nossa literatura infantil, que nada acho para a iniciação de meus filhos. Mais tarde só poderei dar-lhes o *Coração* de Amicis – um livro tendente a formar italianinhos...

LOBATO

FAZENDA, 13 DE SETEMBRO DE 1916.

Rangel:

Não tenho tido carta do Pinheiro Júnior, nem sei o que, nosso, virá no próximo número da *Revista*, mas vou escrever-lhe que nos ponha juntos, um ao pé do outro. Se o Ricardo e o Albino quisessem, podíamos combinar um número inteiro só nosso. Seríamos, com o Nogueira, cinco, o suficiente para um açambarcamento. Lembrei-me de escrever ao Ricardo, mas desisti diante do seu propósito de não dar resposta a cartas. Que mistério isso e que desaforo! Mas quando for a São Paulo falar-lhe-ei – tentarei arrancá-lo da hibernação.

O Cenáculo, Rangel, onde vai isso! Estamos todos envelhecendo a grandes pernadas. Um balanço em tantas promessas desanima. Ricardo abandonou a musa para amigar-se com Têmis. Lino, o Desmoulins, o Dantonzinho, renegou tudo, as cóleras divinas e o fogo sagrado, pelas lentilhas, ou o prato de feijão-preto de um cartório. Tito faz jornalismo com má graxa, pior papel e nenhum estilo. Albino filosofa para alunos ginasiais e tantos mil-réis por mês. O Edgard Jordão está delegado e prende gatunos. Cândido o Turista lá anda pelos intermúndios siderais a viajar a Grande Viagem. Raul... Estiveste com ele – com o nosso barão do Diretório? Dizem que anda como revisor da *Revista do Brasil* e desagradando o Pinheiro com os muitos gatos que deixa passar. Ou então já pulou de lá e continua, bem enfarpelado e surdíssimo, a procurar emprego no Largo do Rosário. O Beccari saltou sem transição do Céu para as cocheiras do Brás.

Atracados ainda ao Sonho, só dois: nós, os rijos abencerragens de vontade tesa e topetuda. A mim nem a fazenda, nem o caboclo, como a você nem o foro, conseguem sopitar o nosso foguinho. Esqueci-me do Nogueira. Esse é todo um fogão. É uma imensa labareda de fogo greguês. Arde literalmente de patriotismo e, se não lhe acodem bombeiros, é capaz de incendiar Baependi e adjacências. Que luciferinas entranhas escondia o sutil escolástico que lia Zola à chama azul do álcool no Minarete! Se tem deflagrado por lá naquele tempo, assava-nos a todos.

Restamos três, em suma. E que tal a ideia de *renascermos*? Cairmos a fundo numa produção intensa – de qualidade? A mim ainda me faltam muitas leituras, mais Camilo, talvez o Bernardes da *Nova floresta*. Que bem escreve esse raio de padre! Como deliberei aprender a língua de ouvido, e meu ouvido é lerdo, despendo mais trabalho que os que vão logo às regras – à Gramática. Terminada a lição de Camilo e Bernardes, esses dois colossos, tentarei produzir algo. Por ora o que me sai são uns contitos de pé quebrado – e vejo você já sabedor da língua e a correr! Anseio por ver-te publicado e sinceramente te digo que um livro teu me daria mais prazer que um meu. Agora não aconselho que dês livro – tudo está caríssimo com a guerra, mas podes deixar o manuscrito pronto para quando voltar a normalidade. Que lindo não será! E depois publicaremos o nosso livro conjunto, por amizade, não por cabotinismo, como o Oswald e o Guilherme de Almeida.

Dé brin, o dé bran...

Lê na *Revista* última o Olímpio Portugal; vê como escreve bem esse homem. Foi-me revelação.

LOBATO

* * *

FAZENDA, 20 DE SETEMBRO DE 1916.

Rangel:

Se me hás de corrigir depois de impresso, por que não agora em manuscrito? Segue *Gerebita*, evolução duns *Faroleiros* que fiz em Areias e leste. Escrevi ao Nogueira sabendo como se faz para imprimir livro em Portugal – ando com ideia de desovar uma coleção de contos. Dei balanço na bagagem e encontrei matéria para 150 páginas. Que tal irmos de súcia, com outras 150 páginas para você?

O Zé Correto (o meu Frango Sura) aparece amiúde no *Estadinho* com excelentes demonstrações de que é possível ser-se Conselheiro Acácio com 20 anos e gaforinha. Qualquer dia – estou vendo – o bicho penetra pela porteira dos fundos na *Revista do Brasil* e vai ornejar lá dentro. Aproveitamo-la enquanto está sem bode. No número a sair nada virá nosso – a fim que haja espaço para o bagaceira duns medalhões.

LOBATO

Arrumando ontem a papelada separei tuas cartas. Devo ter umas quatrocentas!

* * *

SÃO PAULO, 1º DE OUTUBRO DE 1916.

Rangel:

Recebidas as notas sobre *Os faroleiros* e *A vingança da peroba*. A razão de dares mais pela *Vingança* do que pelo *Bocatorta* é que este, como os *Faroleiros*, é coisa velha, de Areias – quanto tempo vai! – que eu remendei mal e mal, ao passo que a *Vingança* é todinha de agora e coisa saída de um jato. Veremos se para o diante conservo o tom e o ponto da *Vingança*. Pela *Colcha de retalhos*, a sair, você o aquilatará.

Ricardo deu um ar de sua graça pelo *Estadinho* de ontem – belíssima tradução do Lecomte. Infelizmente só anda a traduzir.

Conheces Lima Barreto? Li dele, na *Águia*, dois contos, e pelos jornais soube do triunfo do *Policarpo Quaresma*, cuja segunda edição já lá se foi. A ajuizar pelo que li, este sujeito me é romancista de deitar sombras em todos os seus colegas coevos e coelhos, inclusive o Neto. Facílimo na língua, engenhoso, fino, dá impressão de escrever sem torturamento – ao modo das torneiras que fluem uniformemente a sua corda-d'água. Vou ver se encontro um *Policarpo* e aí o terás. Bacoreja-me que temos pela proa o romancista brasileiro que faltava.

Nogueira escreveu-me, respondendo. Mais sibilino que todas as sibilas juntas. Nega sinceridade à sua atitude patriótico--retórica. Sempre o homem das mil e uma atitudes.

O Plínio Barreto prometeu no *Estado* uma crítica ao *Amor imortal* e até agora não achou tempo; mas gastou meia página da *Revista* com o livro do Frango Sura. E o Plínio é dos mais conscienciosos. Imagine agora os Osórios Estradas, os Caxias Caminhas e mais percevejos de Apolo que senhorearam a crítica e distribuem varadas ou louros. Agora que desapareceu é que vemos o quanto valia o José Veríssimo. Quem lhe ocupa a vaga? O Osório talvez se julgue o sucessor – mas que houve um passar de cavalo a burro – isso houve – e que burro!

Apareceu no Rio um Antônio Torres que sabe o que diz, diz o que quer e prende sempre. É um que se quisesse apanhar o bastão substituiria, e até com vantagem, ao velho Veríssimo. Ele ou o Medeiros – se já não estivesse de miolo mole.

Isto de falar na crítica e dar balanço aos críticos é sintoma de gravidez de livro. Mal a gente pensa em editar-se e já o pensamento nos vai para os tais juízes que declaram ao público se somos gênios, talentos, simples promessas ou cavalgaduras. Que asneira fazer um livro! Arriscar-se a dolorosas decepções – para que e por quê, santo Deus?

LOBATO

* * *

FAZENDA, 8 DE OUTUBRO DE 1916.

Rangel:

Cá estou novamente na roça. Planejei e esteve a pique de realizar-se a minha mudança para Santos, a advogar com o Heitor de Morais, meu cunhado. Mas deu-me de repente tal nojo da civilização com seus cartórios, seus autos e oficiais de justiça, suas traficâncias e tranquibérnias e pulhices, que voei para cá como quem voa para uma Canaã. Antes os meus urupês daqui, de pés no chão, do que os urupês encolarinhados e de sapatos de verniz das cidades. Mal por mal, os daqui são meus inferiores socialmente – toco-os quando é mister, e como tocar da vida da gente os urupês da cidade que se nos agregam?

Recebi tua carta. O livro de contos, podes ficar com ele; possuo-o em duplicata. Não vi publicado o teu estudo sobre o Nogueira e tenho curiosidade de te conhecer como *crítico público*, grave e solene. Manda-me a coisa.

Não te incomodes com o F. e com o juízo do F. que só o tem suficiente para andar bem arreado e citar Paris a cada frase – perfeito tapuia deslumbrado em que se transformou depois que foi, viu e se convenceu de que Paris existe. Nem te ponhas com modéstias e humildades nas cartas, que ele toma tudo ao pé da letra. Essa gente temos de tratá-la d'alto, com certo estabanamento. Quem tem poder intelectual para te julgar – e isso mesmo só para o fim especial de entrares com os teus romances para o *Estado* – é o Amadeu Amaral. Se outro qualquer se atrever a isso, escreve-me, que o demolirei em três tempos.

Tenho lido Camilo – *A brasileira de prazins*. Estou em meio, e se do meio para o fim não descair, terei esse livro como dos melhores da literatura portuguesa. Que ressurreição de tipos! Que possante naturalismo o de Camilo, o romanticão! Cada vez mais o Eça me sabe a *mièvre*, a amaneirado, a simples *talento*, perto do *gênio* que é Camilo. A cena da prisão do falso Dom Miguel tem uma vida que você só encontra parelha em certas cenas de Shakespeare. Que prodigioso é o Camilo! E que besta é o F. que "não o consegue ler"... "Não o tolera..."

Teve a coragem de dizer-me isso. E eu respondi:

– A maior homenagem que jamais se prestou a Camilo é essa: não ser tolerado por você. Se Camilo ainda estivesse vivo lá em São Miguel de Seide, eu mandava-lhe um telegrama: "F. não gosta de você" – e seria de ver o alegrão do velho.

Veio comigo muita coisa de São Paulo – mas só leio Camilo, não acho graça nos outros – e sinto remorso do tempo que perco em outras leituras. Fora o Camilo lá e o Machado aqui, não há salvação, Rangel.

LOBATO

FAZENDA, 12 DE OUTUBRO DE 1916.

Rangel:

Em mãos tuas notas. Dei com os pronomes mal colocados e corei de vergonha. É indecentíssimo colocar mal os pronomes, e a mim ainda me escapa um ou outro. "Biloca": não encontro a palavra nos únicos dicionários da casa, Morais e Aulete. Por via das dúvidas tiro-a de lá. "Estorcegões": tens razão, não é o que me pareceu. "Médico da casa": médico da família; toda casa ou família tem o seu médico, que mora muitas vezes longe. No meu caso o médico não morava no arraial – não há médicos em arraiais – e veio da cidade próxima, chamado com urgência. A intenção era essa, mas não ficou bem claro. "Prematuro fim": sei que é lugar-comum, mas nada acho melhor. "Talvez comova o calendário": tomo o calendário como o convento dos Santos. "Alcançar pé": não concordo contigo; não é preciso ter pé para alcançar pé. E além disso varejão tem pé; toda ponta de vara ou pau voltada para baixo é pé (pé do esteio, pé do mourão). "Mundéu": os dicionários dizem que é armadilha de apanhar caça, e eu tenho observado o pessoal cá da roça chamar assim a várias espécies de armadilhas, quer desabem ou não, inclusive um buraco recoberto em falso, onde a caça ao passar afunda.

Todas as mais observações me aproveitaram e se algum dia der o *Bocatorta* em livro, escoimá-lo-ei desses senões. Faze lá agora o mesmo à *Vingança da peroba*.

Confesso-te que o *Bocatorta* me desapontou, depois de tantos elogios que me rendeu a *Vingança*. Bem do *Bocatorta* só você falou, mas apontou um tal número de senões que vi logo: louvavas mais por amizade ao pai do que por mérito do filho. Muito indeciso andei em publicá-lo. Coisas velhas, restauradas, nunca ficam potáveis.

Mandei para lá, a esperar a vez, *Colcha de retalhos*, conto pequenininho e escrito dum jato. Veremos se alcança melhor cotação e me ergue o câmbio derrubado pelo horrendo negro.

Estou com uma ideia: não mando mais nada sem um repasse aí

pela tua fieira ou crivo, porque me envergonho muito quando me escapam deslizes, sobretudo maus pronomes. Como é difícil esta peste de língua portuguesa! Haverá alguma pior?

Conheces a *Águia*, revista portuguesa orientada pelo grupo que pretende criar a "Renascença Portuguesa"? Há uma história de saudosismo muito interessante. Querem os seus corifeus que seja toda uma filosofia nova. Portugal é a terra da saudade. Só o português sente saudades, pelo fato das muitas viagens por mar e da vida afastada da pátria. Isso criou no coração português um sentimento novo no mundo e único na Espécie: a saudade. E malabarizam com isso e erigem o saudosismo às alturas de filosofia racial. É curioso – mas bobinho a valer. O papa do Saudosismo é um Teixeira Pascoaes, poeta, pensador, filósofo, publicista etc. Pascoaes! Cheira-me a nome de guerra, se bem que não haja nome absurdo que não exista em Portugal. Num *Almanaque de lembranças* encontrei uma respeitável matrona chamada dona Maria Encerrabodes! Se tens tempo a perder, corre os olhos na *Águia*, que é bem curiosa e revela qualquer comichão lá em Portugal – alguma urticária. Eles dizem que é movimento de ideias. Que seja Renascimento, duvido. Bisantinismo de decadência, isso sim. Não há Renascenças com panelinhas e programas e um papa... alvo à frente.

LOBATO

* * *

FAZENDA, 20 DE OUTUBRO DE 1916.

Rangel:

Ricardo matou-se. Que dizer depois

disto? As palavras que me acodem são as mesmas que te acudiram, irmãos que somos e que éramos dele. O mundo me parece mais apequenado, Rangel, e eu choro, choro. Tudo está menor, com a ausência de Ricardo. Tudo mais velho, mais odioso, mais ruim. Tenho o retrato dele aqui defronte. Aquela expressão triste do olhar, tão premonitória do tiro! Cada vez que o olho, sinto uma bola na alma. Uma dor lá dentro. Ricardo, aquele nosso Ricardito maravilhoso, morto, coberto de terra, apodrecendo. Morto! *Extinto!* Apagada para sempre aquela luz do olhar todo bondade e inteligência extraterrena. Parado aquele coração, o maior que ainda houve no mundo. O cavalo que ele beijou na rua XV, aquela noite...

Nós o que devíamos fazer era morrer também, num suicídio em massa, Cenáculo inteiro, como protesto contra a Estupidez da Vida.

Que tens dele aí? Vamos reunir tudo quanto ele produziu e enfeixar num livro lindo, que seja o nosso livro de cabeceira.

Que alma! Chego a crer na necessidade de haver céu – pois onde, fora do céu, abrigar-se-á a imensidão da alma do Ricardo?

LOBATO

* * *

FAZENDA, 29 DE OUTUBRO DE 1916.

Rangel:

Falas tanto nas minhas cartas que estou na suspeita de que se enchem de coisas boas pelo caminho. Chegas a insistir na absurda ideia da publicação! Estou curioso de relê-las e verificar que enxertos são esses, tão do teu agrado. Se eu fosse o Frango Sura ou outro qualquer dos muitos que te desconhecem a sutilíssima ironia, era provável que me iludisse. Mas conheço-me e também te conheço, meu tranca! E digo como o malandro: "Não brinca, mano!". Dois quilos de cartas! Quanto *nonsense* nelas, quanto sonhinho tolo! Mas desempenharam uma grande missão. Com o trocá-las anos a fio, e escrever-nos virou hábito, e bom hábito – e a vida é uma sedimentação de hábitos.

Por falar em cartas, mando-te duas de minha irmã sobre a tragédia do Ricardo. Lá estão as pobres criancinhas em casa do Heitor – o novo Ricardito e a irmã. A *Capital*, no intuito de "salvar a honorabilidade" do M. (que palavra comprida!) publicou umas tantas infâmias sobre o nosso grande morto, escritas em língua de negra suja. Aquela mulher é um problema moral que ainda não resolvi. Ou a entrevista dela n'*A Capital* foi torcida e ajeitada ou... não sei o que pensar. Mudemos de assunto.

Pretendemos editar os versos do Ricardo. Está à frente disso o Roberto Moreira, que também prefaciará o livro. O mais qualificado seria você, Rangel, e depois eu. Quem melhor que nós conhecia a maravilhosa criatura?

Tens aí completo o teu *De São Paulo ao Guarujá*? Reli uns recortes truncados e senti saudades do resto. Quantas saudades! Como éramos felizes naquele tempo, sem o saber! *As memórias dum velho* que comecei no *Minarete*... Interrompi-as no momento de falar no Ricardo – sabes por quê? *Porque eu dava o Ricardo como suicidado!* Vê que horrenda profecia?

Ricardo, Ricardo! Que obsessão!... Mudemos de assunto, se é possível.

Já contei que me meti – ou melhor, que me meteram – na política? Política do Buquira, uma viloca a uma légua daqui, sede do município onde está a fazenda. Dentro de poucos dias correrá a eleição municipal, a mais renhida que jamais houve. Botaram-me como "chefe da oposição", e vou conhecer as "delícias da vitória" ou as "agruras da derrota". O curioso é que ando a rezar para perder, pois perdendo ganho – ganho a manutenção do sossego em que sempre vivi e as mais mil coisas boas com que nem sonham os políticos. Domingo cheguei até lá e corri o risco duma "manifestação espontânea", com vivas e flores. Quando me contaram do projeto, corei como uma menina de colégio e disse com o maior vigor aos cabos eleitorais: "Se me berram um só viva ou me lançam um só malmequer, volto a galope para a fazenda e adiro ao governo". Em vista disso, a conspirata floral falhou.

Como é pitoresca a política da roça! A cabala dos eleitores tabaréus, as ameaças, as traiçõezinhas, as rasteiras, os rabos de arraia, os pealos. O eleitor do mato é um prodígio de astúcia. Fui cabalar um para ver. O homem mostrou faro de cachorro perdigueiro e me disse que "pela cara do novo delegado de polícia ele *sabe pescar* qual o partido que tem o *apoio secreto* do governo" e só me daria resposta depois de ver a cara do novo delegado. Amanhã vou fazer uma "excursão eleitoral" pelo bairro dos Sousas. Um prodígio, Rangel!

LOBATO

P.S. Depois desta fechada, tive de abri-la para pôr as cartas da irmã e aproveito o ensejo para mais alguma coisa. Ainda não cuidei de ensinar a ler aos meus pequenos, que aliás já conhecem todas as letras. Valerá a pena neste país saber ler? Teria ido à Presidência da República o Hermes se soubesse ler? Minha mulher, apesar de professora normalista, tem horror a ensinar filhos, e eu não tenho tempo... nem fé no alfabeto. Mas tua carta abriu-me os olhos e vou mandar vir os livros indicados. Outra coisa, antes que me esqueça: quero que me mandes as tuas regras de colocação dos pronomes. Desconfio sempre dos meus pronomes. Colocam-se nas frases meio politicamente.

Ando a ler as *Memórias de M. Goron, ancien chef de la Sûreté*. Como são curiosos os bastidores do mundo, e como seria sem graça, se todas as criaturas fossem bem comportadinhas como nós, Rangel! Os "anormais" funcionam como o sal, a pimenta, a mostarda, o coentro, a salsa da vida. O tal Goron estava numa situação privilegiada para bem observar o mundo da *haute et base pègre*. Para te *allécher*, mando um volume.

Que tens aí do Ricardo?

LOBATO

* * *

FAZENDA, 5 DE NOVEMBRO DE 1916.

Rangel:

Reli as cartas minhas que mandaste, e que saudades tive do que já lá vai nesses treze anos de palestra pelo correio! *Saudades*.... Pela primeira vez ponho aqui esta palavra. E sabe o que no fundo quer isso dizer? Velhice... Até os 30 anos, não há saudade em peito de homem. Daí por diante começa a brotar, a crescer e viçar essa florzinha roxa, uma aqui, outra ali, e alastra-se, e com o dobrar dos anos viramos um canteiro de saudades. Um canteiro de "perpétuas".

Poucas correspondências haverá como a nossa, tão longa e tão fora do mundo. Estão nela os tempos loucos do Minarete, a guerra da Cainçalha, os primeiros namoros, os noivados, os primeiros filhos, as leituras, os sonhos de arte, as implicâncias, a nossa Guerra dos Cem Anos com o Nogueira, cheia de tréguas admirativas, os ciúmes de dona Bar, os livros que idealizamos, a ambrosia do elogio mútuo de que fomos tão pródigos. Em suma: um riacho da mais cristalina amizade. Façamos de nossas cartas duas cópias a máquina bem batidinhas, em bom papel, para as relermos na velhice. São, afinal de contas, as nossas memórias íntimas – mas memórias só para nós. Nem nossos filhos entenderão o que fomos um para o outro.

Delas vejo que prometi mil vezes pagar-te a visita que me fizeste em Areias[3]. Mas um dia hei de surpreender-te – e estou vendo a cena! Chego, indago na estação onde mora o "senhor Juiz" e vou bater à tua porta. Campainha já sei que não há; em Minas ainda é nó de dedo. E eu bato: *toc, toc, toc*. Ouço lá dentro uma voz: "Há de ser algum pobre. Vá dizer a ele que hoje não é sábado". O Nelo vem abrir com o "não é sábado" na boca, mas dá com um sujeito que evidentemente não é pobre. "O senhor Juiz está?", pergunto. O Nelo entra e ouço-o dizer ao pai no escritório: "Papai, está aí um sujeito esquisito, com ar de gente de fora. Tem cara de turco...". Uma voz grave soa no escritório: "Bar, veja quem é". Dona Bárbara abre a porta, dá comigo e sem querer deixa escapar um "Ele!" muito parecido com o célebre "*Eux!*" do *Tartarin de Tarascon*. Seu rosto afogueia-se. Pensa na vassoura, agarra-a e *zás*...

Eis, Rangel, a razão de haver eu abandonado a ideia da visita de surpresa; medo puro! Só irei visitar-te caso me apadrinhes com um *habeas corpus* preventivo e que tenha o "Visto" dela. Outra razão da falha de surpresa está na ignorância geográfica das voltas que tenho de dar para cair aí. Olho no mapa de Minas e tonteio. Parece-me o bárato. Só com um itinerário, como o dos Cruzados que iam para a Terra Santa. Mande-me um.

Esta semana sigo para São Paulo com a família e, caso venha o *habeas corpus*, de lá te avisarei da minha penetração em Minas – nesse Tibet que é Minas... Pena estar morto o

---

[3] *Essa visita só foi paga trinta anos depois desta carta, em vésperas de Monteiro Lobato seguir para a Argentina, em 1946. Nota da edição de 1948.*

Ricardo. Eu o levaria também. E também ao Raul. E chegados à casa do senhor juiz, berraríamos do corredor o *Dé brin, o dé bran...* a três vozes. Era o plano. O Destino não quis. O *Dé brin* a duas vozes tem menos graça.

Esteve uns dias aqui o Joaquim Correia – creio que já te contei isso. Como falha a memória dos velhos! Vamos ficando *radoteurs*.

LOBATO

* * *

FAZENDA, 13 DE NOVEMBRO DE 1916.

Rangel:

Vieram as cartas e a *Desforra*.

Na cena do sapezal noto um erro de observação: o sapé para colmo de casebre não se corta a foice; é arrancado com raiz. Sei porque este ano construí meia dúzia de casinhas cobertas de sapé.

Relendo as minhas cartas assombrei-me das muitas maluquices que nelas pôs a minha insofrida mocidade, e a irreverência para com os próprios amigos do peito. Imagine o que o mundo iria pensar do Tito e do Nogueira, com base no que eu disse deles – desses dois generosos e queridos amigos! Vou devolver as tuas, e quero saber que sensação te dá o passado.

Esteve cá cinco dias o Joaquim Correia, que disse te conheceu em Caldas. É verdade? O excelente Correia *exagera* um bocadinho. E eu estou de preparativos para uma estação em São Paulo – um mês, dois, um ano, toda a vida. Que sabemos do futuro? Depois que para lá fui por três dias e passei ano e meio, nunca mais me atrevi a marcar prazos.

Obrigado pelas regras pronominais. Vou segui-las; e se me acusarem de alguma má colocação, indigito você como o culpado.

Acabo de receber carta da *Revista do Brasil*, anunciando que figurarei nos números de novembro, dezembro e janeiro. isto é sintoma de que minha cotação cresce. Em São Paulo conversarei com eles sobre os teus contos e os convencerei de que és um gênio ainda maior que eu!

Se tens algo inédito do Ricardo, manda ao Roberto Moreira. Andam a caçar tudo quanto ele deixou esparso pelos jornalecos e álbuns de meninas. Propus-me historiar o Ricardo dentro da moldura do Minarete, com todos nós em redor, quais satélites do solzinho. Falam em polianteia para cima dele! Infâmia. Ricardo é *nosso*, é do Cenáculo, era o Cão que ladrava à Lua. Gente de fora não tem o direito de meter-se.

O herói da casa é agora um miquinho (falta o resto).

LOBATO

* * *

FAZENDA, 7 DE DEZEMBRO DE 1916.

Rangel:

O teu conto não me parece bom no fim. Não se entende (opinião minha e de Purezinha). O final antigo era muitíssimo melhor, tão melhor que entre os teus contos foi o de que guardei melhor lembrança – e justamente por causa do final. É preciso pintar o barbeiro indo embora, é preciso mostrar o caminho, rasgar um horizonte final como o do *Guarani* – "E a palmeira perdeu-se no horizonte...".

O miquinho morreu. Deram-lhe lá um dia geleia de mocotó, que ele comeu gulosamente e afinal morreu – sem assistência médica. Enterramo-lo num formigueiro de ruivas para conservarmos a caveirinha. Todos da casa apiedaram-se, e houve olhos vidrados.

Que aconteceu com o Gelásio? Perguntas. Nada. Simples implicância coletiva. Ao Menotti apenas conheço de nome; nada sei dele. É inútil andares ajuntando e mandando opiniões sobre minhas literaturas. Não dou valor a essas reações, nem as procuro. Escrevo porque tenho de escrever, porque sou forçado a escrever, para dar vazão ao pus dum furúnculo *scribendi* de incurável intermitência – não para conquistar nome, glória, o que seja. E a prova é que para não me inscreverem no rol dos literatos, a mim que não passo de simples fazendeiro, voltei a usar os velhos pseudônimos com que me escondia no *Minarete* – Hélio Bruma, Mem Bugalho e Chico Taboca (este, invenção do Simões Pinto e saiu como o nariz dele). E não escrevo mais no *Estado* nem na *Revista do Brasil*, à qual havia prometido um artigo sobre o pintor Almeida Júnior, porque estou em maré vazante e com horror aos literatos. As rodinhas do *Pirralho*, da *Vida Moderna*, do *Estado*, da *Cigarra* e outras que frequentei em meu último mês em São Paulo fizeram-me mudar de opinião quanto a estes urupês daqui. O caboclo parece-me hoje açúcar refinado perto do açúcar preto que são os urupês citadinos de gravata. Que pulhas!

E o Nogueira que está às raias da demência com a ninfomania da glória? Que fome ugolina de elogios! Não há o que lhe baste. Dei-lhe pelo *Estadinho* uma grosa de superlativos. Pensei que o empanturrasse. Só serviu de aperitivo. Agora quer que eu leia tudo quanto ejacula e *dê opinião*. Este *dê opinião* traduz-se por: "Mais superlativos, Lobato! Aqueles não chegaram para a cova de um dente". Acho que os críticos literários devem sempre derrancar. Do contrário os fregueses acarrapatam-se, viram bernes. Quanto à venda do livro, não creio na "colossal" saída do livro. Vendem-se bem porcos de ceva e milho – que está a 7 mil-réis o alqueire, um preção. Letras, é mentira. Nunca se vendeu bem um livro neste país, exceto os pornográficos. E livro atochado de filosofias como o dele, pode ser ótimo; mas que se venda duvido. Não há público para filosofias no Brasil.

Quando vens com a filharada passar um mês aqui? A casa é um convento. Cabem nela, não duas famílias, mas cinco do tamanho das nossas. Já contei: tem oitenta portas e janelas. A sala de jantar mede quatorze metros de comprimento. Precisamos nos rever, Rangel. Do contrário encontramo-nos na rua um dia e não nos reconhecemos nos dois velhinhos.

LOBATO

1917

FAZENDA, 10 DE JANEIRO DE 1917.

Rangel:

Que bela gramática és, amigo! Recebi o cartão e graças a ele tirei do lombo o peso duma dúvida horrenda. Como o que me pareceu asneira vinha logo no começo do artigo do *Estado*, corei e tremi ante a hipótese de 50 mil risinhos de mofa gramatical. Quis consultar uma gramática; só encontrei na minha biblioteca uns pedaços da gramática francesa de Sevene dos meus tempos de escola e lá vi a tal Silepse. E armei-me com o Sevene para tapar a boca ao primeiro que me articulasse o desconchavo. Mas sem certeza nenhuma, porque desconfio que aquele Sevene é uma besta. Estive depois com Amadeu Amaral e quase o interpelei. O Amadeu tem cara de entender de silepses. Mas recuei. E se alguém me abordava falando do artigo, eu desconversava. Na redação do Estado descobri uma gramática e abri-a furtivamente, como quem não quer; mas não tive ânimo de ir além. Medo da verdade. Qualquer coisa lá no fundo das tripas me bacorejava que aquilo não era silepse. Por fim resolvi consultar-te. Recebi a resposta e respirei. Renasci como se houvesse recebido na testa um beijo de Minerva. Obrigado, generoso e amigo.

Ando com uma ideia. O Plínio Barreto insiste em que eu escreva um romance para a *Revista* e estou com ideia de um romance à Dumas ou Paulo de Kock, cheio de ação e diálogos, tudo tão violento que o leitor perca o fôlego. O público anda farto de psicologia e descritivo – a mania dos nossos romancistas atuais – e é a razão de deixá-los às moscas.

Vamos fazer uma coisa: destrinçar o segredo dos eternamente lidos. Depois seguiremos a maneira deles, mas sem nos afastarmos da observação, do real, do verismo que está em nossa essência.

Tens lido os meus artigos? Produziram efeito interessante: um despertar de consciência adormecida. E por causa deles relacionei-me com uma porção de artistas daqui, escultores e pintores. Entusiasmaram-se todos com a ideia da arte regional. O saci, sobretudo, impressionou-os muito, e eles (quase todos italianos ou de outras terras) vêm consultar-me sobre o saci, como se eu tivesse alguma criação de sacis na fazenda. Finjo autoridade, pigarreio e invento – e eles tomam notas. Mas na realidade nada sei do saci – jamais vi nenhum, e até desconfio que não existe. Manda-me as tuas luzes. Como é o saci em Minas? Minha ideia é de que se trata dum molecote pretinho, duma perna só, pito aceso na boca e gorro vermelho. O Correia jura que já viu um, mas de duas pernas, embora andasse com uma só, aos pulinhos, como o tico-tico – mas lá posso acreditar no Correia depois de o ter pilhado em tantos *exageros*? Diz também que tem olhos de fogo – outra impossibilidade. Minha ideia de menino, segundo ouvi das negras da fazenda de meu pai, é que o saci tem olhos vermelhos, como os dos beberrões; e que faz mais molecagens do que maldades; monta e dispara os cavalos à noite; chupa-lhes o sangue e embaraça-lhes a crina. Consulte os negros velhos daí, porque já notei que os negros têm muito melhores olhos que os brancos. Enxergam muito mais coisas.

Tens lido o Frango Sura? É o próprio conselheiro Acácio que ressurge de gaforinha e bacharel em ciências jurídicas e sociais. Lê o que ele anda a expluir pelo *Estadinho*.

LOBATO

P.S. O Simões Pinto, da *Vida Moderna*, quer uns dois ou três quilos de literatura de tua fábrica para essa revista. Como lhe gabei os teus contos pequeninos, gênero O *destacamento*, Pinto assanhou-se como diante de quirera. Mas mande só dos miúdos, porque a revistinha dele é miúda.

Lobato

* * *

São Paulo, 15 de janeiro de 1917.

Rangel:

Recebi o pito. Mas há tanta coisa a contar que não cabe em carta. Fica para a visita prometida, que será logo.

Não tenho perdido tempo aqui. A marreta canta na sinagoga de vários paredros, expoentes do esnobismo paulistano. Até o pobre e extinto general Glicério levou a sua dose na *Estátua do patriarca*. Fiz cem relações novas e "estou consagrado", se não mentem os lisongeadores. Ontem ouvi de pé firme ao Alfredo Pujol um elogio que me deixou de cara à banda – e que não ponho aqui por escrúpulos da modéstia. Acham-me um bando de coisas. Para mim, o que há no fundo de tudo é medo. Os homens procuram aproximar-se e andar às boas com os escritores que misturam ácido fórmico à tinta.

Mas estou doido por voltar para a roça e reatar a nossa interminável conversa carteada. Tenho ainda, entretanto, de chegar até Mato Grosso. Quero ver se aquilo realmente existe ou é uma ficção geográfica do Moreira Pinto, como deve haver muitas no planeta.

Em que correria tenho andado! Não paro, não durmo, perdi quilos de peso – mas como é boa a vida intensa! Até em dramas de amor alheio ando metido. Há um curiosíssimo caso do nosso jovem Barba Azul com uma jovem dançarina...

Adeus, adeus, adeus! Carta comprida, só na roça.

Lobato

Como vamos de letras? Qual o número do teu romance no estaleiro? Tua responsabilidade está cada vez maior. Há dias, numa roda de paredros dos mais pintados, afirmei que lá num socavão de Minas havia um desconhecido maior que todos eles somados uns com os outros e multiplicados pela Academia de Letras. "Quem é?", quiseram saber. "É a avó!... Um dia vocês saberão."

Estes meus reclames podem te fazer mal em vez de bem, porque todos se metem a esperar coisa ultrassuculenta, e você é mimoso demais. O público quer violências, arrombamentos. Se um novo entra humilde, a pedir licença, todas as portas se fecham. É preciso aparecer de machado em punho, faca nos dentes e arrombar as portas a pontapés.

E o Sete Orelhas? Não encontraste nada a respeito? Eu tinha vontade de ser o Sete Mil Orelhas – todas cortadas aqui neste São Paulo...

LOBATO

* * *

SÃO PAULO, 27 DE JANEIRO DE 1917.

Rangel:

Abri no *Estadinho* um concurso de coisas sobre o Saci-Pererê e convido-te a meter o bedelho – você e outros sacizantes que haja por aí. Dá o toque de rebate.

A *Revista* traz o teu *Fialho*. Deves fazer coisa idêntica sobre material nosso. A *Revista* está se afastando do seu programa. Neste número só falamos de coisas nossas, o Medeiros e eu. Tudo mais é coisa forasteira. Anda a nossa gente tão viciada em só dar atenção às coisas exóticas, que mesmo uma "revista do Brasil" vira logo revista de Paris ou da China. Nascida para espelho de coisas desta terra, insensivelmente vai refletindo só coisas de fora. Estou me preparando para um ensaio sobre lendas e mitos, e um dia te mandarei o programa para que colabores.

O *Queijo de Minas* ressuscitou na *Vida Moderna*. Foi o meio que achei de colaborar naquela indecência.

O último número da *Revista do Brasil* está "canino"; aparece você, o Ricardo, o Albino e eu. O Pinheiro tem a mania das "enquetes". Quer abrir lá uma "enquete" mas não acha sobre o quê, e pediu-me a opinião. Sobre que enquetear, Rangel? Cutuca o cérebro a ver se sai o piolho duma ideia.

Lobato

* * *

Fazenda, 3 de março de 1917.

Rangel:

A homeopatia!... Eu pensava como você; ou, pior ainda, não me dava ao trabalho de pensar coisa nenhuma a respeito. Não acreditava nem descria – não pensava no assunto e pronto. Mas um dia sobreveio o "estalo" e fiquei tonto. O meu Edgarzinho apareceu com uma doença no nariz. Isso na fazenda. Ele tinha 2 anos. Corro a Taubaté. Consulto os médicos locais. "O melhor é ver um especialista em São Paulo." Vamos para São Paulo. "Quem é o *baita* para narizes?" J. J. da Nova. Vou ao Nova. Examina, cheira, fuça e vem com um grego: "Rinite atrófica. Só pode sarar lá pelos 18, 20 anos – mas vá fazendo umas insuflações com isso" e deu-me uma droga e um insuflador. Voltamos para Taubaté, muito desapontados. Dezoito anos! Mas minha casa lá era defronte à duma prima. Vou vê-la. Tenho de esperar na sala de visitas um quarto de hora. Em cima da mesa redonda está um livro de capa verde. Abro-o. "Bruckner, *O médico homeopata*." Instintivamente procuro a seção Nariz. Leio conjuntos de sintomas. Um deles coincide com os sintomas da rinite do Edgard. Prescrição: "Mercurius". Entra a prima. Conto o caso do menino e aquele encontro ali. "Vale alguma coisa isto de homeopatia?", pergunto, cético. E ela: "Experimente. Não custa". Quando saí passei pela farmácia. "Tem Mercurius?" Tinha. Comprei 5 tostões. "Almeida Cardoso – Rio." Levo para casa. Falo à Purezinha. Sem fé nenhuma, dou automaticamente os carocinhos ao Edgard, mais do que mandavam as instruções. Cinco em vez de três. Depois, mais cinco. De noite, mais cinco. No dia seguinte, o milagre: todos os sintomas da rinite haviam desaparecido!... Mas sobreviera uma novidade: purgação nos ouvidos. Cheio de confiança, corro à casa da prima, atrás do livro de capa verde. Procuro "Ouvidos" e leio esta maravilha: "Às vezes sobrevem purgação no ouvido por abuso de Mercurius, e nesse caso o remédio é Sulfur". Vou voando à farmácia. Compro Sulfur. Mais 500 réis. Dou Sulfur ao Edgard e pronto – sarou do ouvido! Sarou da Rinite, sarou de tudo! Preço da cura: 1.000 réis. Pela alopatia, em troca da não cura: várias consultas médicas, viagem a São Paulo, drogas insuflantes e aparelho insuflador – e a desesperança.

Que fazer depois disso, Rangel, senão mandar vir um livro de capa verde e uma botica com todas as homeopatias do Almeida Cardoso? Cem mil-réis custou-me, e desde então curo tudo. Curo tudo em casa e no pessoal da fazenda. Fiquei com fama de mágico. Vem gente dos sítios vizinhos. "Ouvi dizer que o senhor é um bom doutor que cura" – e curo mesmo.

Chega a vir até do município vizinho atrás dos "carocinhos mágicos"...

LOBATO

* * *

FAZENDA, 17 DE ABRIL DE 1917.

Rangel:

Eis-me de novo no meu seio de Abraão. Deixei São Paulo farto e refarto da comédia da civilização; e para que a ruptura fosse completa, não assinei jornal nenhum. Desde o dia 8 que estou sem saber quantos novos países declararam guerra à Alemanha etc. Que paz! Que alívio! Que decência! Como cansa viver na atmosfera da beligerância imbele do sapo que chia de longe, e odeia de longe, e apaixona-se de longe, ou pateia de palanque, na rua, nos cafés, nas redações, nos artigos, nos discursos, sem nunca um minuto de serenidade! A nossa imbecilização é das mais curiosas: vem de cima para baixo, e decresce quando chega ao povo. Quanto mais conheço os paredros, mais admiro o equilíbrio, a sensatez, a sanidade mental destes meus bons caboclos da roça. Quando Bilac aparece em São Paulo, vira cachorrinha com todo um bando de cachorros atrás. Eles não se limitam a admirar Bilac, eles babam Bilac. Hoje não me espanto do Frango Sura querer mudar-se para São Paulo. Aquilo é o *habitat* dele. O Frango nasceu em Minas por deslize. E muda-se para lá e ainda acaba chefe de todos aqueles cogumelos. Se o encontrar por aí, diga-lhe que se apresse, que vá conquistar São Paulo, porque São Paulo está a berros pedindo um frango sura.

E tu, homem feliz, poço de bom-senso, virgem incontaminada que não trocas esse empíreo de Santa Rita do Sapucaí pelas escarradeiras cheias de pontas de cigarro que se chamam "centros de civilização", que fazes? Conta-me da tua evolução nos últimos meses, porque tu vales mais que todos os camelídeos que andam a apostar uns com os outros qual tem maior bossa. Acho, Rangel, que nunca mais arredo o pé do sertão. Que delícia conviver com estes porcos que engordo e como assados, e com estas vacas que me dão leite e manteiga! O leite das vacas paulistanas chama-se *suffisance*.

LOBATO

* * *

FAZENDA, 22 DE ABRIL DE 1917.

Rangel:

Recebi a de 20. Pela irregularidade de tudo lá dentro, a *Vida Moderna* ainda acaba mudando de nome; passa ao que é: – *Vida Airada*. Não merece a nossa atenção. Não vale a pena botar lá o *Queijo de Minas*. A tua *Desforra* está aqui. Não serve para sair nos tais volumezinhos. Muito grande. Vê coisa menor.

Menotti mandou-me *Moisés*. Bela edição conseguiu ele! Mas aqueles desenhos serão realmente de Menotti? Estou achando-os bons demais. Nalguns há traços de mestre. Evidentemente houve "inspiração".

Espero o teu livro gramatical. Se queres opinião, manda um ao Adalgiso, que a dará com a mais alta competência. Ainda agora recebo dele uma carta; está como revisor da *Revista* e queixa-se de meus descuidos e deslizes. Vou responder que o meu colocador de pronomes é você, e também o meu mondador de ingramaticalidades; de modo que qualquer queixa contra mim deve ser encaminhada a você, pois assim encurtamos caminho. A indignação do Adalgiso é contra o *Engraçado arrependido*, que mandei sem revisão rangelina, e portanto sujo, cheio de cascas de banana e carurus. O meu lava-cachorro é você, Rangel.

Mandei também O *farol* – esse farol que vem desde Areias e está caindo aos pedaços de velho. É incrível como sou inimaginativo! Por mais que esprema o útero não sai filho, quando não há prévia impregnação dos ovários e gestação inconsciente. Será todo mundo assim? Se quero parir à força, sem estar grávido, não me sai coisa nenhuma. Se tens aí algum esqueleto de conto encostado e que não queiras aproveitar, manda-mo, que o revestirei de carnes e jogarei com ele para cima da *Revista*. Aquilo está se tornando um Moloch insaciável. Querem dar um conto meu em cada número, como se eu fosse máquina.

Lidei este ano em São Paulo com a fina flor dos literatos, e me convenci de que, com exceção do Adalgiso, nenhum vale você. O Adalgiso é o único em São Paulo que tem a inteligência que eu quero: como olho de mosca, multifacetada. Inteligência verdadeira me parece aquilo. Muitas outras há lá, mas com menor número de facetas.

Ontem li uma coisa de Almaquio Diniz, um pedaço de *Bodas negras*. Não diz: "Os grilos cricrilavam"; diz: "Os orthopteros saltadores cricrilavam". Também li *Une vie* de Maupassant e, ataquei *Le lys rouge* e vários Camilos novos. A sova nos três Joaquins – o Teofilo Braga, o Silva Pinto e o Vasconcelos!... Homérica!

Bom. Chega. O estafeta vem entrando.

LOBATO

FAZENDA, 10 DE MAIO DE 1917.

Rangel:

Vai *A desforra*. Está primorosa no descritivo, que é o teu forte. Tens microscópio no olho. A *Vida ociosa*, por exemplo, é uma seriação de miniaturas desenhadas a bico de pena. Hoje o gosto geral está mudando, voltando a Boccaccio e todos os *narradores*. Camilo em muitas novelas é modelar na narrativa. Nada mais vivo e movimentado que o começo da *Maria Moisés*: "O pequeno pegureiro contou as cabras à porta do curral; e dando pela falta de uma, desatou a chorar com a maior boca e bulha que podia fazer. Era noite fechada. Tinha medo etc.". Releia isso e veja como é "pinturesco" desde a primeira palavra até a última. O fim visado num romance ou conto deve ser o máximo de impressão no leitor com o mínimo de meios. É neste sentido que voga o meu barco. Progrido em "concentração", fujo sistematicamente à "diluição". Prefiro fabricar um martelo de pinga a um barril de garapa azeda. E se a ilusão me não transtorna o senso crítico, creio que estou com a verdade. Que verdade? A deduzida dos melhores capítulos das melhores obras dos melhores autores. Por que melhores autores? Porque mais intensa e duradouramente lidos. A *desforra* ganharia se voltasse ao fogo para apertar o ponto. Ficaria metade em volume e o dobro em grau alcoólico.

A humanidade gosta de bebidas fortes – uísque, rum, *kümmel*, vodca e mais "fogos líquidos". Já os xaropes e águas panadas, e mesmo a água pura, têm menos fregueses – e com eles ninguém se vicia.

Esta minha observação vai com todas as reservas. Será assim no caso de aceitares como verdadeiro o meu critério da concentração. Porque em boa crítica todos os gêneros se equivalem, contanto que as obras sejam filhas do talento.

Ando a preparar um livro de contos – assinado Hélio Bruma – coisas antigas refeitas. A refusão limita-se a podas, desgalhes, descascamentos – sempre "des", isto é, concentração. E sinto que ganham com o desbaste. Em regra somos na mocidade extremamente excessivos, folhudos como certas árvores tão enfolhadas que não há ver nelas a beleza maior: o tronco e o engalhamento.

Também preparo para o chumbo o *Inquérito do Saci*, que fiz no *Estadinho*. Dá trezentas páginas, mas não aparece com meu nome. *Demonólogo Amador*, é como assino. Será livro popular e de vender bem. De modo que a minha estreia será um livro não assinado e feito com material dos outros. Meu, só os comentários, prefácios, prólogos, epílogos – os adminículos, diria o Frango Sura.

Hoje escrevi à *Revista* (como por ordem tua) que ou publicassem a *Vida* ou devolvessem os originais. Estão a mangar contigo aqueles paredrecos. Tiro-a de lá e publico-a em rodapé no *Estadinho*.

LOBATO

* * *

FAZENDA, 5 DE JUNHO DE 1917.

Rangel:

A *Vida ociosa* vai afinal sair. Aquela intimação surtiu efeito. Respondeu o Plínio que a não devolvia porque ia publicá-la já. Escute: já mandou O *destacamento* para o Simões Pinto? O modo de publicação, paginado para livro, dá uns volumezinhos interessantes. O Simões é um pinto que vale a pena. Põe de vez em quando uns ovinhos curiosos. Está saindo lá agora uma coisa do Amadeu, mas o Amadeu é mais poeta que contista. Não lhe vejo nervo.

Sabe o que estou lendo com enorme agrado? Macaulay o incomparável, e Dickens. As *memórias de Pickwick* são um modelo de arte. Diz-se lá num capítulo o que os cacetíssimos psicólogos de hoje dizem em todo um livro. Acho arquipreciosa a leitura dos ingleses: livra-nos de absorver a infecção luética dos franceses: galiqueira mental que vai dessorando as nossas letras e fazendo-as um luar da francesa. E, fora dos ingleses, leio Camilo; não passo dia sem umas páginas.

Que tenho feito? Domingo, como amanhecesse chovendo, abanquei e pari *Pollice verso*, uma violenta mercurial contra os médicos. É a história dum facínora moderno, defendido por todas as leis e todos os preconceitos sociais, que mata um cliente rico para apresentar conta gorda no inventário. Vou mandá-lo para o número de junho em vez do *Faroleiros* que lá está – muito bem escritinho, mas que não passa dum *pot-pourri*.

O presente da Loveling e o urso de Tolstói são demonstrativos de que para bem dizer é mister escrever pouco e concentrado. A prolixidade é o grande mal. Antigamente eu "borrava" dez tiras e no último "à limpo" obtinha vinte. Hoje borro dez para obter cinco. Podo impiedosamente – e nunca me arrependo. Ontem li no *Imparcial* uma crítica do João Ribeiro que abunda nestas ideias. Aí vai.

O fato de não termos livros mostra que não somos literatos à moda comum. Você, juiz, nas horas vagas beletreia. Eu, fazendeiro, quando chove e não posso sair a cavalo é que me sento à mesa e esvurmo um berne. Que ligação temos nós com isso que se chama lá fora "literato"? Nem sequer os conhecemos. Você conhece o Menotti e lá um ou outro. Eu não conheço nenhum, nem quero conhecer. Enfarei-me dessa fauna depois que vi alguns de perto, inclusive Bilac. Aceitarei as obras dessa gente, não as pessoas.

Espero o teu livrinho de gramática. E o Sete Orelhas? Nada até agora? De Caldas o Francisco Escobar mandou-me o que dele há nas *Efemérides mineiras* de Xavier da Veiga. É pouco. Não traz detalhes interessantes. Eu queria muito encontrar o trabalho de um Galpi, ou Galdino Pinheiro, de São João Nepomuceno. Em matéria de orelhas, o meu Sete Orelhas foi batido longe pelo Bartolomeu Dias, que cortou 7.800 num quilombo de escravos que assediou e destruiu. Levou-as de presente ao Conde de Bobadela. Que destino daria o conde a tal massa de orelhas? Come-las-ia sob forma de orelheira do Porto? Magníficos brutos eram os nossos antepassados. Há em Calicute as oitocentas orelhas que Vasco da Gama cortou. Camões pula por cima delas nos *Lusíadas*.

Tens já aí o último número da *Revista*? Sai um conto meu de Areias, refundido. E também um do Nogueira, com belas ideias filosóficas desartisticamente apresentadas. O ponto fraco do Nogueira é a arte; e o forte, a filosofia. Diz em arte coisas incríveis. Acha, por exemplo, "majestoso, imponente, obra d'arte monumental", sabe o quê? O palácio do governo de São Paulo, aquela nauseabunda indecência arquitetônica, tão indecorosa que o próprio Congresso, que é um conglomerado de trufas, já condenou e mandou demolir. E assim outras coisas. Ele é filósofo e grande, mas só filósofo. Se pudéssemos dizer-lhe isto, sem que aquele ouriço de orgulho se irritasse, que bom seria para ele e o mundo!

Lobato

* * *

Fazenda, 6 de julho de 1917.

Rangel:

Retiro tudo quanto disse a propósito do teu estilo, em tantas cartas anteriores. Em vez de mudar alguma coisa, podar, concentrar, fazer, em suma, o que sugeri não deves fazer coisíssima nenhuma. Estás sedimentado definitivamente e lindo. Encantou-me tanto a *Vida ociosa* que me envergonhei de todas as minhas velhas sugestões. Compreendi agora. Você nasceu miniaturista, tal qual Meissonier. Há na pintura francesa dois casos típicos de miniaturismo: Mignard e Meissonier. Este pintou com grande minúcia de detalhes, mas manteve-se grande; nas telas militares punha reflexos das coisas vizinhas nos botões dos soldados, mas manteve-se grande. Seu nome figura entre os maiores pintores da França. Mignard fez a mesmíssima coisa, mas sem talento; quanto mais miniaturava, quanto mais pintava pelinhos um por um, menor ficava como pintor. Quando alcançou o prodígio de pintar um por um todos os pelos das pestanas dum filhote de pulga – assombro jamais realizado no mundo –, Mignard ficou ainda menor que a pulga e acabou dando à língua francesa uma palavra nova e pejorativa – *mignardise*. Você é um miniaturista nato, mas à Meissonier. Que lindos quadrinhos parciais descreves para formar com eles o quadro grande!

Renego todas as minhas observações. Estilo é cara, vivo dizendo. E querer que por causa disto ou daquilo o vizinho reforme o nariz ou a boca é besteira. Sustente a cara que Deus te deu e Camilo apurou, e os Lobatos que vão às favas.

Vais ver a *Vida ociosa* classificada como a melhor coisa até hoje aparecida na *Revista do Brasil*. Eu chego a ter inveja. Tu me alijaste para a esquerda, bandido! Por que mudou a primeira forma do Zé Correto? Estava ótima, muito melhor que o José atual. José, José... Zé é o certo.

E a Academia, hein? Está capitalista agora. Vamos ter imortalidade remunerada, uma novidade no Parnaso. Apolo deve estar cismabundo.

LOBATO

* * *

FAZENDA, 8 DE JULHO DE 1917.

Rangel:

Espero o teu *Animal estranho*, pela moderna. Nesta fúria, acabaremos escrevendo com podão, em vez de pena! Botei ultimamente quatro ovos novos, da nova fase: *Pollice verso*, *O matapau*, *O estigma* e *O comprador de fazendas*. Vou dar um livro inçado de dramas e mortes horrendas, mas com pantomima cômica no fim, como nos circos. Já tenho prontos uns quinze contos, matéria para umas 150 páginas. Se quisesses aparecer junto comigo, era boa a ocasião; mas tu és maroto – preferes andar só a mal acompanhado. A letra de forma melhora as obras boas (nada melhora as más); gostei muito da *Vida ociosa* depois de impressa. Vais ver com que agrado te receberão. É uma arte pessoal que surge sem muletas, sem apelar para o apoio de ninguém, sem prisão a nenhuma escola, diferente de tudo quanto se escreve por aqui, em sarrafaçal ou parnasianamente.

Recebi o livrinho de gramática e aprendi nele alguma coisa. O que acho é caro. Você, judeu, começa esfolando a humanidade – 2.500 réis!

Andou por cá um fazendeiro aí da tua zona, um Leite de Paraguaçu. Conhece-te mal e mal. E agora espero outro. Andam com ideias de comprar-me a fazenda – mas não creio coisa possível: os mineiros são muito pechincheiros. O homem esteve me contando da calamidade que é a Rede Mineira. Diz que é pior que a Central. Por que não se amotinam vocês todos e não empastelam a caranguejola?

Aquele nosso grande poeta parece-se com a água: é inodoro, incolor e insípido quando faz prosa. No verso, melhora. Mas vem surgindo um Guilherme de Almeida, cujo *Nós* revela muita coisa. Parece-me poeta de verdade – não apenas burilador de versos como o F., ou parnasiano de miolo mole, essas venerandas relíquias do passado, Alberto etc. E Bilac, que era a salvação, deu agora para rimar filosofia alheia e fazer patriotismo fardado. Alberto está um perfeito *vieux beau*.

Bilac perguntou ao Heitor de Morais por que motivo eu lhe fugia (isto é, por que o não incensava) e achou-me "esquisito". Acostumou-se o grande poeta ao coro perpétuo de "Ohs!" da rodinha do *Estado*. Os literatos célebres lembram-me os políticos que jamais caem, como o Rodrigues Alves. Estes espantam-se duma oposiçãozinha; aqueles não admitem essa coisa linda que é uma pequenina animadversão gratuita. Porque têm um nome do tamanho dum bonde amarelo e moram no andor da apoteose, acham inadmissível que um ignaro anônimo tenha a preguiça do rapapé e por higiene fuja ao beija-mão.

Guilherme é o balbucio duma corrente nova que acabará levando para o boeiro os lecomtistas de cabelos pintados com Juventude Alexandre. Tenho muita fé nesse menino de Almeida. São os dois de São Paulo: Vicente de Carvalho, glória legítima mas já sem uma asa, e Guilherme, uma linda manhã. O espaço entre ambos é interestelar: é o Saco de Carvão da Via Láctea. Menotti também desponta, meio papagaio ainda, meio discursante; mas é capaz de dar coisa. Tem coragem. O resto, meu caro, é saparia de lagoa; coaxam rimadamente. No romance irrompeu o Veiga Miranda. *Redenção* é positivamente bom, apesar da descaída do final. Como é difícil manter um romance no *crescendo*! Se a política (a dos políticos e a literária) o não arrastar, teremos em Veiga um verdadeiro valor. Lembro-me d'*O margarida* – o seu desastrado conto de estreia na *Revista do Brasil*. Pois evoluiu e melhorou muito. E é só naquele São Paulo – uma cidade de 500 mil habitantes! Que penúria, hein?

Que coisa vem a ser o *Animal estranho*? Por que não aproveitas *O Sebastião* aparecido no *Minarete*? Há coisinhas ótimas ali.

LOBATO

* * *

FAZENDA, 21 DE JULHO DE 1917.

Rangel:

Em mãos *O comprador de fazendas* e duas cartas. Cada vez que me devolves um conto, envergonho-me da ortografia. Quantos erros anotaste – zz por ss, yy por ii... Se algum dia eu virar literato de profissão, tenho de contratar o Álvaro Guerra para secretário dos pronomes e da ortografia. Os pronomes já me saem melhores, depois das abençoadas notas que você mandou. Como andavam desafinados, no meu período anterior às notas!

Entristeceu-me a classificação de "chinfrim" que deste ao *O estigma*, coitadinho! Quanto ao fato, é verdadeiro, do lado científico e do entrecho. Foi coisa acontecida cá destas bandas. Para documentação do lado científico, segue como meu advogado um livro do Alberto Seabra. Quanto ao entrecho te direi que há na cidade de C. uma senhora "marcada no peito com sangue espirrado", uma cobrinha e uns borrifos no lugar da cabeça. Está subentendido que não espiei o peito da dama, mas pessoa bem informada garantiu-me. E a causa dada pelo povo é que quando ainda em estado fetal essa dama foi testemunha dum crime: sua mãe matou a tiro de garrucha uma mocinha aparentada que criava e pela qual o marido passara a mostrar muito interesse. Abafou-se o crime; tratava-se de gente de posição. O tiro foi dado como casual. Meses depois nasce a atual dama estigmatizada, com a cobrinha e os respingos, situados em lugar correspondente ao em que levara o tiro a mocinha.

Em todo caso, como reputaste bom o estilo, consolo-me com o sopro.

Pelo que vi e li, gostaste do *Matapau*. Está aí um que "saiu à toa". A ideia era descrever o parasita vegetal que chamam aqui gameleira e é uma figueira. Isso feito, o resto, a associação com um sentimento e uma tragédia humana, brotou como a pena quis.

O teu *Animal estranho* desdisse a má nota com que veio precedido. Foi gostadíssimo. Purezinha, que, como rato para queijo, não erra na escolha do melhor, leu-o e releu-o, e fez que mais gente da casa o lesse. No *Pollice verso* a tua observação coincidiu com a dela: que está muito insistido naquele ponto das estrelas. Eu respeito os pareceres de Purezinha, porque é a única pessoa que quando não gosta diz "Não gosto – Não presta". Os outros vêm sempre com atenuações e panos quentes. Foi quem me revelou Camilo, e é sinceríssima – e antes severa que benévola. Vai logo dizendo na cara: "Tire isto e mais isto. É asneira. E aqui está comprido demais; corte". E acerta sempre. E como tem gostado muito da *Vida ociosa*, aquilo é bom mesmo. Admirou sem reservas a cena da galinha a entrar pela sala adentro, como também a do pinto que vomitava (cenas que melhoraste muito, na última fase).

Quanto ao meu livro, espero completar aí uns quinze contos que me agradem; publico-os na *Revista do Brasil* e depois de impressos dou-lhes a forma definitiva. Só então arriscarei nos quinze contos os 2 contos de réis que me custará a edição. Não tenho pressa nem entusiasmo. Já estou muito longe do assanhamento dos 18 anos.

Se me seduz uma ideia, ponho-a em conto, mas sempre com muita preguiça. O gosto vem depois, na polidura do borrão, no acepilhamento, no envernizamento. O ato bestial de parir um mostrengo, informe, sujo de sangue e placentas, é o mesmo na arte e na vida feminina. O gosto da mãe começa depois de lavado e vestido o fedelho.

Li ou estou lendo a *Mulher fatal* – conheces? Que ótimo está ali o Camilo! Eu agora não o largo mais. Paro defronte das minhas estantes, corro os olhos sobre centenas de lombadas e invariavelmente pego um Camilo. Que desprezo de todas as regras da composição francesa! Quando se lhe depara lance de morder num adversário, larga da cena romântica com que está maçando o leitor e desanca. Na *Mulher fatal* há isto. "Aí apareceu certa vez um arquitolo com grandes foros para maior graduação etc." E embaixo da página a nota: "O senhor doutor Joaquim Teófilo Braga, na *Visão dos tempos*, primeira série". Imagine Flaubert fazendo isso na Salambô!

Não lhe perdoavam nada a Camilo, mas com que furor revidava os assaltos! Há dele não sei qual romance que em certo ponto está lamecha demais e "pau"; parece que Camilo mesmo percebe isso e, de repente, sem mais nem menos, larga a história e dá uma surra tremenda nesse mesmo Teófilo Braga. Depois continua a história, como se não tivesse havido coisa nenhuma.

Nas *Noites de insônia* noto o capítulo *Os três Joaquins* que é um desaforo de gênio. Ele encambulha três Joaquins – o Teófilo Braga, o Joaquim de Vasconcelos ou dos Músicos e mais um terceiro, e lança-os com um pontapé à Posteridade. Quem se lembraria hoje desses três Joaquins, se não fosse o pontapé camiliano?

Ando vendo não vendo a fazenda. Este mês resolvo. Poderemos então realizar um dos nossos velhos projetos: a estação à beira-mar juntos. Será lindo – mas quanto mais lindo se ainda vivesse o Ricardo e fôssemos para Itanhaém ou Ubatuba os três! Que saudades tenho do Ricardo! O tempo passa, mas a saudade não passa.

LOBATO

* * *

FAZENDA, 3 DE AGOSTO DE 1917.

Rangel:

Acabo de ler o último capítulo de *Vida ociosa*. Se algum tranca me disser que não és o sucessor de Machado de Assis, leva bofetada nas ventas. Ninguém é juiz em matéria própria. Teu juízo sobre a *Vida* é suspeito, não tem valor legal nenhum. Os outros é que têm de dizer, como eu, que aquilo é uma obra-prima de psicologia e realismo das mais puras. Depois dos livros de Machado, nada apareceu em nossas letras que a iguale. Quero ter a glória de ser o primeiro a dizer que a *Vida ociosa* só pode figurar em nossas letras junto ao melhor de Machado. E se depois de publicado o livro o mundo inteiro não disser a mesma coisa, paciência: é que o mundo inteiro é uma grande besta.

Vendi a fazenda a um senhor Alfredo Leite, de Vila Paraguaçu; e embora ainda não passasse a escritura (será a 10 ou 15), já o movimento começou a correr por conta dele. Saio daqui para Caçapava, provisoriamente, e de lá tomarei rumo definitivo. Não tenho planos. Espero que o vento me leve para não sei onde. E se não houver vento, escolherei descansadamente um ponto do mundo para armar o meu rancho e viver. Duma coisa tenho a certeza que faço agora: ir visitar-te aí em Minas!

Adeus.

LOBATO

* * *

FAZENDA, 9 DE AGOSTO DE 1917.

Rangel:

De fato, o Álvaro Silveira, com quem trago relações epistolares embora sem conhecimento pessoal, bolou as trocas, como verdadeiro habitante da Lua que é. Boa piada, o Sete Orelhas de Januária! Imagino o assombro dos seus amigos recebendo lá o estranho pedido de informação.

O Alfredo Leite chegou hoje. Vamos lavrar a escritura amanhã. Vendo a fazenda e vou para o olho da rua com os trastes às costas, sem saber onde morar. Fico uns tempos em Caçapava, assuntando. O mais provável é cair em São Paulo, já que estou com Portugal impedido pela guerra. Que bela ocasião para a realização daquele sonho de viver uns tempos em Samardã, a aldeia de Camilo – ou em Cabeceiras de Basto! Mas o homem põe e Marte dispõe.

Penso em visitar-te aí antes de deixar Caçapava. Penso, penso... Quantas vezes já pensei nisso?

Espantou-me a rapidez do retorno do livro do Seabra. Ele quis converter-me e deu-me várias obras. Não nego o ocultismo, aceito tudo quanto eles têm como provado – mas meu horror às trevas me vai deixando do lado do Sol. Tão lindo o Sol! Não me interessou o Eliphas Levi. Nem o resto. Tentei ler alguns: enfadaram-me. Acho que isto é mera questão de temperamento. O meu não vai com aranhóis tecidos nas trevas.

O Pinheiro Júnior pensa numa série de "edições" da *Revista do Brasil* e estamos em sua lista. Só aguarda a "baixa do papel". Também o Pinheiro põe e Marte dispõe.

Adeus. Vou fazer sala ao Alfredo Leite, que vem chegando duma vista-d'olhos pelas divisas.

LOBATO

* * *

CAÇAPAVA, 24 DE SETEMBRO DE 1917.

Rangel:

Demorei-me em escrever por causa da corrimaça. Estive meio mês no Rio e dez dias em São Paulo, donde voltei ontem. Minha tenção era fixar-me no Rio, onde pelo menos há *la naturaleza* e o Wenceslau; mas a mulher dispôs o contrário. Quer São Paulo e, pois, muito a contragosto, tenho de fixar-me em São Paulo, terra bem pior que o Buquira. No Buquira ninguém se embasbaca com o Frango Sura.

O fim desta, porém, não é contar da minha vida, senão dar-te o meu abraço pela vitória da *Falange gloriosa*. A apresentação do *Estado* operou um efeito siderante. Os que te admiravam à socapa (medo de puxar fila), proclamam agora desassombradamente que és um Machadinho de Assis mineiro. Estás lançado, afinal! Agora é deitar-se em livro e mandar dona Bárbara ir bordando a farda da Academia de Letras. Os ouros ela encontra em qualquer empresa funerária daí mesmo – ou no Rio, Casa Sucena.

Para fazer alguma coisa, resolvi tornar-me editor. Começo publicando os contos do Valdomiro Silveira, outros do Agenor Idem e o *Saci-Pererê*. Faço a experiência com esses três livros e, conforme correrem as coisas, ou continuo ou vou tocar outra sanfona. O *Saci* é um livro *sui generis* – para crianças, para gente grande fina ou burra, para sábios folclóricos; ninguém escapa. Dará dinheiro. Depois edito você. Faço tal reclame de você que todo mundo em São Paulo está de olho em Santa Rita. Isso aí já nem é cidadinha mineira: é aquela sarça ardente da Bíblia que Moisés olhava de olho arregalado. Jeovah Shammah!...

LOBATO

* * *

CAÇAPAVA, 3 DE OUTUBRO DE 1917.

Rangel:

Na impossibilidade de escrever qualquer coisa, venho para esta nossa simbiose. Vai uma inferneira aqui em casa. São três os diabretes e gritam e pinoteiam como três maluquinhos. E há as conversas, os ralhos da dona da casa, os rumores da rua. Nem carta é possível escrever. A nossa cabeça nos momentos de *fiat* é uma harpa eólia. Se no silêncio dum gabinete, só as emoções íntimas gravitam pelos bordões, sai coisa. Mas se por ele se metem guinchos de crianças, ralhos de mãe, as vozes da rua e o mais, o que nos sai é uma salgalhada de pepinos crus. À noite raro emudecem dois fonógrafos fronteiros e rivais. Apostam corrida. Mal ataca um deles a *Cabocla do Caxangá*, o outro muda a agulha e vem com o Hino Nacional – e a mistura via Wagner. E mais noite adentro, quando a voz de Edison cala, é o cachorro dum terceiro vizinho que se põe a ladrar à lua. Ora, a quem saiu, como acabo de sair, da Casa dos *Ramires*, onde passei três saudosos dias em visita àqueles amigos velhos, o bom Gonçalinho, o querido Titó, o Bento, a tia Rosa, a ouvir Gonçalo escrever e ler para mim a história do seu Tructesindo avô, no silêncio da torre, entre goles de chá forte e intempestivas serenatas do Videirinha, esta Caçapava, toda filhos grulhentos, cães poéticos e sons inimigos do estilo, derranca. E me vem inveja de tua tenda em Santa Rita, onde só há o Nelo e nenhum fonógrafo, nem cão, pois nunca te queixaste dessas coisas. Há silêncio aí, Homem Feliz de Moura Rangel! Eis porque levas a cabo romances inteiros.

Fialho é um estilo, Rangel! São dois os grandes estilos – Camilo e Fialho. Eça, que eu tanto admirava, parece-me, ao pé destes dois molossos, um alegre cozinheiro de operetas parisienses. Um *arreglador*. Sabe o que é? Calão de "mambembe". O trabalho deles aparece nos anúncios de espetáculo.

> Hoje   Hoje
> O REI BABAU
>
> Arreglo de "Le Roi Bobeche" de Coignard
> por
> Eça de Queirós

A palavra me arrepiou quando a topei pela primeira vez; hoje compreendo o valor expressivo do neologismo. Com grande talento, Eça arreglou Paris para uso de Lisboa.

Mas em Fialho há gênio, há estilo. Possui ele uma visão toda artilhada de telescópios e microscópios. Vai logo aos recessos mais íntimos, às privadas, aos subterrâneos da alma humana e revela as pudicas e escondidíssimas escorrências. E quando descreve cenários, usa lucilações de relâmpagos. "Quis a janela aberta: estava um dia supremo, vivo de sol, com tintas loiras de inverno sobre os montes".

Nós, Rangel, nós do Minarete, viciados pelo senhor Émile Zola até no modo de pegar na caneta, pervertemos com a maneira de Zola – ótima e certa nele, porque era dele, mas péssima em nós porque nos sufocava o surto da *nossa* maneira; nós, Rangel, diríamos assim:

"Pediu que abrissem a janela. Fora, um dia soalheiro (interferência do Eça) derramava o ouro de sua luz sobre a terra inteira, e nos montes punha tons alaranjados de outono".

Nove palavras a mais e quatro calorias de expressão pictórica a menos. E isso se nos contentássemos apenas com 28 palavras, o que seria um puro milagre de economia vocabular, dada a nossa verborreia incoercível. E hoje que o "naturalismo" zolaico passou, ainda andamos patinhando por lá, como gente de anquinhas em estação de vestidos colantes. Eu já dei limpa de enxada em meu terreno, mas há muito rebroto que preciso estar sempre quebrando. É preciso deixar o chão totalmente livre das coisas plantadas, para que nele brotem as sementinhas que os ventos trazem – as guanxumas, os carurus, as beldroegas, os cordões-de-frade, as gramíneas congeniais e personalíssimas desse conglomerado de órgãos, sangue e células que Caçapava vê passar na rua e classifica no gênero *Homo*, indivíduo Lobato. E como somos, eu e você, uma velha parelha a puxar o mesmo carro, convido-te a empreender esta terrível obra de sacha, extirpadora das ervas francesas. E melhores gadanhos não conheço, que o velho Camilo e este truculento Fialho. Gadanhemo-nos, Rangel! Com um ano deste regime, curamo-nos da sarna gálica. Para filosofia, Nietzsche, que é um tanque desbravador de tudo e tem a sublime coragem de nos dizer: *Vade mecum? Vade tecum!* Queres seguir-me? Segue-te!

Tens aí *Novelas do Minho*? Lê *Maria Moisés*, começos, as páginas mais profundamente descritivas e naturalísticas jamais escritas. Quando o tal naturalismo fotográfico fez melhor? Veja a cena entre o abade, o desembargador e duas irmãs deste. É Portugal inteiro.

Saiu no *Estado* mais uma escorrência minha. Ainda é produto do Lobato francês em transição. O Lobato limpo com cacos de telha e potassa cáustica, desgafado da sarna gálica, esse ainda não veio a público porque o *Estado* não é o picadeiro conveniente. Eia, Rangel! Na assembleia escassa dos que têm a coragem de apresentar os respectivos Eus em pelo, entremos desassombrados com os nossos. E com um letreiro na bunda, à Raul Pompeia: "Mau, mas meu".

LOBATO

CAÇAPAVA, 11 DE OUTUBRO DE 1917.

Rangel:

Rui Barbosa me dá a impressão, na ciência, duma superposição de autores; no estilo, duma superposição de clássicos. Vejo nele Vieira, Bernardes, Latino, Frei Luís, Herculano, Camilo – dele pessoalmente, só a sabedoria e fina arte do misturador. Rui é uma grande Central telefônica a que vão ter todos os fios; e do conglomerado ressoa uma voz eólia, de qualquer lado que bata o vento. É uma focalização. Toda a ciência, toda a literatura de todos os tempos e povos converge seus raios naquele refletor mental que os emburilha, funde e dá – como as cores fundidas dão a luz branca – esse clarão cegante, excessivo, que atrai todas as mariposas e afugenta todos os morcegos: RUI BARBOSA.

Rui tem o gênio dos cadinhos: funde. Falta-lhe o gênio das retortas: que cria. Rui dá "misturas" geniais; não dá "combinações" novas. Tenho para mim que Rui é muito mais Força da Natureza do que Força Individual. É um estuário amplíssimo onde cada punhado d'água que tomemos mostra o nome do afluente contribuinte; ou cada folha ou flor carreada conta de que árvore caiu.

Acho Rui imenso como o Amazonas, mas sem a imensidade dum Shakespeare, dum Nietzsche, dum qualquer Grande Emissor de ideias. Dele me disse ainda há pouco Martim Francisco, em Santos: "Rui é um grande escritor sem talento: porque não cria". Nada mais falso. Impossível talento maior que o de Rui. Chega até as raias da genialidade – mas fica-se na categoria do gênio sem medula criadora.

Eu já tive o meu período febril de ruísmo, igual ao teu de hoje: foi em fins de Afonso Pena e Nilo e todo o Hermes. Aquele Rui combativo, cruel como Jeová, feroz como Ezequiel, foi a culminância do "fenômeno Rui". Mas ainda nessa fase funcionou como o refletor de todas as ânsias, queixas e desejos da nação. Fez-se Voz da Natureza, Boca do País. Naquele tempo, por política, estavas divorciado dele. Tentei conversar contigo sobre a Águia que depenava o Avestruz e tu fugiste com o corpo. Hoje dá-se o contrário. Eu é que estou divorciado de Rui... por motivos bélicos. E não o leio. Como torço pela vitória da Alemanha e Rui é o paladino da derrota alemã, resumo a minha opinião sobre ele com a imbecilidade dum calouro: "É uma besta!". Mas sei ou sinto que isso é pura imbecilidade minha diante de imbecis ainda maiores que eu. E se não o leio é na certeza de que se o ler, a "besta" me converte com a sua lógica de aço e cá me põe o germanismo de cuecas, de pernas para o ar. Porque o meu germanismo tem fundamentos grotescos: a causa número 1 é ser aliadófilo o meu barbeiro; a número 2 é serem aliados o *Estado de S. Paulo*, todos os meus amigos e toda gente. Germanizando, eu me isolo do barbeiro, do jornal e duma súcia de amigos. Pura questão de higiene mental.

A tua descoberta da serventia do vernáculo bem aprimorado como tampão do vazio de ideias cai na regra de que a Forma salva tudo. Haja Forma, e o leitor, engodado pela beleza exterior, esquece-se de pedir beleza interior (ideia). E assim os patifes da Elegância fazem com meia arte o que a pede inteira.

A minha *Cavaleria rusticana*, que vou mudar para *Os faroleiros* porque toda gente confunde "cavaleria" com "cavalaria" (que cavalos!), é uma colcha de retalhos cosida com panos de diversas épocas e de várias qualidades – linho, algodão, estopa. Coisas feitas e refeitas a intervalos nunca saem a preceito – e no entanto o Albino gosta imenso desse conto; há de ser aquele constante som de mar; Albino não tem cara disso, mas pode ter sido um *viking* em outra encarnação.

Estou guardando os rodapés da *Falange gloriosa* para uma leitura de assentada. Todos a filiam ao *Ateneu* de Raul Pompeia. Que bestas! A única aproximação é que nos dois romances a coisa se passa num colégio.

Mudo-me para São Paulo na próxima semana. Fico na rua Formosa, 53 até tomar casa. Adeus.

LOBATO

São Paulo, 4 de novembro de 1917.

Rangel:

Explica-se tudo. Não há em Shakespeare tragédia igual à saída das covancas do Buquira para uma fixação na rua Genebra, 9, com "estações de Passos" em Caçapava e no 53 da rua Formosa. Brotam na vida comum batalhas que valem a de Verdum. Venci uma. Chamo vitória ao fato de ver de novo nas estantes, embora atrapalhados e metade de cabeça para baixo, a infernal livralhada que sempre me perseguiu na vida. Lá na fazenda eu mesmo os encaixotei. Nunca deixo ninguém arrumar meus livros. Ainda ontem, se quisesse, não podia responder ao teu bilhete. Nem tinta, nem papel, nem mesa – e tenho tudo hoje no lugar, Rangel, graças à maravilhosa invenção da Roda. Se não fosse a Roda, como operar o milagre de transpor tantos móveis e caixas lá do alto da Serra da Mantiqueira para aqui, nesta rua Genebra? E em cidade nenhuma há um monumento de gratidão à Roda!

E já pude tomar o meu gole de Camilo n'*O vinho do Porto* – cem páginas do mais terrível humorismo, onde, como sempre, ele esquece o assunto e vai cabritando, de associação em associação de ideia, pela estrada da Veneta afora – esbanjando provas de que é, como o Hotel Pereira em Taubaté, único no gênero.

Entrementes, o nosso Nacionalismo Vermelho – que tem vários pais, entre eles o Nogueira (que cá esteve, gordo e forte, sempre com aquelas teses que casam Bizâncio com o século XXX) e o indefectível Frango Sura (sura só no apelido, pois está com rabos na alma) – estruge e muge, corcoveia e rabeia, e percorre a cidade em procura de inofensivas placas de firmas alemãs. Não sei, mas juro que à testa dos arrancadores da placa do Banco Alemão estava o Frango Sura, com o patriotismo mais ereto que um Lingam sagrado da Índia. As formas de rua da nossa guerra à Alemanha ainda acabam ressuscitando o Mark Twain. Só ele, e com a mesma pena com que escreveu aquela história da caça ao elefante branco, pode fixar o grotesco destes paspalhões do grito na rua.

Lá pela *Revista do Brasil* tramam coisas e esperam deliberação da assembleia dos acionistas. Querem que eu substitua o Plínio na direção; mas minha ideia é substituir-me à assembleia, comprando aquilo. Revista sem comando único não vai. Mas a coisa é segredo – nada contes aos vereadores de Santa Rita; pode trazer complicações diplomáticas e ocasionar algum desvio na rota de Saturno.

O *Saci* está no prelo; depois, Ricardo!

Meu projeto de ir a Minas gorou. Venha você a São Paulo. Meus projetos goram como ovos, porque não sou um, sou dois. Eu ponho, Purezinha impõe. Como a tua Bárbara. Ambas são "imponentes".

Lobato

* * *

São Paulo, 8 de dezembro de 1917.

Rangel:

Parabéns pelos 33 do dia 21. Sou ano e meio mais velho. Meu *Saci* está pronto, isto é, composto; falta só a impressão. Meto-me pelo livro adentro a corcovear como burro bravo, em prefácio, prólogo, proêmio, dedicatória, notas, epílogo; em tudo com o maior desplante e topete deste mundo. Ontem escrevi o Epílogo, a coisa mais minha que fiz até hoje – e concluo com a apologia do Jeca. Virei a casaca. Estou convencido de que o Jeca Tatu é a única coisa que presta neste país.

Se o negócio correr bem editarei outros livros – o teu dado no *Estadinho*, por exemplo. Aquilo é ótimo. Purezinha não perde número, mas faz restrições; acha que o exagero das *charges* prejudica o efeito.

Quanto ao meu livro de contos, fica para o Centenário da Independência. Imagina que eu o quero ilustrado. E sabe por quem? Por mim mesmo. Ora, como desenho pior que um caranguejo, entrei no curso Elpons-Zadig-Wasth. Das 7 às 9 da noite lá estou a desenhar modelo vivo. Vários colegas. Um, o dono da Casa Kosmos. Devo nestes cinco anos estar apto para ilustrar o meu livro, e então...

Quem vai cair nas minhas unhas editoriais é você, juiz duma figa! Editar-te-ei inteirinho, com porcentagem dobrada; para os outros, 10% do preço de capa, tabela geral e universal; para você 20%! Felizardo...

As minhas cartas antigas são ultraingênuas; só as devolverei se você me prometer nada extrair delas nunca. Comprometem um cidadão que breve estará "negociante matriculado".

Adeus. São horas de ir desenhar um nu.

LOBATO

* * *

São Paulo, 11 de dezembro de 1917.

Rangel:

Será possível que afinal vamos nos ver depois de dez anos de interregno? Terás já uns fios brancos? Eu tenho uma dúzia.

Moro na rua Genebra, 9. Chega-se cá partindo da rua Direita, descendo o Piques, subindo a ladeira Santo Amaro e quebrando à esquerda. Com 1.500 passos chegas do Largo da Sé ao meu número 9. Vem, vem, que é tempo – já que eu não fui.

O que me increpas ao estilo é certo. Reconheço-o e é deliberadamente que sorvo as brutezas de Camilo. Esse galego soa a carne crua numa terra em que, a avaliar pelo "amarelão" do estilo comum, os escritores só se alimentam de marmelada branca. Em todas as literaturas eu procuro sempre o carnívoro – os Kiplings, os Menckens, os Gorkis – e ponho os alfenins de banda: Pierre Loti, Catulle Mendès e mais mimos de Vênus. Meu regime dietético é o dos cloróticos: Ferro Bravais, bifes vermelhos, coisas bem azotadas. Evito farinhas. O fim em vista é mineralizar o Verbo para ver se não morro da tísica mesentérica do "estilo brasileiro", para o qual devo ter predisposição congenial: "Colhe hoje mais uma primavera no jardim risonho da sua preciosa existência etc.". O estilo nacional, morno e sorna, revê capilé com goma, xarope de melancia, mingau de araruta.

Camilo é o estilo estadulho. Dá porradas geniais! Kipling é o estilo White Label. Enebria depressa. Gorki é vodca. Derruba. E nós? Alencar é capilé com Água Florida, bebido em "copo de leite". Macedo é capilé com canela, bebido em caneca de folha. Bernardo Guimarães é capilé com arruda, bebido em cuia. Coelho Neto é capilé com Grécia, bebido em ânfora de cabaça. Machado de Assis é capilé refinado, filtrado, puríssimo, bebido pela taça da cicuta de Sócrates. Afrânio é capilé com ácido fênico. Rui é... Mentira! Rui não é capilé. Euclides também não é – mas se o fosse, seria capilé com geodesia. Grandes ou pequenos, bons ou maus, em todos nós o capilé *perce*; como transparecem em todos nós, socialmente, as taras vindas naquela nau de Tomé de Souza que nos abasteceu a estirpe com quatrocentos degredados e quarenta jesuítas.

– Ora, eu sou também capilé – mas um capilezinho que se convenceu disso a tempo e procura avinagrar-se. Está claro que o não conseguirei nunca. Serei sempre, no fundo, um capilé com farofa – mas *reajo* e *procuro* desvencilhar-me da predestinação. Como não miro academias, nem glória – coisas ao alcance da "habilidade" –, divirto-me cá com os meus três espectadores, a pena, o papel e a tinta, no trabalho de embrechar fibras no que, por gomoso de nascença, não as comporta. E assim o que sai do laboratório varia muito; ora entremostra fibras de empréstimo, porque o mingau intercalar escorreu (não era um bom *binding*, diria um inglês), ora é só mingau, porque as fibras alheias nele se dissolveram.

Quanto às sinalefas, acho-as um elemento de força. Dizes que as tomo de Fialho. Não, porque não foi Fialho quem as inventou. São velhas como a língua. Tomo-as da gramática, como da gramática também as tomou Fialho. Mas não há dúvida de que Fialho delas abusou – e por isso obteve tons e efeitos fortes, nunca antes vistos na arraia miúda dos ecléticos.

Meu estilo está em formação. Talvez fique em formação toda a vida. O de hoje é uma fase. Fase da Lua Cheia, talvez precursora de mais equilibrada e discreta Minguante.

Leio com encanto *History of England* de Sir Macaulay. E também leio as cartas de Taine. Nelas encontro este juízo, numa a Cornélio de Wit: *J'ai lu Macaulay que j'admire infiniment. Merci de cette idée.* Para que um dia me agradeças, aconselho-te a leitura dos *Essays* e também da correspondência de Taine. Outro mártir da má saúde, o Taine – espécie de Adalgiso Pereira. A sua correspondência com E. de Suckau lembra a nossa em certos pontos. Há uma eterna referência a Edmond de About e Prevost-Paradol, como na nossa há uma eterna recorrência do Ricardo e outros.

Que fim levou o Raul? Perguntas. Se os pirarucus ainda o não devoraram, Raul vige e viça em Belém. Sumiu-se para lá depois da subida do Lauro Sodré e dos Chermonts, dos quais é amigo. Fizeram-no qualquer coisa importante na administração, com 800 mil-réis por mês – zelar pela multiplicação dos carapanãs, marcar peixe-boi, qualquer coisa assim.

Tua carta me chama a atenção para a bisbilhotice do Veiga Miranda. De verdade só há naquilo a fulminante saída do *Saci*. O resto é por metade fantasia, por metade sugestão – embora sejam coisas possibilíssimas, se todos os *Sacis* saírem no prazo que espero. O que ele não disse e é certo é que editarei as poesias do Ricardo. *À tout seigneur, tout honneur.*

Mas o momento não me parece próprio para qualquer iniciativa editorial. Só se cuida de guerra à Alemanha – "Tiros", quepes, Alsácia-Lorena, Izonzo, General Cadorna, Von Mackensen, potocas. O nosso esforço de guerra se resume nessa "torcida" de longe, que o Frango Sura considera efetiva e decisiva. Como o futebol de domingo. Uma bola morta "ia entrando" no gol; um sujeito ao meu lado torceu o corpo como a lavadeira torce roupa e a bola entrou – e ele, ah, que ar de triunfo pessoal lhe vi na cara!

Um livro de sucesso comercial seria agora um: "*Brasil invicto, avante! Ao Reno, ao Reno!*" da autoria do Frango Sura, mas o Frango Sura está tão entretido em matar unos nos seus jornais que ainda não pensou nesse *best seller*.

Dói-me ter filhos, Rangel. Como educá-los, nesta terra? Em que princípios? Que moral ensinar-lhes? Nossa ascensão como povo é ladeira abaixo. A monstruosidade do hermismo não foi nenhuma crise; aquilo é endêmico. Arrepiamo-nos porque Rui levantou a tampa e disse ao país: "Veja!". Wesceslau tampou de novo – mas quem ainda se ilude quanto ao que referve, e é, debaixo da tampa? Cada vez mais me convenço da sabedoria do Ricardo, matando-se. E, por falar, que é que nos mandas dele?

Estou com aquele conto gramatical a me morder a cabeça como um piolho. Vida, aventuras, males, doenças e morte trágica dum sujeito, tudo por causa da gramática. Nasce em consequência dum pronome fora do eixo e morre vítima de outro pronome mal colocado. Entram na personalidade do Aldrovando Cantagalo meia dúzia de gramaticantes cá de São Paulo. Coisa *pince sans rire*.

Todos me falam da *Vida ociosa* e da *Falange*. E o mais que te digo é o que já disse. Purezinha dá-te grau 10. E bem sabes que o juízo dela vale ouro, porque é instintivo e portas adentro. É a única pessoa que condenou uma porção de coisas que escrevi. Diz que não presta e acabou-se. Não justifica. Eu que me fomente.

Adeus.

LOBATO

* * *

SÃO PAULO, 28, DE DEZEMBRO DE 1917.

Rangel:

Devo-te muita parolice e se já não paguei é que caí nas unhas duma neurastenia das negras. Estado d'alma do caçador que só tem uma carguinha de chumbo na espingarda pica-pau e não sabe no que atirar. Só vê passarinhos miúdos – curiós, tico-ticos; nenhum jacu. Falta-me o jacu, Rangel! Não há jacus nestes matos batidos.

Vejo ao longe uma ave exótica: a Europa. Não mais o projeto antigo da aldeia minhota, mas Paris. Acho que só de lá posso ver bem e bem estudar este Brasil. Cá dentro somos um pau da floresta, e os paus das florestas não podem fazer ideia das florestas em conjunto. Falta-lhes o longe da perspectiva aérea. Aquele soldado de Stendhal que andou perdido uma porção de tempo, muito se admirou mais tarde quando lhe disseram que "aquilo" havia sido a famosa batalha de Waterloo. Tenho de colocar-me longe para olhar e ver se o Brasil é coisa que mereça consideração. Possuem os que na América não são bugres puros, duas pátrias: a mãe nativa, a mestiça simplória que nos pariu por obra e graça duma fecundação de europeu, e a mãe de criação, a Europa, que nos dá desde o berço uma língua, aos 15 anos nos dá Robinson e Júlio Verne, aos 20 nos dá toda a França e daí por diante nos dá a "heimatlândia", essa coisa sem pátria, formada da secreção de toda a mentalidade universal. Acho penoso viver toda a vida no regaço da mãe tapuia, ainda de argolas nos beiços da alma, embora vestida de Eloys Chaves e Wenceslaus e com o Freitas Vale ao colo. Mas minha fuga à Europa depende do fim desta maldita guerra.

Para apressar o desfecho, encarreguei uma prima em muito boas avenças com o Céu de fazer uma promessa a um Santo Antoninho de chumbo, que ela possui e é extremamente milagroso; promessa para que a guerra acabe logo, nem que seja com a vitória do Wenceslau.

Que maravilha o antropocentrismo! Até aqui *eu* queria a perpetuação da guerra porque me regalava com os tremendos títulos e subtítulos dos jornais; mas já não a quero, agora que vendi a fazenda, porque me está a estragar a Europa com que sonho! *Eu!* Que maravilha os nossos pequeninos *eus*! Somos pequeninos centros a que vão ter todos só raios do universo.

Irá comigo o Wasth Rodrigues, como cicerone, ou pedaço da pátria tapuia; é o rei dos jesuítas, mas bom para a troca de impressões. Já você não pode ir; não vendeu a comarca! Que bom seria o mundo visto por nós dois juntos! Mas como dar asas a esse raizame em que você se transformou? De lá escrever-te-ei cartas como as do Presidente Debrosses...

Pretendo ir sem prazo de volta. Deixo os filhos num colégio, estudando o padre Feijó e outras beterrabas.

Eis, Rangel, o sonho atual – *o meu livro atual*, o romance em que trabalho com a "pena do devaneio na tela da imaginação", como diria o Macuco. E para isso já me afastei do mundo das letras, onde me ia insinuando com a gazua daqueles contos do Buquira. Vai sair agora o *Matapau* e depois o resto do que escrevi no paraíso da fazenda. E pronto! Fica encerrada uma fase da minha vida e vou começar outra muito diferente: dedicar-me à pintura, afinal! Só a pintura me faz esquecer a vida.

Bom, chega de mim; agora você. Queres editar em livro a *Falange*? Resolva duma vez, porque estou habilitado a dá-la depois do *Saci*. Estou tirando dois milheiros. Que África, hein? Dos nossos só compareceu no inquérito sobre o saci – e excelentemente – o Nogueira.

Se por "saber português" entendes conhecer por miúdo os bastidores da Gramática e a intrigalhada toda dos pronomes que vem antes ou depois, concordo com o que dizes na carta: um burro bem arreado de regras será eminente. Mas para mim "saber português" é outra coisa: é ter aquele *doigté* do Camilo, ou a magnificente *allure* processional do Ramalho, ou a sublime gagueira do Machado de Assis. Aqui em São Paulo o brontossauro da gramática chama-se Álvaro Guerra, um homem que anda pela rua derrubando regrinhas como os fumantes derrubam pontas de cigarro. As regras desse homem tremendo, quando vêm ao bico da pena dos escritores, matam, como unhas matam pulgas, tudo o que é beleza e novidade de expressão – *tudo que é lindo mas a Gramática não quer*. Outro gramaticão daqui escreveu um enorme tratado sobre a Crase; e consta que o Sílvio de Almeida tem novecentas páginas inéditas sobre o Til. O livro vai chamar-se: *Do til...*

A esta gente o Camilo chamava lombrigas do intestino reto de Minerva. Estou com ideias de escrever um conto gramatical, *O colocador de pronomes*. Isto logo que me enjoe do curso Elpons e volte à pena. O Plínio Barreto oferece-me a direção da *Revista do Brasil*, mas sou um burrinho muito rebelde e chucro para ter patrão – e iria ter dois: Júlio Mesquita e Alfredo Pujol.

Vê se tiras logo uma sorte grande, para irmos mamar juntos o leite da Ísis europeia. Creio que Ísis era uma vaca sagrada do Egito. E adeus. Acabou o papel.

LOBATO

1918

São Paulo, 8 de julho de 1918.

Rangel:

Recebi tua carta e a de dona Bar, e vi as muitas coisas que elas deixam entrever.

Os *Urupês* vão se vendendo melhor do que esperei e neste andar tenho de vir com a segunda edição dentro de três ou quatro semanas. Há livrarias que no espaço duma semana repetiram o pedido três vezes, e como os jornais ainda nada disseram, julgo muito promissora essa circunstância. O *Saci-Pererê* também se vende bem; estou já só com um resto – talvez um quarto da segunda edição. Se as coisas continuam assim, ponho mais uns ovos: faço um livro com coisas do *Minarete*.

Os meus negócios hoje cifram-se nuns dinheiros a juros (que infâmia pôr dinheiro a juros! Devia ser proibido por lei) e a *Revista do Brasil*, onde estou desenvolvendo furiosamente a propaganda. Espero dobrar-lhe a tiragem ainda este ano. E dou-te parabéns pela prosperidade – a tua prosperidade. É o que serve, como diz o galego. A alta do papel impede-me de lucros maiores na *Revista* e nos livros; mesmo assim, cada milheiro deixa líquido 1 conto e tanto... quando não encalha. A mim me favoreceu muito aquela campanha pró-saneamento que fiz pelo *Estado*. Popularizou a marca "Monteiro Lobato". O público imagina-me um médico sabidíssimo, e a semana passada tive um chamado telefônico altas horas da noite.

– "É o doutor Monteiro Lobato?"
– "Sim."
– "Doutor, minha mulher está sentido dores. Poderá vir atendê-la?"

Meu primeiro ímpeto foi ir e puxar para fora o filho daquele sujeito – depois contar o caso na rodinha. Mas a respeitabilidade venceu. – "Não sou médico parteiro, meu caro senhor" – "Queira desculpar. Eu pensei que..."

Ele pensou que e eu penso que chegou a hora de publicar na *Revista* todos os teus contos do *Minarete*. Depois os reuniremos em livro e os soltaremos com grandes toques de caixa. Preciso dum romance para rodapé. Manda-me um daqueles "números". Sou hoje um dos que decidem do destino das coisas literárias do país. Curioso, hein?

LOBATO

* * *

SÃO PAULO, 30 DE JULHO DE 1918.

Rangel:

Chegaram os teus cartões. Há dias fui com o Oswald em procura do velho Minarete – pela primeira vez desde aquele nosso tempo. Está na mesma coisa, só que pintado de fresco. O carvalho da entrada, maior; mas sempre sentimental e poético, mormente agora que se despede das últimas folhas amarelas. Os carvalhos conservam os seus hábitos europeus; ainda não aprenderam o mau costume das árvores indígenas, de se conservarem verdes o ano inteiro – essa monotonia que desespera os pintores. Espiei do portão aquele "Paradou" da entrada, aquela cercadura de canteiros maltratados que nem poda conheciam, e minha sensação foi a de coisas idas – deliciosamente idas – paisagenzinhas do *Tartarin de Tarascon* e do *Robert Helmont*... O que mudou, e desastrosamente, foi o arredor. Aquela rua de pinheiros, que ia do portãozinho à avenida do bonde da Penha lá embaixo, já não tem pinheiros, nem é de terra e matinhos marginais, está sórdida, infamemente calçada de paralelepípedos e compactamente edificada dos dois lados. Casas, Rangel, em vez daquelas sebes de espinheiro atrás dos pinheiros! A "cidade" alcançou a paisagem que aquilo ali era e matou-a. Em vez de paisagem, virou uma coisa reles chamada "Rua Cesário Alvim". Esse Cesário devia ter sido um sujeito prodigiosamente desinteressante, para interessar à imaginação dum lote de vereadores paulistas.

Mas a cidade alcançou o nosso Minarete, entalou-o dentro duma concreção chamada "casas do Brás", tão feias, coitadinhas, tão pobres, tão humildes... O grande terreno em volta do nosso chalé tornou-se um terreno pequeno. Lotearam a maior parte da chácara e venderam-na aos miseráveis bípedes que destroem as paisagens com a sua mania de construir casas. Mas o Minarete, o nosso chalezinho amarelo, persiste, resiste, insiste. Está assediado pelo casario invasor, está sem os pinheiros da frente, está sem a paineira dos fundos – mas insiste, resiste, persiste. Não adere. Não se alviniza. É um símbolo. Parece que está lá dentro a alma do Ricardo, de marreta em punho, escorando, detendo a invasão urbana.

É um símbolo. Nós cá fora também resistimos. Nenhum ainda aderiu. A Cainçalha morre, como o Ricardo, mas não se vende. O Albino, estive com ele em Ribeirão Preto; está cada vez mais Albino – rijo ali na filosofia, sempre a dar de ombros, sempre dubitativo, sem nenhuma certeza de coisa nenhuma. Você, aí nessa Estrela[1], continua uma fera, a produzir. O Nogueira, sempre tremendo, cada vez mais moço, ainda não engordou e revela-se nogueiríssimo quando encontra um dos velhos cães. Insiste em Deus. Quer Deus. Impõe Deus com ferocidade teológica – esquecido de que o matou naquela famosa festa do Sant'Ana. Raul requinta-se na surdez. Teima em não ouvir. Para que isso de ouvir, uma coisa ao alcance de todos os asnos orelhudos? Está uma porta. Há aparelhos de ouvir, mas Raul não quer ouvir eletricamente, como o Malta, que aderiu à Audição e anda cheio de pilhas elétricas lá pelos bolsos de dentro. (Ninguém lhe aperta a mão, de medo de choque.) Eu

---

[1] *Rangel estava juiz de direito em Estrela do Sul. Nota da edição de 1948.*

finjo que aderi, Rangel, mas não aderi, juro! O Tito também não aderiu: ainda perpetra horrendos trocadilhos. Ninguém mais sabe o que é trocadilho e Tito continua na ejaculação! É o último tílburi do Trocadilho.

Meu livro esgotou-se no dia 26 – exatamente um mês após a saída. Estou a rever as provas da segunda edição – eu e o Adalgiso, esse maravilhoso mestre em vírgulas e pronomes no lugar. Ele pega as menores pulgas e estala-as nas unhas, dizendo: "Tu és uma besta, Lobato". Não esperei uma saída assim, nem igualmente a boa recepção do público e da crítica. Mando-te alguns recortes (devolva-os) e umas cartas recebidas. Só a Livraria Alves vendeu 250 exemplares. A primeira edição deixou-me livre 1.500 mil-réis; e como a segunda edição me vai ficar em 960 mil-réis, não há mais meio de perder dinheiro com a experiência. Em virtude disso é possível que para o ano eu bote um segundo ovo – coisas velhas, do *Minarete*. A clientela quer.

Vi, mas não tenho acompanhado o tal concurso. Como és concorrente, vou segui-lo.

Sairá no próximo número da *Revista* o teu *O destacamento* e vá preparando mais coisas. Hei de publicar-te inteirinho, na *Revista* e depois em livro – e vais ver que teu triunfo será muito maior que o meu.

LOBATO

* * *

SÃO PAULO, 17 DE AGOSTO DE 1918.

Rangel:

Obrigado pelo oferecimento, mas prefiro que digam de meus livros os estranhos. Aos amigos quero-os calados: já lhes conheço a opinião e também conheço o grau de amizade de cada um. A amizade nunca foi boa crítica. E, entretanto, recorreria a ela se o livro empacasse. Quem quer um filho empacado? Mas não empacou. Fui feliz. Não pedi juízo crítico a ninguém e estou tendo mais e melhor do que realmente mereço. Ainda ontem falou a *Gazeta de Notícias* em artigo especial, e na véspera havia falado *O País*. Mando os recortes. De você eu queria uma crítica à nossa moda, confidencial, em carta – sobretudo apontando os defeitos. Um defeito apontado é muitas vezes um defeito corrigido. Já uma qualidade elogiada é quase sempre um vício futuro: o autor passa a apurá-la em demasia e cai no excesso, como o econômico cai na avareza ou o liberal na prodigalidade.

O Adalgiso Pereira apontou-me bom número de deslizes, que já foram evitados na segunda edição. A minha gramática, você bem sabe, é de ouvido, e os ouvidos humanos sofrem as injunções da meteorologia: ora está mais fino, ora mais lerdo, conforme o tempo lá fora.

A *Revista do Brasil* vai bem. Quando me fiquei com ela, entravam em média 12 assinaturas por mês. Hoje entra isso por dia. Nesta primeira quinzena de agosto registrei 150 assinantes novos. Meu processo é obter em cada cidade o endereço das pessoas que leem e enviar a cada uma o prospecto da revista, com uma carta direta e mais coisas – iscas. E atiço em cima o agente local. Estou a operar sistematicamente pelo país inteiro. Mande-me pois daí o nome das pessoas alfabetas menos cretinas e merecedoras da honra de ler a nossa revista. E aguardo a tua resolução sobre a *Vida ociosa*.

LOBATO

* * *

SÃO PAULO, 29 DE AGOSTO DE 1918.

Rangel:

Estive pensando no seguinte: é preciso editar a *Vida ociosa* e a *Falange gloriosa* – você é o homem dos "osas". O fato do teu romance ter saído na *Revista do Brasil* corresponde a quase ineditismo. Ninguém lê essa maçuda e irrespirável revista cheia de cracas acadêmicas – Hélios, Mário e outros plagiadores da dureza da peroba. Que perobas! Estás ali e estás tão inédito como se te publicasse o *Correio Paulistano*. É indispensável vires a público em livro, porque o livro é como o germe que faz a palma, a chuva que faz o mar. Anda lá, pois, com as correções, elimina aquele final da expulsão do juiz, que está idiota e ninguém aceita e ainda ontem vi condenado por uma dama de faro apuradíssimo – e manda-mo. Vou editar o Ricardo em setembro – *Ipês*. Já temos, paridos pelo prelo, o Nogueira e eu; saindo você e o Ricardo, restará em estado interessante só o Albino com o seu tratado de psicologia. E o Cenáculo terá vencido, hein?

Aquela história do Adalgiso sobre o aspecto do livro é pura ancilostomose mental. O pobre Adalgiso é uma caixa de fósforos com os fósforos já queimados. Não dá fogo.

Sim, esqueci-me do Menotti. São tantos... Logo que eu tiver mais *Urupês* mandar-lhe-ei um. Onde está ele?

Parabéns pelo juizado. Isso. Ferra-te no Orçamento *ad perpetuam*. A Pátria necessita de bons carrapatos. Terás então o lazer preciso para cuidar da "tua obra".

Eu já ando farto de tudo isto – deste reclame indecente dos jornais amigos, do célebre almoço que o Simões Pinto inventou, da *Revista* com seus Hélios Lobos, desta Calábria paulistana, deste saneamento dos sertões do Belisário Pena, da geada, de tudo... Felizmente os fiscais da Sorocabana estão me processando por crime de injúria e calúnia; conforta-me a esperança de passar na cadeia alguns meses, a ler o Sílvio Pellico e outros tratadistas do "pau". Palavra de honra que hoje me seduz mais a cadeia do que a Academia. Mas vais ver que me absolvem. Ando em maré de "caguira". Conheces esta palavra nova? Equivalente da "urucubaca" tão em uso no tempo do Hermes. Meu mal é curioso, Rangel. Excesso de *chance*. Tudo me sai sorteado. Um dia, de boca, te contarei mil coisas.

O José Maria Belo e *O País* falaram dos *Urupês*, Vão os recortes e uma carta do Herman Lima, que não conheço pessoalmente. Quem merecia este tremendo reclame eras tu, meu Rangel, cem vezes mais artista que eu – e estás silenciado! Parece incrível que não descubram em meus contos a pura obra de carpintaria que aquilo é. Peças ajeitadas *ad hoc* para produzir efeitos cênicos ou sentimentais – coisa de "curioso" da roça, nada mais. Ando com vontade de arrasar o meu livro numa crítica tremenda e desmascaradora, com um pseudônimo. Já me engulha esse livro. Nem rever as provas da segunda edição pude – revê-lo seria relê-lo e meu estômago rebela-se. Vêm-me ímpetos infanticidas. Por que o reedita então? Porque se vende. Já que o público é besta, toca a explorar o público. Mas isto cá só entre nós. Com os outros eu me tomo a sério e com a maior gravidade.

Resolve quanto à *Vida ociosa* e escreve-me.

LOBATO

* * *

São Paulo, 19 de setembro 1918.

Rangel:

O juizado te deu volta à cabeça. Escreves sobre o sobrinho toda uma xaropada e esqueces de me indicar o seu endereço, de modo que fico sabendo de tudo, mas sem meios de dar a favor dele um passo prático.

Parabéns pelo juizado, e espero que desta feita te cures de metade de tuas doenças. Para a solenização do prodigioso acontecimento é indispensável que venhas tomar um chope no Guarany. Eu, se fosse o governo de Minas, forçaria por lei todos os juízes mineiros a um mês anual de Rio ou São Paulo, a título de desasnamento. Um juiz enterrado anos a fio numa dessas bibocas opiladas que vocês chamam "cidades" cria bolores no cérebro; enche-se-lhe a alma de caranchos, baratas, percevejos, todos os pernícolas da estagnação. É condição de higiene um periódico desasnar-se nestas metrópoles safadas, onde há francesas e outros revulsivos – nefastos como a estriquinina, quando ingeridos em doses maciças, mas benéficos como a estriquinina, quando sabiamente dosados. Ora, viveste longos anos sopitado entre a filarmônica de Santa Rita do Sapucaí e o fitar o umbigo da vida introspectiva. Estás fatalmente com mais ostras na quilha do que navio alemão internado em porto neutro. A Harmonia Universal impõe-te um espreguiçamento, um *clean up* da casa cerebral. Inventa lá uma carta de bacharel que só possa ser tirada com a tua presença aqui; ou vem a chamado urgente do Tribunal de Justiça; ou vem trazido por um dos mil modos de vir inventados pelos maridos mais espertos que as esposas. Mas vem – e logo. Queremos ver a cara do novo juiz mineiro.

LOBATO

* * *

SÃO PAULO, 30 DE SETEMBRO DE 1918.

Rangel:

O teu sobrinho (que ainda não sei onde mora) veio procurar-me, mas justamente quando eu não estava. Não tem o senso da oportunidade e isso deixou o negócio no mesmo pé. Não posso comunicar-me com ele porque nem ele nem o tio me favorecem com o endereço. Que família desastrada!

Reclamo a berros os *Bem casados*. A *Revista* anda à procura de bons romances e não há notícia de nenhum melhor que o teu. Manda-mo a toda brida! Depois de impresso na *Revista*, fazes o repasse último e soltamo-lo em livro.

Já pedi às oficinas orçamento para a quarta edição dos *Urupês*. Como sai esse livro! Vende-se tão bem quanto o *Tenente Galinha*...

Adeus.

LOBATO

* * *

SÃO PAULO, 12 DE OUTUBRO DE 1918.

Rangel:

Escapei da grande encrenca. Purezinha não viu a carta. Eu te disse aquilo muito de propósito para que tua mulher lesse. O caso foi assim. Esteve cá não sei quem de Minas e me contou que te achara excessivamente magro e tua mulher muito gorda. E vou eu então e escrevo aquilo, para que ela emagrecesse um pouco e desse modo se aproximasse do equilíbrio conjugal quanto ao peso. Ótimo o sistema das mulheres lerem as cartas do marido: serve até para fins terapêuticos.

Estiveram cá tua irmã e o sobrinho. Pouca valia tenho para colocar gente, mas talvez arrume o moço. Estou agindo.

Achei bastante "preciosa" a tua carta (no sentido de Molière) e com amabilidades que em geral só usamos com os inimigos ou os indiferentes. Será que o juizado já está agindo? E até para os amigos escreves em língua "magistral"? Deixa-te disso, meu pulha, que ainda que vás para o Supremo para mim serás sempre o Rangel que fez de "gato pingado" no enterro do Orelha Gorda. Não há grande homem para o criado de quarto de Napoleão.

Quando te removes para Estrela? Estou ansioso pelo teu ancoramento, a ver se cumpres o prometido à *Revista*. Que ou qual revista não desiste de publicar os *Bem casados* mesmo como estão. Isso de melhorar o escrito velho não melhora coisa nenhuma; há o caso do santeiro que de tanto apurar o olho do santo deixou-o cego. Manda-me os *Bem casados*, e para lá com a burrice. Cheira-me a burrice de juiz – que é a pior. Eu queria, agora que a *Revista* é minha, ver-te ali como gato da casa, em todos os números, com coisas filológicas, com romances e contos, espiolhados ou não. Vamos, meu juiz estrelado! Pendura a toga no porta-chapéus e "minaretiza" à moda velha.

LOBATO

* * *

SÃO PAULO, 14 DE NOVEMBRO DE 1918.

Rangel:

Se já sararam todos em tua casa, parabéns. Parabéns que ainda não posso receber porque tenho na cama três filhos e duas criadinhas. Só em minha mulher não deu a infernal gripe, mas deu no pobre Adalgiso. Acabo de vir do cemitério onde o enterramos. Morreu ontem às 7 da noite, dias depois de sair no *Estado* o seu último artigo, um em que fazia a mais extravasante apologia do Gelsemium para a gripe. O nosso pobre Adalgiso deu essa droga como o remédio infalível contra a peste – foi para a cama e morreu da peste. Das mortes havidas nenhuma senti tanto. Que bela inteligência! E das servidas pela mais primorosa cultura literária. Fino, o Adalgiso. Ultrafino. Um encanto. Mas seu corpo era dos mais mal servidos de nervos e músculos. Teve tudo para uma esplêndida vitória no mundo das letras, mas falhou porque o corpo o não ajudava – corpo tão fraco que não resistiu à gripe, nem com a maciça apoteose do Gelsemium.

O que tem havido por aqui e no Rio é um rosário de horrores e tragédias. Aquelas infernais pestes da Idade Média deviam ser assim. Um furacão inopinado. Rajadas de morte. Só quem aguentou o lance num centro populoso como este pode fazer ideia.

Arranjei colocação para o teu sobrinho no Correio, mas justamente quando o Administrador mandou chamá-lo, ele, *pá!* Cai com gripe... Não tem o mínimo senso da oportunidade.

LOBATO

* * *

SÃO PAULO, 24 DE NOVEMBRO DE 1918.

Rangel:

A peste penetrou em casa. Adoecemos oito pessoas – ou todos, menos Purezinha. Mas saramos todos e espero que estejamos quites com o flagelo em troca da perda de uns tantos quilos de carne.

Das mortes próximas e sentidas doeram-me mais a do Adalgiso e a do Simões Pinto. Adalgiso nestes últimos tempos convivia comigo tal qual vocês do Cenáculo antigamente. Tenho-lhe a imagem – ou mil imagens – gravadas em todas as células do cérebro – e tenho aqui em casa todos os seus livros (a viúva entregou-mos para que os venda), e recortes de jornais, autógrafos. Pobre Adalgiso! Era a melhor inteligência de quantas sei por aqui, mas num corpo de valetudinário. Gibson devia ser assim.

Como ainda estou de resguardo e preso em casa, leio como nos bons tempos de Taubaté. Fechei neste momento um romance de Lima Barreto, *Isaias Caminha*. É dos tais legíveis de cabo a rabo. Romancista de verdade. Amanhã vou assinar com ele contrato para a edição dum livro novo, *Vida e morte de M. J. Gonzaga de Sá*, cujos originais já estão aqui. A letra é infamérrima e irregularíssima. Há trechos em que o autor positivamente cambaleia, e outros em que para para "destripar o mico". Mas quanto talento e do bom! Também contratei a edição de cinco livros do Martin Francisco, esse homem que chispa como curto-circuito. A coisa vai, Rangel. Tenho esperanças de que desta brincadeira da *Revista do Brasil* me saia uma boa casa editora. Pena morarmos num país em que o analfabetismo cresce. Cresce com o aumento da população... Vou mandar-te a lista dos livros do Adalgiso; talvez alguma coisa te interesse. Avisa-me da fixação definitiva na Estrela. Uma cidade chamada Estrela! Há um Mar de Espanha aí. Que é que não há em Minas, Rangel?

LOBATO

1919

São Paulo, 8 de fevereiro de 1919.

Rangel:

Recebi *Vida ociosa*. Parece-me aconselhável trocar a simples enumeração dos capítulos, coisa anticomercial, pela denominação dos capítulos, coisa comercialíssima. Acho horrivelmente árido um romance de capítulos numerados. E é fértil o em que cada capítulo tem um titulozinho tentador. Como faz Mestre Machado. O do Léo Vaz também é assim. Tudo que nos livros predispõe bem o público ledor e comprador é agradável a Deus. Se queres, eu mesmo batizo os capítulos – ou então mandas-me daí os nomes.

Lobato

* * *

São Paulo, 20 de fevereiro de 1919.

Rangel:

Recebi teu cartão. É tanto o serviço, mas tanto, tanto, que já nem me canso: falta de tempo. Eis a causa do meu mutismo. A *Revista* cresce e engorda como bananeira, e a seção das edições toma corpo. Ontem saiu o romance do Lima Barreto; sai hoje o primeiro da série Martim Francisco – e quantos na bica! O negócio vai crescendo de tal modo que já estamos montando oficinas próprias, especializadas na fatura de livros. Talvez o número de março já seja feito em casa. Também iniciamos a importação de papel. Ontem chegou de Santos uma partida de quarenta toneladas. Já meço literatura às toneladas. Há mil coisas a atender, e o tempo voa e não dou conta do serviço. Ah, os belos dias contemplativos da fazenda! Começo a não ler nada, estou no caminho da bestificação. Três anos de vida como esta, e estou galego de balcão, com os pés virados para fora. Vendendo, vendendo coisas. Que sórdido fiquei! Como estou traindo o Ricardo! Olegário Ribeiro, Lobato & Cia. Limitada – vê que horror! Meu nome, que aparecia no alto dos livros ou embaixo de artigos, virou agora objeto de registro na Junta Comercial. Creio que desta vez o vírus literário que havia em mim – e você, miserável Rangel, alimentou – está morto e bem morto.

O quanto é interessante, ativa, risonha e franca a perspectiva do negociante matriculado, é mesquinha, fechada e árida a do literato – esse bicho caspento e sempre com o almoço em atraso. Nosso país não comporta ainda a arte – nenhuma arte, fora a do galego de pé virado. A árvore Brasil ainda não chegou à fase da floração. Ainda é um pé de mamona que nasceu ao léu, no monte do esterco lusitano. Machado de Assis, Pedro Américo, Bilac, Carlos Gomes: flores de papel de seda europeu amarradas nos talos do arbusto. Nada os liga ao pé de mamona, salvo a embira do amarrilho. Desbotam com o tempo e ficam tal qual as flores secas de mastro de São João em agosto. Quem se mete a literato no mamonal ou é tolo ou patife. E por esse motivo, creio que passo definitivamente de escritor a tirador de leite dos escritores. Esta indústria tem enriquecido vários galegos analfabetos, ou "burros" de nascença; talvez também enriqueça a um sujeito que, embora não burro de nascença, seja um "burro deliberado". A *Revista* começou a prosperar depois que se desliteratizou, isto é, que se afastaram os homens de letras que a dirigiam. Agora já não há cabeças na redação; há bundas. Somos cozinheiros. Todo mundo lê lá fora a *Revista*; aqui dentro quem a lê vai para o olho da rua. Seria perder tempo e paralisar a prosperidade da casa.

Somos uma leiteria com várias vacas lá fora. Você é uma delas. Temos aqui um leite que você produziu, chamado *Tatá* – que nunca sai porque nunca há espaço.

É um leite muito grande – é toda uma lata de leite. Você é vaca holandesa, das que dão leite demais, e dão leites muito compridos. Se puder meter a tesoura nesse conto e reduzi-lo a dois, ou a três, seria ótimo. E arruma logo o *Bem casados* para sair sob forma de livro. O livro é leite transformado em queijo. Há mercado para queijos. O *Vida ociosa* também. Ficarás sendo uma vaca de dois queijos.

Adeus. Aí vem o professor de inglês. Estamos todos da *Revista* aprendendo a falar inglês – inglês comercial, o sórdido, e é hora da lição.

Abraça-te o amigo leiteiro.

LOBATO

* * *

SÃO PAULO, 4 DE MARÇO DE 1919.

Rangel:

Que mudez é essa? É tão espesso assim o ar dessa Estrela? Que eu, abarbado com mil coisas, seja escasso e galopante, entende-se; mas você um juiz estelarmente vazio, não se entende. Que opilado me estás saindo! Picou-te acaso algum "barbeiro"? Estás já de papo? Quando mandas os originais dos *Bem casados* e da *Vida ociosa* para o lançamento em livros? Anda, mexe-te, vive – sai dessa água verde da Estrela – primaveriza-te, ó toupeira em hibernação! Raul contou-me ontem que lhe escreveste. Escreves a ele e a mim não, cachorro?

Aqui morre-se de trabalhar. Já temos oficinas próprias e problemas operários. E firma registrada na Junta Comercial. Chamamo-nos, na "praça", Olegário Ribeiro, Lobato & Cia. Limitada! A "Praça"! Uma coisa seriíssima, Rangel. Temos dum lado, literariamente, o Público Ledor; e de outro, comercialmente, a Praça!... O próximo número da *Revista* já será impresso em *nossas* oficinas, com tintas nossas, tipos nossos – e verás como melhorará de fatura. Temos absoluta necessidade dum conto teu para o número de abril. Manda um dos humorísticos. Não faz mal que não seja inédito.

O Público, Rangel! A Praça!...

LOBATO

* * *

SÃO PAULO, 13 DE ABRIL DE 1919.

Rangel:

Tive ideia do livrinho que vai para experiência do público infantil escolar, que em matéria fabulística anda a nenhuma. Há umas fábulas de João Kopke, mas em verso – e diz o Correia que os versos do Kopke são versos do Kopke, isto é, insulsos e de não fácil compreensão por cérebros ainda tenros. Fiz então o que vai. Tomei de La Fontaine o enredo e vesti-o à minha moda, ao sabor do meu capricho, crente como sou de que o capricho é o melhor dos figurinos. A mim me parecem boas e bem ajustadas ao fim – mas a coruja sempre acha lindos os filhotes. Quero de ti duas coisas: juízo sobre a sua adaptabilidade à mente infantil e anotação dos defeitos de forma. Mas pelo amor de Deus não os elogie. Ando elogiado demais – como quem se regalou demais com o mel e está com a boca a arder, e a querer tudo no mundo, menos mel... Desanca-me um pouco, Rangel. Sinto necessidade de humilhação...

LOBATO

São Paulo, 20 abril de 1919.

Rangel:

Recebi carta e *Clamores vãos*. Irra!... Será verdade todo aquele furor uterino? Mas, Rangel, onde ficam as minhas leitoras puritanas? Onde fica a honesta *pruderie* da *Revista do Brasil*, essa vestal? Se te publico o Noé de Matos, decaio e decai a revista no conceito dos seus três mil assinantes envergonhadíssimos – gente que só faz as coisas atrás da porta. E este meu rebanho é precioso. Tenho de evitar estouros de boiada. Mande-me coisa moral, com casamento no fim e o dedo de Deus. Agora compreendo a sabedoria do Buloz, aquele diretor da *Revue des deux mondes* que o Eça escorchou. E venha conto com teu nome, sim? Nada de pseudônimo. Conto, ouviu? Há escassez por aqui de contos bons (como os nossos).

O discurso do Rui foi um pé de vento que deu nos *Urupês*. Não ficou um para remédio, dos sete mil! Estou apressando a Quarta edição, que irá do oitavo ao décimo segundo milheiro. Tiro-as agora aos quatro mil. E isto antes de um ano, hein? O livro assanhou a taba – e agora, com o discurso do Cacique-Mor, vai subir que nem foguete.

E você, Juiz? Estou sequioso por ver-te na boca da crítica – ver-te aclamado e com discurso do Rui em cima. E tu te metes nas encolhas, feito bicho-de-conta, enrodilhado aí nessa Estrela, a matar "barbeiros". Isso não é nada honesto, senhor Juiz.

A Academia, perguntas. Ah, Rangel, não tenho tempo nem de pensar nisso, apesar das sugestões havidas. O Vicente, com muito acerto, já o disse ao Júlio César : "O Lobato não tem feitio acadêmico". Nada mais certo. Nada pode existir menos acadêmico que eu. Se eu vivesse no primitivo céu, era mais provável que fizesse camaradagem com Lúcifer do que com qualquer anjo bem-comportado. E, depois, eu me sinto terrivelmente mortal. A "imortalidade" me assusta...

Tenho no prelo outro livro, sem nome ainda. Coisas velhas. Infame exploração do reclame do Rui...

Lobato

São Paulo, 1º de maio de 1919.

Rangel:

Só agora, que as reclamaste com autoridade de Juiz, quase sob vara, disponho-me a devolver-te as cartas. Mas antes quis relê-las. Estão comigo há quanto tempo? E só agora pude correr os olhos sobre algumas. Que fotografias, meu caro! *Snap shots*. Estamos ali inteirinhos, com os sonhos todos e a grande ânsia de criar... Nas minhas noto também um furor de argentário que lembra o de Balzac. Quantos planos para enriquecer! Quanta imaginação! E quantas saudades me deram! Naquele tempo era você o meu público – só você. Hoje sou um decaído: meu público é toda gente. Recebo cartas de toda parte e vou me reduzindo à epistolografia telegráfica. Zás-trás – pronto! E nada do prazer antigo. O grande sonho realizou-se, e mais completo do que jamais me atrevi a desejar. *Cheguei*. Cheguei ao tal país preluzido em nossos devaneios. E estou desapontado. Não vale o caminho, a travessia... Que encontrei aqui neste término? Alguns espíritos encantadores e uma legião de "penetras". Nas letras, como na política, não sobe o que mais vale, senão o mais jeitoso. Olhe a escalada da Academia. A coisa que hoje eu mais desejo me é já um impossível: voltar ao sossego da fazenda. Tanto que eu gostava de ler – e já não leio, *não tenho tempo*. Meu tempo não é meu, é duma porção de porcarias – negócios, "socialidades". Começo a compreender aquela forma de evasão medieval: o convento. Virar Frei Pantaleão do Aveiro e numa bem-aventurança terrestre, bem arrotada, esperar a morte na paz do Senhor, no vazio cerebral da paz do Senhor...

Minha situação é esta: sinto-me maduro e apetrechado para a expressão; tenho na cabeça belos germes de contos, romances, o diabo. E tenho, o que é mais raro, público. Mas não disponho duma hora minha! Vou virando uma espécie de mictório literário. Quanto "homem de letras" passa por São Paulo se julga no dever de vir dar a sua mijada de ideias em mim, lá no escritório. E fala nos *Urupês*. Mija-me em cima aqueles contos e diz como absolutas novidades coisas que eu já ouvi cem vezes. – "A *colcha de retalhos*! Que mimo!..."

E as mijadas são tantas que eu vou para casa tresandando a literatura amoniacal. Felizmente há o "banho desodorante" de todas as noites no Café Guarany – ou o que o René, com cara de nojo, deve chamar a "roda do Lobato". Um dia te conto o que é a minha roda. Compõe-se dum "pau-d'água", dum "tungador" engraçadíssimo, dum empregado de banco e mais coisas assim. Conversa-se de tudo, menos de literatura e arte; e a obrigação é só dizer coisas interessantes e que façam rir – e todos nos rimos continuamente ainda que não haja graça. O tungador é um prodígio de gíria malandra; conta com tal graça as patifarias que faz, que até as vítimas se regalariam, se o ouvissem. Nenhum deles sabe que sou escritor, porque eu funciono com uma coisa só: o "pagante". Há dias o empregado de banco me perguntou, muito impressionado:

– "É verdade, Lobato, que você tem um livro? Ouvi dizer...".

Dei uma grande risada. – "Se eu tivesse um livro, Gama, punha-o no sebo. Não tolero livros, nem gente que escreve livros."

Ele sossegou.

Ninguém compreende que eu me reúna todas as noites a essa roda, diante de chopes lá no Guarany, em vez de estar nos salões elegantes da *haute* conversando sobre os sonetos do Bilac. Mas eu, que passo o dia no escritório exposto a todas as mijadas literárias com que hajam por bem mijar-me, sei que alívio, que desodorante, que repousante é a "roda do Lobato".

Você aí nessa biboca se queixa do "barbeiro". Sim, esses insetos chupam o sangue, transmitem a papeira – mas não são *raseurs*, Rangel! Ah, os barbeiros daqui, os barbeiros bípedes! Que te direi destas minhocas que roem o duodeno de Minerva? Cada um deles é o centro do Universo e "o mais" qualquer coisa. Poços de vaidade, sem fundo. Himalaias de suscetibilidade. A meta suprema, a Academia. Para entrar lá não há o que façam – até livros! Mas livros que só têm um intuito: receber as tremendas "dedicatórias de penetração". Dedicatórias-tatus, que abrem túneis rumo aos objetivos. Dedicatórias cheias de adjetivos titilantes, que provocam espasmos de deleite nas vaidades que as recebem. Ah, Rangel, você não sabe o que é a dedicatória – sutil gazua literária, velha como o mundo e sempre eficaz, porque é um cafuné.

Aquele nosso período áureo do Minarete no Belenzinho! Quanto mais vivo, mais dou valor a tão lindo sonho vivido.

A-ca-zon-de-mo-ra-que-la
Me-ni-na-cor-da-çu-ce-na...

Estou vendo o Ricardo a medir os versos desse soneto, a repeti-los vezes e vezes com os olhos na nossa paineira do quintal... Que saudades! Quanta aurora dentro de nós!... Ricardo acertou, matando-se. Só vale a pena viver a manhã da vida – ou quanto muito até ali pelas 2 horas da tarde. Tenho medo do anoitecer, Rangel...

Adeus. Escreve-me à moda antiga, para desencrostar-me a alma que está virando mais pública que uma mulher pública.

LOBATO

* * *

SÃO PAULO, 26 DE MAIO DE 1919.

Rangel:

Que ideia sinistra a tua, de publicarmos as minhas cartas! Seria dum grotesco supremo, porque cartas só interessam ao público quando são históricas ou quando oriundas de, ou relativas a grandes personalidades. No nosso caso não há nada disso: não são históricas e nós não passamos de dois pulgões de roseira – eu, um pulgão publicado; você, um pulgão inédito. O interesse que achas nas tais cartas é o interesse da coruja pelas peninhas dos seus filhotes. Formam um álbum de instantâneos da nossa vida. Mas o público quer penas de pavão, plumas de avestruz ou *aigrettes* de garça: não quer peninhas de filhote de coruja. Todos iriam rir-se de nós, além de que estão cheias de maldadezinhas endereçadas a amigos e conhecidos, sobretudo por mim, que tenho a mania de arrasar tudo, a começar por mim mesmo. Não. Varra com a ideia.

Ando querendo mudar para o Rio a *Revista do Brasil*. Em São Paulo ela terá sempre o caráter regional, provinciano, e isso a diminui. Veja em França. Todas as revistas irradiam de Paris. As capitais são o centro natural de certas irradiações. E é bem possível que eu mude a *Revista* ainda este ano.

Adeus. Ando num desânimo, numa neurastenia trágica. Faço tudo sem vontade, maquinalmente. Cada vez mais me convenço de que o Ricardo era de fato o mais inteligente de todos os cães: bem cedo resolveu o seu problema da vida. Nós outros cá ficamos a viver – a fazer essa coisa tão sem graça que é viver... Para que viver, diga-me?

LOBATO

* * *

TAUBATÉ, 25 DE JUNHO DE 1919.

Rangel:

Só agora recebo, devolvida de São Paulo, tua última carta. Estou em Taubaté desde o dia 5, para um mês ou mais de vadiação absoluta, a ver se me curo das várias neurastenias que a vida paulistana vai infiltrando nos condenados a lhe absorverem algum gás úrico ambiente. Aqui em Taubaté "ouve-se o silêncio". Já prestaste atenção na música do silêncio? Parece a zoada de milhões de grilinhos microscópicos que nos envolvem de todos os lados – e isso opera como eliminador das toxinas urbanas. Não fazer nada... Comer, dormir, não ler, viver como um pé de abóbora: não há melhor Urodonal. Você aí toma esse remédio a vida inteira – o que me parece grande erro. A paz do marasmo vale como medicamento; como alimento perpétuo, traz doenças contrárias. A solução da vida está no alternarmos coisas inversas – rumor e paz do silêncio, pasmaceira e tumulto, capital e cidadinha do interior. Deves organizar tua vida de modo a teres pelo menos cinco ou seis semanas de capital por ano. Estás há tanto tempo amachadado, assilvestrado, santarritado, estrelado...

Estou organizando as coisas para a mudança de sede o ano que vem, Rio. Tenho de localizar-me no centro social do país. E então veremos um jeito de anualmente fazeres uma cura de Rio, que te produzirá o mesmo bem que a mim uma cura de Taubaté. Lembra-te, Godofredo, que a vida é um minuto e só temos uma vida – pelo menos aqui neste planeta. Se não equilibrarmos o nosso minuto, se o não vivermos bem, a hora da morte nos torturará com amargos arrependimentos.

O Rio! Dei de sonhar com ele agora. Parece-me que é lá o crânio dentro do qual têm de viver todos quantos funcionam como células encefálicas do país – nós dois, por mal nosso, somos matéria encefálica. É lá compreensível uma bolinha de matéria encefálica localizada nesse coranchim do Brasil que é a Estrela? Ou naquele musculoso bíceps que é São Paulo? Acho que essa qualquer coisa que nos agonia e neurasteniza não passa da sensação orgânica do mal locamento, isto é, da nossa indevida situação no organismo nacional. Ao contrário do conselheiro Rodrigues Alves, temos de dizer: "Aqui não é o nosso lugar". Eu me sinto uma abelha dentro dos túneis dum formigueiro – e você aí deve sentir-se como flor nascida numa raiz. Desconchavo. Erro.

Hoje, pescaria no Paraíba. Já chegou a aranha que nos vai levar. Um dos meus pequenos, o Edgard, está num entusiasmo que dá gosto ver. Tirou a rede do gancho para levá-la. Ele confunde rede de pesca com a rede em que o Guilherme dorme de dia, embalado pelo *nhem-nhem* do gancho. Ontem ouviu a minha conversa com o Tonico sobre os tipos de rede de pesca usados pelos piraquaras do Paraíba... Pescas – a pesca que me evoca a tua *Vida ociosa*, esse livro maravilhoso que teimas em não editar e que seria um sucesso de primeira ordem. Grande erro publicar romances em revistas mensais, um fragmento em cada número. No mês de intervalo entre um pedaço e outro, o leitor esquece o fio – e acaba não lendo o resto. De modo que apesar de saído na *Revista*, o teu romance continua positivamente inédito, e teimas em não dá-lo em livro...

É hora. O Edgard grita lá da rua que a rede e lata de minhocas já estão na aranha... adeus.

LOBATO

São Paulo, 6 de julho de 1919.

Rangel:

Recebi a tua resposta à minha de Taubaté. Ora até que enfim resolves soltar a *Vida ociosa*! Vais ver o sucesso. Antes, porém, de tratar comercialmente a coisa, vou explicar-te onde estamos e ao que vamos. Acaba de fazer um ano que comprei a *Revista do Brasil*. Fiz isso por esporte, por falta de ocupação depois que vendi a fazenda, e consumi um ano em apalpadelas e experiência do negócio. Saiu melhor do que esperei. Para o comprovar, basta uma olhadela no balanço. Quando fiz a compra, o ativo era de 3 contos e o passivo de 16; custou-me portanto 13 contos. Hoje, um ano depois, estamos com um ativo de 70 contos e um passivo de zero. Isto me induziu a tomar a coisa a sério e criar a Empresa Editora "Revista do Brasil" com o capital de 100 contos. Estamos organizando a sociedade e com planos de localizá-la no Rio. Entre as coisas futuras projetadas está uma seção argentina, para lançar coisas nossas, traduzidas, no mercado de língua espanhola, que é grande. Estamos estudando a nossa associação com a Cooperativa Editorial Argentina e uma agência de publicidade. Iniciaremos a série com Alencar e outros artigos já em domínio público, dando simultaneamente uma edição em português e outra em espanhol. Os bons livros brasileiros encontram grande saída em espanhol. Afirmam-me que *O mulato*, de Aluísio, deu na Argentina dez edições (para apenas três aqui). O meu *Urupês* vai ser lançado pela Cooperativa; estamos trocando cartas a respeito. Ora, tudo isto para te dizer que podemos lançar também lá a tua *Vida ociosa*. Ao mesmo tempo aqui e em Buenos Aires. E este fato forçará aqui a atenção do público. Que tal? Manda-me os originais definitivos para calcularmos o custo da edição e fazermos proposta. Estou ansioso por te ver no giro.

O meu *Urupês* continua a sair bestialmente. Até enjoa. Tirei em fim de março mais quatro milheiros; pois só tenho em estoque uns quinhentos e estou premeditando a quinta edição. Vou dar agora *Ideias de Jeca Tatu*, coisas publicadas em jornal, sobretudo no *Estado*. Em seguida darei *Cidades mortas*, contos de Areias e Taubaté, dados no *Minarete*. Ponho tudo se passando em Itaoca, lugarejo imaginário. Depois...

E se entrasses para a nossa sociedade e viesses trabalhar conosco aqui ou no Rio? E poderíamos então entrar para a Academia os dois juntos, de braços dados, ocupando cada um meia cadeira. E de lá enviaremos um psiconema ao Ricardo: *Dé brin o dé bran, cabussaran!*... *Vitória!* E ele nos berraria através duma mesinha: *Té, Bezuquet!*... *Vé, Pascalon o Engraçado!*

Lobato

* * *

São Paulo, 1º de outubro de 1919.

Rangel:

Recebi ontem tua carta quando estava acabando de rever *O gordo Antero*, que achei estupendo e me fez dar uma boa gargalhada na cena do anjo sem costas. Tu és um cão egoísta! Não me conformo com o teu irredutível ineditismo. Ando já cansado de propor a edição de tuas coisas e não sei o que esperas. Estás mesmo um Jeca Tatu da pior espécie, acocorado nessa Estrela do Sul como um bonzo diante dum Buda. Vamos ver se com a mudança para Três Pontas te desembotas e crias pontas. No número do Natal queremos dar uma revista melhor, mais gorda e com mais coisas decentes. É imperioso que colabores. Bota para cá o que tiveres mais à mão, na gaveta ou na cachola, e dá um pulo até aqui para conversarmos. Deves estar mais cheio de musgo que um pau velho lá da Serra da Bocaina. É preciso vires lixar-te, coçar-te, nesta civilização. Há aqui uma coisa chamada "bonde elétrico" que anda sem burros, sabes? Vem ver a maravilha. E há no Pinoni uma coisa fria, com gosto de abacaxi ou morango, chamada "sorvete" – escreva: "Sor-ve-te". A gente toma-o com uma colherinha. Venha conhecer o bonde e o sorvete. Não imaginas como São Paulo é maravilhoso. Lembra a Bagdá das *Mil e uma noites*. O ar é perfumado com os fumos dum incenso de origem americana, lá da terra do Edgard Poe, chamado, "gasolina". Escreva no caderninho: "Ga-so-li-na". E paira no ar, de mistura, o espírito do sultão Harun Freitas Valle; lembra o gás sulfídrico do próprio Apolo. Pede uma licença e vem cá a esta delícia, desencrostar-te dos musgos que te pegou essa miserável Estrela do Sul, donde em boa hora vais sair, removido para Três Pontas.

LOBATO

* * *

SÃO PAULO, 21 DE OUTUBRO DE 1919.

Rangel:

Você estragou a *Ascensão*. Há um fecho magnífico: o homem sobe, com aquela tragédia toda, colhe a orquídea e desce radiante. Ao chegar embaixo, porém, dá com a esposa (é preciso um arranjo novo para calhar este lance) e... oferece-lhe a flor! Se me dás licença, refaço o conto para acabar assim e assinaremos de súcia, Rangel & Lobato.

Vejo que Três Pontas é lugar mais acessível que Estrela. As tuas cartas chegam mais depressa. Para a semana mandarei um dos meus novos livros.

Adeus.

LOBATO

* * *

SÃO PAULO, 5 DE NOVEMBRO DE 1919.

Rangel:

Se é assim, parabéns por não te promoverem a ministro – se cada promoção te arrasa assim dessa maneira. Andas o Pirro da magistratura mineira: com mais duas ou três promoções de comarca, vais para o asilo de mendigos.

Mas essa Três Pontas, afinal dos afinais, é ou não é melhor que a Estrela?

O Albino também me comunicou o casório e do modo mais lacônico. "Lobato: Casei-me. Albino." E parece que assim se livrou da tremenda portuguesa.

Aguardo a *Vida ociosa*. Tenho no prelo várias obras, somando aí uns quinze mil volumes, inclusive novos *Urupês*, *Cidades* e *Ideias*. Tenho de explorar o nome que, diz você, até no sertão está popular. Tiro de cada um quatro mil. Resta que o público absorva tanta livralhada. Os *Urupês* entram agora na quinta edição. Quando poderíamos imaginar isto, Rangel, se até a hipótese de achar editor era uma vaga probabilidade? E discutíamos os argumentos dos contos naquelas cartas que não acabavam mais?... E até para o Cinema vão meus contos entrar. Duas empresas rivais querem fazer *Os faroleiros*, *O estigma*, *Bocatorta* e *O comprador de fazendas*. Uma dessas empresas produziu uma fita *Caipirinha* que não é totalmente droga.

Estou editando um livro à Machado de Assis, de um novo, Léo Vaz. Creio que já o conheces da *Revista*. Tenho mais fé em contos do que em romance, porque a preguiça nacional aumenta e o conto é mais curto. Em janeiro estou habilitado a editar o teu. Condições: lucros divididos ao meio – Tabela especial para os amigos. Os outros só têm dez por cento e ainda acabo não lhes dando nada, como fazem os editores espertos. A função do literato na vida é engordar os editores – e para que perturbar tão venerável praxe?

LOBATO

* * *

SÃO PAULO, 30 DE DEZEMBRO DE 1919.

Rangel:

Gratíssimo pela escovadela e conserto das *Ideias de Jeca Tatu*, que foi atamancado numa semana, depois de encalhado numa miserável tipografia falida e mudada para outra pior ainda, que também ia falir ou mudar, não sei. Agora te mando um exemplar de edição mais decente, com a condição de dares o que tens aí ao porco mais magro de Minas. Aquilo não foi edição para gente ler e sim para porco magro comer.

A saída desses dois livros decepcionou-me às avessas. Tirei de ambos oito mil e antes que os jornais falassem vendi 4.500!... Já estou promovendo nova tiragem. Vendo-me como pinhão cosido ou pipoca em noite de "escavalinho". Por que gosta o público de mim dessa maneira? Ando intrigado. Tudo que imprimo voa. A quinta edição dos *Urupês*, como se retardasse no prelo, foi vendida antes de sair. Os pedidos das livrarias estavam tão acumulados que depois de feita a entrega bem pouco sobrou. Tenho de pensar já na sexta...

E você, infame? Eu sempre ansioso por lançar-te com todas as zabumbas e não te mexes. Venham logo os originais, que a nossa casinha editora vai de vento em popa – mais que vento: furacão! Não há memória de triunfo igual.

Ótima a ideia do livro de poesias do Ricardo! Venha a coisa e com prefácio ou comentários teus. Mas depressa, homem! *Time is money!*

LOBATO

1920

São Paulo, 17 de janeiro de 1920.

Rangel:

Tens toda e não tens nenhuma razão. Tens-na no meu caso: não sou literato, não pretendo ser, não aspiro a louros acadêmicos, glórias, bobagens. Faço livros e vendo-os porque há mercado para a mercadoria; exatamente o negócio do que faz vassouras e vende-as, do que faz chouriços e vende-os. E timbro em avisar ao leitor de que não sei a língua. Se por acaso algum dia fizer outro livro, hei de usar aqueles letreiros das fitas:

> Contos de Monteiro Lobato, com pronomes por Álvaro Guerra; com a sintaxe visada por José Feliciano e a prosódia garantida no tabelião por Eduardo Carlos Pereira. As vírgulas são do insigne virgulógrafo Nunalvares etc.

Tudo gente de mais alta especialização – e a crítica que se engalfinhe com eles. Isso, para não haver hipótese de me sair coisa vergonhosa como a primeira edição de *Ideias de Jeca Tatu*. Não houve o que não houvesse na impressão desse livro. Era numa oficina do largo do Arouche que estava de mudança, e era o último trabalho que atamancavam lá. Quando vim a saber e quis acudir ao coitadinho, era tarde. Fui lá de noite. Encontrei o único prelo ainda não mudado rodando na impressão da primeira folha. Pedi que parassem para eu examinar o serviço. Li várias páginas e corei até a raiz da alma. Não tinham feito revisão nenhuma. Erros indecorosos pululavam ali como pulga em cachorro sarnento. Corrigi o que pude. Era composição manual – uns tipos velhos, desbeiçados, indecentes. Tudo indecente. Estive lá até meia-noite caçando pulgas no resto, mas desanimei: havia mais pulgas do que estrelas no céu. Mandei tudo para o inferno e fui dormir.

Pois a indecência saiu e o público absorveu os quatro milheiros dessa primeira edição, levando de choro as pulgas. Mas não me pejo de confessar a minha infâmia. O público – o respeitável público dos circos de cavalinhos – merece um pouco de atenção. Porque, afinal de contas, Rangel, é o público que marcha com os cobres. Hás de crer que não tive a coragem de abrir esse livro, depois que mo entregaram impresso?

Sabe como se chama isso? Relaxamento, desordem, má organização. E foi bom que viesse num livro meu. Imagine que a vítima do desastre é lá a tua *Vida ociosa*! Mas a *Vida*, vais ver! Juro que a ponho na rua sem uma só pulgazinha, sem uma vírgula errada.

Minha vergonha é daquelas que levavam os antigos a cobrir a cabeça de cinzas. Na Índia parece que num caso assim o sujeito besunta-se com bosta de vaca. Aqui, o cínico permanece com a mesma cara de sempre e embolsa os lucros da infâmia...

Adeus. Um abraço do sórdido, indecoroso

LOBATO

* * *

SÃO PAULO, 14 DE FEVEREIRO DE 1920.

Rangel:

Até que enfim pilho folga para te escrever sem pressa telegráfica. Já reli *Ideias* e fiz as correções. Imagine o meu ódio: só agora verifiquei que o tipógrafo não respeitou a minha segunda revisão de provas e lá deixou aqueles erros.

Por isso saiu tão imundo, até com pastéis. Isso de gráficos é uma canalha que não merece confiança nenhuma. Obrigam-me até a rever provas de máquina.

A *Vida ociosa* ainda não chegou. Ao receber tua carta falávamos dela, eu e o Menotti: que era um crime deixá-la inédita. Felizmente acordaste e a coisa "evem" vindo. Vou caprichar na edição e dá-la digna do autor.

Estrondoso triunfo está tendo o Léo Vaz. A primeira edição do *Jeremias* esgotou-se antes que os jornais tivessem tempo de falar – em pouco mais de quinze dias!...

Estou triste, Rangel, porque verifiquei que só escrevo coisas que prestem quando sob a influência da indignação. É a minha musa, a Cólera! Todos os meus contos e artigos brotam desse sentimento criador. Ora, com os anos, a faculdade da indignação vai arrefecendo, substituída pela tolerância filosófica. Passo hoje meses sem um assomo dos antigos ódios. Resultado: zero. Triste coisa a velhice...

Pretendia escrever-te longamente, mas nem ficando em casa tenho sossego. O Taunay acaba de telefonar-me e vem para discutir uma edição do Visconde. Por falar: íamos dar na *Resenha do Mês*, da *Revista*, aquele teu estudo sobre o veterano da retirada da Laguna que ainda existe nessa Minas, mas na tipografia perderam-me o original. Manda outro, para que saia no número de março. O de fevereiro está quase pronto e deve aparecer logo – se Sua Majestade o Operário não mandar o contrário. Andam lá em greve nas oficinas. Bom. Adeus. O Taunay chegou.

LOBATO

* * *

SÃO PAULO, 15 DE MARÇO DE 1920.

Rangel:

Receberás aí um pedaço de carta. A atrapalhação é tanta que nem meter dentro do envelope uma carta inteira é coisa que faço direito. O teu conto sairá logo que haja vasa. Não o li ainda. A *Vida ociosa* ficará para quando estivermos mais folgados. Atualmente somos obrigados a dar execução a uma série de edições contratadas. Ai que saudades da boa vidinha de outrora, vazia de comercialidade, sossegada, com bezerros chamando a mamãe e o jumento zurrando pelas éguas! O meu lampião belga lá da fazenda! E Areias com o Julinho; e Taubaté com o Eugênio e a bicicleta! Hoje é o turbilhão e o Otales, uma fera de menino que quer ficar Matarazzo e tem mais negócios na cabeça do que o Frango Sura tem piolhos na trunfa. Até com o xadrez da minha sala se implicou. É um modo de dizer como o D'Argenton do *Jack*: "A vida não é um romance, Lobato".

LOBATO

* * *

SÃO PAULO, 23 DE MARÇO DE 1920.

Rangel:

Confirmo o cartão de 15, quanto ao teu romance. O triunfo das nossas edições está excedendo aos meus cálculos; desde janeiro, 12 mil volumes vendidos: 4 mil *Cidades mortas*, 4 mil *Ideias de Jeca*, 3 mil *Urupês* e mil *Jeremias*. Estamos a reeditar tudo isso e mais essas novidades do impresso incluso. Estão a sair *Sem crime*, de Papi Júnior, lá do Norte, romance; *Madame Pommery*, uma obra-prima de sátira bordelenga, do Toledo Malta ou "Hilário Tácito": Tácito, porque aquilo é história, e Hilário porque é história alegre. E penso numa coisa revolucionária e notável: o *Dicionário brasileiro*, cujo programa aparecerá em artigo no *Correio da Manhã*. Por modéstia, atribuo a coisa ao Assis Cintra, um filólogo novo que me apareceu e ao qual talvez eu encarregue da obra.

Comercialmente o negócio encorpa dia a dia. Já entram mais de vinte contos por mês. A coisa vai, Rangel – e vai também, embora meio empurrado, o *Amor imortal* do Nogueira, cujo defeito é ser muito alto para a mediania do público.

Ando a colaborar no *Correio da Manhã* e tive convite d'*O Jornal*. Cinquenta mil-réis o artigo. Vou custear com as unhas a sucursal da *Revista* aberta no Rio, isto é, com esses artigos. Ontem escrevi dois; as porcas lá da fazenda eram mais férteis: pariam seis, sete leitões de cada vez. Está me renascendo a facilidade antiga, amodorrada por falta de treino.

Flama e argila não é livro vulgar, mas não fixa tipos. Li-o e conservo nomes na cabeça, mas "não vejo" as criaturas. Tem tido crítica ótima, mas o Menotti me disse que se vende pouco. O *Jeremias*, sim, está tendo saída excelente. Leste-o? Perpassa nele um humorismo displicente de quem não quer – tal qual o autor. Aquilo é o Léo escarrado. Uma espécie de Machado de Assis sem a gagueira. São Paulo está se saindo. Os "novos" entram "feitos" e impõem-se de jato. Eu, o Léo, o Menotti e vai ver que também o Malta.

E você? Continua a encambar os contos humorísticos? Que venham. No que aqui está ainda não tive tempo de fazer aquele enxerto. É tanta coisa picadinha em que pensar, cuidar, fazer e mandar fazer... Sou eu para tudo na parte intelectual; o Otales só cuida da comercial. Pelo meu programa, a *Vida ociosa* entra em cena em junho, e mandarei a última prova para o "repasse de autor".

E tua fuga até cá? Apresse isso; faça como o Nogueira, que vem sempre – e gordo de dar inveja no Correia, o ultramagro da roda. Excelente Correia! Não me larga e é quem me julga os livros de versos apresentados, porque, como amaldiçoado das Musas, eu nunca sei se um verso presta ou não.

Raul aparece raras vezes, como uma sombra do passado. Surdíssimo e cada vez mais solitário, porque os homens que ouvem fogem dos que não ouvem. Anda sempre em companhia de outros surdos, pois formam um clã e lá se entendem maravilhosamente. Tito, coitado! Que pena me dá o Tito – o nosso Titâmetro de outrora... Lino, próspero e fulgente, cá esteve recém-vindo de Buenos Aires, onde tem sogro Embaixador. Não perdeu uma só chispa. Albino casou-se, como você sabe, ainda filosofa, incerto de tudo – até se teria feito uma asneira, casando-se. E eu... eu cá me fico, porque o papel está no fim.

LOBATO

São Paulo, 8 de junho de 1920.

Rangel:

A carta do Paula Ney não tem nenhum interesse. Confidencinhas caseiras sem importância. Aí volta.

Estive no Rio uma boa temporada e de retorno esforço-me para a readaptação a este vácuo absoluto que é São Paulo. Ah, Rangel, que saudades do tempo em que lá na fazenda eu lidava com leitões e pintos em vez de homens de letras! Que erro trocar a solidão da serra por esta *curée* da capital! Se não fossem as raízes – mulher e filhos – sumia-me de vez num fundão e passaria o resto dos meus anos acocorado à beira dum corguinho, de pito na boca e vara de pescar na mão.

E você? Satisfeito com a sorte? Há quanto tempo não me escreves, não te abres em confidências como outrora! Tudo passa, disse aquela besta do Victor Hugo. Sinto que já passou a nossa fase de convívio epistolar. Matou-a a minha pressa, o remoinho idiota em que vivo, o turumbamba da cidade. A esgrimir de todos os lados contra inimigos e amigos, a dar e levar porradas, vai-se-nos a vida, chegam os cabelos brancos e mais a esclerose – e adeus vida! E, velhos, convencemo-nos de que, em vez de viver, apenas esperneamos – apenas nos agitamos.

Lobato

* * *

São Paulo, 11 de junho de 1920.

Rangel:

Tarde piaste. A revista deste mês está pronta. Traz o teu *Croisé*, que é engraçadíssimo. Como, entretanto, não circula por aí, o Binho nunca suspeitará que anda metido em letra de forma. Terrores vãos os teus. Os Binhos não leem.

Aqui vamos remando contra a maré. Nossa gente não tem educação comercial. Deixa de cumprir os compromissos com a mesma inocência com que tira ouro do nariz. Crédito, só para turco ou italiano. Quem o abre ao nacional, está perdido. Esse bicho é inocentemente, ingenuamente, sinceramente desonesto, e nem sequer desconfia disso. Dá dó. Todos os nossos calotes, até aqui, foram nacionais.

LOBATO

* * *

SÃO PAULO, 4 DE AGOSTO DE 1920.

Rangel:

Queria pregar-te uma surpresa: dar a *Vida ociosa* pronta quando menos esperasses. Mas o sentimentalismo entrou em conflito com o utilitarismo – e lá vão as provas para o teu repasse final. Falha a surpresa, mas escapas ao perigo de erros por descuido aqui. Creio que entre nós não é preciso contrato. Tudo meio a meio, como já combinamos. Mas é forçoso que cortes aquele final com que toda gente – e com carradas de razão – se implica.

LOBATO

* * *

SÃO PAULO, 30 DE AGOSTO DE 1920.

Rangel:

Vieram as provas. Mandarei segundas. Dos dois títulos, melhor o velho. *Bonança!* Desenxabido demais. Molenga. Vê se achas coisa mais forte, mais, sugestiva.

LOBATO

São Paulo, 4 de outubro de 1920.

Rangel:

Chegaram as provas completas de teu livro. Eu mesmo farei a última revisão, que será simples conferência das correções finais. Vou começar com dois ou três milheiros, e fica combinado que receberás os cobres aqui, pessoalmente.

LOBATO

* * *

São Paulo, 29 de novembro de 1920.

Rangel:

Entristeceu-me tua carta; é carta dum sujeito doente e arrasado. O remédio está na fuga por uns três meses. Tire licença e venha. Ficas em minha casa, e eu te arranjo meios de ganhares aqui, sem esforço, o que te podarem na licença e mais as despesas da viagem.

Prêmio da Academia! Meu Deus, aquilo é para obras saídas no ano anterior. Só no concurso do ano que vem é que poderás apresentar o teu romance. Mas há também um concurso para coisas inéditas. Entre nesse com os contos. Datilografe e mande.

O retardamento de teu livro veio de que encomendei um prefácio ao Malta e ele demorou um bocadinho. Só amanhã descem para a oficina as provas desse prefácio já revistas – e vinte dias depois teremos o livro.

Lanço meu agora um verdadeiro filhote de livro – *Negrinha*, para fazer uma experiência: se vale mais a pena lançar "livros inteiros" a 4 mil-réis, ou "meios livros" a 2.500 réis. A simples lógica do raciocínio não vale em casos desses; temos de experimentar. É o que me aconselharia Bacon, se ainda estivesse vivo e à mão.

O Torres escrevia-me, e cartas muito compridas. Cansei daquilo e a correspondência morreu. Uma de suas cartas revelou-me que não era boa bisca – uma simples frase contra Bilac.

Interessante! Eu "pio" às vezes contra Bilac, mas se outra pessoa o ataca, eu dano. Acho prova de mau-caráter não gostar de duas coisas: Bilac e Machado.

Escute: se você vem depois do aparecimento da *Vida ociosa*, não escapa aos massacres canibalescos a que damos o nome de "jantares". Eu e o Malta já "fomos jantados" – e o nosso espanto no fim foi termos saído incólumes daquilo. Todos falam. Discurseira contínua, mas arrasando o homenageado. No meu jantar, Maneco chegou a puxar faca, e no do Malta aconteceu uma coisa prodigiosamente cômica.

A mesa era enorme, para uns trinta ou quarenta comensais, tudo gente da literatura e arredores. Raul sentou-se ao meu lado, e lá longe, na ponta da mesa, ficou o Malta – a vítima, como um carneiro na ara do sacrifício. Houve discursos em cima de discursos, cada qual mais doido, inclusive um monumental do Moacir Piza. Está claro que o Malta não ouviu coisa nenhuma, mas no fim levantou-se para agradecer a "homenagem". Silêncio geral de atenção. Súbito, me vem uma ideia. Volto-me para o Raul e grito-lhe ao ouvido: "É de você que ele está falando, Raul!". O pobre Raul aprumou-se, de olhos fixos no Malta e absolutamente "todo ouvidos", na esperança de assim pegar alguma coisa. Está claro que não pegou. A falação do Malta, lá longe, era para o Raul "cena muda". E eu, dali a pouco: "Continua a falar de você, Raul. Diz que aquela crônica do *Minarete*, 'Manhãs de rosa com alacridade de festivos sinos', é plágio...". Raul avermelhou. Seus olhos começaram a fuzilar o Malta. Dali a pouco, eu novamente no ouvido do Raul: "Está dizendo agora que você visitava o Macuco às escondidas...". O Raul rubro de colera, levantou-se: "Peço a palavra!". Eu fi-lo sentar-se à força e berrei-lhe ao ouvido: "A lei da *jungle* não permite que dois falem ao mesmo tempo. Depois que o Malta sentar-se, então você responde e arrasa-o. Ele está abusando da tua surdez, Raul. Está dizendo infâmias sobre infâmias – e engraçadíssimas; não vê como todos se riem?" e continuei a atribuir ao Malta perfídias e mais perfídias contra o Raul, enquanto inocentemente o pobre Malta falava do papel de Hilário Tácito na "regeneração dos costumes paulistanos" e outras coisas do *pince sans rire*. Por fim, quando o Malta se sentou e "estrugiram os aplausos" (verdadeiro massacre), o Raul pôs-se em pé como impelido por mola. "Meus senhores! Esse homem acusou-me de plágio; esse homem insinuou relações minhas, secretas, com o Macuco. Esse homem..." Ora, o Malta não havia acusado nem insinuado coisa nenhuma de modo que todos ficaram sem entender, com caras "no ar". E o Raul a esmoer o Malta, a provar que não plagiara coisa nenhuma, que jamais conhecera o Macuco pessoalmente, que o Malta era o rei dos infames, que... E lá na ponta da mesa o pobre Malta a não compreender coisa nenhuma e a perguntar ao Moacir: "Que é?". E o Moacir a berrar-lhe ao ouvido: "Ninguém entende. O Raul está se defendendo dumas tais acusações que você lhe irrogou". E o Malta, a compreender menos ainda: "Acusações? Eu?...".

Homem, Rangel, não me lembro nunca de haver assistido a uma situação mais digna de ser aproveitada num *vaudeville*. Sempre gostei dos surdos por causa disso: com eles acontecem coisas formidáveis. Na minha roda lá no escritório tenho quatro – quando estão reunidos, eu saro de todas as neurastenias incipientes...

LOBATO

1921

São Paulo, 3 de fevereiro de 1921.

Rangel:

Seguem quarenta *Vidas,*

para os amigos e parentes. Querendo mais, peça. A encadernação anda caríssima; e talvez tenhamos de dispensá-la, enquanto o dólar estiver no que está. A percalina que o ano passado nos ficava em 2 mil-réis o metro subiu a 5 e 6. Temos de ir temperando com brochuras, já que em matéria cambial somos uns brochas. A edição foi de três milheiros e vai saindo regularmente. Todos dizem maravilhas do livro. Leu o Augusto de Lima no *Imparcial*? Estupendo. Estás consagrado.

Lobato

* * *

São Paulo, 9 de fevereiro de 1921.

Rangel:

Recebi tudo — revistas, *Onda*. Estou

frio a respeito desta, e talvez não a publique. O nome é lindo – *Onda verde!* – e merece aproveitada (como diz o Nogueira) em obra melhor.

É puro crime não publicares a *Falange gloriosa*. Crime de morte. Que importa ao mundo o desagrado de meia dúzia de nabos mineiros? Põe de lado o respeito humano e resolve. Por que timidez? Você hoje é um dos grandes desta terra. Tem direito de colocar-se *au delà du bien et du mal*.

Aproveitei a folga de carnaval e reli ontem a *Vida ociosa*. Que pena seres o autor! Não poderás nunca saber que delícia aquilo é. Eu, cujo paladar só suporta Maupassant, Kipling e Anatole, já li teu livro três vezes depois de saído. No catálogo novo que está no prelo classifiquei-o de "genial". O único defeito é não ser romance de enredo intenso, dos que o público adora e determinam grande venda. O capítulo do *Sentenciado Lourenço* já está traduzido e de viagem para *La Nación*.

Pode pedir quantos exemplares quiser. A tiragem foi de três mil e sai lindamente.

Insisto na *Falange*. Não tens o direito de abafar esse filho. Nasceu? Pois então viva.

Mando-te o *Narizinho* escolar. Quero tua impressão de professor acostumado a lidar com crianças. Experimente nalgumas, a ver se se interessam. Só procuro isso: que interesse às crianças.

LOBATO

* * *

SÃO PAULO, 25 DE ABRIL DE 1921.

Rangel:

Cá espero o primo, por quem farei o que puder. A M. escreveu sobre o J. V. e este a mim sobre ela. Vê a carta. Classifica-a entre as feias – que desastre! Mulher feia merece pau, diz ele.

O Nogueira está trepidantemente apavorado com a próxima saída do *País de ouro e esmeralda* – medo de ser demitido pelo Epitácio como bolchevista!... Fala até em recolher a edição... Mas há de sair, e se causar escândalo (no que não creio), tanto melhor.

Venham os contos.

Lanço agora mais um meu, *Onda verde* e outro para crianças – *O Saci*. E tenho novos na bica, sempre infantis – *Fábulas* e o *Marquês de Rabicó*.

Andamos com ideia de alargar a empresa, com admissão de sócios novos e o Francisco Escobar no meu posto. Assim terei tempo de produzir e atacar o encruado e celebérrimo romance do qual já tenho o título e a errata.

Corre aqui que vens pela Semana Santa. Será possível, Santo Deus de Misericórdia?

LOBATO

* * *

SÃO PAULO, 21 DE MAIO DE 1921.

Rangel:

O artigo do Nogueira no *Estado* sobre *Vida ociosa* teve reflexos na venda. Cresceu a procura. Depois de encadernada faz melhor vista, como verás. Recebeu a crítica do Moacir Deabreu? Mando aqui a dum jornal campineiro. Agradece-lhe.

Tenho lido a tua colaboração n'*O Dia*, coisas que de fato não são da melhor colheita. Por que não enfias lá os contos que tens aqui, com os nomes mudados? Ou pelo menos alguns saídos em jornalecos? Depois irão para o livro, tendo já dado sua rendazinha.

O *Ouro e esmeralda* do Nogueira está pegando boa imprensa, mas não é gênero de grande saída. É filosofia social e o público assusta-se. O meu *Narizinho*, do qual tirei 50.500 – a maior edição do mundo! – tem de ser metido bucho adentro do público, tal qual fazem as mães com o óleo de rícino. Elas apertam o nariz da criança e enfiam a droga e a pobre criança ou engole ou morre asfixiada. Gastei 4 contos num anúncio de página inteira num jornal daqui. Faz de conta que é o Gelol. "Dói? Gelol." E preparo outros: *O Saci* e *Fábulas*, este com silhuetas em negro do Voltolino. Nunca imaginei que 50.500 fossem tanta coisa! Encheu-me os vazios das nossas salas da rua Boa Vista. Tive de alugar uma vizinha, que também se encheu até o forro. E ainda acomodei milhares no porão lá de casa. Quando Purezinha viu aquilo, pôs as mãos na cabeça. "Você está louco?" O problema agora é vender, fazer que o público absorva a torrente de narizes.

Experiência, meu caro. Fora do processo do *trial and error* como adquirir conhecimentos positivos?

LOBATO

* * *

SÃO PAULO, 25 DE MAIO DE 1921.

Rangel:

Recebi a de 18 e cá espero o homem dos 63.500 réis. Também forneci aqueles 100 a dona Bar. O livro do Nogueira foi recebido melhor do que esperávamos. Está tendo ótima imprensa e conspícuas opiniões. Hoje devolvo-te a carta da M. e a crítica de que falei. Vou editar um livro de João Pinto da Silva em que há um capítulo sobre você e a *Vida*.

Adeus.

LOBATO

* * *

SÃO PAULO, 30 DE MAIO DE 1921.

Rangel:

E o teu retrato? Tenho um aqui, mas indecoroso. Quero um "artístico". Vá ao Rio ou venha cá tirá-lo, porque não creio nos fotógrafos de Minas. Zebus. A *Revista* está dando a *Galeria dos Editados*, retrato de página inteira, em *couché*, de todos que têm a honra de virem a público por nosso intermédio. Já saímos o Guilherme, o Malta e eu. A Posteridade exige que tua careta figure lá.

Estamos em vias de aumento de capital; pulamos para 500 contos – e então estudaremos uma proposta de compra dos direitos autorais do teu romance e dos contos, de modo que possas arrumar a finança e acabar com essas eternas dívidas. Pense lá quanto queres pelos dois livros.

A minha obra literária, Rangel, está cada vez mais prejudicada pelo comércio. Acho que o melhor é encostar a literatura e enriquecer; depois de rico e, portanto, desinteressado do dinheiro, então desencosto a coitadinha e continuo. E não será longo o encostamento – uns três anos, a avaliar pela violência com que este negócio cresce.

LOBATO

* * *

São Paulo, 1º de junho de 1921.

Rangel:

Recebi *Tempestade*. Vai traduzindo os outros contos shakespearianos, em linguagem bem simples, sempre na ordem direta e com toda a liberdade. Não te amarres a original em matéria de forma – só em matéria de fundo. Quanto ao *Dom Quixote*, vou ver se acho a edição de Jansen. Venha logo!

LOBATO

São Paulo, 10 de junho de 1921.

Rangel:

Jeremias, coisa séria! Livro que vai ficar, como o teu V. O.[1]. Incluo uma crítica do *Diário Popular*. O C. da M[2]. de hoje traz outra. Recebi o *Urupês* em espanhol lançado na Argentina. Bela edição. Garay. Nos Estados Unidos quer traduzi-lo Isaac Goldberg. E em França, um Julien Fauvel. Livro de sorte.

Estamos a pescar sócios para o aumento de capital da empresa. Cento e vinte contos já arranjados, mais 80 o mês que vem. Breve, nova fase e oficinas próprias.

Não tenho lido *O Dia*, que não permuta conosco. Sai em dias certos? A *Novela Semanal* deu qualquer coisa tua. Vou mandar para lá aquele teu conto de bonecas.

Adeus.

Lobato

* * *

São Paulo, 17 de junho de 1921.

Rangel:

Quem sabe pode e quer você empreitar um serviço de que precisamos? Pretendemos lançar uma série de livros para crianças, como *Gulliver*, *Robinson* etc., os clássicos, e vamos nos guiar por umas edições do velho Laemmert, organizadas por Jansen Müller. Quero a mesma coisa, porém com mais leveza e graça de língua. Creio até que se pode agarrar o Jansen como "burro" e reescrever aquilo em língua desliteraturizada – porque a desgraça da maior parte dos livros é sempre o excesso de

---

[1] Vida ociosa. Nota da edição de 2010.

[2] Correio da Manhã, jornal publicado no Rio de Janeiro de 1901 a 1974. Nota da edição de 2010.

"literatura". Comecei a fazer isso, mas não tenho tempo; fiquei no primeiro capítulo, que te mando como amostra. Quer pegar a empreitada? A verba para cada um não passa de 300 mil-réis, mas os livros são curtinhos e o teu tempo aí absolutamente não é *money*. Coisa que se faz ao correr da pena. É só ir eliminando todas as complicações estilísticas do "burro". Se não tens por aí essas edições do Laemmert, mandarei.

LOBATO

* * *

SÃO PAULO, 30 DE JUNHO DE 1921.

Rangel:

Não há tempo ainda para julgarmos da comercialidade do teu romance, mas já vi que se ressente do preço; 4 mil-réis é salgado; devia ser no máximo 3 mil-réis. Isso retardará um pouco a saída da edição. Veio-me hoje carta do Tristão de Athayde, e falando da *Vida* acha-a *excelente*; grifou duas vezes o adjetivo. E o doutor Artur Neiva entusiasmou-se tanto, que quando aparece por aqui não fala em outra coisa. Volta e meia cita um pedacinho. Aquilo é formidável; e se o público não se apressa, é que a "quantidade" sempre desprezou a "qualidade". Para tudo há uma fábula. O galo encontrou uma pérola. "Antes fosse um grão de milho", disse e passou. Você deu pérola ao galo. Eu dou milho. Eis a razão do meu sucesso. Mas eu dou milho, meu caro Rangel, por uma razão muito simples: incapacidade de dar pérolas...

LOBATO

São Paulo, 8 de julho de 1921.

Rangel:

A publicação dos teus contos virá melhorar a saída do romance, de modo que é mais comercial imprimi-los agora do que depois. E não te incomodes com a parte econômica do negócio – se dá ou não dá lucro para a casa. É coisa que não tem a mínima importância. O importante é que você vá se imprimindo e imprima-se todo – nem que o editor leve a breca.

Li os *Oitenta contos* n'*O Dia*. Interessante, mas frouxo no fim. Não acaba de modo satisfatório para o leitor e para Apolo. Fecho de conto é como fecho de soneto; é o tudo! É onde está o busílis. Porque o conto inteiro não passa dum preparo para o fecho – e se depois de cacetearmos o leitor com o tal preparo lhe dermos fecho desapontante, ele diz como cá a dona Nenê: "Outro ofício!". Mas apesar disso, esse teu conto bate longe o comum dos contos que aparecem, mesmo os assinados por gente grossa.

Temos editado brutalmente. Já trinta edições este ano, e mais quinze que estão para este mês – de dois em dois dias uma. Isto me cheira a recorde...

Lobato

* * *

São Paulo, 25 de julho de 1921.

Rangel:

Li a carta de D. L. Admirável criatura! Creia, Rangel, que me deu impressão de talento ainda maior que o da M. E que dedicação, que nobilíssimo espírito de sacrifício! Diante de coisas assim, invejo os milionários: qualquer deles pode fazer felizes criaturas que tanto o merecem. Cada vez mais me convenço de que é na mulher que reside o melhor da humanidade. E talvez também o pior. O que quero dizer é que elas levam até ao grau 100 qualidades ou vícios que nós homens só conseguimos levar até o grau 80.

Recebi uma carta da M. e vários dos seus contos. Vou lê-los e dar opinião sincera. Sinto que ela merece. E o retratinho que veio mostra-a extremamente simpática. Coisa interessante! Já quero bem à M. e à L., como se fossem velhas conhecidas – e o mais certo é não conhecê-las nunca.

O romance do Nogueira vai hoje para as livrarias.

LOBATO

* * *

SÃO PAULO, 10 DE AGOSTO DE 1921.

Rangel:

Curiosas as cartas do V. Significam apenas um torneio esportivo de conquistador finamente requintado, que se compraz nas negaças do caminho, pouco se interessando pelo fim. Quer mais uma para a coleção de borboletas. É um igual a todos os que têm imaginação. Colecionar mulheres é o mais agitado esporte dos sensuais-imaginativos. O curioso é ver-me eu metido no embrulho lá deles, como tabela...

Pensamento que escapou a Chamfort: "Não te dispas, mulher, porque é a toalete que te personaliza e te torna apetecível".

LOBATO

São Paulo, 29 de setembro de 1921.

Rangel:

Vieram afinal os contos. Pensei em pô-los na *Coleção Brasília*, que é muito boa para vulgarizar um autor, dado o preço (1.500 réis) e às tiragens (de quatro mil), mas essa série exige retrato na capa e não posso recorrer ao retrato que mandaste. Feio demais. Você era lindo antigamente, Rangel. Naquele retrato do Cenáculo, de 1903, eras a flor – e agora me mandas uma infame cara de coruja. Nunca! O "meu Rangel" era bonito. Esse do retrato não é o meu – há de ser o do Francisco Sales, aquele bicho de óculos pretos, mais feio ainda.

Os versos do Ricardo já estão na oficina. Num mês saem. Infelizmente é verso, e verso vende-se pouco. Parece que o país anda farto e refarto de poetas. E virou prosaico – isto é, amigo só de prosa.

Adeus. Estou hoje numa neurastenia que nem queira saber...

LOBATO

* * *

São Paulo, 8 de outubro de 1921.

Rangel:

O tempo corre tão depressa que já não me lembro de nada do sucedido no Rio – além de que é coisa que só de viva voz. E afinal vens! Vai realizar-se o milagre da quadratura do círculo! Custa-me a crer. Esfrego os olhos e releio tua carta. Sim, vens... Mas vens em janeiro e o provável é me encontrares longe, de férias. Não faz mal. Avisar-me-ás e virei ver-te. Há quantos anos! E desta feita hás de tirar novo retrato e lindo. Aquele que veio está tão feio que não o publiquei na *Galeria dos Editados*.

Cansado, Rangel. Preciso de férias.

LOBATO

São Paulo, 27 e outubro de 1921.

Rangel:

Sábado convidei o Malta e o Raul para uma visita a você, lá no alto de Sant'Ana, mas o dia foi atribuladíssimo, de modo que só as 5 e tanto me desocupei. Chegam os companheiros. Apronto-me. Na hora de sair, que é do endereço? Não houve meio de achá-lo, nem a carta onde mo comunicavas. Nem me ocorreu o nome de tua irmã, nem do teu sobrinho. Vê que tragédia a *surmenage* mental? Por falha da minha memória a visita falhou – e fomos trucidar a mágoa com um aperitivo na esquina.

Esteve por aqui o Graça Aranha. Foi interessante o nosso encontro. O Jacinto, daquela livrariazinha O Livro, telefonou-me dois dias seguidos. Primeiro dia: "O Graça Aranha está em São Paulo e quer conhecê-lo". Fiquei ciente e agradeci. Segundo dia: "O Graça Aranha quer conhecê-lo. Venha cá". Respondi: "Não posso. Muito serviço. Se de fato ele quer me conhecer, que venha procurar-me aqui". Sim, porque quando eu quero conhecer alguém, eu o procuro, não o mando chamar sob vara. E afinal o Graça Aranha veio ontem e conversamos longamente e ficamos amigos. Falou tão bem da *Vida ociosa* que me entrou no coração. Eu hoje avalio os homens pela capacidade de compreensão do teu livro. Amanhã vamos almoçar juntos.

Lobato

* * *

São Paulo, 9 de novembro de 1921.

Rangel:

Mandei-te uma batelada de coisas: *Narizinho arrebitado, La Nación, Plus ultra* e *Nosotros*. O Garay traduziu o *Sentenciado Lourenço* para *La Nación*. Está entusiasmado contigo. Como todos, aliás. Só ouço elogios ao Rangel. Há unanimidade. Vamos dar a *Falange gloriosa*. Dizes que perdeste os recortes... Se é assim, poderei tirar cópia da coleção do *Estado*. Tudo se arruma, quando há boa vontade. Meu empenho é só editar novos, mas novos de talento. Medalhão não me entra aqui. Que gosto soltar livros de múmias acadêmicas, gente rançosa? Quero *tendrons*, brotos. Sinto-me velho, e para burro velho, pasto novo – diz o Manequinho Lopes.

LOBATO.

* * *

SÃO PAULO, 8 DE DEZEMBRO DE 1921.

Rangel:

Não percamos tempo com os adjetivos da amabilidade e da modéstia. Até fedem. E não duvide da saída do teu romance; por isso respondemos nós. A máquina está bem montada – a máquina de gavar gansos ou de obrigar este país a ler à força. O nosso sistema não é esperar que o leitor venha; vamos onde ele está, como o caçador. Perseguimos a caça. Fazemos o livro cair no nariz de todos os possíveis leitores desta terra. Não nos limitamos às capitais, como os velhos editores. Afundamos por quanta biboca existe. Ainda não recebemos a edição inteira, mas a *Vida* já está à venda em quatrocentas localidades do Brasil.

Na *Revista* pus o Breno Ferraz na crítica. Ele tem dedo e é sério, decente. Convidei o Amadeu e o Afrânio Peixoto para diretores, um aqui, outro no Rio. Eu me contento com o ser o editor.

Mando-te o *Narizinho* colorido, formato álbum, e com ele uma revista que mostra a minha penetração na Argentina.

Não chegaram ainda aí os originais dum livro meu, novo, que vou publicar?

LOBATO

1922

São Paulo, 25 de janeiro de 1922.

Rangel:

Passei as férias em Santos, como um anfíbio. Sinto-me salgado como um bacalhau de venda. E de retorno tomo a tua, das cinquenta cartas que encontrei sobre a mesa. O primeiro será sempre o Rangel. Falhou a ida à Argentina. Os maridos põem e os nervos das esposas pospõem. Vivo indo para a Argentina. Morrerei indo para a Argentina.

Aqui vive-se e muda-se. Mudamo-nos para a rua Santa Efigênia, 3-A – um grande armazém térreo onde adquirimos a feição normal dos grandes negociantes de cebolas. Vendemos cebolas literárias. Infelizmente, o ano começa escuro. Câmbio sempre mau, país cada vez mais miqueado e poucas perspectivas de bons negócios. Que vontade de mudar de terra – ir viver num país vivo, como o dos americanos! Isto não passa dum imenso tartarugal. Tudo se arrasta.

Apareceu sobre a *Vida* uma crítica desfavorável no Rio Grande. Gaúcho só entende de boi. Em compensação ouvi isto em Santos, dum homem de bela cultura: "É a melhor coisa que você editou, Lobato".

Adeus, rua Boa Vista, 52, onde comecei como um espermatozoário! Adeus, salinha do xadrez com os meus surdos, e o Maneco, e o Neiva, e tanta coisa já saudosa! Aquilo lá ainda era "arte". Aqui na Santa Efigênia já somos só cebolas. O "Monteiro Lobato & Cia." está chegando ao fim. De repente viramos sociedade anônima ou qualquer coisa limitada, e pronto...

LOBATO

* * *

São Paulo, 15 de fevereiro de 1922.

Rangel:

A ideia da Academia falhou por birra minha. Não quis transigir com a praxe lá – a tal praxe de implorar votos, e eles são extremamente suscetíveis nesse ponto. Um acadêmico aqui de São Paulo chegou a dizer: "Se o Lobato me pedisse o voto, claro que eu o daria; mas não pedindo, prefiro votar num pedaço de pau". Ora, não há gosto em fazer parte dum grêmio de mentalidade assim e não pedi nada a ninguém; fiz mais: mandei outra carta desistindo da minha candidatura. O Carlos de Laet não leu essa segunda carta em sessão, alegando que deixaria a Academia mal. "Seria o mesmo que pedir uma moça em casamento e depois escrever que não a quer mais. Todos ficam fazendo mau juízo da honra da 'des-pedida'."

Está aqui o Ronald de Carvalho. Falou da *Vida ociosa* em tais termos que quase o beijei. Vou sugerir-lhe que escreva qualquer coisa a respeito. Excelente menino, o Ronald. A crítica ainda não te faz justiça plena, mas há de fazer. Vou ao Rio por oito dias; se queres algo de lá, escreve.

LOBATO

São Paulo, 7 de abril de 1922.

Rangel:

Recebi o recorte do artigo *Lobatite*. Já é popularidade – e que coisa incômoda, pegajosa, a popularidade! Choro aqueles tempos antigos do *Minarete* em que eu escrevia de dentro da toca, ultraescondido por cinquenta pseudônimos.

É preciso que venhas enquanto eu esteja cá. Em dezembro saio de férias, e em janeiro vou a Buenos Aires por uns 15 dias. Só tomar o cheiro e conhecer pessoalmente mais um surdo da minha coleção: o Manoel Galvez, que me escreve sempre. Vindo agora, visitarás a exposição de pintura do Cesareo Bernaldo de Quirós que tem fama de ser o maior pintor argentino e é realmente grande pintor. Estamos muito amigos. Anda agora a pintar o meu retrato aqui no escritório: eu em mangas de camisa, com o *Narizinho* álbum entreaberto no colo, e ao fundo a minha secretária na barafunda de sempre e os desenhos pregados na parede – o Maneco de barbas à Jeová, o Correia comprido como um gafanhoto...

LOBATO

* * *

São Paulo, 9 de maio de 1922.

Rangel:

Recebi a de 6, com os *Oitenta contos* que vou ler no bonde, logo que saia para o almoço. Meu silêncio explica-se: mudamo-nos de novo (duas mudanças em dois meses, forçadas pelo crescimento excessivo!) Estamos agora na rua dos Gusmões, 70, prédio enorme onde instalamos afinal as tão sonhadas oficinas – e o mês inteiro correu na infernal dobadoura da mudança. O Otales é incansável. Lida com tudo com o maior desembaraço e eficiência. Um grande menino. A maior descoberta que eu fiz na vida. E felizmente está agora tudo arrumado e já em pleno funcionamento. Venham, pois, os teus contos. Faremos o livro em máquinas nossas. Vivo a publicar bagaceiras, porque as coisas boas se retraem. Há dias recebi uma carta do Silva Ramos sobre a *Vida ociosa*, muito lisonjeira para você e para ele, visto como revela bom gosto e discernimento. Está ali um academicozinho decente. Poderás sair na *Biblioteca da Rainha Mab* ou em edição comum. Que preferes?

LOBATO

* * *

SÃO PAULO, 15 DE DEZEMBRO DE 1922.

Rangel:

É verdade! Há quanto tempo não te escrevo! Mas houve muita coisa neste final de ano. A projetada fusão com o Leite Ribeiro forçou-nos a muitos estudos e viagens ao Rio e afinal fracassou. Não nos convinha o negócio. Mas para não perder o trabalho feito, aproveitamo-nos do bom ensejo e reformamos a sociedade, metendo vários comanditários e subindo o capital para 1.000 contos. Entraram o Paulo Prado, que vai dirigir a *Revista*, Macedo Soares e outros. Vamos ampliar as oficinas e expandir o negócio. E eu vou passar um mês de férias em Campos do Jordão. Terei lá o Ribeiro Couto e o Oliveira Viana, dois companheirões.

Teu livro faz-se lentamente porque está abarrotada a oficina com as eternas coisas urgentes. A pobre da literatura paga o pato, coitadinha. Quando querem, ou precisam, encostar qualquer coisa, é dela que se lembram.

A *Vida* vai indo. O balanço de 30 de outubro acusou uma existência de 396. Quer isso dizer que teremos para o ano a segunda edição. E havemos de fazê-la de luxo. Queremos estrear a série de luxo com o teu romance, que continua ainda a melhor coisa publicada. Sigo para Campos a 7 de janeiro.

LOBATO

1923

São Paulo, 16 de janeiro de 1923.

Rangel:

Que interessante a M.! É unidade de um grande milhão esparso pelo mundo. O milhão de criaturas femininas que anseiam por mil coisas vagas, incertas, bruxuleantes, indefiníveis – e que um casamento de amor contentaria pelo resto da vida. Sou hoje um honrado negociante matriculado na Praça de São Paulo; não posso, pois, gastar o tempo da minha correspondência sobre edições etc. com esmiuçamentos da psicologia feminina – mas quanta coisa me sugere a M.!

Chegaram os contos. Vamos encadernar mil exemplares da *Vida*, a 4 mil-réis. O *Dia* te convidou porque já és "um nome". E não te admires de novos convites. *La Nación* dará uma nota a teu respeito, acompanhando a tradução do *Lourenço*. Vês como o teu mérito, apesar do teu retraimento e falta de reclame, está se impondo? E quando saírem os contos a coisa dobra.

Ontem fiz a conta e achei isto: minha tiragem está em 109.500 exemplares. Veja se era possível esperar isto há dois anos e meio, quando soltei timidamente o primeiro milheirinho dos *Urupês*!

Lobato

São Paulo, 2 de fevereiro de 1923.

Rangel:

Ciente de tudo. Está me voltando a

mania e creio que dou mais dois livros este ano. Como sempre, parto gêmeo. Um, de ideias e impressões extraídas daquele meu velho *Diário* de solteiro, com leves apuros da forma e da filosofia. Outro de contos – contos novos. Não dispenso teu juízo preliminar à moda de sempre. Ponho-os na *Revista* e depois dou-os em livro – o bom sistema.

O teu livro arrasta-se[1]. Imagine que empastelaram a composição. Coisas de tipografia. Andam a compô-lo novamente.

LOBATO

* * *

São Paulo, 7 de fevereiro de 1923.

Rangel:

Estou numa dúvida e pre-

ciso do teu parecer. Extraí daquele meu velho *Diário* de Areias e Taubaté matéria para um pequeno volume. Mas dará livro? Valerá a pena? Lá vai a coisa e quero opinião. Se acaso votares pela publicação, lê com o teu olho de lince e tira as pulgas encontradas. Se vetares, lixo com os originais. Desde que tenho o *Diário*, escusa a devolução. Vens mesmo em agosto?

LOBATO

---

[1] Andorinhas. *Nota da edição de 1948.*

São Paulo, 10 de fevereiro de 1923.

Rangel:

Não sei onde para a tua *Princesinha*... Perdeu-se aqui neste caos da minha mesa. Hei de encontrá-la e dar-lhe destino. Estás mesmo de azar. As *Andorinhas* também encrencaram. Numa mudança de oficina soltaram-nas e elas voaram. Creio que já te mandei dizer que estão a compô-las de novo. E são uns cágados lá. Mas um dia hão de sair. Tudo custa, tudo pega, tudo amarra. Eu, se fosse andorinha, voava para longe, como aquelas cegonhas do Brás Cubas...

Mundo da lua é o nome do meu livrinho, porque de fato naquele tempo eu vivia no mundo da lua. Não me interessa a crítica. Não o mandei para ninguém. Acho-o muito para mim, pouco para a crítica e zero para o público. Imprimi esse livro num papel maravilhoso, em elzevir, porque se destina a um público muito especial: nós dois.

Crítica... Conheces a de Torrendall? Segue. Se valer a pena, traduze-a para a *Revista*. Ou a *Revista* já deu isto? Não sei de mais nada. Estou virando um pedaço d'asno maior que um asno inteiro. Quem vai fazer um lindo livrinho, de sensações, é a Murila. Não te mandou ainda? Tem real talento aquela moça. É sincera, sólida, honestíssima de caráter. Admiro-a e respeito-a tremendamente.

Lá pelo fim do ano darei livro para o público. Contos. Inda hoje escrevi um. *O rapto*. Fui a Campos do Jordão com o Macedo Soares e na estação de Pinda vi um aleijado num carrinho, enérgico, a ralhar com os filhos que o puxam. Senti uma coisa: aquele homem, apesar de aleijado, era o importante e rico da família, o que ganhava a subsistência de todos com as esmolas recebidas. Daí o seu tom mandão, apesar de viver sem pernas dentro do carrinho. Um conto formou-se em minha cabeça, e de volta despejei-o no papel, como quem despeja a bexiga.

Ando cheio de contos lá por dentro. Contos são bernes. A gente pega os germes aqui e ali, e eles ficam germinando, gestando-se em nossos misteriosos úteros subconscientes. Um dia, como o feto das mulheres aos nove meses, eles vêm à tona da consciência e anunciam-se: "Queremos sair!". E então escrevemos aquilo com a facilidade com que as fêmeas dão cria. Os contos fluem da pena para o papel como um "berne de tempo", bem esvurmado. O curioso é que quando produzo um conto, de forma nenhuma o tenho completo na cabeça; tenho lá dentro uma só coisa: a ideia central do conto. Tudo mais se forma no ato de escrever. A primeira frase que lanço *determina* todas as mais. N'O *rapto* não havia nem rapto nem nada; só havia esta ideia central: um cego que justamente por ser cego era o único da família que ganhava dinheiro e tinha importância.

LOBATO

* * *

SÃO PAULO, 13 DE MAIO DE 1923.

Rangel:

Queixa-se o público de que editamos muita borracheira. Mas que fazer, se um diabo como o Rangel tem mil romances "numerados" e até agora só permitiu a publicação de um? Por falar, *Vida ociosa* está no fim. Vou mandar ver a tua conta. Temos logo de reeditá-la.

Vieram as tiras. Aceito, na quase totalidade, as tuas observações. Resisto a algumas.

Geografia é ciência sim – hoje. No tempo do nosso Lacerda não era... Virou ciência depois que o Lacerda morreu. Ciência da boa, ciência de alemão. Leia o Retzel.

"... *e bem Brasil*": gosto de bulir com os patriotas. O Frango Sura arrepia-se todo quando esbarra em coisas assim.

"... *das cozinheiras ao promotor*": não escalejo retoricamente e sim anoto um fato. Fui para a janela, eu, o promotor, e vi na outra janela a preta.

Mas não tenho tempo de nada – e há tanta gente que vive "matando o tempo"! Por que em vez de matá-lo não no-lo vendem, a mim e ao Otales? Depois que me meti na indústria, vivo esmagado entre engrenagens. A gente enfia o dedo, a engenhoca segura-o, puxa a mão, puxa o braço e por fim nos mói o corpo inteiro. Mais uns anos desta vida, e estou bagaço de cana. Meu sonho era parar, mas com dinheiro no banco; e numa Paz do Senhor, como a da fazenda do Buquira, retomar o fio dos *Urupês*. O que publiquei depois foram subprodutos, como disse o João Ribeiro. Só agora estou dando produtos novos – e bons. Gosto dos meus últimos contos. E estou com ideia dum romance histórico – *Titila*. Tenho de estudar o primeiro império para romancear historicamente a famosa marquesa do Pedro I. É o nosso único romance histórico capaz de interessar vivamente o público. A Titila titilava. Prendeu aquele garanhão durante oito anos.

LOBATO

* * *

SÃO PAULO, 10 DE SETEMBRO DE 1923.

Rangel:

Incrível. Vens a São Paulo e pouco podemos estar juntos. Ou nós não nos gostamos em carne e osso e sim só epistolarmente? Começo a desconfiar... Desta vez tua visita coincidiu com a ausência do Otales e a sobrecarga do serviço com que fiquei. Mas creio que não é isso.

Depois da mudança meti-me em automobilismo. Comprei um Ford e já ando a perturbar o trânsito da cidade. Ontem dei o primeiro tranco numa carroça, mas ainda não esmaguei nenhum pedestre. Curiosa a mudança de mentalidade que o automóvel ocasiona. O pedestre passa a ser uma raça vil e desprezível, cuja única função é atravessar as ruas. Quem adquire auto promove-se de "pedestre" a "rodante" – e passa a desprezar os miseráveis pedestres que se arrastam pelas superfícies, como lagartas. Quando estropia um pedestre, a sensação do rodante é de que libertou o mundo de um embaraço. E diz o Filinto Lopes que quando um *chauffeur* de praça vê vários pedestres formando um grupo na rua, infalivelmente lança o auto em cima, "porque mata dois ou três com a mesma gasolina".

Lobato

* * *

São Paulo, 7 de outubro de 1923.

Rangel:

Mandei tirar tua conta e considerar esgotada a edição. De fato está no fim. Restam uns 300 exemplares. Como vou ao Rio amanhã e demoro-me lá, dirige-te ao Otales, depois de recebida a conta.

As moscas! Vejo que são fontes de inspiração. Tens de ler o Fabre nos *Souvenirs entomologiques* e admirarás a mosca e todos os bichinhos. Que maravilha o mundo superior do Instinto! Às vezes penso que a Inteligência não passa de fase rudimentar do instinto – fase em que o instinto em formação ainda vacila, escolhe e erra. Sobre o assunto mandei um artigo para *La Nación*, que receberás quando sair.

O Raul Vergueiro escreveu isso sobre você. Está bem vivo e certo. Vergueiro não é crítico dos que escrevem e se publicam. Fez porque gostou imenso do romance. Compreendeu-te. Raul é um dos tipos mais interessantes que conheço. Reduz tudo a piadas, e espirituosíssimas.

As *Andorinhas* regressaram como pombos-correios que tornam ao pombal. Breve estarão na rua. O título é bom. Andorinha lembra movimento, revoo. Já "vida ociosa" lembra lentidão. Por isso o teu segundo produto livresco vai sair com maior velocidade que o primeiro. Quem não se sentirá tentado a adquirir um livrinho cujo título lembra os dias de sol nas fazendas, quando o céu está azul e elas o riscam de voos?

Raro leio, como sabes, mas agora ferrei nas *Memórias de Constant*, o criado de quarto de Napoleão. Obra desigual, evidentemente de vários autores, mas com trechos sangrentos de verismo – a passagem do Beresina, a morte de Lannes e a visita que sua mulher faz ao cadáver horrendo lá num *caveau*...

Estou revendo provas do meu livro – O *macaco que se fez homem*, no qual reformo o Genesis e Darwin quanto ao surto do *Homo sapiens*.

LOBATO

* * *

SÃO PAULO, 2 DE NOVEMBRO DE 1923.

R.

Já de dias mandei as provas de *Andorinhas*, o livro encruado. Chegaram? Desconfio fugiram pelo caminho... O de que precisamos é que revoem depois de impressas.

LOBATO

* * *

SÃO PAULO, 15 DE NOVEMBRO DE 1923.

R.

Tudo calúnias, Rangel. Fui ao Rio e a Belo Horizonte apenas a passeio, para descanso. Não fui "cavar" coisa nenhuma. Bem sabes do meu horror à cavação e da minha orgânica antipatia para com todos os governos. Apenas tratamos um álbum histórico, de luxo, com o Assis Cintra e ele, por conta dele, andou a cavar subvenções. Os jornais atacaram-me quando viram a Câmara daqui destinar 30 contos para trezentos exemplares do *Brasil de outrora*. Era cavação do Cintra, só dele – mas eu nunca me defendo das acusações dos jornais. Não vale a pena. É perder tempo. Para o público só vale a acusação, a calúnia inicial. Se vem defesa, todos pulam por cima, não a leem. E dizem: "Eu te conheço, meu santinho!".

Não vi Minas. Fui e voltei de noturno. Só vi Belo Horizonte, capital nova e pois incaracterística. Deu-me a impressão duma cidade de 500 mil habitantes dos quais 450 mil estão perpetuamente viajando por longes terras. Diz o Nogueira: "É uma cidade maravilhosa, habitada por gênios invisíveis e gnomos visíveis".

O Raul fez um livro de sonetos satíricos e ótimos. Até no nome é bom: *Sonetaços*! Título de primeira. Pontaço, lançaço... Com este livro do Raul, já somos cinco do Cenáculo que deram livros. E seríamos seis, se o Albino, naquela eterna indecisão, não estivesse feito o asno de Buridan diante da sua Psicologia: "Publico? Não publico?".

LOBATO

* * *

SÃO PAULO, 1º DE DEZEMBRO DE 1923.

Rangel:

O meu *Macaco* está desmentindo a espécie. Não pula. Vai devagar. Parece mais um bicho-preguiça do que um macaco ("animal de trejeitos delirantes", segundo a definição do dicionário do Padre Bacelar). A vendagem dos livros tem caído; todos os livreiros se queixam – mas o público tem razão. Câmbio infame, aperto geral, vida cara. Não há sobras nos orçamentos para a compra dessa absoluta inutilidade chamada "livro". *Primo vivere*.

As encrencadas *Andorinhas* começam a armar voo. Quando menos esperares, estão posando aí. Quantas queres?

Tomo nota do teu plano de traduções. Estamos refreando as edições literárias para intensificação das escolares. O bom negócio é o didático. Todos os editores começam com a literatura geral e por fim se fecham na didática. Veja o Alves.

LOBATO

1924

São Paulo, 3 de janeiro de 1924.

Rangel:

Teu livro está impresso e dobrado. Se demora, é porque a proximidade da abertura das aulas põe a mercadoria didática à frente de tudo mais. Só cuidamos agora de cartilhas, gramáticas, aritméticas – todos os instrumentos de torturar as crianças.

Os projetos são cada vez maiores. Uma das possibilidades está no aumento de capital de modo a permitir-nos a fusão com a maior empresa gráfica de São Paulo, avaliada em 6 mil contos. Ou então nos mudamos mais uma vez para um grande prédio próprio no Brás e entupimo-lo de máquinas novas – e até livros em branco faremos. Uma delícia! Não exigem revisão. Isso porque parece que obstruímos o estômago literário do país, o que nos força a entrar por indústrias, ou campos novos. O livro em branco! Viva!

Lobato

São Paulo, 7 de abril de 1924.

Rangel:

Chegou a resposta à enquete de *Nosotros*. Muito boa mas excessivamente lisonjeira para mim. Aquela gente de Buenos Aires anda a supor que sou *alguém* nesta terra, e vive às voltas comigo. O maior culpado é o Garay – e você também tem a sua culpazinha.

Entreguei a *Revista* ao Paulo Prado e Sérgio Milliet e não mexo mais naquilo. Eles são modernistas e vão ultramodernizá--la. Vejamos o que sai – e se não houver baixa no câmbio das assinaturas, o modernismo está aprovado.

Estamos em pleno *fervet opus* de reinstalação no novo prédio da rua Brigadeiro Machado, no Brás. Cinco mil metros quadrados de área coberta, tudo cheio de máquinas; entre elas, novidades: os primeiros monotipos entrados em São Paulo. O linotipo compõe linhas inteiras; o monotipo funde tipo por tipo. Maravilha. Mas as oficinas esperam dar uma tacada na fabricação de livros em branco – esses livralhões comerciais. Livros em branco! O antigo Lobato do *Saci* e dos *Urupês* metido numa sociedade anônima para a fabricação de livros em branco! Pobres autores nacionais! Até um colega não quer saber de editá-los. Que o Otales aceitasse essa situação, compreende-se; ele não é escritor. Mas o pai do Jeca, o autor dos *Urupês*? Isto cheira-me a deserção das mais indecorosas, Rangel.

Não sou mais nada. Não passo dum ex-escritor de rabo entre as pernas. E às vezes me dá um medo. E se o arranha-céu desaba? Nós, que lá na rua Boa Vista não devíamos um vintém, agora devemos milhares de contos. Há lá um mundo de linotipos e prelos e o diabo, adquiridos a prazo. O prédio é uma beleza – é um monstro. Adquirido também – e a pagar-se em prestações mensais de contos e contos. Na rua da Boa Vista a nossa salinha nos ficava em 200 mil-réis, e eu era infinitamente mais feliz. Jogava xadrez todos os dias na hora do expediente. Cultivava surdos...

Lobato

São Paulo, 30 de julho de 1924.

Rangel:

Uf!... Felizmente nada de grave nos aconteceu. Todos os cães estão vivos. Lá nas nossas oficinas da rua Brigadeiro, só duas granadas legalistas e marcas dumas duzentas balas de carabina. Depois da debandada geral e da parada à força, já retomamos o trabalho. Os fugitivos vão ressuscitando, saindo das tocas.

Eu a nada assisti. Estava de férias no Rio. Deixei o meu povinho em Santos, lá com o Heitor, e fui por mar. De volta do Rio, uma semana depois, também por mar, fiquei preso em Santos, até á evacuação de São Paulo pelas forças do Isidoro. Que horror! Reentrei com a minha gente em São Paulo no mesmo dia da evacuação, à tarde. Fios telefônicos por terra, casas em ruínas, paredes cravejadas de balas. Um burro morto na várzea do Carmo. Aspectos das cidades belgas e francesas depois da saída dos alemães. Mas a vitalidade de São Paulo é muito grande. Reparará tudo com rapidez. Quando vim de Santos e entrei na cidade deserta, já havia homens remendando fachadas. A guerra havia terminado pela manhã e a reconstrução já estava em andamento.

A situação agora é de expectativa. Tudo no ar ainda. Que vontade de emigrar para não sei onde! Nem mais em São Paulo, a terra clássica da paz, existe paz hoje! Revolução em São Paulo! Bombardeio de São Paulo! Quem jamais admitiu semelhante absurdo?

LOBATO

* * *

Rangel:

Esse Valdez já me escreveu sobre o caso e já lhe respondi. Isso de traduções é uma eterna lástima. Alguns de meus contos aparecidos em revistas de Buenos Aires são até de irritar. E pelo que fazem nos meus contos, imagino a borracheira em que os lusitanos terão transformado as centenas de obras internacionais que traduziram. Tenho diante de mim a tradução do *The vicar of Wakefield*, que é uma obra-prima da literatura inglesa; pois o raio do labrego transformou-a em "bota" – com s. Gosto tanto desse livro, que me vem vontade de eu mesmo pô-lo em língua nossa.

Fechamos a torneira aos poetas e aos literatos nacionais de segunda classe. Só editaremos gente de primeira e as boas coisas da literatura universal. Mas insisto em obter traduções como as entendo. Essas traduções infamérrimas que vejo por aí não as quero de maneira nenhuma. Mas é difícil... *Dom Quixote* você pegou, mas parou no começo. E há as *Viagens de Gulliver*, e as *Mil e uma noites*, e *Peter Pan* – todas essas coisas que vêm galhardamente resistindo ao roçagar dos anos. O realmente bom é de todas as pátrias e de todos os séculos.

Venha a tempo de ver os buracos de bala. O rombo de granada em nosso portão lá na fábrica tem de ficar até que você o veja e apalpe.

LOBATO

* * *

SÃO PAULO, 30 DE AGOSTO DE 1924.

R.

Que tabaréu! Que Sêo Ozebio da *Capital Federal*! Vem, então, a São Paulo e não *acha* a casa do Lobato? Não sabe que Bell inventou o telefone e há aqui "listas telefônicas"?. Cretino!

Breve te mandarei provas da *Tempestade*, com as emendas que fiz tendentes a puerilizá-lo um pouco mais. Os leitores vão ser crianças. Teu estilo estava muito "gente grande".

Lês Le Bon e eu nada! Que saudades do tempo em que eu também lia! A engrenagem não dá folga para coisa nenhuma intelectual. Acabarei esquecendo até o alfabeto.

São Paulo está fúnebre e assim ficará até setembro – ou pelo resto da vida, se Bernardes erguer o patíbulo ali na praça da Sé. O patíbulo! Parecia um abantesma retórico e no entanto é coisa desejada...

LOBATO

* * *

SÃO PAULO, 15 DE SETEMBRO DE 1924.

Rangel:

Escreveu-me, sim. Podes ir, sim, traduzindo o *Dafnis e Cloé*. Eu já havia tido essa ideia. Dá um volumezinho lindo. Estamos agora com um programa de edições sem direitos autorais, coisas já em domínio público, desde Dumas até Alencar. Se tens tempo, poderei dar-te muita coisa a fazer.

Sabe até o que quero? Verter a *Menina e moça*, ou *Saudades* do velho Bernardim Ribeiro, em língua quase atual. Fiz uma parte, que já dei a imprimir. Depois te mostrarei. Aquilo está já muito recuado, muito antiquado; mas se o pusermos mais perto, em língua, não digo de hoje, mas de pouco antes de Herculano, fica uma delícia. O rouxinol que cantou, cantou e morreu – que lindo! É o melhor rouxinol que conheço. Os outros cantam e fazem cocô – o do Bernardim canta e morre...

LOBATO

* * *

SÃO PAULO, 25 DE SETEMBRO DE 1924.

Rangel:

Já concluí a semidesarcaização do Bernardim Ribeiro, mas coisa tão leve que o leitor nem sente. Nada se perdeu da ingenuidade daquele homem. De ilegível que era, ficou delicioso de ler-se. Fiz a experiência ontem em casa, com as provas.

Purezinha, sempre tão exigente, leu-o e com encanto. Só agora, Rangel, vai o Bernardim popularizar-se no Brasil. Antes apenas lhe citavam o *Menina e moça*, e os "imortais" recorriam ao seu rouxinol sempre que precisavam dum passarinho que não fosse vira-bosta. Eu tinha-o na estante e jamais o li. Pegava e largava. E como eu, todo mundo. Logo que saia te-lo-ás aí. Vamos fazer uma linda edição. Aquele rouxinolzinho merece gaiola dourada.

Dafnis e Cloé não tenho. Vou ver se o encontro nas livrarias. Há um romance encantador que está aos berros pedindo tradução: *O vigário de Wakefield*, do Goldsmith, aquele a quem o Doutor Johnson chamou "imbecil de gênio". Li-o com regalo. Se queres traduzir, mandarei o original inglês que tenho em casa.

Da edição das *Andorinhas* ainda há no poleiro um bom lote: 2.185. Parece que saíram em má estação, de modo que a revoada se retardou. Setembro, mês quente. Era em junho, ou fins de maio, que as andorinhas lá da fazenda migravam. Que lindo! Um belo dia começavam a reunir-se no telhado do casarão. Súbito, voavam todas, davam várias voltas bem alto e pousavam – e essas também vinham. Por fim, quando todas as da zona já estavam reunidas, erguiam-se de repente e lá se sumiam ao longe. O inverno na Serra é forte. Elas fogem para o quente do litoral. Findo o frio, regressam. Certo ano houve um erro, não delas, mas do tempo. Já se acabara o inverno e haviam voltado as coitadinhas, quando sobreveio uma onda de frio com geada à noite. De manhã encontrei inúmeras mortas, na estrada, nos buracos dos barrancos.

Aguardemos o "fins de maio" das *Andorinhas* do Rangel.

Lobato

* * *

São Paulo, 7 de outubro de 1924.

Rangel:

Li as páginas assinaladas no manuscrito e o resto. São as melhores e está um encanto a cena da mulher que se desfolha em nudez. Resta agora que o diretor real da

Revista (eu sou honorário) aprove a "imoralidade". Há sempre confusão de "beleza" com "imoralidade". Nossa era é Tartufa. Há bispos, há púlpitos, há uma porção de velhos ultrassafados e por isso mesmo altamente "moralistas". Muito curiosa a questão da moralidade na arte. De nada serviu o *plaidoyer* de Flaubert... Não tenhas pressa com o Michelet. Faze-o sossegado. Acho ótimo esse livro, apesar de meio grande. Podemos reduzi-lo com o corte da introdução. E se puseres pedra-ume na tinta, ainda poderás na tradução encurtar umas cinquenta páginas. Logo terás aí o meu *Menina e moça* do Bernardim.

De fato, meu caro, já *passei* literariamente, e estou com a vida oca, porque era a literatura que a enchia. E por mais que me comercialize e industrialize, não há tapar o vácuo. A vida agora é material, estúpida – e se não volto às letras ou à pintura é por me parecer grotesco pensar em tais coisas em tal terra. Meu ideal hoje é um só: assegurar a independência econômica e emigrar para uma terra bem distante do fenômeno "sociedade".

O *Macaco* dava realmente um lindo romance à Wells – mas para quê? O maldito "Para quê?" matou o Ricardo e inutiliza todas as aptidões sérias dos que nascem com um toquinho de asas. Nada vale a pena neste Brasil.

LOBATO

1925

São Paulo, 11 de janeiro de 1925.

Rangel:

Já mandei os originais do Michelet. Os contos extraídos das peças de Shakespeare vão para que escolhas alguns dos mais interessantes e os traduzas em linguagem bem singela; pretendo fazer de cada conto um livrinho para meninos. Traduzirás uns três, à escolha, e mos mandarás com o original; quero aproveitar as gravuras. Estilo água do pote, hein? E ficas com liberdade de melhorar o original onde entenderes. O *Dom Quixote* é para ver se vale a pena traduzir. Aprovado que seja esse resumo italiano, mãos à obra. E também farás para a coleção infantil coisa tua, original. Lembra-te que os leitores vão ser todos os Nelos deste país e escreve como se estivesse escrevendo para o teu. Estou a examinar os contos de Grimm dados pelo Garnier. Pobres crianças brasileiras! Que traduções galegais! Temos de refazer tudo isso – abrasileirar a linguagem.

Lobato

São Paulo, 15 de fevereiro de 1925.

Rangel:

Recebi o *Rei Lear*. Continua. Fazes os mais interessantes, não todos, pois temos de experimentar o público com os primeiros.

Vou esta semana para a roça, descansar um mês. Em junho, começos, estarei de volta. Até lá.

Lobato

* * *

São Paulo, 8 de março de 1925.

Rangel:

O Edgard não está aqui. Quando voltar dar-lhe-ei o teu cartão e ele vai abrir a boca: será o primeiro que recebe. Um cartão de "gente grande" vindo pelo correio!

Andas com tempo disponível? Estou precisando de um *Dom Quixote* para crianças, mais correntio e mais em língua da terra que as edições do Garnier e dos portugueses. Preciso do *Dom Quixote*, do *Gulliver*, do *Robinson*, do diabo! Posso mandar serviço? É uma distração e ganhas uns cobres. Quanta coisa tenho vontade de fazer e não posso! Meu tempo é curto demais.

Lobato

* * *

São Paulo, 5 de abril de 1925.

Rangel:

Vai a *Menina* do nariz arrebitado e depois irá o nosso *Sargento de milícias* com os pronomes no lugar e outras limpezas. Ficou muito mais decente que nas outras edições.

Tens aqui um crédito. Dá as ordens.

A cidade de Passos dizem-me que é boa – e vejo que é mesmo, já que te recebeu com flores e música.

Estive no Rio. Cheguei hoje. Pavoroso aquilo.

LOBATO

* * *

SÃO PAULO, 10 DE JUNHO DE 1925.

Rangel:

O teu conto já estava composto e ia sair. Aí volta ele em provas. Se as coisas continuarem e a *Revista* ressuscitar, escrever-te-ei pedindo-o de novo. Em caso contrário, está o seu com o seu dono.

Nada sei de como desfechará o nosso caso. A situação piora. A Light, que prometera restabelecer a força este mês, avisa hoje que fará nova redução na energia fornecida. Só podemos trabalhar agora dois dias por semana! E como a horrenda seca que determinou esta calamidade continua, é voz geral que teremos completa supressão de força em novembro. O desastre que isto representa para São Paulo é imenso; e como se juntou à crise da energia elétrica a crise de água da Cantareira e a crise bancária, o mal é enorme. Até o recurso de montarmos um motor Diesel falhou; depois de assentado, faltou-nos água para o resfriamento... Verdadeira calamidade, Rangel. O mesmo que um daqueles terremotos do Japão. Estou pensando em mudar-me, continue ou não com a empresa editora. Mudar-me para a beira dum rio – para a beira do Amazonas – do Mississippi... Isto de *secar* à moda cearense é horrível.

Há por aí algum rio que não seque? Muda-te para perto dele, Rangel.

Em São Paulo hoje tudo depende da eletricidade – o transporte, a indústria, o aquecedor do banheiro, o fogareiro de emergência, o fogão das cozinhas, o aspirador de pó, tudo, tudo. Se a corrente elétrica falta, tudo degringola. Estamos completamente parados – e por quanto tempo assim? Tem havido missas pró-chuva, mas os deuses andam mais surdos que o Malta. Estamos aqui de cócoras na nossa empresa, parados, com os juros das dívidas a crescerem, à espera de que chova e a Light se normalize. Eu podia prever tudo no meu negócio – menos isso: seca do Ceará em São Paulo...

LOBATO

* * *

SÃO PAULO, 10 DE JULHO DE 1925.

Rangel:

Lê o papel junto. A crise da energia elétrica da Light vai dar-nos um tombo – mas há de ser tombo passageiro. Breve estaremos novamente de pé. As feridas cicatrizarão e em um ou dois anos ninguém falará mais no caso. É a tempestade hoje; será o azul amanhã. Aviso-te porque és amigo; e antes o saibas por mim do que de boca alheia. Recebi o *Rei Lear*. Continue a traduzir, e também continue o novo livro. A vitória é matemática. Perderemos uma batalha, mas no fim ganharemos a guerra – como os ingleses.

LOBATO

* * *

SÃO PAULO, 7 DE AGOSTO DE 1925.

Rangel:

Teu artigo saiu hoje no *Estado* e impressionou. Ainda não posso dizer que rumo tomarão as coisas. Só em fins de setembro estará tudo liquidado, pois vai ser adiada a reunião de credores. Pensamos em propor concordata com cinquenta por cento, mas eu torço pela liquidação. Antes construir uma casinha nova e só da gente do que remendar um casarão de todo mundo. Havendo liquidação, lançaremos sem demora a Companhia Editora Nacional, pequenininha, com o capital de 50 contos em dinheiro e dois mil em experiência – e em poucos anos ficaremos ainda maiores que o arranha-céu que desabou. Perder uma batalha não é perder a guerra – eu já te disse isto. Na nova sociedade ficamos só nós dois – eu e o Otales. Com ela provaremos ao país que somos de sete fôlegos. O que nos fez mal foi a montagem daquela enorme oficina. A nova empresa será só editora – imprimirá em oficinas alheias. A indústria editora é uma e a impressora é outra. E como nada faremos a crédito (que por felicidade não teremos), a nova árvore crescerá com solidez de granito, à prova de secas, terremotos e vulcões. Escreva. Como a experiência foi dura, doravante admitiremos a hipótese de tudo – até de terremoto em São Paulo. Seja lá como for, a dupla Lobato-Otales insiste, teima, pula e não larga a trincheira. Podes continuar a traduzir os contos shakespearianos. Não pares, como nós aqui, mesmo debaixo dos escombros não paramos. Parar é morrer. E, por falar nos contos, recebeste a *Tempestade*? Que interessante! Justamente quando imprimimos a *Tempestade* de Shakespeare, tivemos a tempestade shakespeariana que nos botou por terra... Mas Caliban não vencerá. O dia de amanhã pertence a Ariel – ou a Próspero.

Um abraço do teimoso

LOBATO

* * *

SÃO PAULO, 29 DE SETEMBRO DE 1925.

Rangel:

Parto amanhã para o Rio de mudança. A nova empresa está formada e vai ter ramal lá. Desta vez construímos alicerces de cimento armado. A experiência

adquirida vale 10 mil contos. Antes de tomar casa fico uns dias com o Leonídio Ribeiro, rua São Francisco Xavier, 367. Quero ver se moro em Santa Tereza, com vista para o mar. Oh, abrir a janela de manhã e exclamar: "Thalassa! Thalassa!" como espetacularmente fez o Tito aquela vez em Santos.

Voltarei algum dia a este São Paulo? Gosto de São Paulo, destes seus plátanos que perdem as folhas, deste seu clima sempre frio, destas suas garoas dentro da qual passeávamos à noite com o Ricardo, ouvindo-lhe os versos maravilhosos.

Taubaté... Areias... fazenda do Buquira... Caçapava.... São Paulo... Rio de Janeiro... E depois? Xangai? Londres? Nova York?... Mas onde quer que estivesse ou estiver, sempre estive e estarei com você... com o Rangel do Minarete... com o Rangel de Caldas... com o de Silvestre Ferraz... com o de Santa Rita do Sapucaí... com o da cidade de Passos... com o de Três Pontas...

LOBATO

* * *

RIO, 7 DE OUTUBRO DE 1925.

Rangel:

Toca o bonde. Podes continuar a traduzir os contos de Shakespeare. O hiato que nos ocorreu na vida com o desabamento do nosso arranha-céu já está fechado. A nova Companhia Editora Nacional vai prosseguir na obra partindo do ponto em que a outra estava no momento do tombo. Com a diferença que o negócio agora é só nosso – meu e do meu velho companheiro – não há acionistas nem capitalistas estranhos. É um barquinho pequeno, mas com apenas ele e eu no comando, sem o amarramento que há nas empresas em que os diretores têm de dar contas aos acionistas. Há de vencer e ser uma coisa formidável.

Tenho cá o *Rei Lear*. Podes fazer o resto sem pressa, e em estilo que não perca de vista os leitores que vai ter – meninos. Chegou aí algum exemplar do primeiro volume já publicado – A *tempestade*?

Vamos ter muito trabalho de traduções, e se dispõe de tempo e tens gosto para traduzir, conversaremos.

Adeus. Vai recomeçar a Inana!

Lobato

* * *

Rio, 8 de novembro de 1925.

Rangel:

Em mãos a de 26. Fiz leilão da minha casa em São Paulo e montei outra aqui – rua Professor Gabizo, 97. Vida nova, tudo novo. Não quero nada que lembre o passado. Quem vive a olhar para o passado é como quem caminha de calcanhares para a frente. A nova companhia está fundada e com todas as rodas girando. Eu e o Otales, só. Primeiro livro dado: o meu *Hans Staden*. Outros virão. Em três ou quatro anos a nossa *Cia. Editora Nacional* estará maior que o Pão de Açúcar – e sólida como ele. Fizemos proposta para a compra do estoque de edições e direitos autorais da falida, coisa que só em dezembro se resolve. Se a aceitarem, começaremos com um fundo de negócio cujo valor só nós – eu e o Otales – conhecemos, e rapidamente refaremos o perdido. A coisa que menos me mete medo é o futuro.

Fui convidado para dirigir um jornal e estou pensando. Não me seduz o jornalismo. "E a Academia?", perguntas. Não sei, Rangel. Tenho medo de academias, coisa algemante, e não possuo o "feitio acadêmico", já o disse o Vicente de Carvalho. A Academia é bonita de longe, como as montanhas. Azulinha. De perto... que intrigalhada, meu Deus! Que pavões! Quanta gralha com penas de pavão lá dentro!... E depois, aquela farda! Já figuraste o grotesco do fardão? Eu, metido naquilo! Você, metido naquilo! O Ricardo, metido naquilo, com o espadim de cortar papel à cintura... Não sei por que um acadêmico fardado me lembra caixão de defunto. Os galões, talvez.

Gosto do Rio e sempre quis morar aqui. Há umas coisas velhas. O Cosme Velho do Machado de Assis. A Ascurra. Mas a paisagem tropical me cansa. Sinto que vou logo me enjoar destes verdes eternos, destas palmeiras de presepe e do eterno Pão de Açúcar. Meu sonho é a paisagem dos países frios, com invernos, árvores desfolhadas, outonos vermelhos, neve – e depois a maravilha que há de ser a "ressurreição da cor" na primavera. Não tenho o índio ou o negro na alma. O tropicalismo me parece coisa de índio e negro da África.

Uma aventura terrível, Rangel, ter de começar vida nova em idade que já pede aposentadoria – mas não deixa de ter seus encantos, como todas as aventuras. Vem passar as férias aqui. A casa é grande e há um quarto de hóspedes com janelas para um pedraçal imenso. Lá no topo repimpa-se uma casa velha e atarracada, com um letreiro enorme no liso da pedra: *Fazenda Turano*.

Otales dirige tudo em São Paulo e eu tomarei conta duma espécie de sucursal aqui. Projetos, projetos.

Faço ponto na livraria Leite Ribeiro. Reúnem-se lá figurões. Gosto de conversar com o Rocha Pombo, um excelente velhinho. O Almáquio Diniz não falha. E vem o Humberto. Esses homens que o Brasil do sertão conhece pelos jornais e admira como paredros, a gente os vê em carne e osso. São glórias e gloríolas que passam, fazem estação nos "pontos", ingerem aperitivos e vão para casa com pacotes de empadinhas no dedo. Gosto do Antônio Torres. Faz ponto à noite no grande bar fronteiro, naquele bloco do Hotel Avenida. O chope é servido em rodelas de papelão, em vez de pires. Um papelão mata-borrão, ótimo para lápis-tinta quando está úmido. E o Torres, em eterna guerra contra Portugal, escreve na sua linda letra em cada um daqueles discos de papelão: "*Duarte Leite, encaixotador de Portugal no Brasil*". Duarte Leite é o Embaixador português...

O Rio me dá ideia dum tremendo cancro que parasita e suga toda a seiva do Brasil. Ou o Brasil dá cabo deste Rio de Janeiro, ou o Rio de Janeiro dá cabo do Brasil. O Artur Bernardes me disse isto em Belo Horizonte, antes de ocupar a Presidência: "Só não mudarei a Capital Federal se me for impossível. Nunca haverá governo decente nesta terra, enquanto a sede do governo for no Rio – naquele antro". Eu hoje compreendo o que há de certo em tais palavras.

Lobato

1926

Rio, 26 de janeiro de 1926.

Rangel:

Pois é. A vadiação forçada em que me encontro fez-me pensar no suicídio, não à moda do Ricardo, mas por meio da "imortalidade" acadêmica. Aquilo está se transformando em matadouro. Nossos "imortais" morrem como formigas. Há tantas vagas agora e tantas "quase vagas", que num momento de desespero inscrevi-me. Visitas não faço, mas mandarei uma carta a cada um fazendo um gentil rapapezinho. Serão 37 cartas – e fazer mais que isso repugna-me. Quanto à farda, não visto. E nem tomo posse. Pronunciar um discursão, de casaca ou farda – nunca! Sei que está assentada a eleição de Adelmar Tavares, mas quero ver. Estou com alguma curiosidade.

Mando-te um *Staden*, a edição primogênita da nova companhia e, por coincidência, o primeiro livro que se publicou sobre o Brasil. É obra realmente interessante e merecedora do sucesso que tem tido. A edição inicial de três mil está no fim. Vamos tirar outra e maior.

O Nogueira parece que também quer concorrer à Academia, e um jornal de hoje diz que "o Melo Viana vai pedir por ele". Pedir! O Nogueira, com dois livros excelentes, lá necessita pedir! A nossa Academia é essa indecência por puro espírito de imitação: sua mãe, a Academia Francesa, é uma polaca velha dez vezes mais indecente. Leia as ironias do Anatole France a respeito.

LOBATO

* * *

RIO, 11 DE FEVEREIRO DE 1926.

Rangel:

Recebi teu cartão e leio agora o recado no frontispício do livrinho – salvando-o. O mais, que não é teu, tomo-o como sintoma da doença mental que está em desenvolvimento no Brasil: tênia nos miolos. Imagina que ao receber aquela filariose pensamentífera eu estava lendo Chamfort, que é para mim o pensador número 1 da França, em finura e verdade. De modo que ao invés da tua previsão "... que não lerás", li-o todo, já que no contraste reside o sabor das coisas e ninguém conheceria o doce do mel se desconhecesse o amargo das quássias. Minha política literária hoje é ficar nos extremos. Só ler os Balzacs ou os Macucos – os gênios ou os imbecis, já que estes são os mesmos gênios às avessas.

O bonde é cá no Rio um promotor de leituras. Ninguém escapa de dar ao bonde uma hora de vida por dia, e a leitura impõe-se como amenizadora dessa hora. Voltei a ler, eu que até do alfabeto já andava esquecido. E a ler "sucos" – vê lá: *Manon Lescaut*, *Guilherme Tell* de Schiller (que primor!), La Bruyère, Chamfort, Courier, Sevignè, Benjamin Constant no *Adolphe* e quantas mais coisas vêm numa coleçãozinha azul de Nelson. Neste andar ponho-me aí um sábio com jus a uma cadeira de literatura não sei onde. Como vês, leio os grandes; e fora deles, só os extremos opostos, igualmente interessantes. Há um Jarbas Loretti, autor das *Vozes andinas*, que é abrir ao acaso e gozar ao acaso. Já comecei a citá-lo em meus artigos n'A *Manhã* – e hei de citá-lo até morrer. Faço empenho em revelar ao Rio o poeta que diz coisas assim:

> Homem, tens um jardim? Faze-o mais lindo e róseo;
> Se acaso és caçador, caça o feroz famacosio
>   Que erra no Paraguai.
> Mas, não! Queres dinheiro, ou libra, ou franco, ou rublo.
> Não temes contemplar-me o cariz, se me enublo?
>   Sou irmão do Xangai.

Diz coisas assim ao acaso, pelo livro inteiro; e apesar de nas livrarias figurar na prateleira dos poetas, entre Hugo e Saturnino, vai se perpetuando ignorado!

O teu recomendado pensamenteiro não vale o Loretti, embora pense em ortografia portuguesa. Apesar do nome, não levará nenhum Napoleão a Waterloo, porque é um Waterloozinho de si próprio, para uso caseiro. Rangel, Rangel: que prodigiosos admiradores descobres nessas Minas Gerais, ricas de todos os Mineiros!

Minha segunda aventura na Academia... Da primeira vez me apresentei e logo depois me arrependi e retirei a apresentação. Desta vez foi o Leonídio Ribeiro, grande amigo daqui, quem me empurrou. Inscrevi-me, e cheguei mesmo a fazer duas ou três visitas. Mas a velha vergonha voltou. Larguei mão. Um dos meus competidores está se revelando prodigioso na cabala. Faz tudo quanto eu não tenho ânimo de fazer. A força dele, porém, estava no ineditismo. Como não possuísse nenhuma obra que o exteriorizasse sob forma gráfica, dele diziam os seus cabos eleitorais maravilhas: que era um gênio todo latências e, pois, merecia entrar como entraram Afrânio e Graça Aranha, esses dois que se "imortalizaram" inéditos mas depois produziram coisas excelentes e desse modo perderam as aspas. Ora, você compreende que é difícil lutar com um homem assim, armado com armas em que eu não pego e tão tremendo de latências. Eu, que dei? Uns livros de contos. Mostrei, pois, as minhas cartas. E ele? Ah, ele tinha lá dentro *Comédias humanas* e *Divinas comédias*. Luta muito desigual. Desisti.

Mas aconteceu uma coisa curiosa. Não satisfeito com a magnífica contagem de pontos, o Latente resolve dar amostra das riquezas internas: mostrar um rabinho da *Divina comédia* ou um cabelinho da *Comédia humana*. E, inopinadamente, com surpresa geral, bota um livro, como franga nova bota um ovo. Ouça agora esta.

Gosto muito do Coelho Neto e vou lá sempre. Da última vez encontrei-o furioso (Neto é o maior padrinho do Latente).

– "Que houve, Neto? Que zanga é essa?"

E ele, brandindo no ar um livrinho:

– "É este sujeito. Deu-me um trabalhão preparar a sua entrada para a Academia e agora, que estava com tudo quase assegurado, sabe o que ele faz? Publica este livro – veja! Mas já o adverti severamente pelo telefone: – "Se você publica outra coisa qualquer antes da eleição, retiro o meu apoio ao seu nome e retiro até o meu voto pessoal!"

Rangel, Rangel: nós somos dois matutinhos do sertão...

LOBATO

* * *

RIO, 7 DE MAIO DE 1926.

Rangel:

Após longo silêncio me chega uma tua, relembrativa das boas cartas de dantes. E a nota ainda é a mesma: tua luta com o problema econômico. Ainda pagas dívidas com o dinheiro mais duramente ganho deste mundo! Tudo por erro de localização. Minas é um estagno. (Existirá esta palavra? Brotou-me agora. Boa, não?) Breve reentraremos na ativa, e a Cia. Editora Nacional te dará muito trabalho – e também te pagará o que a falida te ficou a dever. Nossa nova fase avança maravilhosamente bem, apesar de tão bebezinha: nasceu em fevereiro. Desde esse mês até hoje tivemos um líquido de 130 contos, e a aquisição do estoque de livros da velha companhia vai ser tacada. Decididamente temos estrela, porque é difícil conseguir, a quem sai duma estrondosa falência, o que estamos conseguindo em tão pouco tempo. E breve serão duas casas, uma em São Paulo, a matriz, e outra aqui, a filial. E depois três, quatro, cinco – uma livraria em cada capital do Brasil. Só de gramáticas do Eduardo Carlos Pereira vendemos de fevereiro até hoje 27 mil. A edição do *Hans Staden* (recebeu?) foi um triunfo – oito mil em três meses – e está entrando nas escolas.

E tenho lido muito no meu gabinete de leitura ambulante, o bonde. Até Pascal, esse Nogueira francês em sua eterna bebedeira de Deus. Até Anatole e coisas inglesas.

Quem me estimula no inglês é a criatura mais bela e inteligente do Brasil: Rosalina. Rangel, Rangel: quem passou pela vida e não conheceu Rosalina, falhou – perdeu o bonde. É a mulher da beleza tríplice – física, moral e mental. Vou dizer dela aos argentinos pelo *Plus Ultra*, com um retrato de página inteira.

Aborreci-me de escrever n'*O Jornal* por causa da letrinha miúda e dos erros de revisão. Passei-me para A *Manhã* do Mário Rodrigues, que está com a maior tiragem do Brasil. Cada número é um estouro de bomba. Mando-te alguns artigos. *O pátio dos milagres* doeu e fez que o governo pensasse em assistir aos pobres. Estava uma vergonha a mendicância nas ruas.

Vou ver os *Bonecos* do W. Brandão, embora me falte fé nos novos. Estou de sorte. Fui traduzido na Síria por E. Kouri; na Alemanha por Fred Sommer; na França por Duriau. E como de muito tempo ando com a Espanha e a Argentina no papo, já apareci em seis países. Quer dizer que só fali comercialmente.

Breve teremos de cuidar de você: nova edição da *Vida ociosa*. Precisamos "gavar" este país com o teu romance.

Não ficarei muito tempo nesta terra. O calor!... já te disse que não tenho o trópico no sangue. Detesto os verdes eternos, o calor quase eterno, a tal primavera eterna que não passa da mais eterna e desesperante monotonia. Verde, verde, o ano inteiro! Tudo verde, como o *Menino verde*, um álbum colorido com que me diverti em criança, companheiro do *João Felpudo*: lembra-te disso? Pobres das crianças daquele tempo! Nada tinham para ler.

Ando com ideias de entrar por esse caminho: livros para crianças. De escrever para marmanjos já me enjoei. Bichos sem graça. Mas para as crianças, um livro é todo um mundo. Lembro-me de como vivi dentro do *Robinson Crusoe* do Laemmert. Ainda acabo fazendo livros onde as nossas crianças possam morar. Não ler e jogar fora; sim morar, como morei no *Robinson* e n'*Os filhos do Capitão Grant*.

LOBATO

Rio, 8 de julho de 1926.

Rangel:

Não sei se já te avisei da chegada dos artigos. Também comecei a ler o W. Brandão no livro mandado. Realmente, muito interessante e de grande pitoresco. Há ali coisas deliciosas de observação e expressão. Pena escrever na tal cacografia portuguesa.

Sabe o que ando gestando? Uma ideia-mãe! Um romance americano, isto é, editável nos Estados Unidos. Já comecei e caminha depressa. Meio à Wells, com visão do futuro. O *clou* será o choque da raça negra com a branca, quando a primeira, cujo índice de proliferação é maior, alcançar a branca e batê-la nas urnas, elegendo um presidente preto! Acontecem coisas tremendas, mas vence por fim a inteligência do branco. Consegue por meio dos raios N, inventados pelo professor Brown, esterilizar os negros sem que estes deem pela coisa.

Já tenho um bom tradutor, o Stuart, e em Nova York um agente que se entusiasmou com o plano e tem boa porcentagem no negócio. Imagine se me sai um *best seller*! Um milhão de exemplares...

Conheces a série Tarzan? Curiosa e bem infantil. Anda em milhões. Eu me acho capaz de escrever para os Estados Unidos por causa do meu pendor para escrever para as crianças. Acho o americano sadiamente infantil.

LOBATO

1927

Rio, 7 de fevereiro de 1927.

Rangel:

Recebi os livros e alegrei-me da tua volta à ativa, desta vez em rodapé. E do rodapé acabo de sair hoje, pois que A Manhã concluiu a publicação do meu "romance americano". Quero ouvir tua opinião, mas manda-lo-ei já em provas tipográficas para livro – e assim te filo mais uma revisão. Nunca me julguei capaz de conduzir um romance até o fim, e no entanto lá o pari em vinte dias. Como é "canja" escrever um romance! Disse-o ontem ao Coelho Neto e ele amoitou. Saiu um romance inteiramente desligado da minha velha literatura regional. Veio coisa do futuro – lá do ano 2228.

A nossa nova empresa editora vai com todos os ventos favoráveis. Cada edição, um triunfo. Do *Príncipe de Nassau*, do Setúbal, tiramos vinte mil e já está perto do fim. Cheira-me que o romance histórico é mina. Por que não pensas num? Bem dramático, bem cinema? Há em Minas aquele período áureo da mineração do Tejuco, ou no distrito diamantino. Com o Viriato já apalavramos um, *Chica da Silva*, que há fazer barulho.

Queres ver como entre nós vão as coisas evoluindo e como está ficando *yankee* a nossa técnica editora? Anos atrás, na velha companhia, quando tirávamos de uma obra três mil, todo mundo achava que era arrojo. Pois hoje começamos muitas com dez mil; e se a obra tem qualidades excepcionais, começamos logo com vinte mil, como o *Nassau* do Setúbal. O meu *O reino louro* ou *O choque das raças* ou *O presidente negro* (ainda não o batizei definitivamente) vai sair com vinte mil no mínimo. E soltamos a avalanche de papel sobre o público como se fosse uma droga de farmácia, um Biotônico. Anúncios, circulares, cartazes, o diabo. O público tonteia, sente-se asfixiado e engole tudo. Mando-te hoje a minha tradução do livro do Henry Ford e o Jean de Lery.

Não conheço o teu *Filha*. Filha do quê? Eu, se fosse você, transformava-o em romance histórico. *A filha do Conde de Bobadela*, por exemplo. O público prefere ler coisas de condes, duques, príncipes, reis e magnatas, em vez de aventuras e vidinhas miseráveis como a do M. J. Gonzaga de Sá. Aquele livro do Lima Barreto encalhou por causa disso. Que importa a alguém a vida dum M. J. Gonzaga de Sá que ninguém sabe quem é, nem quer saber? O público reclama coisas e tipos diferentes dos que vê em redor de si – e é natural. Que me interessa um romance sobre a vida da minha cozinheira, se a tenho de aturar em pessoa todos os dias? Podemos fazer uma coisa, Rangel: refazer nossos livros! Nobilitar nossos personagens! Você transforma o Zé Correto em Barão do Onyx e eu faço do Jeca Tatu um conde do papa.

Você nunca soube batizar o que escreve, *Filha!*... Quem no mundo comprará um livro com esse nome? Filha tem-se, não se compra. Na velha companhia mudei muito título. Punha de preferência um nome feminino, porque, em cheirando a mulher lá dentro, os leitores concupiscentes compram "para ver". Editar é fazer psicologia comercial.

LOBATO

Rio, 12 de fevereiro de 1927.

Rangel:

Diga-me se recebeu *O choque das raças*. O teu silêncio a respeito me causa espécie. E estou com outro livro novo já com a cabeça de fora: *Mister Slang e o Brasil*. Já não é ser lobo, dirás: é ser coelho... neto...

Lobato

* * *

Rio, 23 de março de 1927.

Rangel:

Passei a manhã de hoje emaçando cartas — como tenho cartas, meu Deus! Apesar do destroço que a cada mudança nelas faço, ainda as conservo às centenas; das que dizem algo interessante para a história da minha vida e da contemporânea, não me desfaço. Tuas, quantas e quantas! Conservo-as todas. Desta feita parto para longe. Estou a fazer a bagagem. A 27 de abril sigo de mudança para os Estados Unidos, para onde fui nomeado adido comercial. Verei se lanço lá a edição inglesa do *Choque das raças* e estudarei a hipótese do transplante da nossa segunda empresa editora. Se for possível, chamar-se-á Tupy Publishing Co. e há de crescer mais que a Ford, fazendo-nos a todos milionários — editores e editados. O Brasil é uma coisa perrengue demais para os planos que tenho na cabeça. Esses planos no Brasil permanecerão toda vida lêndeas: lá virarão piolhos do tamanho de iguanodontes. O cargo assegura-me subsistência e deixa-me liberdade de ação. Espero em dois anos dispensá-lo e ficar apenas o chefe da Tupy Co. Que sonho lindo! Que maravilha! Morar e ter negócio na maior cidade do mundo, onde os homens se envenenam com o fedor da gasolina de oitocentos mil automóveis! América, a terra de Henry Ford, o Jesus Cristo da Indústria! Mandei-te o meu livrinho em inglês, As *Henry Ford is regarded in Brazil*. Sabes que recebi dele uma carta, lá de Dearborn? Logo irei a São Paulo e te mandarei *Tempestade*. Incrível que ainda o não tenhas recebido. Ficou um livrinho lindo. E resolverei sobre o caso do *Rei Lear*.

Qualquer coisa que queiras do Thomas (Edison) ou do Calvino (Coolidge) é ires dizendo.

LOBATO

* * *

RIO, 22 DE ABRIL DE 1927.

Rangel:

Só partirei no dia 25 de maio, pelo *American Legion*. Para a semana vou a São Paulo por uns dias. Não sei se te encontrarei lá. Foi para a América um telegrama da United Press sobre *O choque*. Telegrama para uma cadeia de jornais. Uma revista americana deu notícia e falou da provável edição inglesa. De lá te escreverei. "Lá", agora, quer dizer Nova York. De volta de São Paulo também te escreverei sobre um negocinho. Adeus.

LOBATO

Rio, 24 de maio de 1927.

Rangel:

No momento de partir não me esqueço do grande amigo. Vai esta – a última que te escrevo do Brasil. Em New York City, Brazilian Consulate, USA, terás, como sempre, o velho

Lobato

P.S. Qualquer coisa que queiras da Cia. Editora Nacional é só escreveres ao Otales Ferreira, que fica na direção de tudo. Já lhe recomendei que te pagasse a tradução do *Rei Lear*.

L.

* * *

New York, 17 de agosto de 1927.

Rangel:

Recebi tua carta. Em vez de pegá-la do "seu Martins", aquele estafeta que descrevi no *Suplício moderno*, peguei-a no Consulado. Interessante os nossos destinos. Você condenado a pular duma "cidade morta" para outra, e eu a saltar duma cidade viva para outra mais viva ainda: Taubaté – São Paulo – Rio de Janeiro – New York...

Sinto-me encantado com a América. O país com que sonhava. Eficiência! Gapole! Futuro! Ninguém andando de costas! E há aqui até sabiás... O *robin*, anunciador da primavera (o robin emigra no inverno e é o primeiro passarinho que volta quando a primavera vai romper), tem aquele mesmo papo cor de telha nova do nosso sabiá-laranjeira.

Passarinho aqui é gente, Rangel. Todos os bichos aqui são gente – cães, gatos, esquilos... E há hospitais para os bichinhos como não os há aí para os jecas. Uma conhecida minha aqui de Jackson Heights mandou para o Hospital dos Passarinhos o seu canário hamburguês e o recebeu perfeitamente curado e alegre. O pobrezinho havia amanhecido com a pata esquerda enganchada numa forquilha da gaiola e estava manquitolando... foi como Misstress Blunt me explicou o caso.

Rangel: eu sou um peixe que esteve fora d'água desde 1882, quando nasci, e só agora caio nela. Isto aqui é o mar do peixe Lobato. Tudo como quero, como sempre sonhei. E a pátria aí me custeia com 700 dólares por mês. Hei de devolver esse dinheiro com juros fabulosos. Meu plano agora é um só: dar ferro e petróleo ao Brasil. Estou em carteação com Mister W. H. Smith, de Detroit, sobre um novo processo siderúrgico, perfeitamente *fit* às condições carbônicas do Brasil. Terei de ir lá estudar o processo e então visitarei a Ford e o Ford. Como você sabe, fui o tradutor do Ford no Brasil, e ao chegar a New York, quem encontro no cais de Hoboken? O agente geral da Ford em New York. Abordou-me, deu cartão e disse que tinha ordem de Mister Ford para receber-me e facilitar-me tudo. Foi ótimo, porque vim com bagagem enorme (todos os meus livros, imagine) e onde guardar aquilo? O agente encarregou-se de tudo. Levou-me para o hotel numa Lincoln e guardou meus caixões no depósito da companhia até que eu alugasse este apartamento. Tome nota: 205 – 24th Street – Jackson Heights, L. I. – New York City – USA.

Vê que gente gentil? Eu diante do Ford sou pulga magra diante do Everest. Pois o Everest desce das alturas, põe o microscópio no olho, enxerga a pulga magra e, em vez de esmagá-la entre as unhas, acolhe-a como se fosse gente! Será que pulga também é gente aqui?

LOBATO

NEW YORK, 5 DE SETEMBRO DE 1927.

Rangel:

Recebi tua carta, como as recebia em Areias, em Taubaté, em São Paulo. A maior invenção humana é o Correio.

Que dizer-te, Rangel? Isto é tão imenso, tão desmarcado, tão fora de proporções com o nosso mundinho aí, que é tolice querer dar uma ideia. Teatros, beleza feminina... os arranha-céus... o orçamento da cidade... o perpétuo Amazonas de automóveis...

Maomé sonhou com um paraíso de huris e o Ziegfeld realizou-o na terra, pondo-o ao alcance dos olhos (dos olhos só) de quem tem 3 ou 4 dólares no bolso. "*Glorifying the American Girl*" – é o moto desse homem, que em seu teatro reúne e exibe quase nua a flor da beleza americana. E é diante delas que um basbaque vindo daí primeiramente se extasia. Como bom basbaque, já me fui extasiar com aquele *glamour*. Esta palavra tem enorme consumo aqui. "Gorgeous", também. As *girls* do Ziegfeld são todas *gorgeous*. Esta palavra é filha do *se regorger* dos franceses: estufar o papo, como os perus...

Sabe onde li tua carta? No trem de Corona, que é o que me traz para casa – trem subterrâneo. Aí em Minas só as minhocas andam no fundo da terra; aqui todos nós, dentro de trens. Conta isso ao Chico Sales. Tomo meu trem numa caverna de Ali Babá maravilhosa, chamada Grand Central, lá no fundo da terra, e o trem me leva pelo túnel que passa debaixo do rio Hudson. Eu estava passando sob o Hudson, quando cheguei ao pedaço em que falavas no jatobá. Parei e pensei comigo: "A cidadinha de Passos, Rangel olhando para o jatobá – e eu no fundo do Hudson vendo Rangel de olhos fixos no jatobá!". E repeti alto essa palavra "jatobá"... Um americano ao meu lado olhou...

Meu romance não encontra editor. Falhou a Tupy Company. Acham-no ofensivo à dignidade americana, visto admitir que depois de tantos séculos de progresso moral possa este povo, coletivamente, combater a sangue-frio o belo crime que sugeri. Errei vindo cá tão verde. Devia ter vindo no tempo em que eles linchavam os negros. Os originais estão com o Isaac Goldeberg, para ver se há arranjo. Adeus, Tupy Company!...

O Brasil... Como está longe, no espaço e no tempo! Aí vivemos, bem pouco diante da era de Dona Maria I. O Antônio Torres dizia sempre: "Minas ignora que Dona Maria I já morreu". Acho que até São Paulo não tem bem certeza da morte dessa rainha...

Moro em Jackson Heights, o mais belo bairro residencial de New York. Em certas ruas há canteiros de tulipas, que as dividem pelo meio – canteiros estreitos mas compridos como as ruas. Quando florescem, que linda fita de cor de um extremo ao outro! Tulipas, Rangel, aquilo que parecia privilégio da Holanda!

O americano troca o "t" por "r", de modo que até um inglês de Londres se atrapalha em New York. Há dias pedi *water* num restaurante. O "waiter" – isso aí que vocês chamam garçom – olhou-me com cara d'asno. Repeti. *A glass of water, please!* Ele ainda ficou no ar uns instantes. Depois seu rosto iluminou-se (era um garçom inteligentíssimo) e disse: "Warer?" e trouxe-me a água pedida. *Tomato* é "tomeiro" – e eu sou "Mister Lobeiro". Filha é "dórar" e *What of it?* é "Oróvet". Fui comprar uma fita de máquina. "Standard ou Pôrabal?", perguntou o homem. Espertissimamente adivinhei que "pôrabal" queria dizer *portable* – máquina portátil.

Se gostar de ler inglês, poderei mandar-te um milhão de coisas – sobretudo jornais e revistas.

So long, old chap!

LOBATO

1928 – 1943

NEW YORK, 17 DE AGOSTO DE 1928.

Rangel:

Será que já morremos um para o outro? Em parte é assim, tanto a vida nos soprou para rumos diferentes. No começo escrevíamos como riachos que correm. Era fácil. As mesmas ideias na cabeça, os mesmos sonhos – e que bonitos, lindos, os sonhos da "primeira infância" literária! Ontem, mexendo numa gaveta (não é mais gaveta, é *file*...) encontrei uma velha carta e li-a cheio de saudades do nosso tempo, das nossas coisas, da nossa comunhão de ideias. Tudo tão longe agora, já em estado de *will-o-the wisp* em minha imaginação... Eram fáceis, a correspondência e o mútuo entendimento naqueles períodos. Hoje é mais difícil. Tenho de falar daqui e é muito difícil falar das coisas que "só vendo". New York é uma cidade que "só vendo".

O *rush* deste país rumo ao futuro é um fenômeno, Rangel! Quando escrevi O *choque*, pus entre as maravilhas do futuro a televisão. Pois já é realidade. O *Times* de hoje anuncia que a estação WCFW vai inaugurar comercialmente a irradiação de imagens. O sonho que localizei em séculos futuros encontro realizado aqui.

A primeira vítima da televisão vai ser a velha e boa Saudade, que no fundo é filha da Lentidão e da Falta de Transportes. A saudade desaparecerá do mundo. (Pobres poetas! Dia a dia vão perdendo as cocadas da sua quitandinha.) Porque a saudade vem de não podermos ver e ouvir a pessoa querida que está longe ou já morreu. Mas o rádio e a televisão destroem o longe. Em breve futuro a palavra "longe" se tornará arcaísmo. Como longe essa tua Minas, se poderei ver-te e ouvir-te daqui? E quanto ao longe da morte, logo o De Forest inventa uma válvula metapsicotônica para a comunicação entre vivos e mortos. Em vez de ter saudades do Ricardo, eu chego ao aparelho e ligo-me com a "frequência ricardiana".

– "Hello! É você, Ricardo?"
– "Sim..."
– "Pois eu estou aqui, meu caro, neste perpétuo curto-circuito que é New York."
– "E o nosso Rangel, que fim levou?"
– "Inda há pouco estivemos conversando. Sempre em Minas. Achei-o mais magro. É de tanto traduzir livros de moças, creio. O Otales explora-o infamemente. E você aí, como vai?"
– "Eu estou me preparando para mudar de esfera."
– "A frequência é lá a mesma?"
– "Não. É outra, tome nota" – e eu tomo nota da nova metapsicofrequência do Ricardo.

Como ter saudades dum diabo desses?

Adivinhe quem apareceu por aqui!... o Otales. Tanto insisti que veio. Mas aconteceu-lhe um desastre horrível: no terceiro dia o choque desta besta do Apocalipse feita cidade de encontro à "mineirice" do Otales (ele é dum lugarejo de Minas) causou-lhe um tal transtorno de nervos que o remédio foi correr à agência Lamport e pegar o primeiro vapor *South American bound*. De modo que o Otales esteve aqui só cinco dias, incluindo o da chegada e o da volta. Breve o Rippley do *Believe it or not* está com desenho nos jornais: *"O homem que fez a mais curta visita aos Estados Unidos"* – e lá aparecerá no desenho o Otales em mangas de camisa, ordenhando uma vaca tradutora mineira...

Estive em Detroit oito dias, vendo só duas coisas: a Ford e a General Motors. Mister Smith, o meu hospedador, *manda* nas duas. O que vi lá dá um livro maior que a *Enciclopédia Britânica*; portanto, adeus.

LOBATO

P.S. Na Ford almocei com Edsel Ford na mesa redonda da *staff*, ou dos "executivos". Sorensen é muito parecido com o Roberto Simonsen. Ao Ford velho não vi. Estava na Escócia.

LOBATO

* * *

NEW YORK, 28 DE NOVEMBRO DE 1928.

Rangel:

Tu quoque! Até você a publicar trechos de cartas minhas! Não há nada que me desaponte tanto, porque sou um perante o Respeitável Público e outro na intimidade.

Lamentas que estejam a desaparecer as nossas preocupações comuns. Em parte é certo. Distanciamo-nos bastante em nossas órbitas, você seguindo uma muito coerente com os começos, com a vocação e as ideias centrais, e eu... Quando olho para traz fico sem saber o que realmente sou. Porque tenho sido tudo, e creio que *minha verdadeira vocação é procurar o que valha a pena ser.* Aquela minha fúria literária de Areias e da fazenda: quem visse aquilo proclamava-me visceral e irredutivelmente "homem de letras". E errava, porque o Lobato que fazia contos e os discutia com você está mortíssimo, enterradíssimo e com pesada pedra sem epitáfio em cima. O epitáfio poderia ser: "Aqui jaz um que se julgou literato e era metalurgista". Porque a minha vocação pela metalurgia é muito maior que a literária. Jamais conversei com qualquer literato mais atentamente e mais encantado do que converso com Mister William H. Smith, o anjo Gabriel anunciador da metalurgia de amanhã. O ferro esponja, Rangel! Eis a beleza suprema. Perto do *sponge iron*, todos os livros de Camilo e Machado de Assis só valem materialmente pelo papel, porque o papel contém carbono e o carbono é necessário à Reação diante da qual todos devemos nos ajoelhar porque é a mãe da Civilização: FeO – O + C = FeC.

Não te assustes. FeO é como a ciência de Mister Smith denomina o que vocês aí, gente ignara, chamam "morro de ferro", "pedra de ferro", "ferrugem" etc. O Pico de Itabira não é pico de Itabira nenhum: é *FeO*, isto é, uma combinação do elemento *Fe*, vulgo ferro, com o elemento *O*, vulgo Oxigênio. No estado natural o *Fe* aparece mais agarrado ao *O* do que a Orelha Gorda ao dinheiro. Mas se conseguirmos separá-los, divorciá-los, e depois casarmos o elemento livre *Fe* com o elemento *C* (ou Carbono), teremos a maravilha que é o *metal* chamado *Ferro*, com todas as suas modalidades de *Aços*. E temos o pai da Civilização! Abstraia-se dela o ferro e a que fica reduzida? Esta New York imensíssima voltará a ser aquela ilha de Manhattan que o holandês Peter Minuit comprou dos índios por 25 dólares. E não haverá nenhum Peter Minuit para comprá-la de novo, porque Peter já era um filho da civilização europeia, filha por sua vez do ferro.

Isto é o que o brasileiro não compreende, Rangel, e só agora vim a compreender. O segredo de todas as prosperidades e culturas está no *FeC*, porque o *FeC* (ou aço) é a matéria-prima do *Instrumento* e da *Máquina*, e do Instrumento e da Máquina é que sai este belo horror chamado Civilização. *Vida ociosa*, por exemplo, é um produto da civilização e, portanto, um produto do Instrumento e da Máquina, e, portanto, um produto do FeC. Porque para que esse livro existisse foi mister que existissem vários instrumentos de ferro. Instrumentos: machado que corta a árvore na floresta, serra que divide o tronco em toras – e é no papel produzido com a polpa dessas toras que mestre Rangel escreveu o que pensou, com um instrumento chamado *pena*, feito de ferro. E máquinas: o carro que puxou as toras de madeira, o moinho que as reduziu a polpa, todas as máquinas do que chamamos uma "fábrica de papel"; e depois, o trem que transportou para tua Minas o papel em resmas etc. De que modo escreverias o teu romance, se vivesse a vida do índio que não dispõe de ferro? Na areia das praias, com um pauzinho, como fez Anchieta, para que o vento e as ondas o lessem e apagassem?

Estamos com uma empresa em organização no Rio para ferrar o Brasil, isto é: para produzir ferro pelo maravilhoso processo de Mister Smith e com esse ferro construir as máquinas e instrumentos por falta dos quais ainda vagimos no "berço do atraso", como diria o Macuco.

Ah, Rangel, o Macuco! O nosso tempo do Minarete! És o único amigo efetivo que me resta daquele tempo; efetivo porque produz efeitos a mim relacionados: carta, troca de ideias e impressões, elogios. Como nós nos elogiávamos, Rangel! Como gostávamos da comidinha! Todas as nossas cartas levavam bombons dentro, dos de licor interno. Elogios aos nossos estilos!

Conversar com você foi o meu substituto do conversar comigo mesmo em noites de lua – porque nunca tive tempo de conversar comigo mesmo de dia e ainda menos agora que minha vida virou um *rush* de *subway* no Times Square às 5 horas. E só conversávamos um assunto...

A lua! Eu só falava comigo mesmo quando sozinho no campo, com a lua em cima. A lua, a velha lua... Sabe que a vi ontem?

Meu escritório é na Battery Place, a praça à beira d'água onde esta cidade começou, e chama-se assim porque foi onde os holandeses de Manhattan armaram uma bateria para se resguardarem dos índios. Como aquela fortaleza da Bertioga que o "coronel" Tomé de Souza construiu para a defesa contra os tupinambás e onde esteve como artilheiro o Hans Staden. Pois é onde tenho o meu escritório. Das janelas vejo a pequena praça mal ajardinada, com bancos, com o Aquário num extremo – um aquário cheio de focas que latem como cachorro e onde fui conhecer a piranha do Brasil. Depois, o cais e a água, e a estátua da Liberdade, pequenina lá longe.

Pois bem: ontem retardei-me no escritório e quando saí, já noite, dei com a lua no céu. Entreparei, comovido. Era a primeira vez que a via em New York. Será verdade? Exclamei lá por dentro. Então há também lua nesta terra? Lua sempre me pareceu uma coisa lá do Brasil, lá da fazenda, lá de Areias. E fui sentar-me num dos bancos da praça já deserta, com os olhos fixos na lua – na minha velha e boa lua! E quedei-me a recordar o passado. E lembrei-me da cena do Ricardo beijando o focinho do pobre cavalo de tílburi; e do Raul "tentando" ouvir; e do Albino vacilando; e do Nogueira lendo Zola à luz azul do teu fogareiro de álcool; e do Cândido com as suas gravatas maravilhosas; e do Tito babando um trocadilho; e do Lino curto-circuitando estrepitosa e nervosamente; e do Correia *exagerando*; e de você carregando com cara fúnebre o caixão do Orelha Gorda enquanto mentalmente dava destino aos 100 mil-réis que afinal não recebeu[1]. Não houve o que aquela boa lua me não recordasse. Até da minha "égua moura" lá da fazenda. Excelente criatura! Um tanto nervosa. Levava-me a Caçapava no galope – três léguas. Um dia assustou-se com um jeca que seguia pela estrada com uma porção de balaios na cabeça, nas costas, nos ombros – um verdadeiro "balaial" semovente que ela não compreendeu. E como não compreendeu, fez volta brusca e projetou-me longe. Lei da inércia. Ela interrompeu de súbito o movimento do galope; eu, mísero títere das leis físicas, continuei no movimento adquirido. Tudo isso a lua de Battery Place me evocou.

Pois não é que no dia seguinte me chega tua carta? Com que prazer a li! Era a continuação do devaneio da véspera.

LOBATO

* * *

NEW YORK, 20 DE JUNHO DE 1929.

Rangel:

Recebi a tua de 1º deste. Falas num teu romance. Não sei qual é. Coisa das velhas ou nova? Quando sair, não te esqueças de mim.

Perguntas por que não figura meu nome nas "festas" à Miss Brasil... Se não estivesse fazendo tanto calor, eu te contaria o que é essa vergonhosa mistificação. Não há aqui nenhuma de tais festas. Tudo é armado nos telegramas que o nosso cônsul e

---

[1] *O Orelha Gorda, um usurário do Brás, deixou no testamento uma verba para ser distribuída pelos que lhe carregassem o caixão até ao cemitério – a 100 mil-réis por cabeça. Rangel arranjou um fraque preto e lá foi carregar o Orelha Gorda. Ao chegarem ao Viaduto do Chá, correu que os herdeiros não iam pagar coisa alguma – e o caixão do usurário foi largado ali... Nota da edição de 1948.*

mais uns gatos pingados da colônia inventam para assombro do indígena *down there*. E o botocudo cai. O bonito, as "festas", é só nos telegramas que as folhas daí publicam. Tenho-os lido e coro de vergonha. Nunca supus que fosse possível mentir com tamanho descaro – e com tanto sucesso *down there*.

A verdade é esta. Miss Brasil, coitadinha, passou absolutamente desapercebida aqui – nem podia ser de outro modo, imensa como é New York e indiferente a tudo que não seja Lindbergh, Dempsey e Babe Ruth. O tal concurso de beleza de Galveston *ninguém* aqui sabe que existe, porque nenhum jornal trata do assunto – é coisinha local, municipal, lá de Galveston, que também ninguém sabe onde é. É *somewhere*. Foi com dificuldade que consegui saber o resultado desse concurso, onde a pobre menina foi desclassificada, não obtendo nenhum dos onze lugares. O fato é esse. O mais é Cônsul Sampaio e *reporters* vindos daí. Mas pelos jornais hás de ter visto como esse nada foi transformado em tremenda glorificação da beleza indígena. Manipulação pura!

Senti arrepios, Rangel, quando vi O *Estado de S.Paulo*, com toda a sua velha gravidade, consagrar páginas inteiras de telegramas e comentários a uma *coisa inexistente* e que aqui manipulam numa sala contígua à minha. E que fazer? Quem se atreve a desmentir ou desmascarar a cínica mistificação? Cheguei a interpelar um dos autores. "Isso é uma infâmia, Fulano. Não se abusa assim da boa-fé de todo um povo." Sabe o que me respondeu? "Ninguém lá percebe nada, Lobato. Aquilo é um povo de sarambés." E seria muito fácil desmascarar esses patifes. Era só intimá-los a mostrar os jornais americanos que hajam noticiado qualquer coisa. Cada vez mais me convenço de que a nossa gente é safada e cínica fora de conta e medida.

Há dias assisti à germinação de outra "festa". Esteve cá um figurão da medicina brasília e o cônsul arranjou-lhe um telegrama para o Rio dizendo que ele fora ou ia ser homenageado em Chicago ou Filadélfia com um banquete de quatrocentos mestres da ciência americana. O homem estranhou esse número tão alto.

– "Quatrocentos? Não acha meio muito?"

– "É pouco" – foi a resposta. – "Vou botar quinhentos" – e botou quinhentos. E *dow there* a taba encheu-se de ufania com a tremenda homenagem dos "maiores mestres da ciência americana ao nosso eminentíssimo sábio". E assim tudo que vai daqui para aí.

Adeus. Que venha o romance.

LOBATO

* * *

NEW YORK, 13 DE MARÇO DE 1930.

Rangel:

Recebi *Filha*. Bravos! Mais um broto da árvore que antigamente os numerava em vez de dar-lhes nomes! Comecei a ler e fui admirando a perfeição do estilo. Como acompanhasse a formação do teu modo de exprimir ideias e pintar cenas, naquele nosso tempo de correspondência ativa e copiosa, leio-te hoje como ninguém nunca te lerá – comparando, vendo os progressos, as marchas de flanco, as variantes de curso etc. Como quem passa por um lugar onde já andou muito e vai vendo as mínimas modificações operadas. E acho que teu estilo ainda descobriu meios de ganhar em pureza, boleio e elegância. E duvido que entre nossos escritores haja algum que analise e diga melhor. Estou que chegarei ao fim do livro com a impressão de que mais uma vez te saiu do tutano uma obra-prima.

– *Chegarei?*... Por que não chega já, se é tão pequeno o volume?

– Porque a leitura foi interrompida por um cabograma do Brasil. Meu filho Edgard apanhou gripe aqui e foi restaurar-se na terrinha natal, mas lá saiu com pneumonia. Num organismo fraco como o dele, uma pneumonia é coisa grave, de modo que fiquei aqui em suspenso, não podendo dar atenção a outra coisa. O período crítico e decisivo é esperado para amanhã. Ou entra a melhorar ou leva a breca. Compreendes agora por que *Filha* ficou no meio do caminho. Interferência do Edgard. Filho *versus* filha.

Adeus. Fica o resto para tempo de mais calma.

LOBATO

NEW YORK, 26 DE JUNHO DE 1930.

Rangel:

Tirei hoje o dia para uma série de cartas em atraso; e, embora seja a tua a última recebida, a ela respondo em primeiro lugar.

Já não gosto de te escrever, Rangel. A escassez de tempo, consequente às mil tribulações novas com que o mundo inglês me sobrecarregou, força-me a te escrever às carreiras, sem aquele sossego antigo, tão gostoso. Para os outros, galopo nesta Remington; mas para você eu queria escrever com as unhas, à moda de dantes.

Não posso. Não há tempo. Não há sossego de espírito. Esta New York é um *maelstrom* devorador de nervos.

Sabe que estou em vésperas de ressuscitar literariamente? A famosa comichão vem vindo – e terei de coçar-me em livro ou jornal. Só me volto para as letras quando o bolso se esvazia, e agora, em vez de pegar milhões de dólares, perdi alguns milhares na Bolsa. Resultado: literatura *around the corner*. E se não me sai logo uma tacada em que tenho grande esperança, boto livro, Rangel, boto jornalismo, boto literatura infantil! Mas se sai a bolada, então adeus Minerva!

Quando me chegou o teu *Filha* eu andava com o Edgard à morte no Brasil. Escapou, mas ainda não está totalmente bom. Logo que tive notícias de sua melhora, li teu livro. Minha impressão foi das mais estranhas. Era uma longínqua voz do passado – a voz dum mundo morto em que eu já vivera. Um eco... Minha vida tem sido um tal romance de Edgard Wallace, um tal *rush* em direções tão opostas, que me sinto hoje a mil léguas do que fui e do que ainda és. Você ficou no mesmo canteirinho onde te plantaram. Permaneceu árvore e por isso dás lindos frutos e em cada estação uma safra. Eu virei nem sei o que – cigano, *jumping bean*, "tudo quer e nada pega" e acabei expatriado neste mundo tão avesso do nosso mundinho afro-latino. Passei de água a vinho – a mais que vinho, a *whiskey*. De modo que quando me batem aqui jatos do passado, como *Filha*, fico-me besta, tonto, azoado de saudades do mundo perdido.

Perdido até na língua. Nunca mais, senão ocasionalmente, li português. Meus jornais matutinos são o *Time* e o *Sun*. Minha *Revista do Brasil* é o *American Mercury*, com o tremendíssimo Henry Mencken lá dentro. Meus autores: esse Mencken, O'Neil e tantos outros cujos nomes nada te dizem. Meus homens do rádio são o Amos and Andy, o Floyd Gibbons e não sei quem mais. Meu enlevo é a risada *by air* de Julia Sandersen.

Até à música me entreguei, eu, tão pouco musical. O *jazz* me deleita, e enlevo-me nos *songs*, nos *Broadway hits*, no perpétuo marulho oceânico desta Broadway onde moro. Subo ao Chrysler Building e lá de cima penso em Areias, na Anastácia ama do Edgard, no Julinho Sampaio, no Bigeu tabelião. Eles estavam convencidos de que Areias era o umbigo do Universo... Inda agora examinei a letra dum *song*. Dizer que a língua destes menestréis é a inglesa, seria arrancar Dickens da cova. Veja se isto lembra qualquer daquelas coisas shakespearianas que lemos no Brasil.

AIN'TCHA

Ain'tcha kinda glad, Ain'tcha kinda gay,
When you hear me say I loves – ya
Tell me, baby, ain'tcha?
Don'tcha kinda miss that little bit of bliss
When a hug or kiss I gives – ya.
Tell me, baby, ain'tcha?

Parece tupi-guarani, mas é a língua que New York fala – e pela estranheza da língua podes imaginar a estranheza do resto, irrelembrativo de qualquer coisa nossa.

Estou avô, já sabes, duma americanazinha, a Joyce; e compreendo por que os vovôs ficam babões. É que, mais vividos, sabem melhor apreciar o milagre que é a criança; quando somos apenas pais, estamos ainda muito moços, muito perto da criancice, e não a apreciamos devidamente. A neta passa uns dias aqui e outros com a mãe, de modo que não cansa um lado nem outro. Talvez isto contribua para que a achemos tão engraçadinha.

Tenho vontade de fazer um livro sobre esta cidade. Inda há pouco Paul Morand lançou o seu *New York*, muito bem observado, coisa rara nos franceses quando se afastam do *terroir*.

Tenho receio de indicar livros para o Otales. Já me sinto desambientado daí e não sei qual o gosto da nossa gente hoje. Gosto é coisa que muda muito e depressa. Há aqui e no mundo sucessos de livraria na realidade monstruosos, como agora o *Sargento Griska* e o livro de Remarque, coisas de milhões e que no Brasil passam despercebidas. O nosso Brasil anda tão fora do mundo moderno, tão aparte de tudo, que necessita para o seu estômago de comidinhas *ad hoc*, meio século atrasadas do menu das grandes terras.

Também vou fazer mais livros infantis. As crianças sei que não mudam. São em todos os tempos e em todas as pátrias as mesmas. As mesmas aí, aqui e talvez na China. Que é uma criança? Imaginação e fisiologia; nada mais.

Sabe que concentrei um *Robinson*? Otales encomendou-me e fi-lo em cinco dias – um recorde: 183 páginas em cinco dias, inclusive um domingo cheio de visitas e partidas de xadrez com o Benzinho.

Este Benzinho (como Purezinha o apelidou) é a mais curiosa das criaturas. Germano-americano, mais germano que americano. Um dia apareceu-nos oferecendo os aspiradores Hoover. Trocamos umas palavras e ele só saiu à noite depois de jogar comigo vinte partidas de xadrez. Passou desde então a vir todos os domingos, sempre para o xadrez. Esteve na guerra e até agora ainda tem a zoada do canhão nos miolos. Cultíssimo. Sabe quanto filósofo há na Alemanha, e enchemos os domingos com discussões de filosofia e xadrez. Mas o curioso é que não entendo o inglês germanizado dele, nem ele entende o meu inglês latinizado. Como conversam então? Perguntarás – e eu explico. O Weissman diz uma coisa longa e magistral, que pelo jeito me parece Hegel. Eu respondo "ao que me pareceu que ele disse". Ele não me entende mas faz a mesma coisa: imagina que eu disse isto ou aquilo – e responde "ao que lhe parece que eu disse".

Há um ano já tenho este amigo em casa todas as tardes de domingo, e nunca entendi uma palavra do que ele me disse, nem ele outro tanto das que eu disse. Jogamos uma média de vinte partidas cada domingo. No intervalo entre as partidas há essa sessão filosófica de *guessings* recíprocos. Lá pelas sete e meia o Weissman levanta-se, perfila-se, saúda-me militarmente e desaparece...

Hás de pensar que isto é blague, mas não é. Nunca duvides de nada do que te contarem dos Estados Unidos. Exemplo: estive há dias na conferência dum Eisenstein, diretor de cinema russo. Sentei-me junto a um casal de velhotes. Pegamos prosa. Saímos juntos no fim e na rua ainda conversamos um pedaço. A mulher havia estado no Brasil e muito apreciara as ruínas de Ouro Preto. À despedida trocamos cartões. Olho: era o famoso De Forest, inventor da válvula de rádio, o homenzinho que um mês antes (li nos jornais) ganhara contra a Radio Corporation uma demanda de 5 milhões de dólares por infração de patente...

Bom, hoje é domingo. O Arthur Coelho não tarda: é meu companheiro de conversas mecânicas e de invenções. E depois do Coelho tenho o Benzinho...

Adeus.

Lobato

* * *

São Paulo, 3 de dezembro de 1931.

Rangel:

Esperamos-te pelo Natal, para, diante dum peru recheado, discutirmos o plano do Dicionário Webster Brasileiro – uma coisa colossal. Sim, meu caro: em minha caixa de segredos há o diabo, tudo aguardando ensejo – e também que saia o negócio do ferro.

Vai bem este grande negócio. Tenho diante dos olhos amostras do maravilhoso aço produzido com o ferro esponja que obtivemos nas experiências do Rio. Aço de lâmina Gillette, coisa que nunca houve no Brasil!

Amanhã entra a nossa proposta ao governo, num tremendo relatório técnico de noventa páginas, que exaure a questão. Sindicato Nacional de Indústria e Comércio, chama-se a nossa companhia. Mas nem vale a pena falar nisto: pensas que é literatura de ficção...

Quanto ao petróleo, continuo com esperanças de dá-lo ao Brasil num ano ou dois. Estou imprimindo um prospecto para o lançamento da Companhia Petróleos do Brasil. Primeira fase: pequeno capital só para as experiências com o aparelho Romero, o *Indicador de óleo e gás*. Bem-sucedidos que sejamos, virá a companhia perfuradora a exploradora – e havemos de afogar em petróleo este país que nega as verdadeiras riquezas que tem.

Já viste *Reinações de Narizinho*? Vou falar na Editora que te mandem. Dei também *Alice no País das Maravilhas* e *Robinson*, tudo na mesma semana. E ontem falei no Rádio com a filhinha do Otales, a Cléo, uma menina que é um encanto de desembaraço. Dialogamos inventadamente sobre o que nos veio à cabeça e todos gostaram. Acharam "uma coisa muito benfeita". Não foi feita coisa nenhuma. Alguém me havia convidado para dizer algo ao microfone. Recusei. Nesse momento apareceu o Otales com a Cléo. Contei o caso e ela: "Vamos falar, Lobato!" e resolvi então aceitar o convite. "Sobre o que falaremos, Cléo?" E ela: "Sobre o sítio de Dona Benta, sobre a Emília, o Visconde... Você pergunta e eu respondo".

– "E se engasgamos, Cléo?"
– "Eu desengasgo você e você me desengasga..."

Com um diabrete destes, quem não falará no rádio? Meia hora depois estávamos no ar. Vê o recorte incluso, com o nosso retrato.

Vida ativa, Rangel, que delícia! Pena sermos um país ainda tão água choca. O que não era possível fazer aqui, se houvesse mais compreensão, mais cultura universal, mais ciência, mais eficiência...

LOBATO

São Paulo, 6 de junho de 1934.

Rangel:

Dividamos ao meio a *Story of philosophy* do Will Durant e assinemos com iniciais os capítulos que traduzirmos. Juntos sempre, até na história da filosofia... Minha ideia é fazer trabalho perfeito. O Otales não tem muita pressa. Durant merece todo o carinho, e nós temos responsabilidades.

Estou relendo, sabe o quê? A *Vida ociosa*, meio de matar as saudades daquele tempo. Juro que é obra-prima até a raiz da unha. Ponho-a ao lado do melhor de Machado de Assis. Mandei um exemplar para a América, endereçado a uma professora minha amiga lá, Miss Pidgeon, que já esteve em Minas e sabe português. Se ela o traduzir e publicar, ficas universal. A nova edição que o Otales vai fazer fatalmente provocará mais barulho que a primeira. O Brasil já está menos tabaréu.

Tens ainda aquele artigo lindo que sobre o teu romance publicou *in illo tempore* o Moacir Deabreu? Se tens, manda. Queremos preparar uma publicidade especial. Quatorze anos já se passaram do primeiro lançamento. O romance está com a virgindade restabelecida. Entra para uma coleção nova intitulada *Os grandes livros brasileiros*, na qual só caberá o que realmente for grande e já estiver consagrado pelo tempo. Quatorze anos? Muito mais! Quatorze anos faz que esse livro está *out of print*. Não perdoo isso ao Otales. Deixar o Brasil sem *Vida* durante quase uma década e meia... O melhor livro que a Editora tem...

LOBATO

* * *

São Paulo, 16 de junho de 1934.

Rangel:

Ando com preguiça de atacar a tradução do Will Durant. Comecei o capítulo sobre Spinoza e parei. Mas é estupendo! Não mexas nesse capítulo. É meu! De repente pego que nem sapo e não largo mais.

Tenho empregado as manhãs a traduzir, e num galope. Imagine só a batelada de janeiro até hoje: Grimm, Andersen, Perrault, *Contos* de Conan Doyle, *O homem invisível* de Wells e *Pollyana moça*, o *Livro da jângal*. E ainda fiz a *Emília no país da gramática*. Tudo isto sem faltar ao meu trabalho diário na Cia. Petróleos do Brasil, com amiudadas visitas ao poço do Araquá. Positivamente não sei explicar como produzi tanto sem atrapalhar o meu trem normal de vida.

Gosto imenso de traduzir certos autores. É uma viagem por um estilo. E traduzir Kipling, então? Que esporte! Que alpinismo! Que delícia remodelar uma obra d'arte em outra língua! Estou agora a concluir um Jack London, que alguém daqui traduziu massacradamente. Adoro London com suas neves do Alaska, com o seu Klondike, com os seus maravilhosos cães de trenó.

Ando a fiscalizar as traduções para o Otales, e bom dinheiro perde ele com essa fiscalização! Mas, faça-se-lhe justiça: perde-o com prazer. Prefere perder dinheiro a enfiar no público uma tradução que eu condene. Que outro editor faz isto? Já perdeu assim mais de 20 contos este ano. E o público engoliria do mesmo modo todas as infâmias condenadas, porque o público é o maior bueiro do mundo. Eu às vezes até me revolto de dar à bola em certos trechos de difícil tradução, ao lembrar-me do que é a média do público. Mas sou visceralmente honesto na minha literatura. Duvide quem quiser dessa honestidade. Eu não duvido. Nem você.

LOBATO

* * *

SÃO PAULO, 7 DE OUTUBRO DE 1934.

Rangel:

Acabo de receber a carta de 18 e o recorte. Boa crítica. Nesses dois palmos há muitas ideias – e pela qualidade do crítico acho que será coisa de ler-se a tal *Oscarina*. Se me aparecer de jeito, fisgo-a, apesar da minha crônica falta de tempo. Que estupidez, isto de dias de 24 horas! Acabo mudando-me para Netuno. Os dias lá têm 1.916 horas.

Minha popularidade apavora-me. Com a ausência e silêncio de seis anos, esperei estar hermeticamente esquecido; mas vejo o meu nome por toda parte, ligado ao ferro e ao petróleo.

Que aventura tremenda, Rangel! Dar petróleo ao Brasil como quem dá cocada a uma criança! Se o governo me não atrapalhar, dou ferro e petróleo ao Brasil em quantidades rockefellerianas. As perfurações estão em marcha.

Tenho em composição um livro absolutamente original, *Reinações de Narizinho* – consolidação num volume grande dessas aventuras que tenho publicado por partes, com melhorias, aumentos e unificações num todo harmônico. Trezentas páginas em corpo 10 – livro para ler, não para ver, como esses de papel grosso e mais desenhos do que texto. Estou gostando tanto, que brigarei com quem não gostar. Estupendo, Rangel! E os novos livros que tenho na cabeça ainda são mais originais. Vou fazer um verdadeiro *Rocambole* infantil, coisa que não acabe mais. Aventuras do meu pessoalzinho lá no céu, de astro em astro, por cima da Via Láctea, no anel de Saturno, onde brincam de escorregar... E a pobre da tia Nastácia metida no embrulho, levada sem que ela o perceba... A conversa da preta com Kepler e Newton, encontrados por lá medindo com a trena certas distâncias astronômicas para confundir o Albert Einstein, é algo prodigioso de contraste cômico. Pela primeira vez estou a entusiasmar-me por uma obra.

O Otales está uma fera. Quanto maior a crise, mais livros lança. Ontem encheu uma página dos jornais com uma avalanche de anúncios. Otales foi a minha maior invenção. Começou comigo aos 17 anos e é o dono único da Editora Nacional. Já te contei que, quando na América, lhe vendi minha parte para sustentar um jogo de Bolsa (compra de títulos com margem) e perdi tudo? Mas se o petróleo me sai, fico mais uma vez endinheirado e volto a associar-me a ele e então, com o capital novo do "ouro líquido", havemos de revirar este país de pernas para o ar – e civilizá-lo à força.

Rangel, hás de estar estranhando o tom eufórico desta carta e pensarás que é o ferro ou o petróleo que vem vindo *around the corner*. Nada disso. É a perspectiva do encontro de tia Nastácia com Isaac Newton que me põe de bom humor. Imagine a coitada lá pelos intermúndios, escorregando dum rabo de cometa, caindo de estrela em estrela e afinal aparada por um par de braços. De quem? De Sir Isaac Newton! E o Burro Falante, que andava gostando dela e com honestíssimas ideias de casamento, derruba as orelhas enciumado...

Adeus, Rangel. A literatura ainda é o meu consolo...

LOBATO

* * *

SÃO PAULO, 1º DE JUNHO DE 1938.

Rangel:

Em mãos tua "carta". Tão pequena que tive de recorrer a um microscópio para enxergá-la. Perguntas que faço. Vivo! Que se pode fazer numa terra destas, senão viver? Se eu estivesse na América, onde há estradas, acompanhar-te-ia nesse desejo compensatório de nomadismo civilizado. Curioso esse retorno a um velho instinto selvagem! Fomos nômades durante milênios e milênios; mas de uns tantos séculos para cá a vida nos fez forçadamente sedentários, fixos num ponto. Mas esse sedentarismo é apenas uma "segunda natureza" e muito tenra ainda, não encoscorada em rija cristalização. A nossa natureza verdadeira é a anterior – a do nomadismo. Pois bem: os americanos resolvem o problema do retorno ao nomadismo sem o abandono da civilização. Como? Com o *trailer*.

Mas essa maravilha da casa ambulante, que lá já beneficia os instintos nomadísticos de quatrocentas mil famílias, cá entre nós ainda é um sonho. Não temos estradas, não temos *trailers*, não temos dinheiro, nem coragem... nem anúncios. Esta União Jornalística Brasileira, de cujo escritório te escrevo, só me dá prejuízos, contos e contos de réis, porque não consegue a publicidade que lhe seria mister para subsistir e dar lucro. Tudo apodrece por aqui, Rangel. Tudo arrasta.

Eu apodreço no petróleo; lido com ele há oito anos e nada; não consigo vencer os embaraços oficiais. E apodreço nesta UJB que é um sorvedouro. E apodreço no ferro, onde também só encontramos obstáculos (já estou no ferro há dez anos!). E você apodrece nas traduções. Por falar: leia a *Filosofia da vida* do Will Durant, a maravilha das maravilhas. Mas leia a segunda edição, ainda no prelo. As segundas edições de coisas minhas são sempre melhores que as primeiras. Revi ontem as últimas provas. Maravilha, Rangel.

Esse Adler esteve comigo mas tive preguiça de atacá-lo. Ou medo! Adler – águia... Preferi pegar *Towards the star*, de Bradley, livro de tremendas revelações mediúnicas e que te aconselho. Pena não termos um Valentine. Este nosso mundo aqui anda tão chucro e sórdido que o consolo é pensar em outro. A outra vida, o *au-delà*... Minha ideia é que morrer significa passar do estado sólido para o gasoso, como o bloco de gelo que com a mudança de temperatura derrete e se transforma em vapor. O vapor é invisível e tem propriedades totalmente diversas das do bloco de gelo, e no entanto é o próprio bloco de gelo reduzido a estado de vapor. E se resfriarmos o ambiente onde está o vapor, o vapor invisível condensa-se, vira líquido e depois vira o mesmo gelo que era no começo da experiência. Eis a Reencarnação! Vapor condensado!...

Que aconteceu com o nosso Ricardo? Passou do estado sólido para o gasoso, e simplesmente por isso se tornou invisível aos nossos olhos. Nada mais. Eu ando tão enjoado desta UJB e desta terra, cujos dirigentes tanto me atrapalham no ferro e no petróleo, que só aspiro uma coisa: passar para o estado gasoso e ir dar parabéns ao "gás Ricardo" pela sabedoria com que resolveu aos 20 e poucos anos o problema com que arcamos ainda. Rangel: que horror a vida dentro da atmosfera da incompreensão, da inveja e da malevolência nacional! O supremo gosto entre nós é ver alguém cair, fracassar, levar a breca. Começo a duvidar da viabilidade da nossa sub-raça.

LOBATO

São Paulo, 15 de abril de 1940.

Rangel:

Evidentemente perdeu-se uma carta que te escrevi logo após ao teu telegrama. Ah, Rangel, eu a chamar-te para aqui, e tu a chamares-me para aí... O bom será que a Magra nos chame a ambos para o outro mundo. Creio que o nosso lugar já é lá. Estamos "sobrando".

A ideia da Tebaida é boa – e quem sabe? Um "retiro espiritual" antes do voo... Mas tudo depende de mil coisas, neste encrencadíssimo país. Estamos agora em luta tremenda contra o maior obstáculo que ainda defrontou o nosso petróleo, obstáculo oficial mais duro que a diábase do Araquá. Imagine que a Cia. Petróleos foi impedida de continuar a perfuração do seu poço lindo, que já estava em 1.530 metros; e a Cia. Mato-grossense, coitada, com duas sondas erguidas em Porto Esperança, com oficinas lá e o diabo, e engenheiros e o pessoal a postos, até agora não teve licença para perfurar! Já um ano e seis meses de espera. Espera de licença para tirar petróleo e salvar este país da miséria que o rói... Inda hoje escrevi uma grande carta ao chefe do governo denunciando a patifaria. Dará resultado?

Ora, essas coisas me têm aborrecido tanto, que passei a estudar o problema da morte como uma aspirina que cura tudo duma vez. Morrer e ir para o Inferno, que delícia! Porque se formos para o Céu, encontraremos lá toda a turba dos sabotadores – tão influente e poderosa ela é. E, pois, como pensar em "retiro espiritual" em Belo Horizonte?

Continuo traduzindo. A tradução é a minha pinga. Traduzo como o bêbedo bebe: para esquecer, para atordoar. Enquanto traduzo, não penso na sabotagem do petróleo.

Bom. Chega. O meu escritório está cheio de parasitas. Tenho de parar para ouvi-los repetir o que disseram ontem e vão redizer amanhã. Que saudades do nosso Minarete, com o Nogueira ferrado no Zola e o Ricardo a medir versos. "A-ca-son-de-mo-ra-que-la-me-ni-na-cor-da-çu-ce-na." Quem seria essa menina? A Beatriz? Nunca Ricardo me confidenciou os seu amores².

Bom. Entrou mais um – e este com cara de facada...

LOBATO

* * *

SÃO PAULO, 17 DE SETEMBRO DE 1941.

Rangel:

Também me vou enfarando cada vez mais. Mas que fazer para enchimento dos dias de espera? Tenho agora diante de mim uma obra sobre Lincoln e ontem acabei a revisão do meu *Kim*. Leia-o, Rangel. Depois do *Livro da jângal*, é a melhor coisa de Kipling. A primeira tradução do *Kim* lançada pela Editora era uma neblina. A gente lia e entendia vagamente. Otales encomendou-me outra. E meu último trabalho – ou "trabalheira" – foi retraduzir uma tradução do tremendo *For whom the bell tolls*, do Hemingway. Encontrei "pérolas do Agripino " nessa tradução, e das mais preciosas. Esta, por exemplo: – *"What is this?"* – pergunta lá um cabra quando Jordan tira do bolso a frasqueira de absinto. E Jordan responde: – *"That is the real absinthe. That is wormwood"*. Wormwood é o nome inglês da nossa velha losna, o ingrediente do absinto; mas como se trata duma palavra composta – *worm*, verme; e *wood*, pau, madeira – lá o tradutor tomou a pobre losna como "bicho de pau podre" e verteu assim: – "Isto é o absinto, uma bebida feita de bicho de pau podre". E acrescentou: – "No verdadeiro absinto há verme de pau, cupim...".

Na primeira tradução do *Kim* também encontrei uma boa pérola agripinesca. No original está: *"We who go down to the 'burning-gaths' cluch at the hands of those coming up from the River of Life etc."*. E na tradução vem: "Nós que vamos descendo para o campo do carniceiro etc.". Essa tradução de *bur-*

---

² Era um vago vulto feminino entrevisto à janela dum chalezinho, certa vez em que passeávamos pelo Belenzinho. Na noite desse dia Ricardo começou a escrever o soneto. Nota de Rangel, na edição de 1948.

ning-ghats, ou fogueiras onde na Índia queimam os mortos, por "campo do carniceiro" deixou-me profundamente intrigado. Eu estava na prisão, cumprindo sentença, e matava o tempo com a nova tradução do *Kim*. Pus os olhos nas grades e fiquei a matutar naquele quebra-cabeças. De que modo fogueira de cremar defunto pôde virar "campo do carniceiro"? Por fim descobri. Na tradução francesa do *Kim* deve estar *bucher*, fogueira, palavra que muito se aproxima de *boucher*, carniceiro. O tradutor, que evidentemente traduzia do francês e não do inglês, confundiu as duas palavras e pôs "carniceiro" em vez de "fogueira". Mas achando esquisito aquela "procissão rumo ao carniceiro", inventou o "campo" e botou "campo do carniceiro"... O Agripino coleciona destas "pérolas", e se recorresse a mim eu lhe forneceria colares maravilhosos. Tenho uma coleção que vale ouro. E eu também solto de vez em quando a minha perolazinha. Na *História da literatura* traduzi *The village Blacksmith*, O ferreiro da aldeia, por A *aldeia de Blacksmith* – e mais que depressa o Agripino, com aquele seu bico de ave, *nhoc!* Fisgou-me a pérola e lá a pôs em sua coleção.

Mas o nosso tédio, Rangel, chama-se "velhice". Somos uma porcaria. Somos uns cacos de pote. Nada mais nos sabe ao paladar, porque já perdemos o paladar. Você relê os velhos ídolos da mocidade e desaponta-se. Eu não releio os meus para evitar o desapontamento. Camilo, Anatole... Levei vários Anatoles para a prisão e pouco li. Já me não sabiam como antes. A beleza que encontramos nas coisas e nas gentes não está nelas, está em nós – e a idade a vai apagando. Mas Machado de Assis no *Brás Cubas* ainda não me desaponta.

Nem livros novos para crianças tive coragem de fazer este ano, apesar de ter na cabeça ideias magníficas. Vem vindo a indiferença por tudo. Se eu for para a Argentina, talvez ainda bruxuleie antes de apagar-me completamente. Aqui nesta terra, nem ânimo de bruxulear eu tenho. Não vale a pena. Depois que me vi condenado a seis meses de prisão, e posto numa cadeia de assassinos e ladrões só porque teimei demais em dar petróleo à minha terra, morri um bom pedaço na alma. Espero que seja esse o meu último desapontamento. Nada mais empreendo, não correrei risco de nenhum outro.

Sessenta livros já traduziu você? Tremendo! Eu não sei quantos tenho, nem quero saber.

Estive em Taubaté depois de 25 anos de ausência – lá de onde tanto te escrevi no tempo em que tinha mais literatura e sonho na cabeça do que hoje tenho ódios e nojo de tudo. Nós nos *procurávamos*, Rangel. E tanto nos procuramos que nos achamos. Nós nos construímos lentamente, não nascemos feitos. E a nossa longa troca de cartas foi uma coisa linda. As duas chamas trocavam as suas fumaças – e nenhum de nós previu o que estava na frente. Você estacionou no meio do caminho, ocupado em distribuir justiça. Escreveu o melhor livro da época e amoitou – brochou – desinteressou-se. Eu continuei a produzir coisas e até agora ainda ponho meus ovos de galinha velha. Mas o que nunca jamais imaginei é que alcançasse as tiragens que tenho. Já passei do primeiro milhão e marcho para o segundo. Quando o ano passado o Otales me apresentou a lista das minhas edições, uma a uma, arregalei os olhos: estava em 1.200.000, por mais absurdo que te pareça. E como isso aumenta de uns 100.000 por ano, vou morrer "bimilionário".

Estamos agora aqui com a maravilha das maravilhas, que é a *FANTASIA* do Walt Disney. Já me deliciei seis vezes. Não a percas, Rangel. Faça uma viagem ao Rio especialmente para te assombrares com essa amostrazinha das tremendas coisas futuras que nossos netos verão. Uma vez em meninote fugi de Taubaté para ver a Sarah Bernhardt em São Paulo – a Sarah, que era apenas uma coruja. Fuja de Belo Horizonte e vá ver a *FANTASIA*. Nós fomos uma *FANTASIA*, Rangel...

LOBATO

* * *

SÃO PAULO, 1º DE FEVEREIRO DE 1943.

Rangel:

Há séculos não nos encontramos, e o encontro de hoje vem por mero acidente. Acabo de satisfazer à insistência do *WHO'S WHO* para a América do Sul; e como depois de pedirem todos os informes do que a gente é também pedem indicações de outros nomes who's whoáveis, lembrei-me de mandar o teu, porque os velhos amigos, apesar de aparentemente se esquecerem, não se esquecem nunca. E disso a esta carta o pulo foi natural.

Quanta coisa, Rangel! Mas para pormos em dia a nossa escrita, precisamos conversar uma semana. Em carta só cabe um sumário. Se eu não tivesse tantos conhecidos em Belo Horizonte, dava um pulo até aí para a prosa; mas as "criaturas públicas" padecem muito quando saem da toca. Todos querem conhecer o bicho raro...

O Artur Neves, da Editora Nacional, falou-me que estás querendo penetrar na literatura infantil e já andas com livro no prelo. Estou curioso de ver como abordas a aventura. Porque é uma aventura. Tenho ideias a respeito, que se fosse botar aqui me consumiria toda uma fita de máquina – ficaria em 12 mil-réis. Economizarei esses cobres – e talvez saias lucrando...

Rangel: apareceu-nos uma senhora Dupré que está operando uma revolução literária. Está nos ensinando a escrever – e eu já muito aproveitei a lição. Revelou-me um tremendo segredo: *o certo em literatura é escrever com o mínimo possível de literatura!* Certo, porque desse modo somos lidos, como ela está sendo e como eu consegui ser nos livros em que me limpei de toda "literatura". Como nos envenenou aquela gente que andamos a ler na mocidade! Só agora me sinto completamente sarado, graças à medicação Dupré. Para que bem me entendas, terás de ler o ÉRAMOS SEIS, romance que a Editora acaba de publicar com um prefácio meu, que a autora não encomendou, pois nem sequer de vista a conheço. O caso me interessou tanto (li o livro em provas), que me lancei a esmiuçá-lo nesse prefácio.

Coisas que te disse antigamente confirmam-se agora, depois duma conversa tida com o Marques Campão, um pintor excelente e inteligente (coisa rara) e do livro da Dupré. Campão revelou-me o segredo da aquarela: não empastar as cores, não sobrepor tintas, pois só assim alcançamos o que nesse gênero há de mais belo: a transparência. No estilo literário dá-se a mesma coisa: o empastamento mata a transparência, tal qual nas aquarelas. Se eu digo "céu azul", estou certo, porque não sobrepus tintas e obtive transparência. Mas se venho com aqueles "lindos" empastamentos literários que nos ensinaram ("céu azul-turquesa" – "a cerúlea abóbada celeste"), estou fazendo literatura; e sobre a coisa linda que é a palavra "azul" sobreponho um tom empastante "turquesa" que no espírito do leitor irá sugerir a esposa dum Abud qualquer, ou "cerúleo", que nos sugere cera, positivamente borro o azul do céu – em vez do céu lindo que eu quis descrever me sai uma "literatura". A Dupré mostrou-me que se pode escrever com zero de "literatura" e cem por cento de vida. É o que estudo no prefácio.

Parece incrível! Pois não é que com a tirada acima voltei atrás e estou naqueles tempos de Taubaté e Areias em que nos carteávamos semanalmente, a debater a eterna "procura" dos nossos "eus" literários?

Como nos procuramos, Rangel – e parece que nos achamos... faltou-me naquele tempo uma Dupré mas a mim me salvaram as crianças. De tanto escrever para elas, simplifiquei-me, aproximei-me do certo (que é o claro, o transparente como o céu). Na revisão dos meus livros a saírem na Argentina estou operando curioso trabalho de raspagem – estou tirando tudo quanto é empaste.

O último submetido a tratamento foram as *Fábulas*. Como o achei pedante e requintado! Dele raspei quase um quilo de "literatura" e mesmo assim ficou alguma. O processo da raspagem não é o melhor, porque deixa sinais – ou "esquírolas" como eu diria se ainda tivesse coragem de escrever como antigamente.

Estou receitando a Dupré e a raspadeira a vários amigos de talento e ainda "salváveis", como o Cesídio Ambrogi de Taubaté, o qual está tonto como quem tomou dose muito forte de 914. Escreveu-me uma carta curiosíssima, que te mandarei.

Também creio, Rangel, que estou sarado da mania de negócios. Cortei as relações com a ambição monetária e fiquei sozinho com a literatura – a sem aspas. E estou até em lua de mel com a coitadinha.

Daí o escrever-te. Quando fico "inocente", a pessoa de quem me lembro é você – o você daqueles tempos de Silvestre Ferraz, de Santa Rita, do Machado.

Em teu caso, eu suspendia o novo livro até ver o efeito do remédio Dupré, pois que, apesar de cristalizado, te suponho ainda capaz de reagir à medicação – como o Cesídio está reagindo. Sem conhecer teu livro, juro que rasparias dele pelo menos meio quilo de "literatura", como me aconteceu com *Fábulas*.

Diz o Neves que você gostou d'*A chave do tamanho*. Isso me deu prazer. A *Chave* é filosofia que gente burra não entende. É demonstração pitoresca do princípio da relatividade das coisas.

Muito interessante o que se passou com meus livros para crianças. Os personagens foram nascendo ao sabor do acaso e sem intenções. Emília começou uma feia boneca de pano, dessas que nas quitandas do interior custavam 200 réis. Mas rapidamente evoluiu, e evoluiu cabritamente – cabritinho novo – aos pinotes. Teoria biológica das mutações. E foi adquirindo uma tal independência que, não sei em que livro, quando lhe perguntam: "Mas que você é, afinal de contas, Emília?". Ela respondeu de queixinho empinado: "Sou a Independência ou Morte!". E é. Tão independente que nem eu, seu pai, consigo dominá-la. Quando escrevo um desses livros, ela me entra nos dois dedos que batem as teclas e diz o que quer, não o que eu quero. Cada vez mais, Emília é o que quer ser, e não o que eu quero que ela seja. Fez de mim um "aparelho", como se diz em linguagem espírita.

A última da pestinha está me dando dor de cabeça. Imagine que encasquetou conhecer a história da América "autocontadamente". A história completa da América, desde o tempo em que isto foi um pedaço da Atlântida até agora. Quer conhecer a formação dos Andes e de todas as plantas e animais que evoluíram no lombo dos Andes e à margem das "crias" dos Andes (ela acha que até o rio Amazonas não passa do desenvolvimento duma pequenina cria dos Andes). E quer saber, depois, como apareceram os aborígenes (ela sabe o que quer dizer aborígene), e quer ao vivo a história de *todos* os descobridores da América até Colombo (que, segundo Wells, é o 18º). E quer assistir à toda a tragédia da destruição dos incas, astecas e maias pelos espanhóis invasores.

Até aí, muito bem. Qualquer criança quer saber isso e pergunta-o ao pai ou ao professor. Mas Emília, que está agora "estratosférica", não acredita em pai ou professor, que pertencem ao gênero *Homo sapiens* e ela sorri da sapiência do homem.

Quer ouvir a história da América, sabe da boca de quem? Do Aconcágua, Rangel! E isso, diz ela, porque só um Aconcágua pode ter a necessária isenção de ânimo para contar a coisa como realmente foi, sem falseações patrióticas, nacionalísticas, raciais ou *humanas*...

E como é assim, tenho, num próximo livro, de levá-la ao topo do Aconcágua para que o pobre vulcão extinto lhe satisfaça o desejo. E já sei que ela vai obrigá-lo ao supremo esforço de uma erupçãozinha "própria para menores". Estou vendo a cena. Quando, no seu tremendo esforço de reumático, o velho vulcão extinto expremer as tripas e roncar, Emília, que estava em seu colo, foge correndo para a cidade próxima, onde havia deixado dona Benta e outros; e lá, da janela dum hotel, Emília assiste à *sua* erupção do Aconcágua...

Esse livro me irá dar muito trabalho. Tenho não só de ler Humboldt e outros, como de fazer uma demorada viagem pela costa do Pacífico, beirando os Andes – um velho sonho meu.

E assim, independente de qualquer cálculo, evoluiu essa Emília que hoje me governa, em vez de ser por mim governada. É quem realmente manda lá no sítio. Emília põe e dispõe.

Já o Visconde de Sabugosa é um *raté*. Tentou várias evoluções e sempre "regrediu" ao que substancialmente é: um sábio. Um sábio é coisa cômoda, espécie de microfone: não tem, não precisa ter personalidade muito bem definida. Todos os esforços que o visconde fez para mudar de personalidade falharam – e hoje resigno-me a vê-lo como começou: um "sabinho" que sabe tudo.

E assim, Rangel, se foi criando, por sucessivas agregações, à moda dos polipeiros, um mundinho no qual milhares de crianças *vivem*. Vale a pena conhecer as cartas que diariamente recebo!... Mas o curioso é que o Sítio do Picapau Amarelo já passou a remédio de gente adulta. Há dias recebi do Rio Grande, duma senhora mãe de filhos, uma carta em que diz: "No meu desespero diante de tanta coisa que sucede a uma família grande e de poucos recursos, quando não vejo caminho e o desespero chega ao limite, sabe o que faço? Corro ao sítio de dona Benta. Fecho-me lá por uma hora ou duas – e saro! Meus desesperos adormecem. Chego a rir-me das asneirinhas da Emília. A razão desta carta é esta: agradecer ao senhor o verdadeiro colo que seus livros me têm proporcionado. Li-os em menina para me divertir, e agora, depois de velha, uso deles como remédio".

Não é curioso, Rangel?

Ando parado com traduções. Meu tempo se escoa na revisão e alguma adaptação dos livros a saírem em espanhol na Argentina. Imagine a Emília a dizer "Caramba!", "Qué va!", Caracoles!"...

Perdi o meu último filho homem, como sabes. Ficaram-me as filhas, duas, uma casada, outra ainda comigo. Se até lá não casar-se também irá comigo na coisa única que hoje me interessa: a viagem pela beira dos Andes, da Terra do Fogo ao Istmo. Sonho uma peregrinação *sui generis*, de um ano, dois, três, toda vida, sem itinerário ou prazo. Ir andando e parando. Um mês ou um ano em Cuzco. Pescarias no Titicaca. Caçada de lagartixas no deserto de Atacama. Sem tempo marcado. Sem objetivo aparente. Tudo pelo prazer do caminho. E então escreverei O ACONCÁGUA.

LOBATO

* * *

SÃO PAULO, 20 DE FEVEREIRO DE 1943.

Rangel:

Pois é. Perdi o meu segundo filho, o Edgard, um menino de ouro, tal qual o Guilherme. Impossível filhos melhores que os meus, e talvez por isso foram chamados tão cedo. O Guilherme se foi aos 24 anos e agora o Edgard com 31. Ele nunca se esqueceu da primeira carta recebida pelo correio, uma tua.

Eu não me desespero com mortes porque tenho a morte como um alvará de soltura. Solta-nos deste estúpido estado sólido para o gasoso — dá-nos invisibilidade e expansão, exatamente o que acontece ao bloco de gelo que se passa a vapor. Mas Purezinha não se conforma. Impossível maior desespero. E do ponto de vista humano, tem razão. Foram dois filhos perfeitos. Creia, Rangel, que não me lembro de nenhuma coisa má, ou levemente má, que eles hajam feito em vida. Quantos pais podem dizer isto?

O Guilherme era caladão, metido consigo, como esses que vivem em eterno monólogo interior – e morreu a mais linda das mortes. *Passou* em pleno sono. Dormiu e não mais acordou para este mundo. Já o pobrezinho do Edgard sofreu muito – e com que estoicismo, Rangel! Com que filosofia de grande filósofo!

E assim vamos também nós morrendo. Morrendo nos filhos, pedaços de nós mesmos que seguem na frente. Morrendo nas tremendas desilusões em que desfecham nossos sonhos. E morrendo fisiologicamente no torpor das glândulas, no decair da vista, no desinteresse cada vez maior por coisas que na mocidade nos eram de tremenda importância.

Se estamos aqui como numa escola de aperfeiçoamento, meus filhos acabaram o curso mais depressa do que eu – prova de que eram melhores alunos do que eu. E tive de assistir à morte dos dois e ficar no maior desapontamento – "sobrando"...

LOBATO

* * *

SÃO PAULO, 28 DE MARÇO DE 1943.

Rangel:

Vim do Otales. Anunciou-me que com as tiragens deste ano passo o milhão só de livros infantis. Esse número demostra que meu caminho é esse – e é o caminho da salvação. Estou condenado a ser o Andersen desta terra – talvez da América Latina, pois contratei 26 livros infantis com um editor de Buenos Aires. E isso não deixa de me assustar, porque tenho bem viva a recordação das minhas primeiras leituras. Não me lembro do que li ontem, mas tenho bem vivo o *Robinson* inteirinho – o meu *Robinson* dos 11 anos. A receptividade do cérebro infantil ainda limpo de impressões é algo tremendo – e foi ao que o infame fascismo da nossa era recorreu para a sórdida escravização da humanidade e supressão de todas as liberdades. A destruição em curso vai ser a maior da história, porque os soldados de Hitler leram em criança os venenos cientificamente dosados do hitlerismo – leram como eu li o *Robinson*. Para que bem avalies o que é a criança, mando cópia duma carta recebida ontem, muito típica das centenas que recebo dizendo sempre a mesma coisa, embora com menos expressão e intensidade.

Ah, Rangel, que mundos diferentes, o do adulto e o da criança! Por não compreender isso e considerar a criança "um adulto em ponto pequeno" é que tantos escritores fracassam na literatura infantil e um Andersen fica eterno. Estou nesse setor há já vinte anos, e o intenso grau da minha "reeditabilidade" mostra que o meu verdadeiro setor é esse. A reeditabilidade dos meus livros para adultos é muito menor. Não posso dar a receita. Entram em cena imponderáveis inapreensíveis. A carta desta menina revela todo um mundo para o psicólogo. E cartas assim constituem os verdadeiros prêmios que possa ter um escritor no fim da vida.

"*Querido Monteiro Lobato:*
Chamo-o assim porque desde pequenina me habituei tanto a você, 'tivemos' tantas palestras juntos na minha imaginação, que não teria jeito de tratá-lo de outra forma. Creio que somos íntimos.
Aos 8 anos li Reinações de Narizinho *e vivi todos os lances do livro. Desde então tenho lido todos os outros da sua série. Adoro a Emília e desafio quem diga que a ama mais. Naquela época meus pais me haviam dado de presente uma boneca de pano que se parecia muito com ela (fora mandada fazer especialmente), e essa boneca tornou-se a minha companheira de todos os momentos. Dormíamos juntas, abraçadinhas. E tínhamos muito de comum. Tudo quanto a sua boneca dizia ou fazia nos livros, era por nós (eu e ela) repetido em nossos brinquedos. Se não realmente, ao menos pelo método do 'faz de conta'. Essa boneca foi o meu ídolo. Vivia sentadinha numa poltrona do meu quarto junto à estante das aventuras da Emília. Certa vez, eu já bem taluda e de volta para casa nas férias, recebi a notícia do desastre: um cãozinho novo, nascido em nossa casa e muito reinador, tinha-a estraçalhado completamente! Eu já estava com 13 anos e no curso secundário, mas não me envergonho de confessar que chorei.*

Chorei como um bebê. Choro entremeado de soluços. Era um pedaço de mim mesma que lá se fora para sempre!

Tenho vários retratos da Emília nas paredes de meu quarto, mandados fazer segundo os seus livros, sempre com a indefectível sainha de xadrez.

Desde que comecei a ler seus livros 'resolvi' tornar-me escritora. Isso aos 8 anos! Que audácia!... Com o tempo, porém, verifiquei que para conseguirmos ser uma coisa é preciso 'nascer-se' essa coisa e eu não 'nascera', eis tudo.

O que você escreve eu devoro com delícia. Tudo! Livros infantis e não infantis. Seus contos e o mais são perfeitos. Não há neles uma palavra supérflua. Artigos que saíram antes da sua prisão, eu os devorei todos. Não pude ir visitá-lo na cadeia, mas ficou-me sempre na lembrança essa prisão. Não a esquecia nem um só momento.

Lembra-se dum artigo seu em que diz ao repórter que se ele, repórter, começasse a entender você isso significaria que ele estava deixando de ser humano? Ótimo!

Meus pais são do tipo antigo, cheios de preconceitos e essa foi uma das razões de o não ter visitado. Só saio com minha tia, já idosa, ou com uma criada, 'cria' da minha avó, que é uma terrível chaperonne.

Desejo imenso conhecê-lo, mas não acho coisa possível. Com tão ferrenha família, tornei-me cheia de inibições e sem confiança em mim. Eles não aprovam as minhas 'audaciosas' ideias, como, por exemplo, querer ser apresentada a um homem.

Sou uma atormentada, cheia de curiosidades, e não podendo satisfazer a nenhuma. Tudo é proibido. 'Dèfendu', como diz a Superiora. 'Não fica bem a uma menina.'

Leio muito, mas às tontas e às escondidas. Sou duma ignorância crassa, que me revolta. Desejaria saber ao menos o papel que represento na vida. Ah, se eu tivesse quem me orientasse as leituras, para não perder tempo com inutilidades...

O tempo que consigo roubar ao estudo é escasso, e somos tão vigiadas! Como sei escrever à máquina, elas pedem-me para fazer certos trabalhos; e gosto, porque gosto de escrever 'maquinalmente'. Fico só no escritório e então devaneio. Foi o que sucedeu agora, e resolvi realizar um velho sonho, escrevendo-lhe esta carta. Não creio que esteja cometendo nenhum crime, mas receio que você me ache enfadonha e não responda. Se alguém me perguntasse qual a oitava maravilha do mundo, eu diria: a Emília, ou o Sítio do Picapau Amarelo, pois tudo se confunde.

Passos se aproximam. Adeus...

F."

Quando, ao escrever a história de Narizinho, lá naquele escritório da rua Boa Vista, me caiu do bico da pena uma boneca de pano muito feia e muda, bem longe estava eu de supor que iria ser o germe da encantadora Rainha Mab do meu outono.

Adeus, caro Rangel.

LOBATO

* * *

SÃO PAULO, 24 DE AGOSTO DE 1943[3].

Rangel:

Devo ter, sim, as minhas cartas antigas que devolveste há uns vinte anos e que por essa época examinei. Achei-as então tremendamente tolas. Como éramos livrescos e literários! Depois que me pus a adquirir um pouco de cultura científica, mudei muito, e hoje considero o bicho exclusivamente literário e vazio de cultura científica, como um animal sem possível classificação zoológica e sem direito a um lugar no mundo moderno. Reclamas essas cartas, essa antigalha; queres relê-las... Garanto que não aturas o Lobatinho daquele tempo, tão "suficiente" e pernóstico. Só me admira como daquele pedantinho saísse este Monteiro Lobato que até jubileu está tendo – e merecidamente, diga-se entre parênteses. Um pai escreveu-me: *"Com os meus agradecimentos pela cartinha que o senhor mandou em resposta*

---

[3] *Na primeira edição das* Obras completas *da Editora Brasiliense, organizada por Monteiro Lobato em 1946, foram incluídas cinco cartas que não constavam da edição de* A barca de Gleyre *lançada pela Companhia Editora Nacional em 1944: 24 agosto de 1943, 5 de setembro de 1943, 15 de setembro de 1943, 28 de setembro de 1943 e 27 de outubro de 1943. Nota da edição de 2010.*

à do meu filho Lindbergh, dou-lhe a notícia de que essa missiva está concorrendo enormemente para a cura do rapaz. Diz ele que ontem foi um dos dias mais felizes de sua vida". O menino estava no fundo da cama, convalescendo de doença grave, e minha carta fê-lo melhorar... Ora, evidentemente este sujeito taumaturgo vale muito mais que aquele *magister dixit* de Taubaté.

Mário Matos? Quem é? Ando muito fora das coisas e dos homens deste país.

O Nogueira continua como dizes. É de fundo irredutivelmente místico: sempre foi assim e só muda de ídolos. Poucas vezes nos encontramos, mas cada vez que o encontro vejo-lhe um novo ídolo na velha moldura mística. Há quatro anos andou por aqui: o deus do oratório era Allan Kardec. Agora parece que é o Presidente. O Nogueira escapou do hospício por uma razão glandular: engordou muito. Sabe que não há louco gordo? Como também não há profeta sem barba.

Não me recordo da história do Stancchina. Não me recordo de mais nada, Rangel. Estou ficando gagá e em ponto de *radotage*. Lembra-se de como enxertávamos francês na nossa correspondência? Mudamos até de língua, parece incrível! Hoje andamos a "morar" na língua inglesa, que naquele tempo bem pouco sabíamos.

Bom. Vou ver se encontro as minhas cartas antigas. Acho que não conseguirei relê-las, e não acredito que as atures hoje. Mudamos muito, ambos.

LOBATO

* * *

SÃO PAULO, 5 DE SETEMBRO DE 1943.

Rangel:

Fui mexer na minha tremenda papelada epistolar e tonteei. É coisa demais. É um mundo. Pus a Ruth separando aquilo e classificando por ordem de data – é o primeiro passo. O segundo será separar certas cartas, como as tuas, que são as mais numerosas; e como por milagre tenho aqui as minhas, estou vendo que desse passo vai sair coisa grossa e talvez muito interessante. Desconfio, Rangel, que essa nossa aturada correspondência vale alguma coisa. É o retrato fragmentário de duas vidas, de duas atitudes diante do mundo – e o panorama de toda uma época. Literatura, história e mais coisas.

Numa das minhas cartas, que peguei ao acaso, encontro esta nota: "Estou escrevendo na *Tribuna*, de Santos, jornal cor-de-rosa, a 10 mil-réis o artigo. Mandei para lá hoje o *Bocatorta*". Desconfio que falei em "10 mil-réis" para te dar inveja, pois tenho uma vaga ideia de que realmente só me pagavam 5. Está aí um ponto que qualquer criticastro do futuro resolverá com a maior segurança – e no entanto eu, que afirmei os 10 mil-réis, sou obrigado a deixar o ponto em obscuro. Talvez eu falasse em 10 mil-réis porque para todos nós naquele tempo ganhar 10 mil-réis com um piolho extraído do cérebro devia ser um sonho de grandeza – e de todos do Cenáculo era talvez eu o primeiro a alcançar a extraordinária bonanza. Haveria em nosso grupo outro que estivesse ganhando tanta coisa, ou com possibilidades de ganhar tanto, com os piolhinhos cerebrais?

Bom. Esta vai apenas para te comunicar que meti mãos à mina. Quando estiver tudo datilografado, você vai se assombrar, e verificar que éramos muito mais interessantes nos bastidores epistolares do que no palco – e juntos penetraremos na posteridade à moda do Edgard Jordão, lembra-se? "E agora, penetramos desassombradamente na estrada da vida", foi como ele concluiu o seu célebre discurso de orador da turma. Pobre Edgard! Teve a pior das mortes – creio que louco ou à beira da loucura. Vítima da Alemanha. Arruinou-se com os marcos alemães.

Minha correspondência geral é incrível. Tenho cartas de todo mundo importante desta terra e de outras. Se procurar bem, sou capaz de descobrir algum autógrafo do *Pithecanthropus erectus*...

Lobato

São Paulo, 15 de setembro de 1943.

Reuni minhas cartas. Estou a relê-las – e encantado com a nossa fúria literária daquele tempo. Que irredutíveis! Que Macucos viscerais os dois! O espantoso me parece que de semelhantes palermas saíssem duas "glórias nacionais"... Eu estou sendo "jubilado" – e de repente dão-te também com um jubileu pelas ventas, apesar de que foste um infame desertor. Amoitaste – deixaste-me sozinho nesta faina de botar livros, como as galinhas põem ovos.

Fiquei ciente das homenagens havidas aí; aqui também há coisas prometidas, mas estão esperando que saia o meu ovo de avestruz, um livrão de setecentas páginas – *URUPÊS outros contos e coisas*. Aguardo a remessa dos recortes com as manifestações de Minas. Considero Minas o melhor lobo cerebral do Brasil e pois dou tento ao que Minas diz. Que venham os recortes. Quero agradecer aos manifestantes.

Achei ótima a ideia de você mesmo bater na máquina as tuas cartas. Farei isso às minhas, e assim as depuraremos dos gatos, do bagaço, das inconveniências. Deixaremos só o bom – como as canas de chupar que a gente atora a ponta e o pé. Depois decidiremos sobre o que fazer. Imagine uma edição de Cartas Nossas em dois ou três volumes, coisa que nunca foi feita neste país!

Não posso formar opinião definitiva antes da datilografagem de tudo, da poda das pontas e pés e da "limpeza" – a raspagem da cana. Numa das tuas há uma pequenina confissão que se sair impressa te deixa raso aí em Belo Horizonte. Aquela história do...

Também recebi pelo mesmo correio uma carta do Nogueira, e vários recortes do *Jornal do Comércio* – paus da "Nova Floresta" que já de longo tempo vem lá publicando. Nogueira quer editar aquelas meditações teólogo-filosóficas. Quer e não quer, porque no mesmo dia em que me confessava isso, pelo correio da tarde se desdisse. O nosso caro Nogueira está tremendamente gordo, tremendamente juiz e cada vez mais teólogo. Da mesma forma que naquela festa acadêmica tentou em discurso provar que não há Deus, quer agora, a "paus de floresta", provar que há. Deus sempre foi uma espécie de urticária de que o Nogueira jamais sarou. Vem e vai. Aparece e desaparece. Evidentemente, ou é caso de "encosto" ou de reencarnação. Ou ele tem um doutor Seráfico encostado à moda espírita, ou ele é o próprio doutor Seráfico reencarnado. E a fúria do Nogueira hoje é contra os que têm preguiça de pensar em Deus, de procurar Deus por meio da contemplação do umbigo; é fúria tirada da mesma pipa donde naquele tempo ele tirava a cólera contra os que admitiam Deus.

Mandei-lhe parabéns por haver ressuscitado Deus no mesmo dia em que os SS de Hitler ressuscitaram Mussolini. Mussolini ou Mussolino? Já nem me lembro mais...

Estas coisas são aragens da mocidade morta.

LOBATO

* * *

SÃO PAULO, 28 DE SETEMBRO DE 1943.

Rangel:

Fui hoje ao Otales e vim com uma batelada de coisas: a tua conferência sobre mim na Academia Mineira, a tua entrevista na *Folha de Minas*, um belo artiguete de Luís Lúcio (será filho do João Lúcio?). E um de Teixeira da Costa no *Estado de Minas*. E ainda mais coisas.

Acho que vocês deviam esperar que eu morresse, porque tanta coisa dita assim cara a cara pode envaidecer-me. E diante desses artigos tão benfeitos tive a prova do sistema de compartimentos estanques que é o Brasil. Nada do que vocês escrevem tem repercussão aqui – e não a terá em nenhum dos outros compartimentos. Este Brasil, Rangel, é uma coisa que só eu era capaz de endireitar – e meu ódio por tudo vem de não me terem deixado endireitar nem o petróleo! Tudo torto... Por que esses jornais de Minas não mantêm venda pelo menos nas bancas especializadas em jornais do *resto* do país? Em Detroit eu podia comprar qualquer folha de Salt Lake City ou Providence. Aqui em São Paulo, quando por milagre cai um jornal de Minas, os amigos são telefonados: "Venha ver um bendengó que me caiu em casa!" e eles correm, e extasiam-se diante do papiro tutancamesco, e leem pedaços, e dizem admirados, olhando uns para os outros: "Escrevem em português, sim – e como escrevem direitinho!...".

Teu artigo está excelente – e certo, porque você é a única pessoa no mundo que me conhece por dentro. Escrevemo-nos tanto e tanto, mês a mês e em todas as situações da vida, que nos sabemos de cor. Nada tenho a opor ao teu artigo. Não posso deixar de ser senão aquilo mesmo. E se não garanto que minha ideia sobre mim mesmo se ajusta como luva ao que disseste, é porque nunca tive tempo de estudar-me, de fazer um exame de consciência que me ponha às claras diante de mim próprio – e morrerei ignorante do que sou. E como não posso ter opinião própria sobre mim, reporto-me à tua. Quando me vêm pedir entrevista, ou confissões, remeto o inquiridor a você. Faço como faz o Presidente quando o interpelam sobre algum ponto do Estado Novo: "Vá perguntar ao Chico Campos, que é quem entende disso".

Já te contei a história do "ônibus"? É a edição lobatina com que a Editora Nacional quer contribuir para a minha aposentadoria – porque isso de jubileu não me parece outra coisa. Um livrão de setecentas páginas com todos os meus contos sentados nos bancos; de pé entre eles, enxertos tirados de outros livros. Serão os pingentes – o excesso de lotação. E há um prefácio do Artur Neves, do tamanho de um bonde, espécie de baú de mascate onde não há o que não haja. Até um trecho do *Lambe-Feras* que você também recordou na entrevista e vai deixar muitos fãs de boca aberta. Receberás aí o Ônibus, e também o mandarei aos amigos que andam a dizer bem de mim. Vingo-me, atirando-lhes um tijolo em cima! Porque livros desse tamanho não passam de tijolos de papel...

Estou datilografando minhas cartas, e espero que estejas fazendo o mesmo às tuas. Tanto as minhas como as tuas só poderão ser lidas em letra mecânica. Nas nossas horrendas caligrafias, impossível! A tua letra daquele tempo, Rangel, fazia tais malabarismos, dava tantas cabriolas no fixar teu pensamento, que ler-te foi o que me salvou de virar charadista ou logogrifista – as doenças da época. Como atracar-me com os enigmas pitorescos, se eu tinha diante de mim, cada semana, o tremendo enigma chamado "carta de Rangel"? A rija decifração tornou-me tão perito nessa ginástica que mais tarde me permitiu longa correspondência com Oliveira Viana, homem de letra dez vezes pior que a tua. E depois atraquei-me vitoriosamente com o Lima Barreto, que a tinha dez vezes pior que a do Oliveira Viana. Tudo venci, graças ao aturado treino que tua letra me impôs.

Ainda não posso dizer o que penso das cartas em livro. Só depois de tudo passado a máquina é que poderei examiná-las na ordem cronológica e ver se é leitura que prenda. O Edgard Cavalheiro e outros também as lerão – e então decidiremos. O mesmo farás com as tuas. E se os dois lotes suportarem a prova do teu julgamento e do de outros leitores, ah, então bombardearemos o mundo com vários tijolos – *Correspondência epistolar entre Lobato e Rangel* ou seja lá que nome venha a ter. Difícil botar um nome decente numa tijolada dessas. Penso em consultar a Emília, que é a "dadeira de nomes" lá do Picapau Amarelo.

A ideia que por enquanto tenho das cartas é que constituem uma tremenda "história natural e social duma família do Segundo Império"[4], digo, de duas formações literárias que cresceram e apareceram. As minhas mostram que não houve erva-de-santa-maria que matasse a lombriga literária – nem a pintura, nem a promotoria, nem os porcos lá da fazenda, nem a fúria industrial, nem a falência, nem Nova York, nem a siderurgia, nem a campanha pelo petróleo, nem a morte dos filhos, nem o ódio à literatura, nem a prisão por ofensas ao Presidente – e receio que nem a morte me liberte da lombriga. Tenho medo de que, mesmo depois de morto, me ponha, como o Humberto de Campos, a escrever com a mão do Chico Xavier. E só então mudarei de estilo. Parece que lá no Além há qualquer polícia

---

[4] *Alusão ao subtítulo dos* Rougon Macquart, *de Émile Zola. Nota da edição de 1948.*

que capa nas "manifestações" tudo que é broto de roseira enfeitado com pulgõezinhos verdes. A Censura Astral não admite pulgões verdes.

Quem é Mário Matos? Vives a citá-lo e com entusiasmo. Manda-me o artigo dele a que te referes. Nós aqui nada sabemos de Minas, senão o que está na história do Brasil de Lacerda: que houve o enforcamento dum dentista no tempo de Dona Maria I, por causa dum rei Silvério, lá em Curral del Rei, ou perto. Também sabemos, vagamente, dum sucessor de Dona Maria, de nome Valadaguas ou dares, uma coisa assim. E lá no Instituto Histórico aquelas múmias também sabem que houve por aí um Bernardo, ou Bernardino, ou Bernardes, que também substituiu Dona Maria I e foi decapitado pelo Valadares – coisas assim. Só. Nada mais sabemos de Minas. Como, pois, posso saber de Mário Matos, se você não me conta quem ele é e limita-se a citá-lo? E já que o citou em carta e artigo, deduzo que é um bamba e quero informes.

E chega. Quando me meto a te escrever, volto ao menino de outrora e custa-me a parar com a *babilage*. Adeus. Você nunca me falou nos teus amigos daí. Quem são? Com quem te abres, como te abrias comigo? Instrui-me nisso.

LOBATO

* * *

SÃO PAULO, 27 DE OUTUBRO DE 1943.

Rangel:

Já tenho todas as cartas passadas a máquina e estou a lê-las de cabo a rabo. Noto muita unidade. Verdadeiras memórias dum novo gênero – escritas a intervalos e sem nem por sombras a menor ideia de que um dia fossem publicadas. Que pedantismo o meu no começo! Topete incrível. Emília pura. Estou pondo notas. Fiz hoje uma explicando o caso do "Minarete" do Benjamim – toda uma historinha bem curiosa. Também transcrevo em nota a célebre bomba arrasa quarteirão do Lino Moreira, ou *Sheridan*, na qual nos deslombou a todos, menos a você. E dou alguma coisa sobre *O Combatente* do Oscar Breves. Ao falar do teu *De São Paulo ao Guarujá* contei que empreendeste aquela excursão com 13 mil-réis no bolso; e como o dinheiro acabasse, teve você de voltar a pé de Guarujá a Santos. Foi assim mesmo?

A coisa parece que vai ficar com grande unidade. Um verdadeiro romance mental de duas formações literárias, animado por um grupo de atores – os "Cães" do Cenáculo – que começam invadindo a cena e no decorrer do tempo vão desaparecendo em névoa. Estou quase me apaixonando pela obra. As cartas são os andaimes; as notas completam-nas. Creio que não há em literatura nenhuma uma série tão longa de cartas entre duas vocações, sempre sobre o mesmo assunto e no mesmo tom. O Edgard Cavalheiro aprovou-as com calor, achando que dá um livro dos mais originais. Fizemos também uma prova feminina – e a julgadora disse ao Edgard: "Comecei a ler e não parei – terminei a leitura de madrugada; e estou a reler várias cartas". Os livros de cartas que existem, como as de Euclides e outros, são dum mesmo homem para vários, de modo que não há unidade de estilo, tom e assunto.

Minha ideia no começo era dar as tuas e as minhas juntas, articuladas, mas vi que isso iria estragar tudo. Para quem está de fora, tem muito mais interesse uma conversa telefônica da qual só ouve um lado; o fato de não ouvir o outro lado força mais a imaginação. Fica um imenso campo de colaboração aberto à imaginativa do auditor. Solto agora as minhas cartas a você, e depois você solta as tuas a mim.

Outra coisa está me parecendo: que na literatura fiquei o que sou por causa dessa correspondência. Se não dispusesse do teu concurso tão aturado, tão paciente e amigo, o provável é que a chamazinha se apagasse. Você me sustentou firme na brecha – e talvez eu te haja feito o mesmo. Fomos o porretinho um do outro, na longa travessia...

LOBATO

1945 – 1948*

---

* Na segunda edição de A barca de Gleyre organizada por Monteiro Lobato em 1946 para as suas Obras completas e na terceira edição, de 1948, lançada logo após a sua morte, não foram reproduzidas onze cartas, escritas entre 5 de março de 1945 e 19 de março de 1947. Estas cartas foram incluídas neste volume. Nota da edição de 2010.

São Paulo, 5 de março de 1945.

Rangel:

Estou com atraso, com duas cartas tuas sem a resposta pronta do costume. Isso foi porque empreendi a tradução do último volume da *História da civilização* do Will Durant, *César e Cristo*, e apaixonei-me tanto que suspendi todas as minhas atividades, inclusive a epistolar.

Hoje terminei – setecentas páginas! E estou matando o atraso das correspondências. Como é interessante a minha correspondência! Não imaginas as cartas que recebo das crianças. Junto uma de Juiz de Fora que me *devolverás*. A coitadinha, desesperada com o pedantismo dos programas oficiais, recorre a mim para que peça à Dona Benta que lhe explique o ponto. Ora, como eu não sei gramática, sou obrigado a recorrer a uma e aprender o que ela quer que Dona Benta explique, "Regência dos verbos mais frequentes". Eu devo saber fazer isso muito bem, mas não ligo o nome à pessoa. Antigamente você me resolvia as dúvidas gramaticais, quem sabe se ainda tem ânimo de me explicar isso? Porque se eu for ver na gramática sou até capaz de não achar, de tal modo eu me perco naquele báratro.

Essa tradução é a última que faço, e fi-la por que já tinha traduzido os primeiros volumes. Uf!... Chega. Mas vou ter saudades. Como é bom, como é absorvente, traduzir um bom livro! Vou agora escrever as coisas para a safra deste ano. Dona

Benta vai com o pessoalzinho para Roma. Vou fazê-los ver a história de Roma.

Aqui estamos ainda tontos com a súbita liberdade da imprensa, e eu com várias entrevistas encomendadas. Vou desabafar, e estou com vontade de aplicar ao Tribunal de Segurança o adjetivo "ignóbil". Que acha, senhor juiz? Vai para a cadeia quem dá em jornal um adjetivo tão fraquinho ao Tribunal Inominável?

Rangel, Rangel, você anda pererecando muito. Cada mês numa casa diferente. Pare como parou na avenida Contorno, o problema da casa aqui ainda está mais sério que aí, porque entram em São Paulo vinte mil pessoas de fora por mês. Minha impressão é que não cabe mais aqui nem sequer um alfinete. O tal Estado Novo do senhor Getúlio Vargas é bem o que disse o Aporely. E o "estado a que chegamos" começa apenas a ser revelado pelos jornais.

Bem, volte à sua tradução. Goze essa delícia de que desassisadamente eu vou me privar. Foi a tradução que me salvou depois do meu desastre no petróleo. Em vez de recorrer ao suicídio, ao álcool ou a qualquer estupefaciente recorri ao vício de traduzir, e traduzi tão brutalmente que me acusaram lá fora de apenas assinar as traduções. Mas era o meio de me salvar. Hoje me sinto perfeitamente curado – e por isso abandono o remédio.

Chega de prosa, adeus.

Lobato

* * *

São Paulo, 10 de maio de 1945.

Rangel:

Estou com uma carta aqui já grisalha – de 20 de março. E não respondi porque estou esperando que pares de mudar de casa. Rua São Romão agora! Incrível que haja essa rua no mundo e mores nela. Quem foi esse Romão? Algum rato? Está aí um tema para você, uma história de São Romão, ligações que Minas tem com ele, já que os vereadores mineiros o escolhem para placa de rua. Sim, Rangel, parei com traduções e com tudo. Estou vendo só se é realmente bom não fazer nada, mas duvido que escore. Acho que de repente ponho-me a fazer uns livros novos. Vadiar é uma delícia mas cansa muito. Estou quase me convencendo de que fora de trabalho não há salvação – veja que estopada!... Perguntas-me da história do caso da academia... Mas, Rangel, isto já é mais do que história, já é arqueologia das que não interessam a ninguém. Os fatos se sucedem numa tal precipitação que o que dura um dia durou muito.

Não te explico o caso da Academia porque não perco um minuto em pensar em academias... A daqui quer agora usar ou adotar beca. Fui entrevistado a respeito e respondi isso que aí vai. Veja à seriedade das outras. Andam sempre a reclamar tuas cartas. Então não se anima mesmo? Já as bateu na máquina, revistas e podadas? Eu tinha vontade de vê-las assim – mas aposto que estão no mesmo estado em que chegaram. A saída de meus livros no último fim de ano foi a normal. Dos editados pela Brasiliense venderam-se no Natal quarenta por cento, segundo me mostraram. Quer dizer que saíram uns setenta milheiros. No Otales não sei, não indaguei. A diferença, meu caro, é que eu fiz o meu público, estou *fazendo* esse público desde a primeira edição de A *menina do narizinho arrebitado*, e você agora é que surgiu no campo. Quem conhece a marca "G.R." no livro infantil? E quem não conhece a marca "M.L."?

Sabe quanto paguei este ano de imposto de renda referente ao ano passado?

Cinquenta e quatro contos! Veja que governo ladrão. Dá 4.500 mil-réis por mês de impostos. E só, só literatura.

A situação do livro está tão desastrosa que não anima a fazer nada. Penso em fazer e desanimo. Parece-me um crime forçar o pobre povo a comprar as nossas bobagens por preços tão absurdos. Cheirará a absurdo, mas não estou escrevendo livros novos por uma razão: dó do público! Como gostei muito do *Nazareno* estou com vontade de ler os *APÓSTOLOS*. Valerá a pena? Deve valer; o diabo é serem tão grandes os livros do Sholem Asch. Os governos deviam proibir livros de mais de trezentas páginas.

Adeus, Rangel. Faço votos para que esta ainda te encontre na rua São Romão.

LOBATO

São Paulo, 16 de dezembro de 1945.

Rangel:

Estava para te escrever quando recebi a de 12. Pois é. Vivo estou, e muito mais forte e melhor do que podia esperar. Repararam-me o carburador, lixaram-me as válvulas – e o motor está funcionando que é uma delícia. Arrependo-me das piadas que dei contra os médicos. Os que lidaram comigo são maravilhosos mecânicos. Consertam, de fato, um maquinismo desarranjado.

O caso da polícia me aborreceu por um momento, mas filosofei e sarei. Tudo não passa de mais um passo na grande peça que está sendo montada no mundo inteiro: a subida ao poder político do pobre. O mundo sempre esteve dividido em ricos e pobres. Religião e exércitos foram inventados para manter o pobre na pobreza e o rico na riqueza. São manhas de ricos. O rico é a elite – a flor sobre o esterco. E o meio de manter o pobre na pobreza que esterca a riqueza era, por meio do padre, prometer-lhe uma eternidade de maravilhas depois da morte. "Vocês aguentem a coisa aqui, vão aguentando, porque depois da morte, ah!, tudo muda! O rico vai para o inferno e você para o céu." E por meio do militar mantinha o pobre à força em seu lugar. Mas o pobre acabou por desconfiar do céu e das promessas de solução de seus problemas pela elite. Percebeu que sempre fora embromado – decidiu tomar nas mãos os seus próprios problemas. A queda do tzarismo, ou da aristocracia na Rússia, e da elite conservadora da Inglaterra e França, e aqui a derrota do gomismo pelo trabalhismo e comunismo (coisas que logo estarão misturadas e fundidas) equivalem ao afastamento das eternas elites para a tomada do governo pelo pobre. Vai haver muita confusão e asneira e talvez lutas, mas o pobre acabará vencendo, já que é o número – um "número afinal acordado". Bernardes, o perrepismo em São Paulo, tudo levou na cabeça, porque são a elite e a elite está condenada no mundo inteiro. Napoleão dizia que o maior dos milagres era os pobres não massacrarem os ricos, tal o grande número daqueles e o pequeno número destes. Mas a coisa virou, e em vez de massacrá-los, os pobres resolveram tomar nas mãos o poder e refazer a sociedade.

Noto uma tontura geral. Pouca gente percebe o fenômeno. Não compreendem que seja derrotado um Roberto Moreira, a mais fina flor da elite, e tenha estrondosa vitória um pobre Crispim, recém-saído da prisão e humílimo ex-soldado raso e operário sem cultura, a não ser a marxista, mas tremendo de ideologia. Getúlio, com o seu faro de rato para queijo, meteu-se como chefe do trabalhismo, virou "pai dos pobres" etc. Vai ter uns triunfos temporários e sujos. Já desempenhou seu papel: agora vai ter "pontas" na peça, apenas. Os grandes nomes novos vão ser outros: Hugo Borghi, Crispim e outros. Getúlio, Dutra e os medalhões aparentes são meros títeres que no momento o Borghi manipula. A força real está com o Borghi, um verdadeiro gênio de psicologia humana, um homem que faz "*quit, quit, quit*", e 350 mil contos a descoberto saem do Banco do Brasil, como galinhas, e vêm para sua conta, para que ele compre algodão. E compra o algodão e o dá ao Banco do Brasil como garantia de seu débito. Mas antes de comprar algodão e dá-lo ao Banco como garantia, o dinheiro esteve em sua conta sem garantia nenhuma. Gênio, meu caro. Só um gênio concebe e realiza uma operação dessas, a maior jamais feita nas Américas. Quem é Getúlio ou Dutra para um homem desses? Ingredientes para o jogo mais alto que ele deve estar tramando.

Estou a rever provas das *Obras completas*. Que carrapato o erro – e que gente miserável são os amigos do erro, vulgo linotipistas! Como eles criam o erro e defendem sua criação! Mas a coisa é assim e acabou-se. Estou com 23 livros na "bica", em Buenos Aires para este Natal e janeiro.

Adeus.

LOBATO

São Paulo, 19 de dezembro de 1945.

Rangel:

Chegou-me afinal o livro infantil – mas não é livro infantil. Não é literatura para crianças. É literatura geral.

Para ser infantil tem o livro de ser escrito como o CAPINHA VERMELHA, de Perrault. Estilo ultradireto, sem nem um grânulo de "literatura". Assim: "Era uma vez um rei que tinha duas filhas, uma muito feia e má, chamada Teodora, a outra muito bonitinha e boa, chamada Inês. Um dia o rei etc.".

A coisa tem de ser narrativa a galope, sem nenhum enfeite literário. O enfeite literário agrada aos oficiais do mesmo ofício, aos que compreendem a *Beleza literária*. Mas o que é beleza literária para nós é maçada e incompreensibilidade para o cérebro ainda não envenenado das crianças.

As tuas histórias do tempo de onça são escritas para os sabedores de língua, para os espíritos literariamente cultivados; não para as crianças.

É o que me pareceu. Resta agora a opinião do teste supremo: elas. Se elas disserem o contrário do que digo aqui, paciência; darei as mãos à palmatória e terei de revogar minhas teorias. Consulte-as.

Não imaginas a minha luta para extirpar a literatura dos meus livros infantis. A cada revisão nova nas novas edições, mato, como quem mata pulgas, todas as "literaturas" que ainda as estragam. Assim fiz no Hércules, e na segunda edição deixá-lo-ei ainda menos literário do que está. Depois da primeira edição é que faço a caçada das pulgas – e quantas encontro, meu Deus!

Nogueira anda a escrever-me com assiduidade. A *Barca* lhe valeu como poderosa injeção de mocidade e diz que vai na floresta escrever o *Elogio da velhice*.

LOBATO

São Paulo, 26 de dezembro de 1945.

Rangel:

Gostei imenso do livro do Weissmann e quero ver se o faço sair na Argentina.

Escrevo-lhe a respeito, mas como não sei onde mora, mando a carta aqui junto para que a encaminhes.

Estou imerso na tarefa espiolhante de rever as tais *Obras completas*. Aí a receberás quando sair. Prepare uma estante nova. Serão trinta volumes de trezentas páginas cada um... Nove mil páginas!...

E as cartas, meu Godo? Continuam a reclamá-las. Deixa-te de enjoamentos e organize-as, como fiz com as minhas. Todo comprador da *Barca* fatalmente comprará as tuas.

Não vês isso animal? Ganharás no mínimo (edição de cinco mil) uns 20 contos.

E por que não escrevermos um livro de Memórias? Temos muita coisa a dizer – o nosso depoimento sobre o nosso tempo. Ando com ideias.

Adeus, e bom Natal. Meu presente é a sugestão que faço acima.

Lobato

* * *

São Paulo, 16 de março de 1946.

Rangel:

Respondo a de 8. De fato, ando mergulhado em revisão, como num mar. Imagine que são trinta volumes, de 333 páginas, em média, ou seja 10 mil páginas, e como são necessárias quatro revisões em cada um, temos um total de 40 mil páginas, a serem lidas com atenção e não por gosto mas forçadamente... A estafa é tão grande que quando terminar isso vou para a Argentina, realizando afinal um velho sonho. Lá há pão, Rangel! Há carne! Há manteiga, ovos, frutas, e tudo da melhor qualidade na maior abundância. Vou à Argentina para *comer* – parece incrível!

Creio que me tornei comum de dois países, pois vivo de livros e os que tenho aqui em exploração os terei também lá, todos, este ano. Cada livro considero uma vaca holandesa que me dá o leite de subsistência. O meu estábulo no Brasil conta com 23 cabeças no Otales, mais 12 na Brasiliense e mais as 30 *Obras completas*. Total 65 vacas de 40 litros. E o meu estábulo na Argentina conta 37 cabeças. Grande total, lá e cá: 102 cabeças. O produto do leite vendido na Argentina (e mais países hispânicos) fica depositado lá mesmo, de modo que para mim uma temporada lá não tenho de recorrer ao leite daqui. E como tenho de cuidar de dois estábulos, o remédio é tornar-me comum de dois: parte do ano aqui, parte lá. E tudo está tremendamente facilitado com o caminho aéreo. Vai-se daqui lá hoje em oito horas, creio.

Ótima ideia de soltar os *Bem casados*. Muito o discutimos nas cartas e estou com saudades. E por que não também a *Falange gloriosa*? Teu erro, Rangel, foi certa displicência. Não soubeste transformar teus livros em vacas leiteiras. Nada mais sábio. Elas nos recompensam muito na velhice. Tanto as crianças novas como os velhos precisam mamar.

E a tua vinda? Fiquei com água na boca. Precisamos conversar longamente para soltar tudo quanto não coube nas cartas.

Zola, Zola, Maupassant, Daudet – o nosso tempo!...

Um dos meus planos para o fim da vida é reler alguma coisa de Zola. O *Paradou, O doutor Pascal*, com o mar sempre marulhando. Creio que vou fazer isso na Argentina. Lá há pão – deve haver Zolas também. Aqui os procurei e não achei. Naquele nosso tempo o Gazeau nos abastecia. Comprei vários lá.

Se você não vier a São Paulo talvez eu vá até aí, ver-te apenas e conversar as coisas não carteadas. Mas o que me apavora são os fãs; tiram a liberdade da gente. Vou ver se vou incógnito, de grandes barbas à Maneco Lopes e de nome suposto. Há fãs e fãs. Mas para um encantador e compensador, existem dez duma chatice absoluta. Ontem recebi uma carta da Bahia dum fã velho na qual existe um pedacinho encantador. O homem me sugere que escreva uma obra explicando Rui Barbosa às crianças.

"O senhor, que deve a Rui o primeiro impulso de sua carreira, quando ele mostrou o valor literário de *Juca Mulato*, é quem deve traduzir para as crianças do Brasil a personalidade de Rui etc."

Adeus, até por aí, até por aqui, ou até a astralidade que nos há de sublimar a ambos.

LOBATO

* * *

SÃO PAULO, ABRIL DE 1946.

Rangel:

Você me assanhou com o Zola da coleção Guillaume. Mande-me isso incontinênti, que juro por todos os deuses devolver intacto. Que vontade tenho de reler esse livro, nessa edição...

Pot-Bouille? Tens certeza? Vou então pôr uma nota na nova tiragem. E que linda vai ficar, Rangel! Dois volumes. Já revi duas vezes as provas do primeiro. Saem gravuras, nossas caretas, retrato do Minarete etc. Você está, na lista dos que vão receber os trinta volumes da coleção completa – mas isso demora ainda lá pelo fim do ano, ou em setembro.

Em junho, logo que me liberte das revisões, sigo para a Argentina, por um ano, ou mais, não sei. Mas antes disso quero pagar aquela minha célebre promessa de pagar a visita que me fizeste em Areias. Da última vez que apareci aí foi por causa do petróleo, não por você – e pois a dívida não ficou paga. Mas não diga nada a ninguém, porque não quero saber de ninguém – só você.

Talvez em maio eu possa ir. Mande-me dizer se há hotel, isto é, se estão muito cheios, e se preciso reservar alojamento etc.

Anda depressa com o Zola. Com que prazer vou ver isso. Como ele se entranhou em nossa mocidade, não?

LOBATO

São Paulo, abril de 1946.

Rangel:

Volta o *Mouret*. Já matei as saudades. Aquilo do mar, agora me lembro, é em *Joie de vivre*. Vou fazer a correção.

Creio (ou pretendo) partir em fins de maio, começos de junho, e alguns dias antes dou a chegada até aí, de avião. Mas não é para ver bobagens da Pampulha e mais coisas. Nada disso me interessa. Quero passar aí dois dias com você – eu só, a mulher não vai, para nos pormos ao par um do outro e cá de meu lado para pagar a tua visita a Areias. Só, absolutamente só isso. E aceito a proposta de ficar em tua casa. Mas não dirás nada a ninguém, porque não quero visitas de ninguém.

Botei você na lista dos que vão receber as *Obras completas*. Breve receberás os primeiros cinco volumes já saídos; outros irão indo à medida que saírem.

Não me mande mais Zola nenhum. Já passei do tempo. Hoje só leio a mim mesmo – nas provas de revisão. E estou descadeirado com tanto Lobato. Dez mil páginas, imagine...

Adeus. Como vai o fígado de dona Bar? Antigamente ela tinha fígado – está na *Barca*. Será que ainda conserva tal víscera?

Adeus, adeus, adeus,

Lobato

* * *

Maio de 1946.

Rangel:

A Brasiliense te mandará o resto dos livros, depois de todos publicados. Só falta imprimir a *Barca*. Lá para junho aí os terá.

Saem as minhas últimas cartas, nas quais discutimos juntamente a publicação desse livro.

Junto cópia da minha carta ao Prefeito, que determinou a tempestade. O que eles disseram de mim foi pouco diante do que eu disse deles, como verdade.

Parto dia 6. De lá te escreverei.

Mandar-te-ei um pão, e para dona Bar um maço de cigarros argentinos.

Gostei imenso do Nelo. Um filhão! E fiquei triste de haver perdido os meus.

Cada vez que via o Nelo lembrava-me do Edgard e do Guilherme...

Recebi carta do meu editor argentino.

Esperam-me com grandes coisas. Será que nem lá terei sossego?...

Até a Emília vai ficar lançada em massa, como "boneca internacional". Tenho cá a fotografia da pestinha. E teremos o nosso Brasil a importar mais uma coisa de fora, as Emílias argentinas...

A apreensão do *Escândalo* foi rebate falso, mas onde há fumo há fogo. Estamos sempre a espera disso. A primeira edição já se esgotou. Estamos tirando a segunda.

Adeus. Vim encantado com a dona Bar. Que bobo fui eu de andar tendo tanto medo de tão gentil, amável e santa criatura!...

E a Teresa? Verdadeira pimenta elétrica. Deixou-me como despedida um "abraço bem apertado". Se essa criaturinha cai nas unhas dum bom empresário, teremos no céu uma nova estrela – para sucessão da Carmem Miranda. Mas duvido.

Adeus. Um milhão de agradecimentos a Bárbara, pela gentileza com que me recebeu; um abraço no Nelo, bem apertado; e outro...

Ah, meus 30 anos...

Do

LOBATO

BUENOS AIRES, 13 DE JULHO DE 1946.

Rangel:

Cá me chegou teu cartão de 8, com a notícia da "Descoberta" de mais uma dúzia de cartas. Chega de cartas, Rangel. Não vale a pena incluí-las na nova edição, porque viria retardar muito essa já tão retardada edição. Em todo o caso mande-mas, estou curioso de lê-las, e se valer a pena poderão sair nalguma futura edição da *Barca*. Escreve daí um cartãozinho à Editora dizendo que eu desisti de incluir as novas cartas para não atrasar ainda mais o livro. Ela que o faça sair o mais depressa possível, que é o que eu quero.

Vou editá-lo em espanhol aqui, pela Editorial EMECE, e também vou dar um volume de todos *los cuentos* pela Editorial Ateneu.

Rangel, se eu ainda dispusesse daquela *vis scribendi* dos bons tempos de Areias e Taubaté inevitavelmente te escreveria cartas – testamentos – tanto há o que dizer desta terra que me recebeu de braços abertos e onde me tratam como "celebridade". São tantos os convites... Daqui a pouco, às 2 horas, tenho um almoço na embaixada de Santo Domingo, cujo embaixador, Henriquez Ureña, é um escritor de primeira ordem, que está muito meu amigo. À noite, um convite para assistir a uma luta de boxe. Amanhã domingo, convite para um passeio de automóvel pelo Tigre (pergunta ao teu filho o que é o Tigre). E assim se passam os dias – Purezinha a regalar-se de comprar coisas na Calle Florida. Para as mulheres não há no mundo prazer melhor do que "comprar", sobretudo numa metrópole de todas as tentações como esta. Neste momento, por exemplo, 11 horas, já anda lá pelo centro com a Ruth e a Glorinha Guevara, filha do Garay, uma grande amiga que tivemos a sorte de encontrar aqui no bairro, três quadras adiante. Eu fiquei de bater várias cartas para evitar a tentação do Cigarro (há quinze dias que fumei o último). Estou com um pacote de passas argentinas na minha frente. E outro de azeitonas também argentinas. Produzem-nas excelentes cá. Isto é um imenso pomar que produz de tudo. A abundância da Argentina chega até a ser uma ofensa à penúria universal. Meus primeiros quinze dias foram de deslumbramento diante das comidas – e isso foi repetido em todas as entrevistas dadas – e até a gravíssima *La Prensa* falou do caso. Por falar em *Prensa*. Não há no mundo jornal mais circunspecto e rigorista. Não ri nem sorri. É mais que gravidade; chega a ser gravidez. Pois bem, na notícia que deu a respeito da visita que como velho colaborador lhe fiz, referiu-se às cartas de crianças que tenho recebido cá e citou um pedacinho duma – em que uma *niña* de Santa Fé me pede que lhe mande uma pílula do Doutor Caramujo para curar de mudez congenitora uma boneca a que ela deu o nome de Emília.

O Doutor Caramujo aqui virou na tradução Doutor Cara de Col (Caracol), e as pílulas viraram *pastilhas*. E eu achei muita graça em ver aparecer nas gravérrimas colunas da *Prensa* as *Pastilhas del Doctor Cara de Col*, que eles lá no jornal absolutamente não sabem o que é...

Ontem fui visitar o velho Galvez, que é ainda a maior figura do romance argentino. Recordou os bons tempos da *Revista do Brasil*, quando ele e eu e você e todos nós começávamos a vagir em público. Eu editei-lhe a *Nancha regules* em português – e vi lá em sua estante o volume, ainda com a faixa amarela com que saiu. Perguntou-me pelo Hilário Tácito, pelo Léo Vaz e por você. Eu havia mandado a ele todas aquelas nossas primeiras edições e ele as lera todas. Estava no período da leitura. Pobre Galvez! Está mais surdo do que o Malta. Bom, o papel está no fim. Adeus. Diga a dona Bar que o pão que lhe prometi ainda não foi por falta de portador – não de pão. Saudades ao Nelo. E também à baianinha. Ainda me lembro dela. Aquilo é coco inesquecível...

LOBATO

BUENOS AIRES, 19 DE MARÇO DE 1947.

Rangel:

Na nossa idade, com estes abalados organismos cheios de carunchos em que vivemos, há sempre o perigo da casa cair de um momento para outro. Creio que minha casa vai cair por desabamento do lado cardíaco. Sinto às vezes, à noite, umas coisas que só posso definir como tentativas de fuga de um prisioneiro. Chego, em terrível aflição, a despertar subitamente agarrado à vida como um náufrago, nas últimas à tabua de Salvação. A vida que anima meu corpo – não a minha vida espiritual eterna, mas a vida temporal, digamos, ou a vida física, ou a vida metabólica de minha casa – corpo, percebe as manobras do prisioneiro – alma para fugir; e num desespero agarra-o pelo rabo e puxa-o frenética e desesperadamente para dentro da prisão – corpo. O corpo tem a sua alma física que não se confunde com a nossa alma metafísica ou espiritual. É a alma do corpo que faz das células uns serezinhos autônomos e sábios como abelhas, hábeis em dirigir-se perfeitamente por si mesmos. Ora, essa alma física tem um medo horrível de que a alma metafísica abandone a colmeia – corpo da qual é a Rainha. Sabe que "morre" quando a Rainha abandona a colmeia e esta entra a organizar-se. E, como tem horror a essa morte, se apanha a Rainha em tentativa de fuga, ferra-a pelo rabo ou por uma perninha e força-a voltar para seu trono dentro da colmeia. Um rabo ou uma perninha ectoplásmica. De uns tempos para cá o Ego que sou tenta à noite, sub-repticiamente "fugar" como o Piantadino da historieta gráfica de Mazzone: sempre à noite, que é quando o corpo ou a colmeia está mais descuidada porque dorme. Até agora todas as fugas fracassaram, como tem fracassado todas as tentativas de fuga de Piantadino: mas de repente o consegue e os jornalistas no dia seguinte vêm com aquele trololó fúnebre: "Faleceu ontem de síncope cardíaca o ilustre escritor Monteiro Lobato, um dos mais" etc. etc. – e lá vem toda a tropa dos lugares-comuns dos necrológios. Mas eu, o Ego que não morre, porque não pode morrer, porque nada morre, nem o mais miserável átomo, estarei a rir-me da inópia dos jornalistas; e "na rua", livre da casa velha que já estava inabitável, assistirei à sua demolição lenta pelos pequeninos obreiros chamados Vermes, a fim de que com o material velho o mestre de obras vida construa suas casas novas.

Mande-me notícias de tua colmeia.

Do imortal e divino

LOBATO

* * *

VÉSPERA DE SÃO JOÃO, 1948[1].

Rangel:

Chegou afinal o dia de te escrever, e vai a lápis, porque a pena me sai mal. Ainda estou com uma perturbação na vista. Uma perturbação que se vai deslocando do meu campo visual, e que num mês deve estar desaparecida. Só então voltarei a ler correntemente. Tenho estado, todo este tempo, privado da leitura – e que falta me faz! A civilização me fez um "animal que lê", como o porco é um animal que come – e dois meses já sem leitura me vem deixando estranhamente faminto. Imagine Rabicó sem cascas de abóbora por trinta dias!

Tive a 21 de abril um "espasmo vascular", perturbação no cérebro da qual a gente sai sempre seriamente lesado de uma ou outra maneira. Depois de três horas de inconsciência voltei a mim, mas lesado. A principal lesão foi a da vista, que no começo me impedia de ler sequer uma frase. As outras perturbações ando eu agora a percebê-las: lerdeza mental, fraqueza de memória e outras "diminuições". Não sou o mesmo: desci uns pontos.

Não é impunemente que chegamos aos 66 de idade. O que eu tive foi uma demonstração convincente de que estou

---

[1] *Escrita em 23 de junho de 1948, doze dias antes da morte de Monteiro Lobato, esta carta foi incluída na segunda edição de* A barca de Gleyre, *volume 12 das Obras completas, lançada em 1948 pela Editora Brasiliense. Nota da edição de 2010.*

próximo do fim – foi um aviso – um preparativo. E de agora por diante o que tenho a fazer é arrumar a quitanda para a "Grande viagem", coisa que para mim perdeu a importância depois que aceitei a sobrevivência. Se morrer é apenas "passar" do estado de vivo para o de não vivo, que venha a morte, que será muito bem recebida. Estou com uma curiosidade imensa de mergulhar no Além! Isto aqui, o corporal, já está mais do que sabido e já não me interessa. A morte me parece a maior das maravilhas: isto mesmo que tenho aqui, mas sem o corpo! Maravilha, sim. Não mais tosse, nem pigarros, nem (*ilegível*) da coisa orgânica!

– E se não for assim? – dirá você. – E se em vez de continuação da vida a morte trouxer extinção total do ser?

– Nesse caso, vis-ótimo! Entro já de cara no Nirvana, nas delícias do Não ser! De modo que me agrada muito o que vem aí: ou continuação da vida, mas sem estes órgãos já velhos e perros, cada dia com pior funcionamento, ou o NADA!...

Você sempre lidou com doenças, a que não prestava atenção. Porque isso de doença só dói na gente. Agora que também me tornei um doente, quero que contes o ponto em que está a tua saúde, e as belezas patológicas que enriquecem o teu patrimônio. Como está o coração? Conheces a Digitalis? O Estrofanto?

Depois d'amanhã vou ser examinado pelo Jairo Ramos, o médico que é o Supremo Tribunal desta terra em questão de medicina, e na próxima te comunicarei a minha sentença. Antes que o Jairo fale, não sei como estou.

Adeus, Rangel! Nossa viagem a dois está chegando perto do fim. Continuaremos no Além? Tenho planos logo que lá chegar de contratar o Chico Xavier para psicógrafo particular, só meu – e a primeira comunicação vai ser dirigida justamente a você. Quero remover todas as tuas dúvidas.

Do

LOBATO

Índice onomástico*

* As indicações PD *referem-se a personalidades desconhecidas*

About, Edmond François Valentin de, 415
Abranches, João Dunshee de, 185
Abreu, Praxedes de, 112
Adler, Alfred, 544
Agostinho, Santo, 347
Agostini, Ângelo, 55, 307
Aguiar, Porfírio de, 44
Aimard, Gustave, 56
Albalat, Antônio, 212, 215, 225, 227, 228, 292
Albert, Henri, 59
Albuquerque, Georgina de, 84
Alencar, José de, 187, 291, 348, 414, 443, 495
Alexandria, bispo de, 365
Almeida Júnior, José Ferraz de, 328, 384
Almeida, Guilherme de, 362, 372, 400, 465
Almeida, José Valentim Fialho d', 176, 305-9, 329-31, 333, 390, 407-8, 414
Almeida, Julia Lopes de, 158, 172, 292, 320
Almeida, Silvio de, 68, 73, 216, 306, 329, 418
Alves, Antônio Frederico de Castro, 296
Alves, Francisco, 244, 315, 400, 442, 488
Alvim, José Cesáreo de Faria, 423
Amaral, Amadeu, 68, 350, 375, 387, 396, 472
Amaral, Breno Ferraz do, 472
Ambrogi, Cesídio, 550, 551
Amicis, Edmundo d', 319, 320, 370
Amundsen, Roald, 206, 323
Andersen, Hans Christian, 541, 554, 555
Andrada III, Martin Francisco Ribeiro de, 431, 434
Andrada Neto, Martim Francisco Ribeiro de, 409
Andrade, Oswald de, 343, 362, 372, 422
Andrade, Platão de, 127
Andrelino (PD), 95
Ângelo (PD), 354
Annunzio, Gabriele D', 252, 353
"Aporely" *ver* Torelly, Aparício
Aranha, José Pereira da Graça, 47*n*, 56, 57, 333, 471, 511
Araripe Júnior, Tristão de Alencar, 327, 353, 367
Arbues, Pedro, 94
Aretino, Pietro, 252, 364
Aristófanes, 206
Aristóteles, 53, 237
Arouet, François-Marie *ver* Voltaire
Asch, Sholem, 569
Assis, Machado de, 47*n*, 54-5, 62-3, 84, 92, 99, 111, 122-3, 172, 184-5, 195, 212, 216-7, 223, 239, 244, 265, 268, 315-6, 333, 351, 366, 375, 403, 405, 414, 418, 433-4, 446, 457, 505, 529, 540, 547
Athayde, Tristão de (pseudônimo de Alceu Amoroso Lima), 467
Aulete, Francisco Júlio de Caldas, 206, 212, 213, 215, 221, 224, 226, 243, 321, 340, 365, 376
Aurevilly, Jules Amédée Barbey d', 355, 358
Aveiro, Pantaleão de, Frei, 222, 365, 438
Azevedo, Aluísio, 61, 320, 333, 443
Azevedo, Artur, 184
Azevedo, Eugênio de Paiva, 105, 151
Azevedo, Jerônimo de, 247

"B..." *ver* Beccari, Ercole
"Babe Ruth", George Herman Ruth Jr., *dito*, 533
Bacelar, Bernardo de Melo, 488
Bacon, Francis, 217, 456
Bain, Alexandre, 106

Balzac, Honoré de, 90, 106, 110, 131, 134, 150, 153, 167, 178-9, 182, 199, 229, 256-7, 283-5, 438, 510
Bananére, Juó (pseudônimo de Alexandre Ribeiro Marcondes Machado), 327
Banville, Théodore Faullain de, 256
"Bar, D." *ver* Rangel, Bárbara de Moura
Barbosa, Rui, 193, 200, 203, 224, 324, 351, 354, 409, 414, 437, 575
Barjona (PD), 84
Barrès, Maurice, 164
Barreto, Afonso Henriques de Lima, 373, 431, 434, 518, 563
Barreto, Emídio Dantas, 254, 268, 349
Barreto, Luiz Pereira, 342
Barreto, Plínio, 280, 308, 346, 364, 374, 387, 396, 412, 418
Barros, Jonas de (PD), 88, 223
Barros, Leonel Vaz de *ver* Vaz, Leo
Barros, Paulo de Morais, 359
Bataille, Henri, 234
Batista, Francisco de Paula, 71-2
Baudelaire, Charles, 172
Bebé (PD), 134
Beccari, Ercole, 35n, 89, 110-1, 121, 125, 127, 141, 150, 160, 163, 248, 272-4, 281, 324, 360, 366, 371; "B...", 272
Beethoven, Ludwig van, 216, 223
Bell, Alexander Graham, 494
Belo, José Maria, 426
"Benzinho" *ver* Weissman, Karl
Bernard, Tristan (pseudônimo de Paul Bernard), 137, 163, 234
Bernardes, Artur da Silva, 495, 506, 570
Bernardes, Manuel, 222, 372, 409
Bernardo (PD), 203
Bernhardt, Sarah, 548
Bernstein, Henri, 164, 234
Berta, Albertina, 353
"Bezuquet" *ver* Rangel, Godofredo
Bilac, Olavo, 36n, 62, 146, 165, 268, 287, 289, 307, 345, 351-2, 361, 393, 397, 400, 434, 439, 456-7
Bobadela, Conde de (Antônio Gomes Freire de Andrade), 397, 518
Bocage, José Vicente Barbosa du, 131
Boccaccio, Giovanni, 395
Bolena, Ana, 250
Bonaparte, Napoleão, 90, 117, 162, 165, 293, 486, 511, 570
Bonfim, Manuel, 185
Borba Gato, Manuel de, 348
Borba, Tomás de, 351
Borghi, Hugo, 571
Borgia, César, 288
Bossuet, Jacques Bénigne, 142
Bourget, Paul, 47n, 105-6
Bradley, H. Dennis, 544
Braga, Joaquim Teófilo Fernandes, 394, 403
Branco, Camilo Castelo, 92, 193, 202, 208, 212, 216, 222-3, 233-4, 243, 296, 299, 301, 304, 309, 325-6, 329, 333, 337, 340, 343, 353, 359, 363, 365, 372, 375, 394, 396, 399, 402, 404, 407, 409, 411, 413, 418, 529, 547
Brandão, W. (PD), 513-4
Brasil, Tito Lívio, 34n,36n, 37-8, 43-4, 48-9, 54, 61, 64, 68-9, 71, 73, 75, 86-7, 89, 108, 111, 122, 124, 144, 160, 179, 185, 192, 199, 201, 250, 371, 382, 424, 453, 504, 532; "Martinho Dias", 47n ; "Souza Castelo", 48
Breasted, James Henry, 55
Bressane (PD), 67
Bretonne, Restif de la, Nicolas-Edme Restif, *dito*, 136, 173
Breves, Oscar, 41n, 42n, 65, 70, 75, 76n, 78, 125, 565
Brito e Cunha, José Carlos de *ver* J. Carlos
Brown, Andy, 536
Bruckner, Theofil, 391
Bruno (PD), 351
Büchner, Karl Georg, 178
Buda (Siddhartha Gautama), 144, 348, 444
Bueno, Bias, 68
Buffon, Georges-Louis Leclerc, conde de, 303
Buloz, François, 437
Byron, Lord, George Gordon, *dito*, 57, 60, 131, 314

Cabral, Antônio, 363
Cadete, (apelido de Manuel Evêncio da Costa Moreira), 61
Cádiz, Bruno de *ver* Gonçalves, Ricardo
Cadorna, Luigi, 415
Caillavet, Gaston, 234
Cain, Henry, 234
Caine, Thomas Henry Hall, 152, 153, 156, 157, 205
Caio Mário, 69
Cairo, Nilo, 359
Camarate (PD), 84
Camargo Neto, Albino, 34*n*, 36*n*, 43, 46, 54, 61, 63, 65, 74, 87, 89, 125, 134, 141, 164, 192, 194, 250, 280, 347, 368, 371, 391, 410, 423, 426, 446, 453, 531 "Guy d'Hã", 39*n*
Camargo, Agricio de, 125
Camões, Luís Vaz de, 106, 118, 126, 127, 131, 182, 183, 203, 220, 310, 350, 397
Campão, José Marques, 549
Campos Veras, Humberto de, 506, 563
Campos, Francisco ("Chico"), 562
Campos, Joyce Lobato, 536
Cantú, Cesare, 55
Capus, Alfred, 234
Cardoso, José Pinto Duarte Almeida, 392
Carlos VIII, rei da França, 362
Carlos, Manoel (PD), 237, 271
Carlyle, Thomas, 182
Carvalho, J. J., 219
Carvalho, Ronald de, 476
Carvalho, Vicente Augusto de, 219, 220, 220*n*, 350, 400, 437, 505
Casanova, Giacomo, 31, 332, 358, 364
Castilho, Antônio Feliciano de, 346
Castro, Eugênio de, 172
Castro, Valois de, 142
Cavalcanti, Adelmar Tavares da Silva, 509
Cavalheiro, Edgard, 563, 565
Cavallieri, Lina, 68
Cellini, Benvenuto, 229, 320
Cervantes, Miguel de, 203
César, Antônio Moreira, 283, 285

Chagas, João, 66
Chamfort, Sébastien-Roch Nicolas de, 108, 469, 510
Champollion, Jean-François, 46, 55
Chaney, John Griffith *ver* London, Jack
Chateaubriand, François René Auguste de, 57, 225
Chatterton, Thomas, 72
Chaves, Eduardo Pacheco, 287
Chaves, Eloy, 417
Chermont, Justo Leite, 415
Cintra, Francisco de Assis, 452, 487
Cleland, John, 364
Clemenceau, George, 307
Clemens, Samuel Langhorne *ver* Twain, Mark
Coelho Neto, Henrique Maximiano, 33, 37, 123, 154, 205, 268, 280, 291-2, 299, 313, 315, 325, 414, 512, 517, 519
Coelho, Afonso (PD), 279
Coelho, Arthur, 538
Collins, Charles Allston, 131
Comte, Augusto, 66
Conrad, Joseph, 240
Coolidge, John Calvin, 520
Corazzi, David, 131
Corot, Jean-Baptiste Camille, 57, 223
Correa, Raimundo, 61
Correia (PD), 281
Correia, Joaquim, 275, 345, 382, 388, 436, 453, 477, 532
Cortés, Hernan, 166
Costa, Júlio, 36*n*, 74, 74*n*
Costa, Teixeira da (PD), 561
Courrier, Paul Louis, 510
Couto, Rui Ribeiro, 478
Crawford, Francis Marion, 239
Crispim, José Maria, 571
Crookes, William, 199
Cunha, Euclides da, 68, 147, 148, 184, 205, 207, 218, 228, 241, 252, 254, 265, 320, 329, 351, 367, 565
Cunhambebe, 106, 323

"D. Bar" *ver* Rangel, Bárbara de Moura,
Da Vinci *ver* Leonardo da Vinci

Dante Alighieri, 106, 181
Danton, Georges Jacques, 254, 255, 371
Darwin, Charles, 90, 487
Daudet, Alphonse, 35n, 41, 47n, 52, 55, 71n, 118, 161, 163, 191, 216, 267, 574
De Forest, Lee, 528, 538
Deabreu, Moacir, 463, 540
De Brosses, Charles, 417
Delpech, Adrien, 69
Dempsey, William Harrison "Jack", 533
Deroulède, Paul, 347
Desmoulins, Camille, 371
Dias Pais, Fernão, 348
Dias, Bartolomeu, 397
Dias, Carlos Malheiro, 158, 220
Dias, Martinho, 68
Dickens, Charles, 126, 131, 134, 141, 325, 396, 536
Diniz, Almaquio, 394, 506
Diógenes, 314
Disney, Walt Elias, 548
Domiciano, imperador romano, 229
Dostoiévski, Fiodor, 52, 161, 229
Doyle, Arthur Conan, 244, 541
Dumas, Alexandre, 90, 387, 495
Dupré, Maria José ("Sra. Leandro Dupré"), 549, 550
Duque-Estrada, Joaquim Osório, 367, 374
Durant, Will, 540, 544, 567
Duriau, Jean, 513
Dutra, Eurico Gaspar, 571

Eça de Queirós, José Maria de ver Queirós, Eça de
Edison, Thomas Alva, 282, 406, 520
Einstein, Albert, 542
Eisenstein, Serguei, 538
Eliseu, Dr. (PD), 214
Elpons, George Fisher, 412, 418
Emerson, Ralph Waldo, 80, 239
Eneias (PD), 114
Erckmann, Émile, 58, 179n
Escobar, Francisco, 397, 463
Esopo, 93, 370
Ésquilo, 111, 153
Eugênio (PD), 123, 452
Eurípedes, 54

Fabre, Henri, 273
Fabre, Jean-Henri, 486
Faguet, Émile, 95
Farfala (PD), 134
Fauvel, Julien, 466
Fernandes, Zé, 159, 165, 166, 171, 176, 176n, 183
Fernandes, João Batista Ribeiro de Andrade, 397, 485
Ferraz Júnior, Silvestre Dias, 120n, 155
Ferreira, Cleo Marcondes, 539
Ferreira, Otales Marcondes, 452-3, 477, 484-6, 503, 505, 521, 528, 537, 539-42, 546, 548, 554, 561, 569, 574
Ferrignac, Ferreira, Inácio da Costa, *dito*, 362
Fialho d'Almeida ver Almeida, José Valentim Fialho d'
Fichte, Johann Gottlieb, 143
Figueiredo, Cândido de, 227, 321
Flaubert, Gustave, 33, 37, 54, 67, 85, 95, 125, 139-40, 163, 182, 202, 229, 268, 273, 311-2, 365, 403, 497
Flers, Robert de, 234
Flirt, Miss (PD), 134
Fonseca, Hermes da, 268, 273, 293, 316, 380, 409, 426
Fontenelle, Bernard le Bovier de, 131
Ford, Edsel, 529
Ford, Henry, 518, 520, 522, 529
France, Anatole, 121, 140, 164, 181, 200, 239, 255, 265, 303, 326, 462, 510, 547
Franco, Tito, 42n, 54, 66, 69, 75, 76, 144
"Frango Sura" ver Pereira, Manuel Francisco Pinto
"Fre Val" ver Valle, José de Freitas
Freire, Luiz Norberto de Sampaio, 160, 165
Freitas, Raul de, 34n, 36n, 39n, 43, 45, 49, 54, 56, 64, 69-71, 73-4, 74n, 87, 95, 101, 111, 120-1, 124, 160, 180, 192, 194, 241, 250, 274, 280, 353, 368, 371, 382, 415, 423, 435, 453, 457, 471, 488, 531

Galifet, marquês de, 259
Galileu Galilei, 60, 108
Galpi, 397
Galvez, Manuel, 477, 579
Gama (PD), 439
Garay, Benjamin de, 466, 471, 492, 578
Garção, Pedro Antônio de Correia, 234
Garnier, Baptiste Louis, 197, 244, 499, 500
Garrett, João Baptista da Silva Leitão de Almeida, 234, 271, 353
Gautier, Pierre Jules Théophile, 125, 172, 280, 303, 307, 361
Gazeau, Eugéne, 574
Gibbons, Floyd, 536
Gleyre, Charles, 77, 79, 79n
Glicério, Francisco, 61, 143, 389
Gobineau, Joseph Arthur de, 352
Goethe, Johann Wolfgang von, 57, 58, 62, 131, 251, 346
Gógol, Nikolai, 163
Goldberg, Isaac, 466, 524
Goldsmith, Oliver, 194, 496
Gomes, Carlos, 121, 434
Gomes, Wenceslau Brás Pereira, 321, 358, 367, 405, 416, 417
Gonçalves, Ricardo, 33, 33-36n, 37-8, 41n, 43, 45-6, 49, 51n, 54, 61, 63-4, 67, 69, 73, 75, 87, 89, 90-1, 96, 106, 108, 111, 119, 121-2, 124, 154, 160, 162-3, 178-9, 191, 194, 203, 205, 212-3, 217, 234, 241, 250, 271-2, 274-5, 280, 291, 317, 325, 327, 345, 348, 353, 365, 368, 371, 373, 377-8, 382-3, 391, 403, 412, 415, 423, 426, 434, 440-1, 444, 447, 470, 497, 504-5, 509, 528, 531, 544-5; "Bruno de Cádiz", 33, 39n, 41, 46, 47n; "Tartarin", 37, 55, 95, 381, 422
Goncourt, Jules de, 112-3, 118, 125, 136, 139-40, 143, 152-3, 158, 163, 204, 226, 312
Góngora y Argote, Luis de, 303
Gorgulho (PD), 337
Gorki, Maxím, 96, 151, 163, 323, 414
Goulart, Artur ver Penteado, Artur Goulart

Graça Aranha, José Pereira da ver Aranha, José Pereira da Graça
Grieco, Agripino, 546
Grimm, Irmãos (Jacob e Wilhelm), 499, 541
Guerra, Álvaro, 401, 418, 449
Guevara, Gloria, 578
Guimarães, Bernardo Joaquim da Silva, 256, 414
Guiomar (PD), 134

Habsbourg-Lorraine, Marie Antoinette Josèphe Jeanne de ver Veto, Mme.
Haggard, Henry Ridder, 126
Hartmann, Karl Robert Eduard von, 143
Hauptmann, Gerhart, 336
Hegel, Georg Wilhelm Friedrich, 61, 537
Heine, Christian Johann Heinrich, 176
Hemingway, Ernest, 546
Herculano, Alexandre, 55, 222, 223, 234, 409, 495
Hermant, Abel, 164
Heródoto, 87
Hervieu, Paul, 164, 234
"Hilário Tácito" ver Malta, José Maria de Toledo
Hipatia, 365
Hitler, Adolf, 554, 561
Hoffman, Ernst Theodor Wilhelm, 271
Homero, 106, 119, 172, 173, 174, 225, 227, 263, 333, 348
Horácio, 58, 313
Hudry (PD), 127
Hugo, Victor, 47n, 61, 78, 153, 195, 358, 454, 511
Humboldt, Alexander von, 552
Huss, João, 351
Huysmans, Joris Karl, 116, 137

Ibañez, Blasco, 121
Ibsen, Henrik, 84, 151, 323
Indalécio (PD), 160
Irving, Washington, 116
Itararé, Barão de ver Torelly, Aparício

J. Carlos (pseudônimo de José Carlos de Brito e Cunha), 304

Jansen, Carlos, Carl Jacob Anton Christian, *dito*, 465, 466
Jesus Cristo, 567
Joanito (PD), 61
João do Rio (pseudônimo de João Paulo Emílio Cristóvão dos Santos Coelho Barreto), 134, 302, 332
João Grave (PD), 306
Johnson, Samuel, 496
Jones, Amos, 536
Jordão, Edgard, 36*n*, 62, 69, 74, 77-8, 88, 186, 192, 194, 226, 254, 281, 371, 559
Julinho (PD), 137, 452
Júlio (PD), 34*n*
Júlio César, 567

Kant, Immanuel, 66, 139, 143
Kardec, Allan (pseudônimo de Hyppolyte Leon Denizard Rivail), 558
Karr, Alphonse, 131
Kepler, Johannes, 542
Kipling, Rudyard, 52, 106, 134, 141, 144, 153-4, 183, 183*n*, 187, 198-9, 204, 228, 269, 326, 348, 413-4, 462, 541, 546
Kock, Paul de, 363, 387
Konder, Vítor, 144
Kopke, João, 436
Kouri, E., 513

La Bruyère, Jean de, 510
La Fontaine, Jean de, 370, 436
Lacerda (PD), 484, 564
Laemmert, Eduardo e Henrique, 466-7, 513
Laet, Carlos de, 358, 476
Lafayette, Marie Joseph Paul Yves Roch Gilbert, 48
Lago Filho, Manuel Viriato Correia Baima do, 517
Lagreca (PD), 111
Lamartine, Alphonse Marie Louis de Prat de, 48, 52, 320
Lamenth (PD), 48
Las Casas, Conde de, 90
Latino (PD), 409
Laurent (PD), 219
Lavedan, Henri, 164, 234
Lavoisier, Antoine-Laurent de, 138

Le Bon, Gustave, 61, 137, 138, 139, 266, 494
Lebrun, Pigault, Charles-Antoine-Guillaume Pigault de l'Épinoy, *dito*, 366
Leite, Alfredo, 404, 405
Lello & Irmãos, 244
Lemmi, João Paulo Lemmo *ver* Voltolino
Leonardo da Vinci, 110, 144, 274, 282, 360, 366
Leoncavalo, Zazá de, 152
Leopoldo da Bélgica, rei, 68
Lery, Jean de, 518
Lessa, Pedro, 45, 124
Levi, Eliphas (pseudônimo de Alphonse Louis Constant), 405
Lima, Alceu Amoroso *ver* Athayde, Tristão de
Lima, Antônio Augusto de, 461
Lima, Herman, 426
Lima, Jarbas Loretti da Silva, 510
Lima, Manuel de Oliveira, 357
Lina, Maria, 287
Lincoln, Abraham, 522, 546
Lindbergh, Charles, 533
Lisle, Lecomte de, 39*n*, 206
Lobato, Edgard Monteiro (segundo filho de Monteiro Lobato), 226, 236, 264, 391, 442, 500, 534-5, 553, 559, 577
Lobato, Guilherme Monteiro (terceiro filho de Monteiro Lobato), 356, 442, 553, 577
Lobato, Marta (filha primogênita de Monteiro Lobato), 195, 201, 207, 219, 226
Lobato, Monteiro: "Antão de Magalhães", 39*n*; "B. do Pinho", 39*n*; "Bertoldo", 39*n*; "Chico Taboca", 384; "Enoch Vila-Lobos", 39*n*; "Hélio", 160; "Hélio Bruma", 39*n*, 142, 157, 361, 384, 395; "Lobatoyewsky", 39*n*; "Marcos Twein", 39*n*; "Matinho Dias", 39*n*; "Mem Bugalho Pataburro", 282, 308, 384; "N.", 39*n*; "Nero de Aguiar", 39*n*; "Olga de Lima", 39*n*; "Osvaldo", 39*n*; "P.", 39*n*; "Pascalon, o Engraçado", 39*n*; "Rui d'Hã", 39*n*; "She", 39*n*;

"Yan Sada Yako", 39n; "Yewsky", 38, 39n, 42, 46n
Lobato, Ruth Monteiro (filha mais nova de Monteiro Lobato), 345, 558, 578
Lobo, Helio (pseudônimo de Hélio Leite Pereira), 426
Lodge, Oliver, 200
Lombroso, Cesare, 74
London, Jack (pseudônimo de John Griffith Chaney), 541
Lopes, Filinto, 359, 485
Lopes, Isidoro Dias, 493
Lopes, "Manequinho" ver Oliveira Filho, Manoel Lopes de
Loti, Pierre (pseudônimo de Julien Viaud), 52, 183, 240, 413
Lotze, Rudolf Hermann, 143
Lourenço Filho, Manuel Bergstrom, 362
Loveling, Virginie, 397
Lucena, João de, 219, 222, 340
Lúcio, João (PD), 561
Lúcio, Luís (PD), 561
Luís XVI, rei da França, 48
Luís Antônio (PD), 144

Macaulay, Thomas Babington, 200, 214, 227, 396, 415
Macedo, Joaquim Manuel de, 414
Macedo, Quintino de, 336
Machado de Assis, Joaquim Maria ver Assis, Machado de
Machado, Alexandre Ribeiro Marcondes ver Bananére, Juó
Machado, José Gomes Pinheiro, 287, 288
Machensen, August von, 415
Machiavel, Nicolau, 58
Mackensen, August von, 351
Macuco (PD), 43, 52, 57, 60, 76-8, 95-6, 172, 191, 203, 208, 216, 222, 224, 286, 289, 357, 417, 457-8, 510, 531, 560
Maeterlinck, Maurice Polydore Marie Bernard, 60, 81, 158
Maia, Luís, 274
Maia, Saul, 362
Maistre, Xavier de, 239
Malta, José Maria de Toledo, 423, 452-3, 456-8, 465, 471, 502, 579; "Hilário Tácito", 452, 457, 579

"Manequinho Lopes" ver Oliveira Filho, Manoel Lopes de
Manzoni, Alessandro Francesco Tommaso, 182
Maomé, 523
Marat, Jean Paul, 48
Maria I, d., 524, 564
Mário Roberto (PD), 216
Maspero, Gaston Camille Charles, 55
Matos, Mário, 558, 564
Mattos, José Veríssimo Dias de, 357, 374
Maupassant, Guy de, 63, 158, 174, 198, 199, 204, 208, 210-1, 229, 309, 394, 462, 574
Maupin, Mlle. (PD), 307, 361
Mayer, Julius Robert von, 138
Mazzone, Adolfo, 580
Medeiros e Albuquerque, José Joaquim de Campos da Costa de, 367, 374, 390
Meissonier, Jean-Louis-Ernest, 398, 399
Melo, Francisco Manuel de, 234
Melo Viana (PD), 509
Mencken, Henry Louis, 413, 536
Mendès, Catulle, 413
Menezes, Emílio de, 327, 351
Mercedes (PD), 134
Mérode, Cléo de, 68
Mesquita, Júlio César Ferreira de, 418
Metchnikoff, Ilya, 128, 129
Michaelis, Carolina, 351
Michelet, Jules, 48, 265, 497, 499
Mignard, 398
Milliet, Sérgio ver Silva, Sérgio Milliet da Costa e Milton, John, 106, 327
Minuit, Peter, 530
Mirabeau, Honoré Gabriel Victor Riqueti, conde de, 48, 364
Miranda, Carmem, 577
Miranda, João Pedro da Veiga, 198, 346, 357, 400, 415
Mirbeau, Octave, 113, 118, 234
Molière, Jean-Baptiste Poquelin, dito, 153, 325, 429
Montaigne, Michel de, 53, 55, 96
Montes, Paquita, 152
Morais, Heitor de, 308, 322, 324, 374, 378, 400, 493

Morand, Paul, 537
Moreira, Juliano, 269
Moreira, Lino, 36, 36n, 38, 41,
  43, 46-7, 46-7n, 48n, 49, 54, 61,
  63, 68, 70-1, 73, 87, 106, 108,
  121, 124, 160, 192, 201, 250,
  263, 280, 371, 453, 532, 565;
  "Sheridan", 46, 46-7n
Moreira, Roberto, 280, 379,
  383, 571
Morgan, Henry, 233
Müller, Jansen, 466
Murila (PD), 483
Mussolini, Benito, 561

Napoleão *ver* Bonaparte, Napoleão
Natividade, Maria da Pureza
  (esposa de Monteiro Lobato):
  "Purezinha", 105-6, 159, 175,
  187, 192, 194, 207, 219, 221,
  227, 229-30, 243, 263, 267, 305,
  320, 325, 345, 355, 365-6, 370,
  383, 392, 402, 412, 416, 428,
  430, 464, 496, 537, 553, 578
Negreiros, Cândido, 35-6n, 38,
  39-40n, 43, 45, 47n, 49, 54, 56,
  64, 70-1, 74, 87, 88, 124, 140,
  178, 181, 192, 194, 241, 255,
  281, 333, 371, 532
Neiva, Artur, 467, 476
Nelson (PD), 510
Nerval, Gerard de, 58, 346
Neto, A. C.: "Guy d'Han", 87
Neves, Artur Heládio, 549, 551, 562
Newton, Isaac, 60, 542, 543
Ney, Francisco de Paula, 454
Nicodemi, Dário, 234
Nietzsche, Friedrich, 45, 57, 59,
  60, 62, 66-7, 80, 106, 135, 140,
  143, 145-6, 200, 239, 252, 273,
  299, 318, 408, 409
Nogueira, José Antônio, 36n, 38,
  43-4, 54, 59, 61, 63, 69-71, 74-5,
  74n, 86-7, 89, 113, 116, 118,
  120, 125, 141, 143, 160, 172,
  184, 192, 194, 222, 234, 246,
  265, 273, 275, 317, 322, 326,
  336, 345, 347, 351, 359, 364-5,
  368, 371-2, 374-5, 381-2, 384,
  397, 411, 418, 423, 426, 452,
  461-4, 469, 488, 509, 513, 531,
  545, 558, 560, 572

Nordau, Max, 43
Nova, J. J. da, 391
Novais, Guiomar, 280, 286, 289
Nunalvares (Nuno Alvares,
  pseudônimo de Oswaldo
  Vergara), 449

O'Neil, Eugene, 536
Ohnet, George, 114
Oliveira Filho, Manoel Lopes de:
  "Maneco Lopes"/"Manequinho
  Lopes", 303, 339, 457, 472,
  476-7, 574
Oliveira Martins, Joaquim Pedro
  de, 49, 58
Oliveira, Alberto de, 61, 165, 254,
  275, 400
Oliveira, Bento José de, 76
Oliveira, Emigdio de, 86
Oliveira, José Feliciano de, 306,
  449
Oliveira, Paulo Setubal de, 517
Onhet, Georges, 106
Ortigão, Ramalho, 42
Otávio Augusto (PD), 351
Otero, Bela, 68

Paderewsky, Ignacy Jan, 267
Paiva, Manuel de Oliveira, 357
Papi Júnior, Antônio, 452
Parreiras, Antônio, 57
Pascal, Blaise, 116, 178, 513
Pascoais, Teixeira de (pseudônimo
  de Joaquim Pereira Teixeira de
  Vasconcelos), 377
Passos, Sinésio, 298
Pato, Raimundo Antônio de
  Bulhão, 92
Peçanha, Nilo, 409
Pedro I, d., 485
Peixoto, Júlio Afrânio, 349, 414,
  472, 511
Pellico, Silvio, 426
Pena, Afonso Augusto Moreira,
  409
Pena, Belisário, 426
Penteado, Artur Goulart, 35n, 55,
  60, 62, 78, 113, 188, 191, 208,
  286, 289, 327, 357
Pereira (PD), 370
Pereira, Adalgiso, 325, 349, 394,
  415, 424-6, 430

Pereira, Carlos Eduardo, 329
Pereira, Eduardo Carlos, 449, 512
Pereira, Manuel Francisco Pinto: "Frango Sura", 350-3, 350n, 359, 370, 373-4, 378, 388, 393, 396, 405, 411, 415, 452, 484
Perrault, Charles, 541, 572
Pessoa, Epitácio Lindolfo da Silva, 462
Pestana, Nestor Rangel, 305, 362
Petrarca, Francesco, 181
Petrônio, 111
Picchia, Menotti del, 336, 368, 383, 394, 397, 400, 426, 451, 453
Pidgeon, Miss, 540
Pimenta, Gelásio, 289, 305, 361, 383
Pimentel, Alberto Augusto de Almeida, 310
Pinheiro (PD), 117, 124, 160, 194, 195
Pinheiro Júnior, José Martins, 300, 305, 324, 328, 361-3, 368, 371, 391, 405
Pinheiro, Benjamim, 38n, 40n, 54, 65, 85, 105, 110, 154, 172, 564
Pinheiro, Galdino, 397
Pinto, Arnaldo Simões, 360
Pinto, Heitor, 202, 222
Pinto, Moreira (Alfredo Moreira Pinto), 389
Pinto, Silva, 394
Pinto, Simões, 65, 361, 384, 388, 396, 426, 430
Pires, Cornélio, 298, 321
Piza, José, 49
Piza, Moacir de Toledo, 458
Poe, Edgar Allan, 111, 131, 149, 263, 323, 445
Poincaré, Jules Henri, 267
Pombo, José Francisco da Rocha, 506
Pompeia, Raul, 408, 410
Porto-Riche, Georges de, 234
Portugal, Olímpio, 372
Prado, Armando da Silva, 306
Prado, Eduardo Paulo da Silva, 343
Prado, Paulo, 478, 492

Prévost, Marcel, 75, 164
Prevost-Paradol, Lucien Anatole, 415
Pujol, Alfredo, 307, 389, 418
"Purezinha" ver Natividade, Maria da Pureza

Quatrefages de Bréau, Louis Armande de, 352
Queirós, Eça de, 43, 47n, 49, 55, 78, 85, 92, 96-7, 111, 153, 158, 176, 250, 275, 300, 302, 306, 310-1, 329, 334-6, 375, 407, 437
Quirós, Cesareo Bernaldo de, 477

Rabelais, François, 110, 274
Ramos, Artur, 34-6n
Ramos, Ferreira, 73
Ramos, Jairo, 582
Ramos, João (PD), 62
Ramos, José Júlio da Silva, 478
Rangel, Alberto, 205
Rangel, Bárbara de Moura, 71n, 72, 94, 101, 112, 115-6, 130, 140, 144, 160, 205, 239, 244, 304, 358, 381, 405, 412, 577; "D. Bar", 139, 381, 421, 464, 576-7, 579
Rangel, Caio de Moura, 264
Rangel, Godofredo, 33, 33-5n, 37, 41, 41n, 42n, 44, 44n, 46, 46n, 47n, 54, 70, 91, 159n, 176n, 181n, 205, 281n, 287, 326, 360n, 423n, 444, 546n; Bezuquet, 37, 44, 444; "Bezuquet", 35n, 39n
Rangel, Nelo de Moura, 205, 226, 267, 304, 381, 407, 499, 577, 579
Redondo, Manuel Ferreira Garcia, 100
Reid, Mayne, 56
Remarque, Erich Maria, 537
Rembrandt van Rijn, 332
Renan, Ernest, 48, 52, 95, 96
René (PD), 439
Retzel (PD), 484
Rezende, José Severiano de, 192
Ribeiro, Bernardim, 36n, 495, 497
Ribeiro, Leite, 478, 506
Ribeiro, Leonídio, 504, 511
Ricardo, José, 124

Robertson, William, 166
Robespierre, Maximilien François Marie Isidore de, 48, 255, 370
Rocha, Franco da, 71
Rockefeller, John Davidson, 140
Rodin, François-Auguste-René, 320
Rodrigues, José Carlos, 55
Rodrigues, José Wasth, 343, 353, 360, 412, 417
Rodrigues, Mário, 513
Romero, Silvio, 166, 181, 184, 185
Rondon, Cândido Mariano da Silva, 287
Roosevelt, Theodore, 64
Rostand, Edmond, 39n, 69, 202, 234
Rothschild, Henri de, 234
Rousseau, Jean Jacques, 31
Ruskin, John, 142
Ruth Jr., George Herman *ver* "Babe Ruth"

Sade, marquês de, Donatien Alphonse François de Sade, *dito*, 172, 252, 274, 288, 364
Saint Victor, Paul de, 273
Sainte Beuve, Charles Augustin, 227
Saint-Just, Louis Antoine Léon de, 347
Saint-Victor, Paul de, 204
Sales Guerra, Benedito de, 42n
Sales, Francisco Antônio de, 67, 73, 470, 523
Salmon, Daniel E., 273
Salvini, Tommaso, 151
Sampaio, Julinho, 536
Sampaio, Sebastião, Cônsul, 120, 219, 533
"Santa Rita, o" (PD), 89
Saturnino (PD), 511
Scaligero, 86
Scarron, Paul, 118
Schelling, Friedrich Wilhelm Joseph von, 143
Schiller, Johann Christoph Friedrich Von, 510
Schwarz, Berthold, 347
Scot, Duns, 75, 86
Scott, Walter, 194, 348
Seabra, Alberto de Melo, 401, 405
Sebo, doutor (PD), 312

Sevene, Emilio, 73, 387
Sevignè, marquesa de, Marie de Rabutin-Chantal, dita, 510
Shakespeare, William, 58, 89, 96, 101, 106, 117-8, 153, 155, 164, 179, 195, 219, 238, 301, 375, 409, 411, 499, 503-4
Silva, Antônio de Morais, 340, 342, 376
Silva, Augusto Freire da, 76, 226, 329
Silva, Jacinto, 471
Silva, João Pinheiro da, 183, 184
Silva, João Pinto da, 464
Silva, Júlio César da, 38, 362, 437
Silva, Sérgio Milliet da Costa e, 492
Silveira, Agenor, 406
Silveira, Álvaro, 404
Silveira, Valdomiro, 206, 406
Silvino, Antônio, 210, 287-8
Simonsen, Roberto, 529
Smith, W. H., 522
Smith, William H., 528, 529, 530, 531
Soares, José Carlos de Macedo, 478, 483
Sócrates, 414
Sodré e Silva, Lauro Nina, 415
Sommer, Fred, 513
Sousa, Luís de, Frei (Manuel de Souza Coutinho), 219, 222, 223, 340, 409
Sousa, Washington Luís Pereira de, 143, 247
"Souza Castelo" *ver* Brasil, Tito Lívio
Souza, João Francisco Pereira de, 260
Souza, Tomé de, 323, 414, 531
Spencer, Herbert, 56, 66, 69, 145, 237
Spinoza, Baruch, 540
Staden, Hans, 505, 509, 512, 531
Stael, Mme. de, 51
Stelia (PD), 134
Stendhal, Henri-Marie Beyle, *dito*, 58, 176, 196, 199, 234, 239, 417
Sterne, Laurence, 239, 333
Stuart (PD), 514
Stuart-Mill, John, 106
Suckau, Édouard de, 415
Sudermann, Hermann, 336

Taine, Hippolyte Adolphe, 60, 77, 85-6, 227, 234, 239, 265, 273, 367, 415

Tarride (PD), 234
"Tartarin" ver Gonçalves, Ricardo
Taunay, Affonso D'Escragnolle, 451
Taunay, Alfredo Maria Adriano d'Escragnolle, visconde de, 451
Teófilo, Rodolfo, 185
Teresa (PD), 577
Theuriet, André, 106
Thiollier, René, 439
"Titila" (apelido de Domitila de Castro, marquesa de Santos), 485
Toledo, Pedro Manuel de, 264
Tolentino, Nicolau, 234
Tolstói, Leon, 96, 111, 153, 194-5, 199, 204, 219, 221, 229, 312, 397
Torelly, Aparício ("Aporely"/Barão de Itararé), 568
Torrendall, Juan, 483
Torres (PD), 95
Torres Bernardo (PD), 165
Torres, Alberto, 320, 347
Torres, Antônio, 374, 506, 524
Torres, Bernardo da Veiga, 300, 321, 363, 365, 456
Turguêniev, Ivan, 162, 163
Twain, Mark (pseudônimo de Samuel Langhorne Clemens), 141, 151, 154, 324, 411

Umberto I, rei da Itália, 212
Ureña, Pedro Henriquez, 578

Valdez (PD), 493
Valentine (PD), 544
Valle, José de Freitas, 417, 445; "Fre Val", 343
Vampré, Enjolras, 306
Varela, Luís Nicolau Fagundes, 292
Vargas, Getúlio, 568, 571
Vasconcelos, Joaquim Antônio da Fonseca, 394, 403
Vaz, Léo (pseudônimo de Leonel Vaz de Barros), 433, 446, 451, 453, 579
Veiga, José Pedro Xavier da, 397
Vergueiro, Raul, 486
Vergueiro, Senador, 68
Verhaeren, Émile, 164

Verlaine, Paul, 172
Verne, Júlio, 100, 148, 233, 417
Veto, Mme., apelido de Marie Antoinette Josèphe Jeanne de Habsbourg-Lorraine, 48
Veuillot, Louis, 45
Viana, Ferreira, 45
Viana, Francisco José de Oliveira, 478, 563
Viaud, Julien ver Loti, Pierre
Vieira, Afonso Lopes, 351
Vieira, Antônio, padre, 340, 409
Viotti, Heráclito, 42n
Virgílio, 58, 106, 134, 174
Volney (PD), 61
Voltaire, François-Marie Arouet, dito, 36n, 43, 118, 131
Voltolino (pseudônimo de João Paulo Lemmo Lemmi), 464

Wagner, Wilhelm Richard, 348, 406
Wallace, Edgard, 535
Washington Luís ver Sousa, Washington Luís Pereira de
Weber, Léon Frapié, 164
Weissman, Karl, 573; "Benzinho", 537, 538
Wells, H. G., 98, 99, 100, 153, 182, 497, 514, 541, 551
Wenceslau Brás ver Gomes, Wenceslau Brás Pereira
Wilde, Oscar, 167, 302
Wit, Cornélio de, 415

Xavier, Chico (Francisco Cândido Xavier), 563, 582

Yoyo (caricaturista), 203

Zadig, William, 412
Ziegfeld Jr., Florenz, 523
Zola, Émile, 34n, 36n, 46, 48, 55, 57, 62, 64, 85-6, 116, 125, 139, 153, 163, 236, 239, 284-5, 288, 333, 337, 371, 407, 531, 545, 563n, 574, 576

Bibliografia selecionada sobre Monteiro Lobato

DE JECA A MACUNAÍMA: MONTEIRO LOBATO E O MODERNISMO, de Vasda Bonafini Landers. Editora Civilização Brasileira, 1988.

JUCA E JOYCE: MEMÓRIAS DA NETA DE MONTEIRO LOBATO, de Marcia Camargos. Editora Moderna, 2007.

MONTEIRO LOBATO: INTELECTUAL, EMPRESÁRIO, EDITOR, de Alice M. Koshiyama. Edusp, 2006.

MONTEIRO LOBATO: FURACÃO NA BOTOCÚNDIA, de Carmen Lucia de Azevedo, Marcia Camargos e Vladimir Sacchetta. Editora Senac São Paulo, 1997.

MONTEIRO LOBATO: VIDA E OBRA, de Edgard Cavalheiro. Companhia Editora Nacional, 1956.

MONTEIRO LOBATO: UM BRASILEIRO SOB MEDIDA, de Marisa Lajolo. Editora Moderna, 2000.

NA TRILHA DO JECA: MONTEIRO LOBATO E A FORMAÇÃO DO CAMPO LITERÁRIO NO BRASIL, de Enio Passiani. Editora da Universidade do Sagrado Coração/Associação Nacional de Pós-Graduação em Ciências Sociais, 2003.

NOVOS ESTUDOS SOBRE MONTEIRO LOBATO, de Cassiano Nunes. Editora Universidade de Brasília, 1998.

REVISTA DO BRASIL: UM DIAGNÓSTICO PARA A (N)AÇÃO, de Tania Regina de Luca. Editora da Unesp, 1999.

UM JECA NAS VERNISSAGES, de Tadeu Chiarelli. Edusp, 1995.

VOZES DO TEMPO DE LOBATO, de Paulo Dantas (org.). Traço Editora, 1982.

Sítio eletrônico na internet: www.lobato.com.br
(mantido pelos herdeiros do escritor)

*Este livro, composto nas fontes Electra LH, Rotis e Filosofia,
foi impresso em papel pólen soft 80 g/m² na Imprensa da Fé.
São Paulo, Brasil, agosto de 2010.*

Conferênci
Georgismo e Comu
América
eratura do Minaret
Crônica urup
deias de Jeca Tatu
Mr. Slan
Problema
Zé Brasil Crônicas
Pererê: Resultado de
A Onda Verde Car
Miscelâne
Ferro
O Presidente N
Opiniões Na Antevés
Voto Secre Fragmento
Jeca Tatu Prefácio
A Barca de Gley
Macaco que se fez Homer
Imposto un
NEGRINHA
Entrevistas Cartas Escolh
alo do Petróleo Cartas de Amo